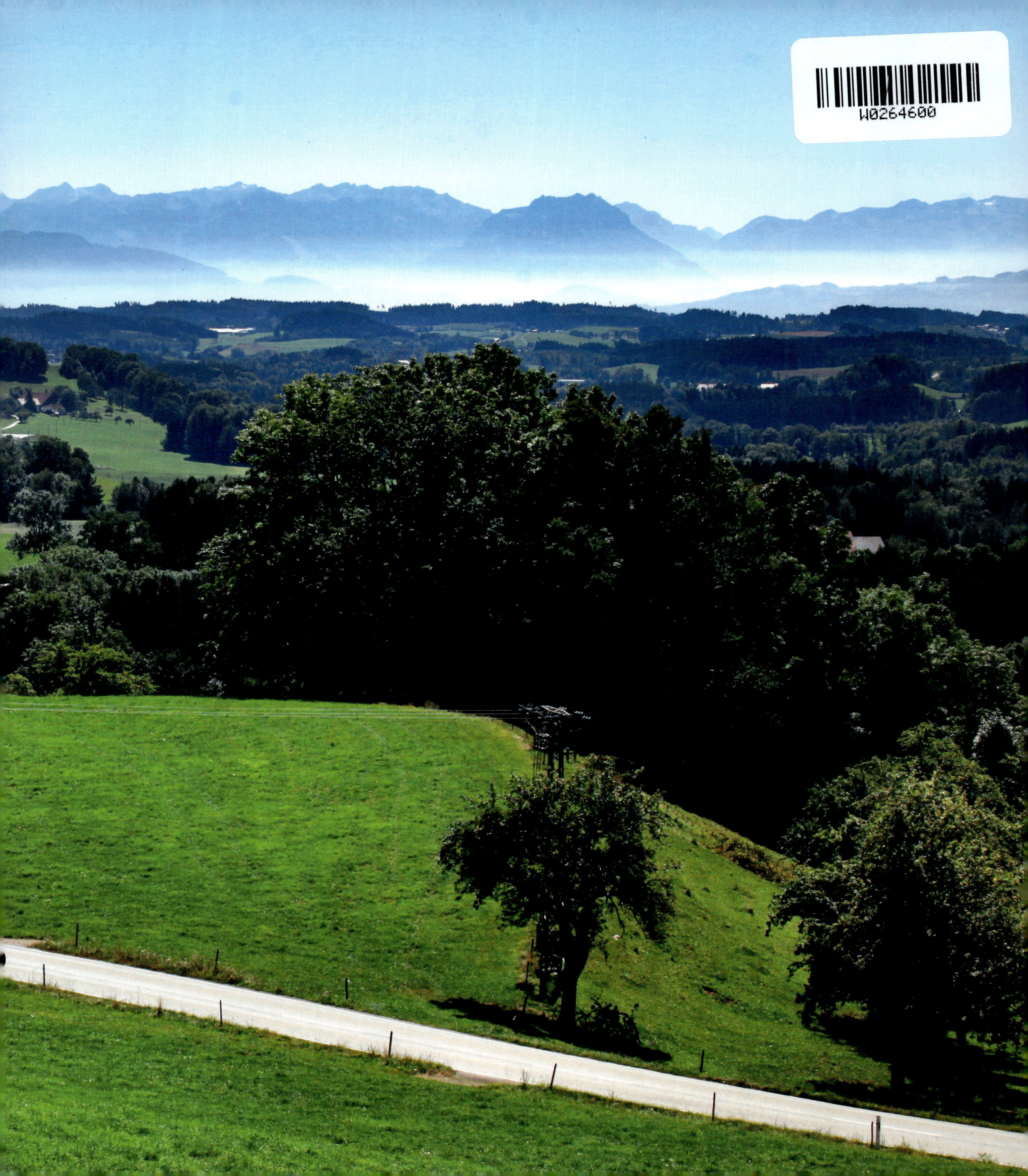

PETER SANDBILLER

BILDERBUCH

Oberschwaben-Bodensee

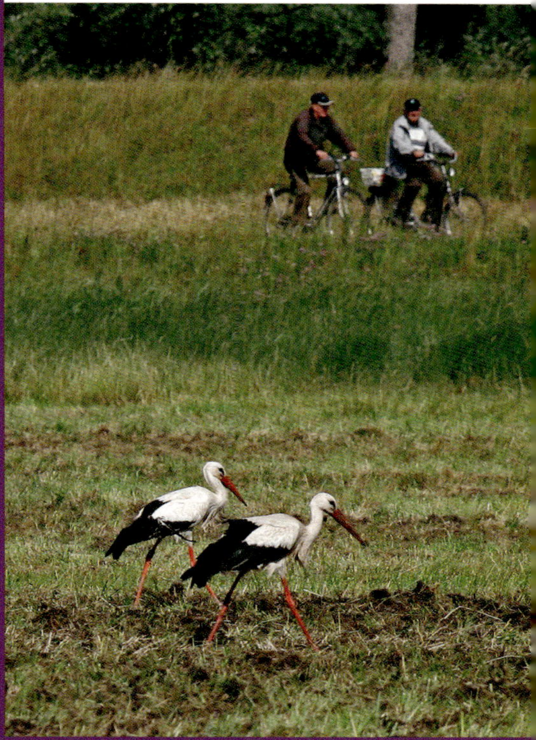

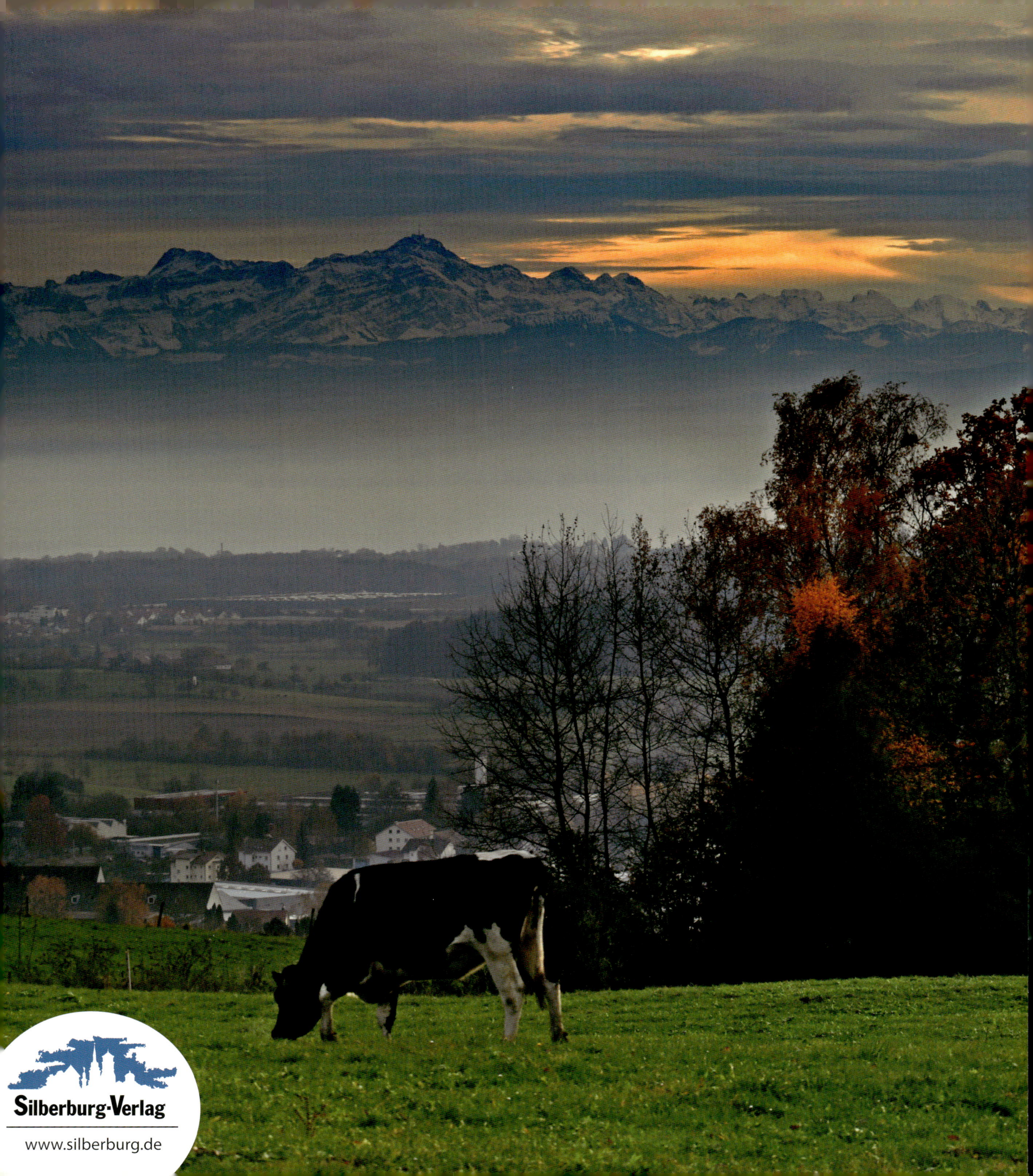

Silberburg-Verlag
www.silberburg.de

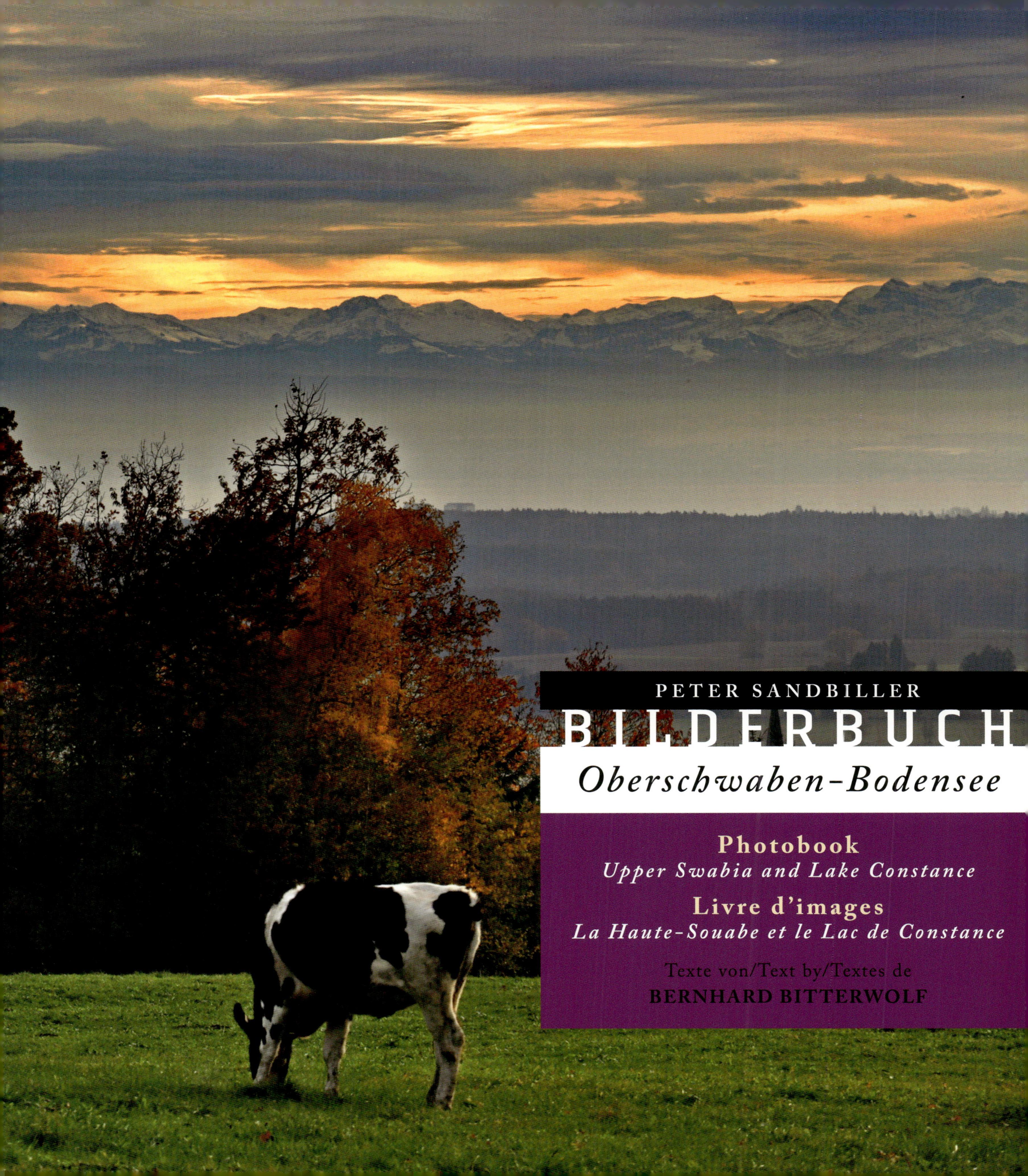

PETER SANDBILLER

BILDERBUCH

Oberschwaben-Bodensee

Photobook
Upper Swabia and Lake Constance

Livre d'images
La Haute-Souabe et le Lac de Constance

Texte von/Text by/Textes de
BERNHARD BITTERWOLF

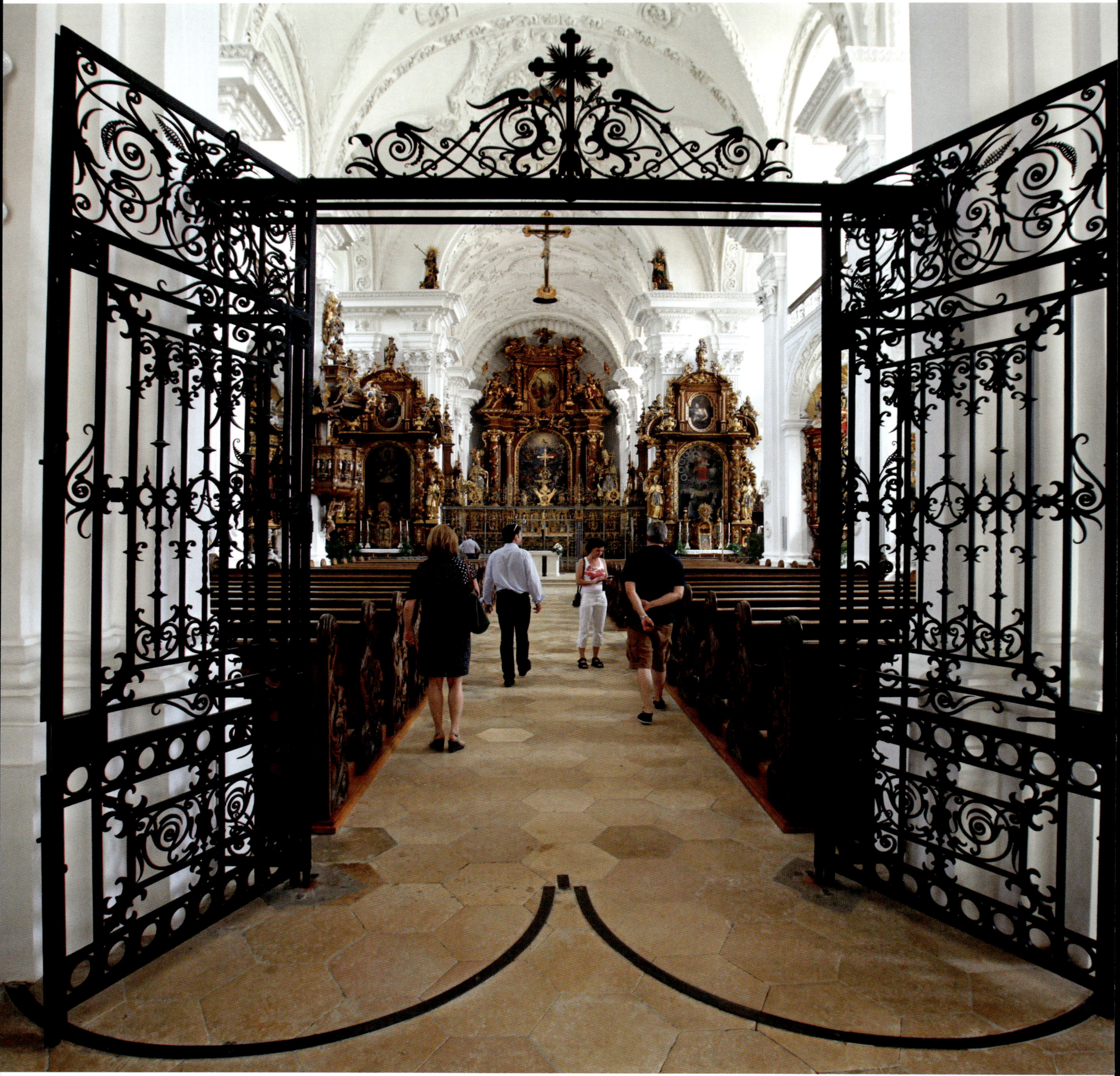

Deutsch

TEXTE

English

TEXTS

Français

LES TEXTES

SEIT 2004 bereichert die Glaspyramide des bekannten Architekten Gottfried Böhm die Ulmer Altstadt. Sie beherbergt die Zentralbibliothek.

THE GLASS pyramid, designed by the well-known architect Gottfried Böhm, has enriched Ulm's old city since 2004. It is the home of the central library.

DEPUIS 2004, la pyramide de verre du célèbre architecte Gottfried Böhm enrichit la vieille ville d'Ulm. Elle abrite la bibliothèque centrale.

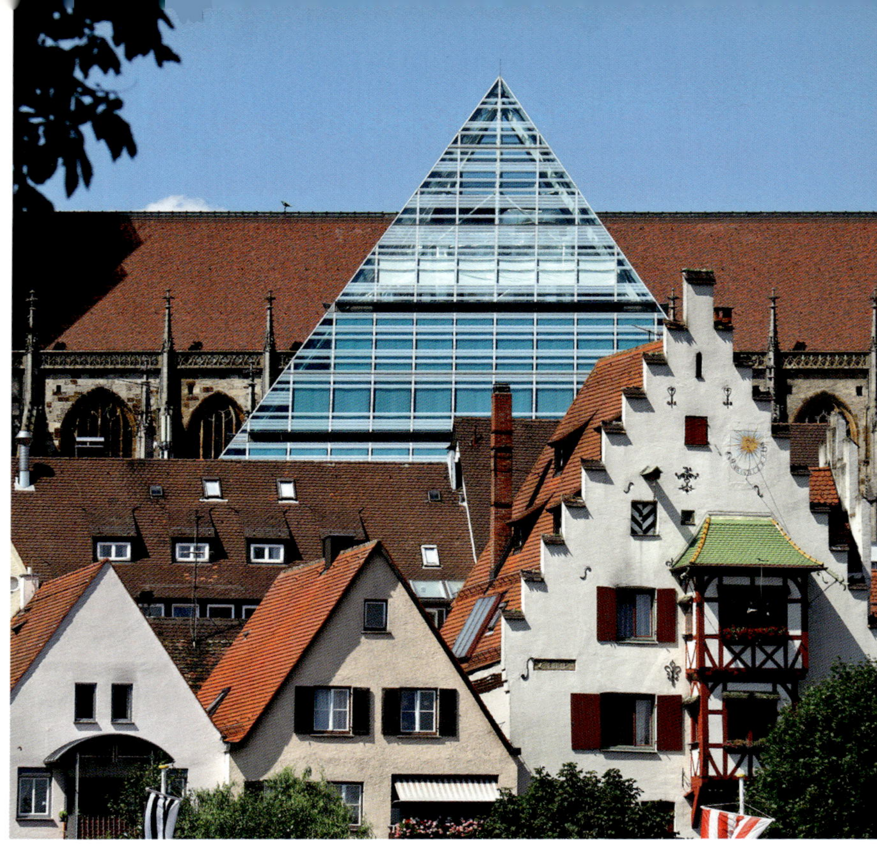

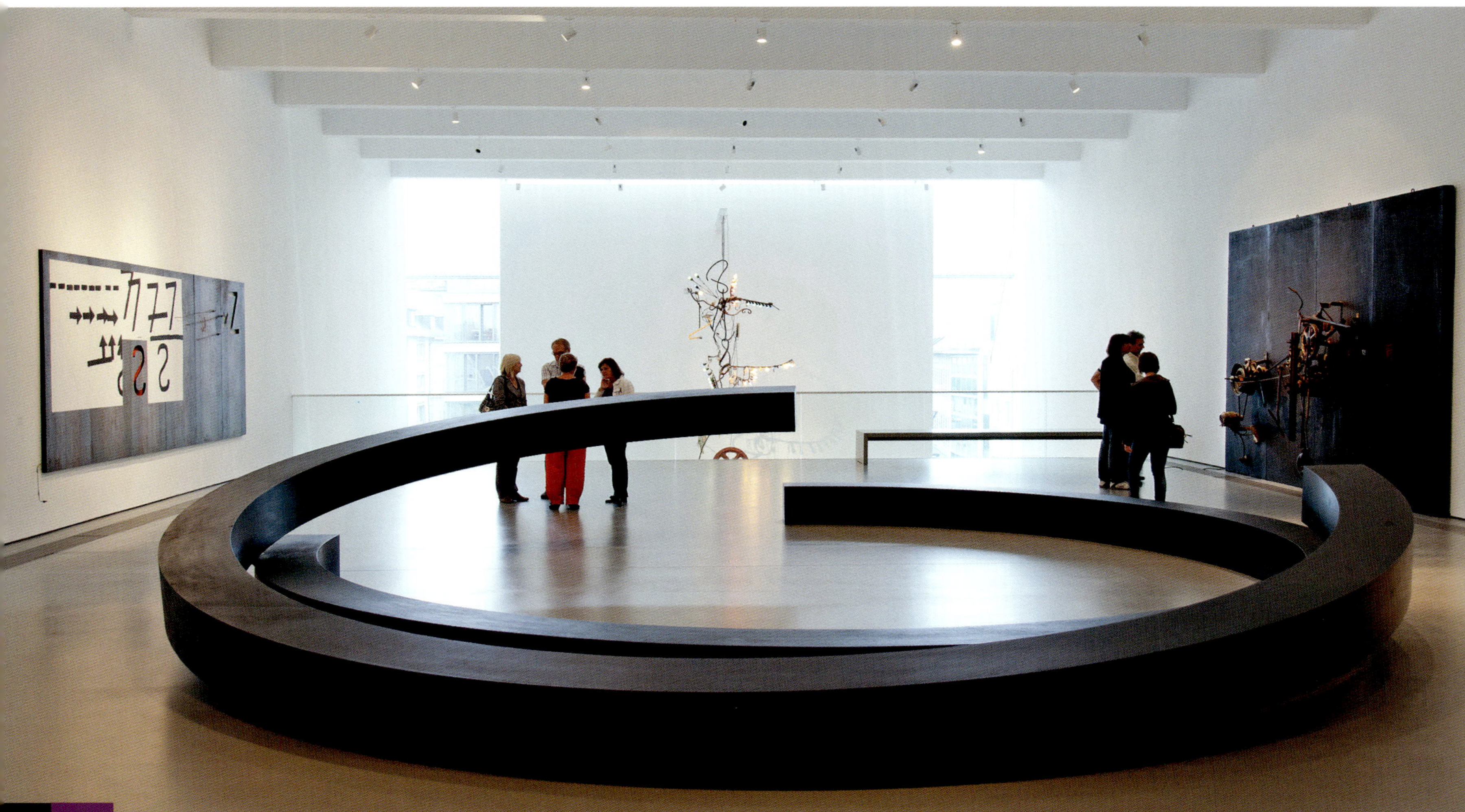

Das Ulmer Münster mit dem höchsten Kirchturm der Welt und das Stadthaus des New Yorker Architekten Richard Meier, 1993 eröffnet, prägen und begrenzen den Münsterplatz.

Ulm Minster, whose spire is the highest church tower in the world, together with the Stadthaus, created by the New York architect Richard Meier and opened in 1993, define and delimit the market square.

La cathédrale d'Ulm et sa flèche la plus haute du monde ainsi que la Maison Communale de l'architecte new-yorkais Richard Meier, inaugurée en 1993, marquent et délimitent le parvis de la cathédrale.

Die Kunsthalle Weishaupt, Ulm, zeigt wechselnde Arbeiten aus der Privatsammlung des Unternehmers Siegfried Weishaupt, hier eine Skulptur von Bernar Venet sowie Reliefs von Jannis Kounellis (links) und Jean Tanguely (hinten und rechts).

The Kunsthalle Weishaupt in Ulm exhibits a range of works from the private collection of the entrepreneur Siegfried Weishaupt. This picture shows a sculpture by Bernar Venet and reliefs by Jannis Kounellis (left) and Jean Tanguely (rear and right).

La galerie d'Art Weishaupt, à Ulm, expose en alternance des œuvres de la collection privée de l'entrepreneur Siegfried Weishaupt ; ici, une sculpture de Bernar Venet et des reliefs de Kounellis (à gauche) et de Jean Tanguely (arrière-plan à droite).

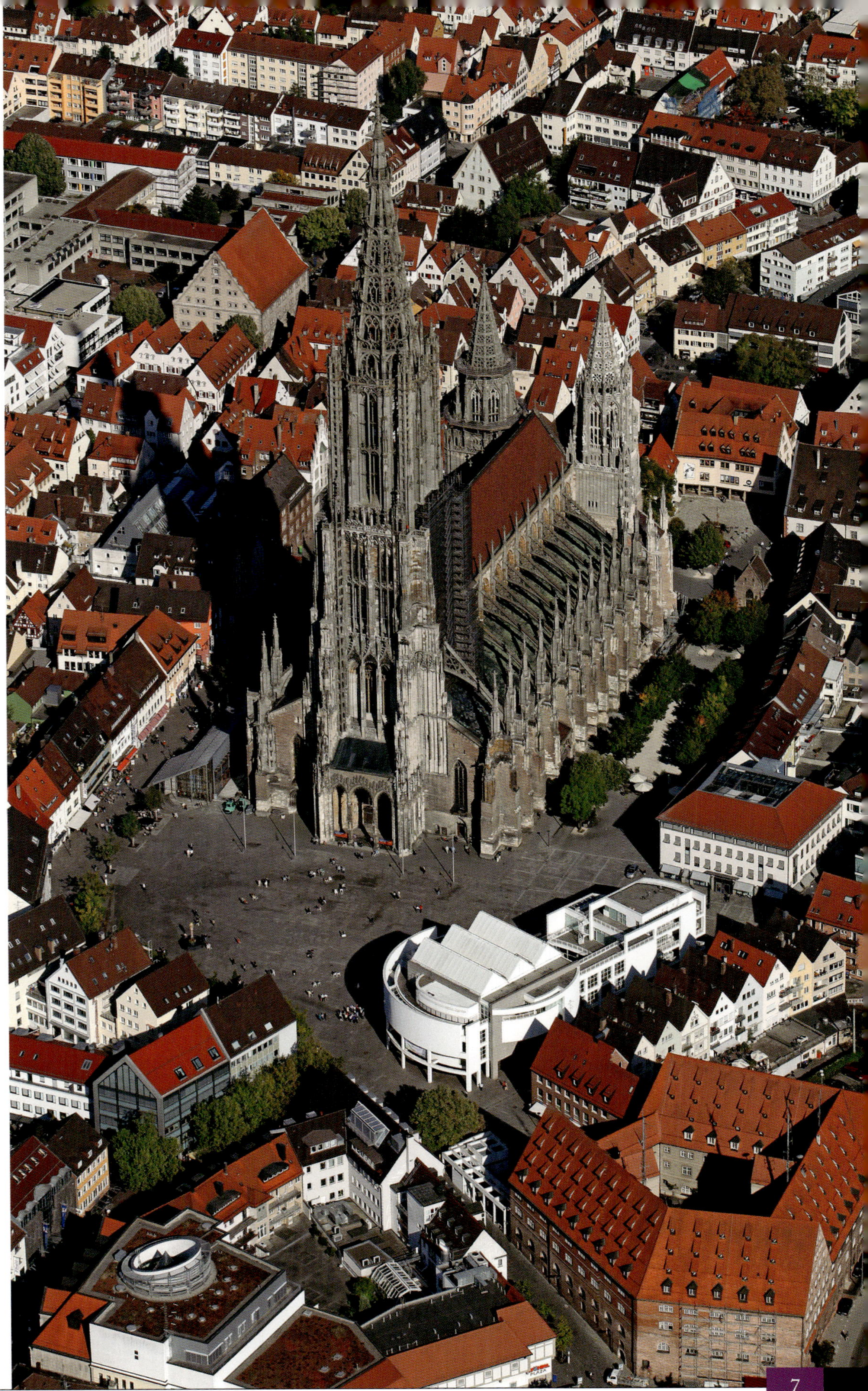

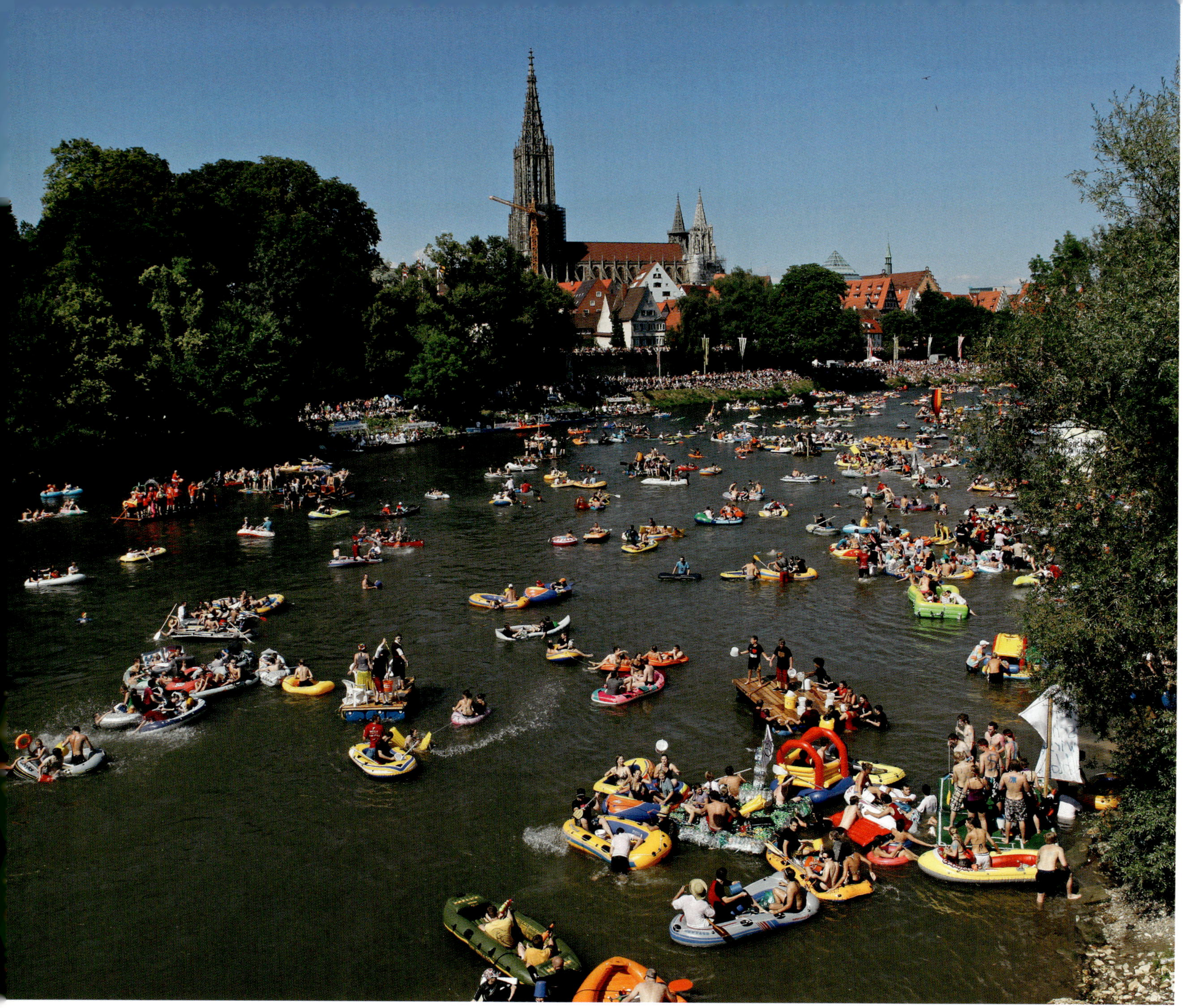

Beim »Nabada« in Ulm, einem traditionellen Wasserumzug, amüsieren sich jedes Jahr am Nachmittag des Schwörmontags Jung und Alt.

Each year during the "Nabada" in Ulm, a traditional water procession, young and old have fun on the afternoon of "Schwörmontag", the day the Lord Mayor pledges his oath.

Le « Nabada » d'Ulm est un corso traditionnel sur le Danube. Il a lieu, chaque année, le « Lundi du Serment ». C'est un amusement pour tous les âges.

DAS EHEMALIGE Benediktinerkloster im Ulmer Stadtteil Wiblingen wurde 1093 gegründet und im 18. Jahrhundert im barocken Stil neu erbaut. Der prachtvolle Bibliothekssaal diente auch als Repräsentationsraum der geistlichen Residenz.

THE FORMER Benedictine monastery in the Ulm suburb of Wiblingen was founded in 1093 and rebuilt in the Baroque style in the 18th century. The fine library also served as a reception room of this ecclesiastical residence.

L'ANCIEN MONASTÈRE des Bénédictins de Wiblingen, un quartier d'Ulm, fut fondé en 1093 et rebâti en style baroque au 18ème siècle. La magnifique bibliothèque servait également de salle d'apparat dans la résidence religieuse.

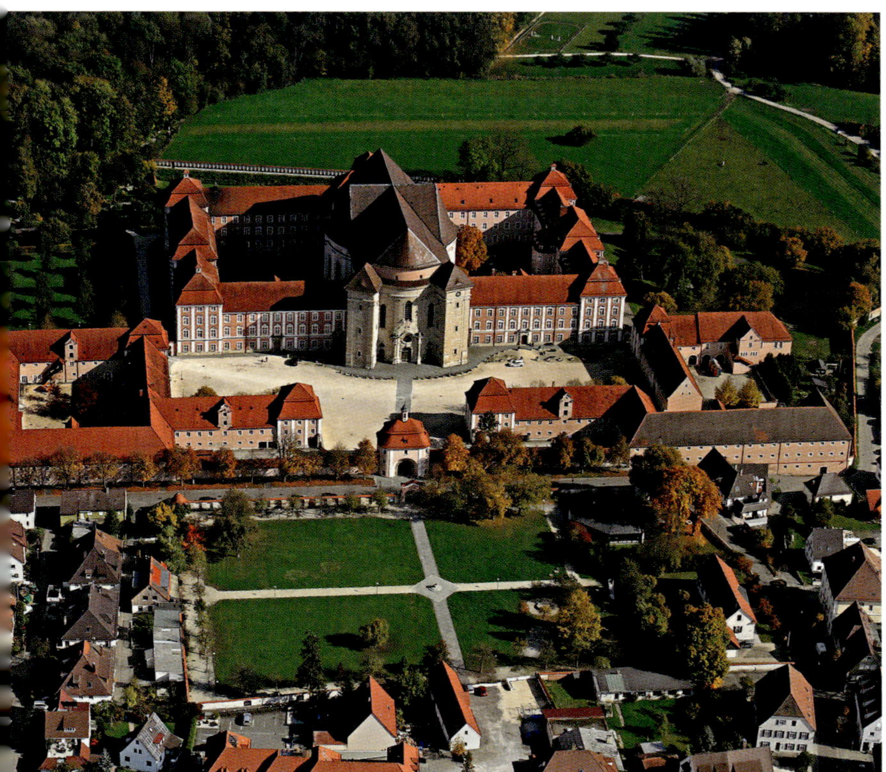

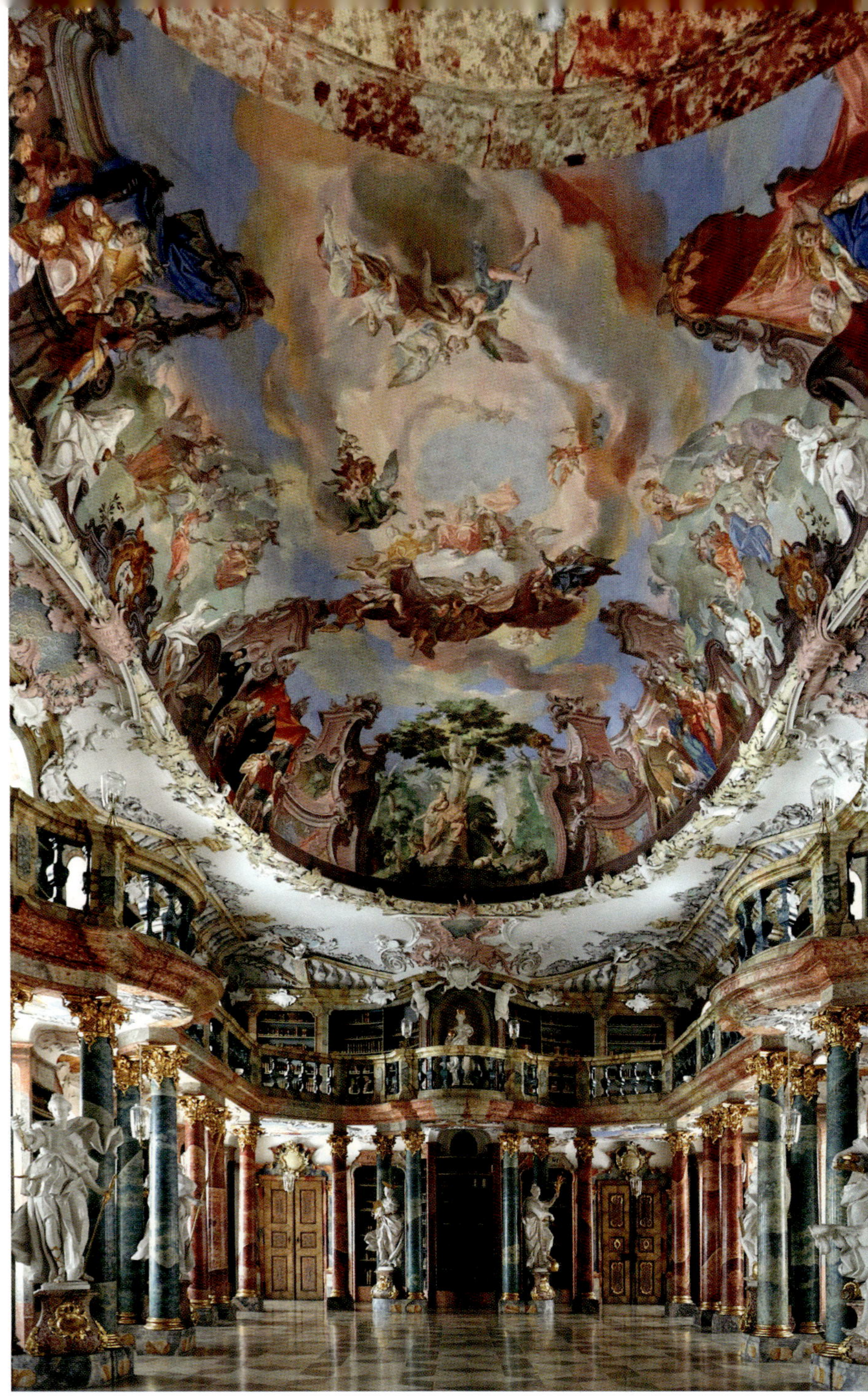

ERLEBNISLANDSCHAFT IM SÜDEN

Im Landstrich zwischen Donau und Bodensee ist ein Menschenschlag zuhause, der geprägt ist von einer alten Bauernkultur, durch geschichtliche Ereignisse und vor allem durch das Barockzeitalter. Hier wird sprichwörtlich fleißig »g'schafft«, aber auch ausgelassen gefeiert. In »des Reiches Pfaffenwinkel«, wie die Gegend genannt wurde, trifft der Neugierige auf kulturelle Schätze verschiedener Zeitepochen, allgegenwärtig aber sind die Spuren des Barock. Barockes Lebensgefühl atmen nicht nur die Kirchen, Klöster, Schlösser und Bürgerhäuser Oberschwabens und der Bodenseeregion, sondern auch die sanft hügelige, weitgeschwungene Landschaft mit ihren Flüssen, Seen, Städten, Dörfern, Wäldern, Wiesen, Rieden und Mooren. Hier können Einheimische wie Fremde »die Seele baumeln lassen«.

Es ist schon komisch, wer in Oberschwaben, am Bodensee oder im Westallgäu geboren wurde und aufgewachsen ist, den drängt es fort. Wer fort ist, den plagt das Heimweh, den zieht es mit Macht wieder zurück. Woher kommt diese Anziehungskraft, was macht den Reiz dieser Region aus, warum ist für viele Menschen diese Region Heimat, Fluchtpunkt und Rückzugsort in einem?

Ausgezogen, um der provinziellen Enge, von der soviel geredet und geschrieben wird, zu entfliehen, knüpfen Oberschwaben gerne internationale Kontakte, finden sich überall auf diesem Globus zurecht und fühlen sich schnell auch in der Fremde zuhause. Trotzdem, kaum hat sich der Oberschwabe irgendwo heimisch gemacht, fängt das Grübeln an. Kaum ist die Flucht aus der alten Heimat geglückt, erinnert man sich an deren Vorzüge, Eigen- und Besonderheiten: der Wunsch zurückzukehren wird übermächtig.

Verwurzelt in der Heimat

Gerade in der heutigen Zeit, in der das Neue, das Unbekannte das Maß aller Dinge zu sein scheint, wo manche Zeitgenossen am Tisch bei der Konversation damit prahlen, welche Länder sie schon bereist haben, müssen andere sich rechtfertigen für ihre Bodenständigkeit. Häufig sind es gerade diejenigen, die besonders empfindsam sind, für die der Begriff »Heimat« nicht antiquiert, sondern inhaltsvoll daherkommt. Solche Menschen, zumal wenn sie gebürtig »vom See« und aus Oberschwaben sind, suchen und besuchen immer wieder ihre heimatlichen Wurzeln. So der junge Professor aus New York, der seiner taiwanesischen Ehefrau bei den Hochzeitsfeierlichkeiten seine oberschwäbische Heimat zeigt und zum Hochzeitsschmaus nach barocken Rezepturen die internationale Verwandtschaft in ein gutbürgerliches Lokal einlädt. So der promovierte Direktor einer Gesellschaft für internationale Zusammenarbeit, für den es fast selbstverständlich ist, aus Indien zum jährlichen Zeltfest seines Heimatortes am Bodensee anzureisen, um Schulkameraden und Freunde zu treffen. So der international tätige Ingenieur, den es zurückzieht, nicht nur weil hier die Landschaft so attraktiv ist, sondern um seinem Hobby, dem Musizieren im Verein nachzugehen. So der vor allem im südamerikanischen und asiatischen Bereich gefragte Technologieberater, der den hohen Freizeitwert Oberschwabens genießt und gerne die weitläufigen Golfanlagen nutzt. So der junge Bauer, der im Osten einen landwirtschaftlichen Betrieb managt, aber regelmäßig zu Familienfeiern, auch zur Geburt der eigenen Kinder nach Hause kommt.

Nicht zuletzt reisen die für immer oder auf Zeit ausgewanderten Oberschwaben zu den zahlreichen Schützen-, Heimat- und Kinderfesten oder zu den Fasnetstagen an und freuen sich auf den Austausch mit den Zuhausegebliebenen. In Oberschwaben trifft man sich, kommt miteinander ins Gespräch, hier ist Begegnung möglich, hier werden Traditionen noch gelebt.

Glückhafte Gegensätzlichkeit

Spannung und Entspannung, leben und arbeiten, feiern und meditieren gehen in diesem Landstrich Hand in Hand. Bäderstädte, Wirtschafts- und Kulturzentren bieten neben den idyllischen ländlichen Räumen ein Umfeld, das mit hohem Freizeitwert und gesunder Lebensqualität punkten kann. Selbst in Krisenzeiten sind die Arbeitslosenzahlen so, dass sie fast an Vollbeschäftigung grenzen. Neidvoll schauen andere Kurstädte in Deutschland auf den Sonnenstundenrekord, den Bad Waldsee im

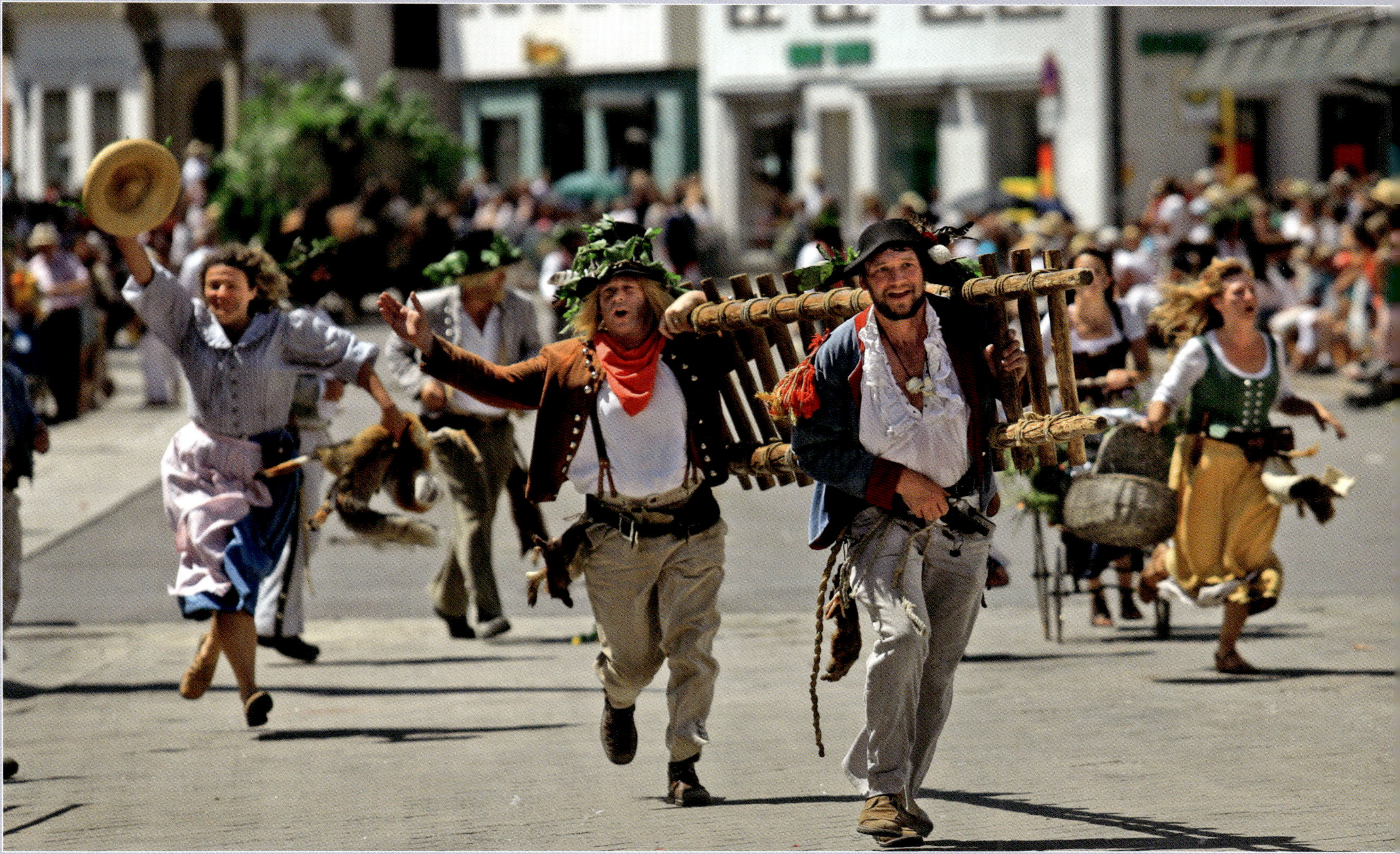

Herzen Oberschwabens zum wiederholten Male für sich beansprucht.

Dieser Bildband soll in den fern der Heimat Weilenden Erinnerungen wachrufen, den Zugereisten Appetit machen, die attraktive Wahlheimat zu erkunden, und den Alteingesessenen Bekanntes von einer anderen Warte aus beleuchten.

Peter Sandbiller hat als Fotograf nicht nur einen professionellen Blick für Land und Leute, über seine Fotolinse stellt er Anmut, Schönheit, Erhabenheit und Wirkung von Landschaft und Architektur in neue Zusammenhänge. Auch hier gilt die Aussage: Ich sehe nur, was ich weiß. Dieser Bildband vermittelt neues Wissen und eröffnet damit dem Bildbetrachter einen neuen Blickwinkel. Das Auge ist das Tor zur Seele und in diesem Fall zu einer beseelten Landschaft.

Zu den Heimatfesten – wie hier dem Biberacher Schützenfest – reisen Oberschwaben aus aller Welt an und freuen sich auf den Austausch mit alten Freunden.

Upper Swabians travel from all over the world to the historic festivals—like the Biberach Schützenfest seen here—and look forward to meeting and talking with old friends.

Des hauts-souabes du monde entier rentrent au pays aux fêtes traditionnelles, comme ici à la fête de l'Association de Tir de Biberach, et y retrouvent d'anciens amis.

A FASCINATING AREA OF THE SOUTH

The area between the Danube and Lake Constance is home to a type of person marked out by a long tradition of peasant culture, historical events and, in particular, by the Baroque era. People really do work hard here, but also know how to play hard as well. In the "Pfaffenwinkel", as the region was once known, the curious will come across cultural treasures of various eras. However, traces of the Baroque can be seen everywhere. Baroque style is not only expressed by the churches, monasteries, palaces and town houses of Upper Swabia and the Lake Constance region, but also by the gently rolling, broad landscape with its rivers, lakes, towns, villages, forests, meadows, marshes and bogs. Both local residents and visitors can unwind here.

It is a strange fact that anyone born and raised in Upper Swabia, by Lake Constance or in the Western Allgäu generally wants to leave the area. Once away, they are prone to homesickness and find their way back again as quickly as possible. Where does this attraction come from, what is so special about this region? Why, for so many people, is this region a home, an escape and a retreat?

In this day and age, in which the new and unknown are considered as the be-all-and-end-all, in which people boast about all the countries they have visited, some people have to justify their down-to-earthness. All too often, it is these people who are particularly sensitive and for whom the term "home" is not antiquated but really means something. Time and again, such people, if they were born "by the lake" or are from Upper Swabia, look for and visit their roots.

Excitement and relaxation, living and working, celebrating and meditating go hand in hand around here. Spa towns, economic and cultural centres, together with idyllic areas of countryside, form an environment which can offer a wealth of leisure activities and a healthy quality of life. Even in times of crisis, the unemployment rates are so low that they are close to full employment. Other spa towns in Germany look jealously at the record amounts of sunshine which Bad Waldsee in the heart of Upper Swabia frequently chalks up.

This book is intended to awaken memories in those far from home and to whet the appetite of those new to the area to find out more about their attractive new home. It shows that which is known and loved to long-term residents from a different perspective. As a photographer, Peter Sandbiller not only has a professional eye for people and landscapes, he uses his camera lens to present the charm, beauty, grandeur and interplay of landscape and architecture in new ways. This book offers a mine of new information, thus giving the reader a new perspective.

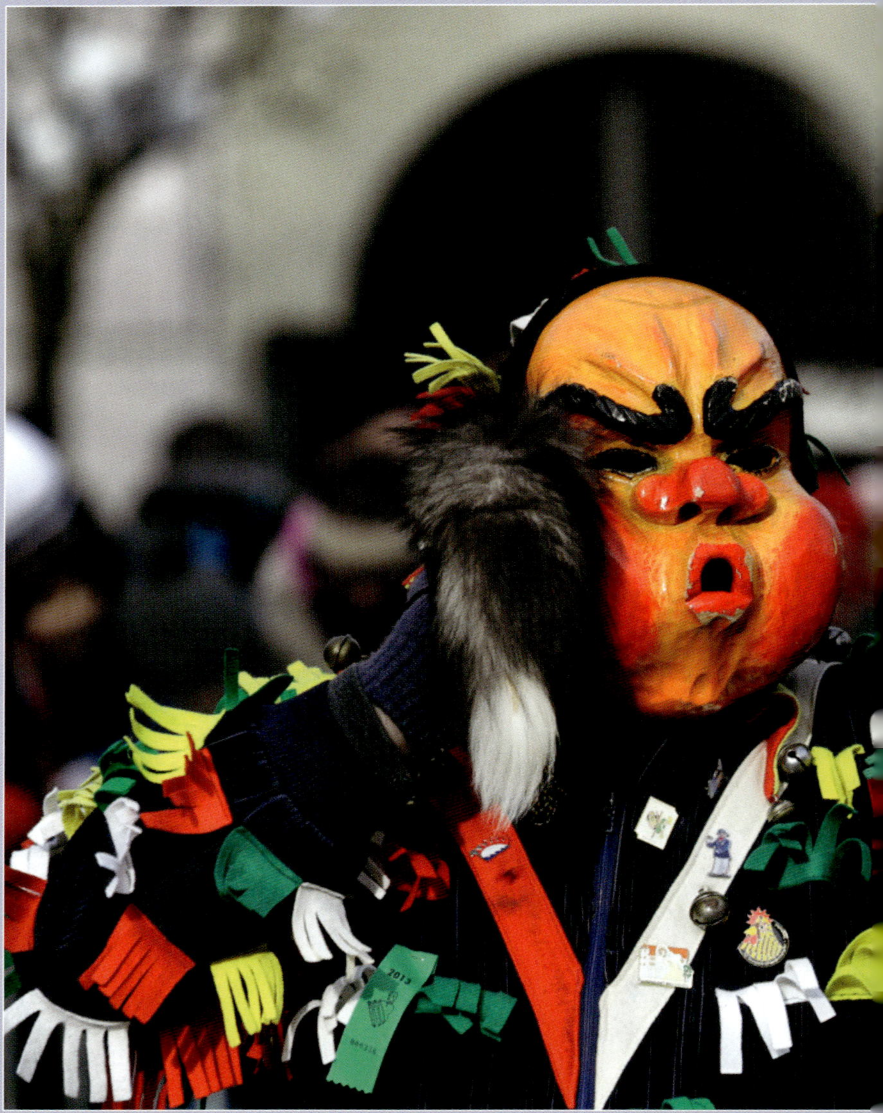

PAYSAGE D'AVENTURE DANS LE SUD

Les habitants de la région située entre le Danube et le Lac de Constance sont marqués par une vieille culture paysanne, par des événements historiques mais surtout par la période baroque. Le proverbe dit qu'on y « bosse dur » mais aussi que l'on sait y faire la fête. Dans ce « coin de curés de l'Empire », comme la région était nommée autrefois, la curiosité des visiteurs rencontre des trésors culturels de différentes époques, mais les traces du baroque sont omniprésentes. L'atmosphère baroque se ressent non seulement dans les églises, les abbayes, les châteaux et les maisons bourgeoises de Haute Souabe et de la région du Lac de Constance mais aussi dans le vaste paysage qui rassemble douces collines, rivières, lacs, villes, villages, forêts, prairies, marais et marécages. C'est ici que les habitants du cru et les visiteurs peuvent « bercer leur âme ».

Il est bizarre que quelqu'un, né en Haute Souabe, sur les bords du Lac de Constance ou en Allgäu occidental, ait l'envie de les quitter. Parti, il est rongé par le mal du pays et ne peut résister à l'envie d'y revenir. D'où vient cette force d'attraction, qu'est ce qui rend cette région si attirante, pourquoi est-elle en même temps une patrie, un point de fuite et un lieu de retour ?

C'est justement à notre époque, dans laquelle le nouveau et l'inconnu sont des critères déterminants et dans laquelle les conversations sont dominées par les vantardises de ceux qui ont vu bien des pays, que les autres doivent justifier leur amour du terroir. Souvent, ces derniers sont des personnes particulièrement sensibles pour lesquelles le terme de « patrie » n'est pas un mot suranné mais plein de sens. Ces gens nés « près du Lac » ou en Haute Souabe recherchent et se rapprochent toujours de leurs racines au pays.

Suspens et détente, vivre et travailler, fêter et méditer vont main dans la main dans cette région. Les villes de cure, les centres économiques et culturels offrent, à côté de la campagne idyllique, un environnement particulièrement propice aux loisirs et d'une saine qualité de vie. Même en période de crise, le nombre des chômeurs correspond pratiquement à un plein emploi. Les autres villes de cure d'Allemagne contemplent, envieuses, le record d'ensoleillement que vient d'enregistrer une nouvelle fois Bad Waldsee, au cœur de la Haute Souabe.

Les illustrations de ce livre doivent rappeler des souvenirs à ceux qui vivent loin de leur pays, donner aux visiteurs l'appétit de découvrir leur lieu de séjour et d'amener les habitants du cru à découvrir un autre aspect de ce qu'ils connaissent déjà. Le photographe Peter Sandbiller ne jette pas seulement un regard de professionnel sur le pays et ses habitants mais ses photos replacent dans de nouveaux contextes la grâce, la beauté, la sublimité et l'effet du paysage et de l'architecture. Ce livre illustré enrichit les connaissances du lecteur et lui offre, par ses photographies, un nouvel angle de vue.

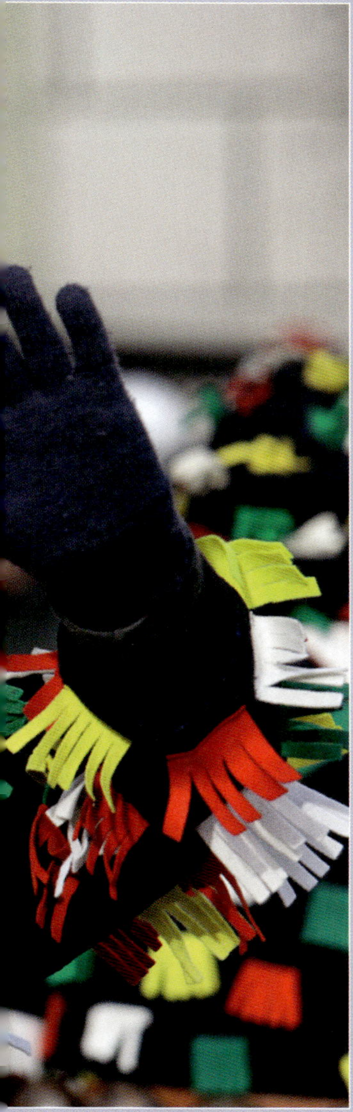

HIER WERDEN Traditionen noch gelebt: Die Figur des Pfälällers der Langenarger Narrenzunft Dammglonker existiert seit 60 Jahren.

TRADITIONS ARE still lived out here. The figure of the Pfäläller of the Dammglonker Guild of Jesters from Langenargen has been in existence for 60 years.

LES TRADITIONS sont ici encore vivaces : Le personnage du Pfäläller du club de carnaval Dammglonker de Langenargen existe depuis 60 ans.

GLEICH NEBEN dem Erbacher Schloss steht die Pfarrkirche Sankt Martinus, erbaut 1767.

THE PARISH church of St Martin, built in 1767, stands next door to Erbach Schloss.

L'ÉGLISE PAROISSIALE de Saint-Martin, bâtie en 1767, est proche voisine du château d'Erbach.

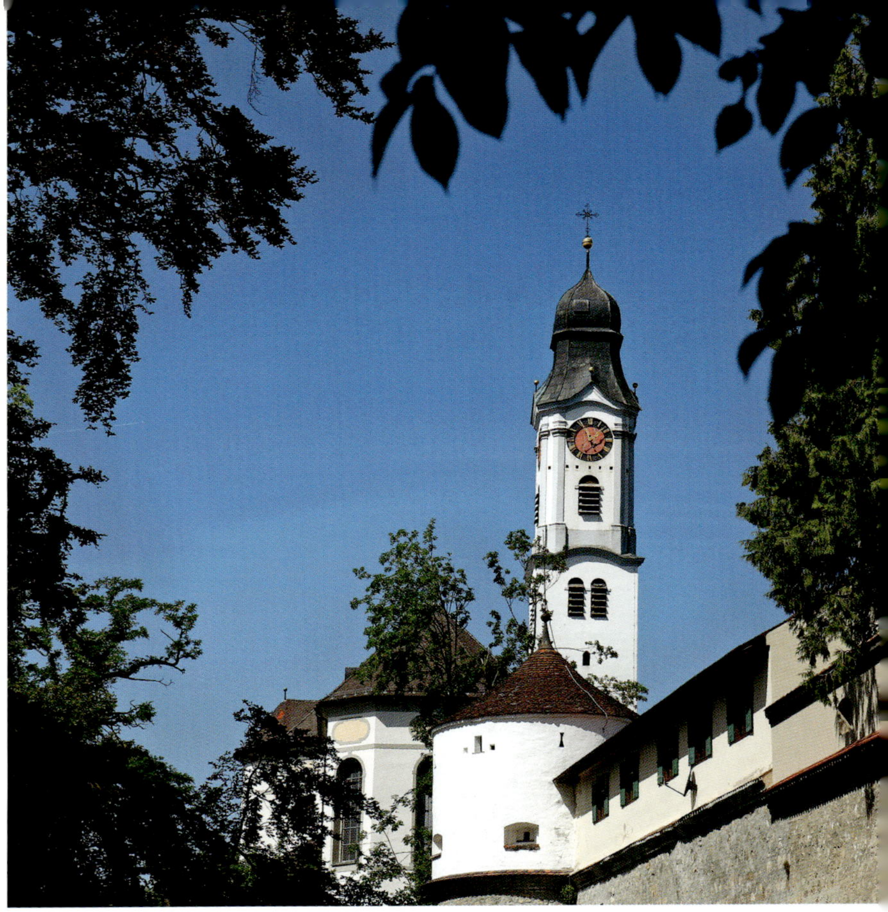

DER WESTGIEBEL des Renaissanceschlosses Erbach, das auf einer Bergkante hoch über dem Donautal thront.

THE WESTERN gable of the Renaissance Schloss Erbach, which stands high above the Danube Valley on the side of a hill.

LE PIGNON ouest du château de la Renaissance à Erbach se dresse sur une crête qui domine la vallée du Danube.

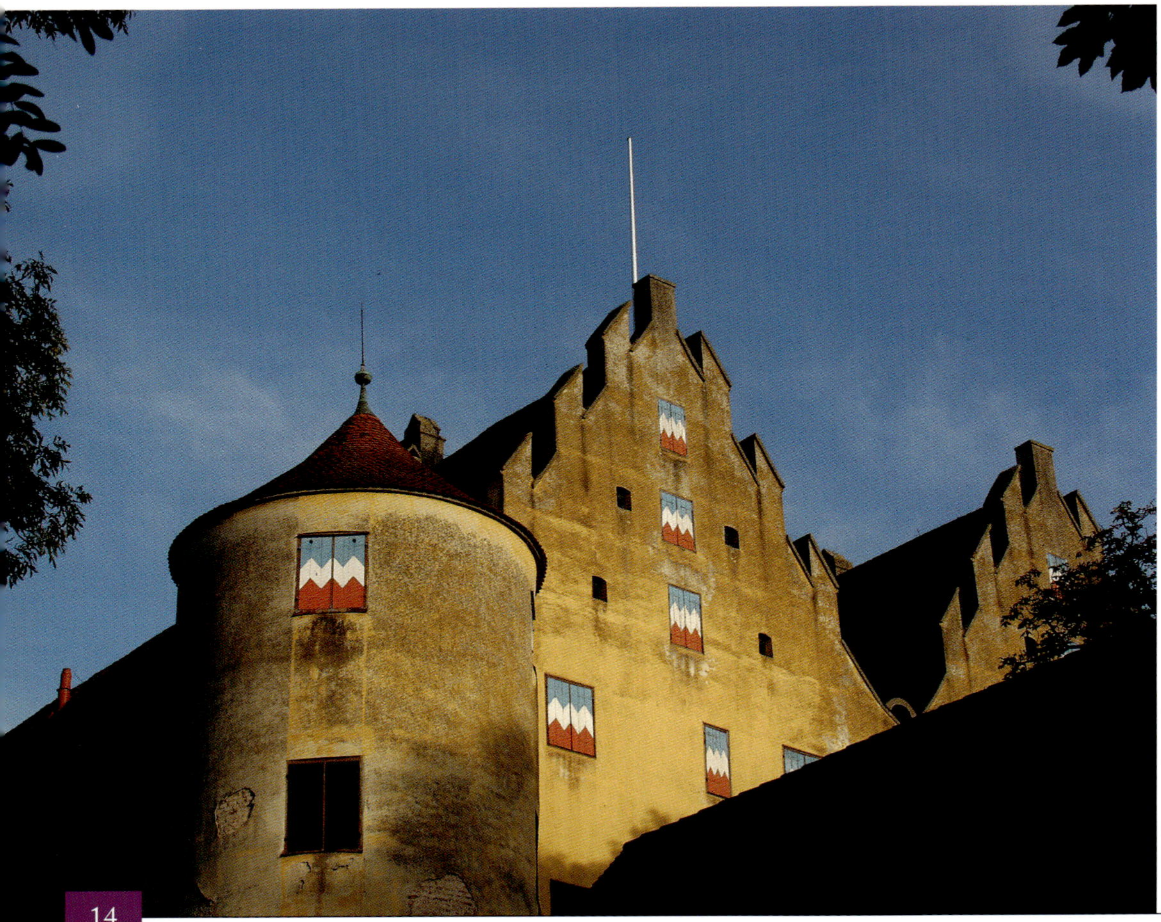

DAS »MUSEUM zur Geschichte von Christen und Juden« im Schloss Großlaupheim stellt auf eindrückliche Weise das Zusammenleben der beiden Religionsgemeinschaften dar.

THE "MUSEUM of the History of Christians and Jews" in Schloss Grosslaupheim offers an impressive presentation of the interaction of what was once the largest Christian-Jewish community in Württemberg in Laupheim.

LE « Musée de l'histoire des Chrétiens et des Juifs » du château de Grosslaupheim remémore de manière impressionnante la cohabitation, à Laupheim, des chrétiens et de la plus importante communauté juive du Wurtemberg de l'époque.

Auf dem Laupheimer Marktplatz zieht eine phantasievolle Rutschbahn die Kinder magisch an.

An imaginative slide in Laupheim market square holds a magical fascination for children.

Un toboggan fantaisiste attire magiquement les enfants sur la Place du Marché de Laupheim.

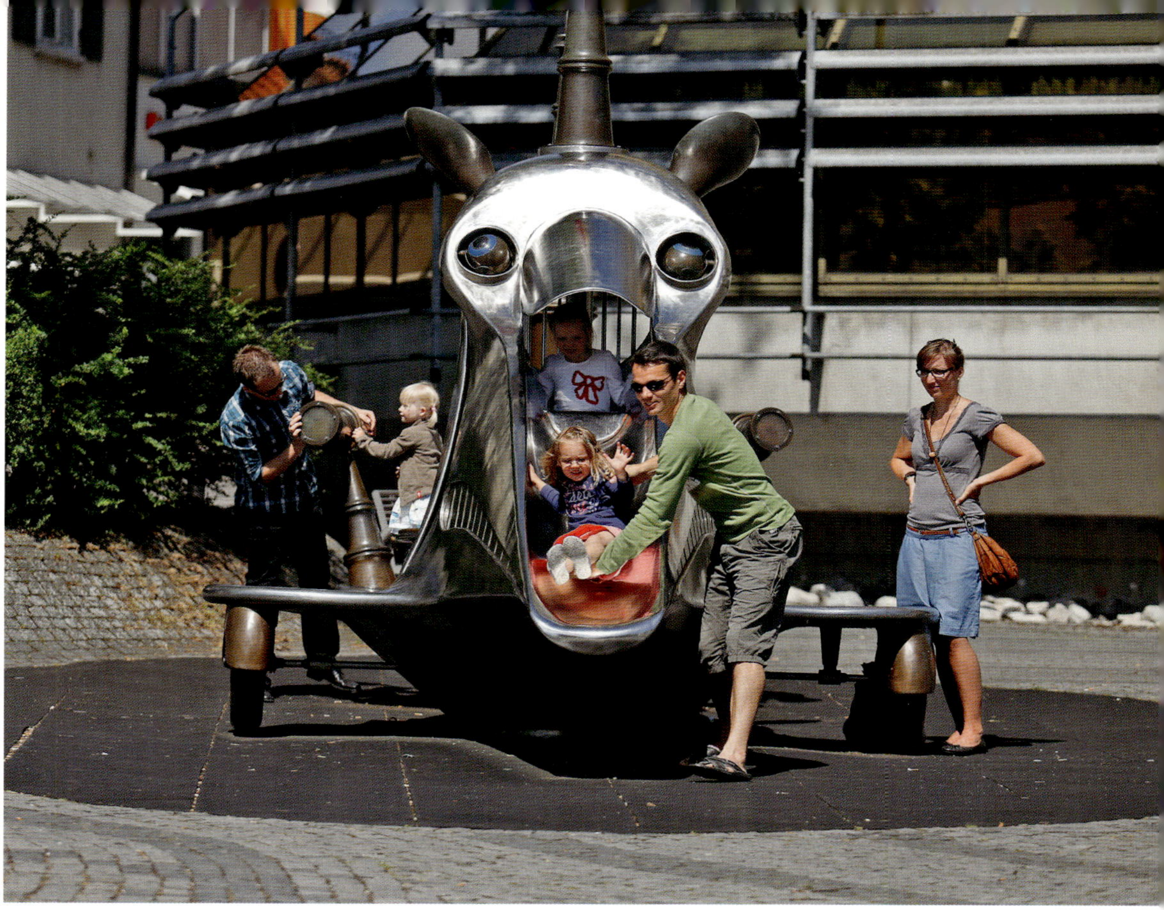

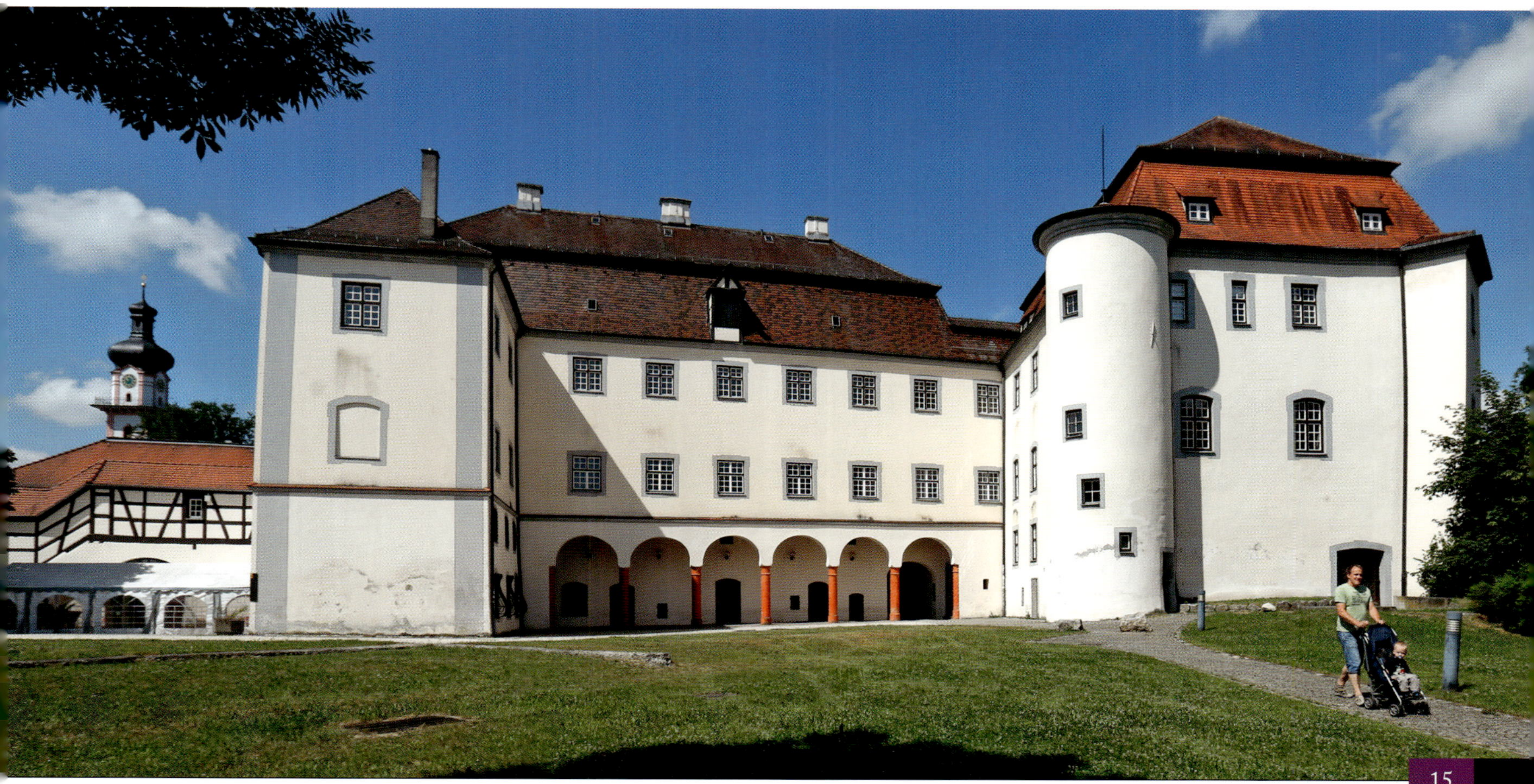

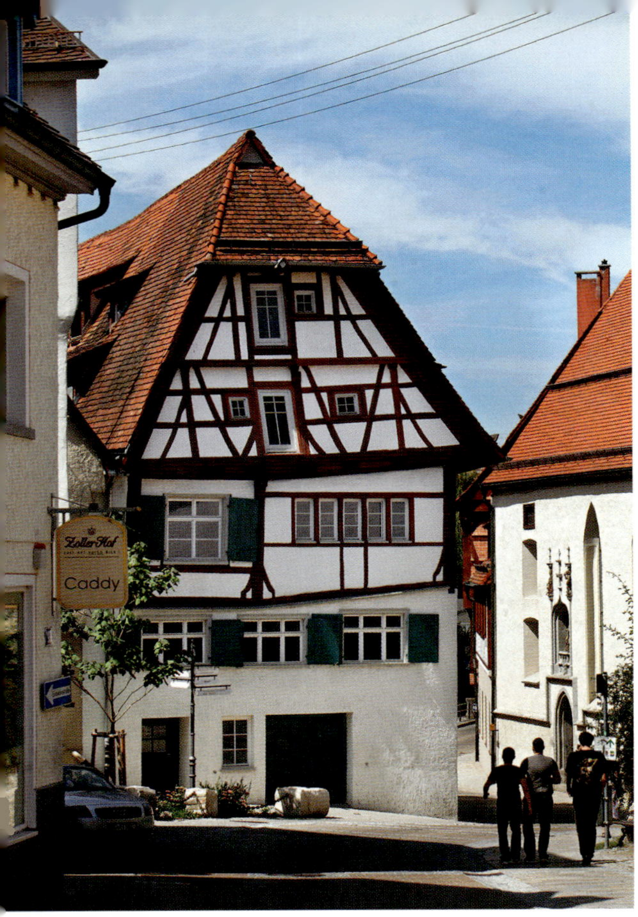

GANZ SCHÖN schief kann auch ganz schön sein … Fachwerkhaus in Ehingen (Donau).

BEING ASKEW can still be pretty. Half-timbered building in Ehingen an der Donau.

LA BEAUTÉ n'est pas toujours un angle droit … Maison à colombage à Ehingen (Danube).

365 FENSTER hat Schloss Mochental, ein paar Kilometer außerhalb von Ehingen. Eine Galerie bietet in den barocken Räumen moderne Kunst an; unterm Dach erinnert das weltweit erste Besenmuseum an die schwäbische Kehrwoche.

SCHLOSS MOCHENTAL, a few kilometres outside Ehingen, has 365 windows. Within the Baroque walls, a gallery exhibits modern art. In the eaves of the roof, the world's first broom museum is a testament to the Swabian "Kehrwoche" (cleaning week).

SITUÉ À quelques kilomètres d'Ehingen, le château de Mochental compte 365 fenêtres. Dans les salles baroques, une galerie d'art expose de l'art moderne. Sous le toit, le premier musée du balai au monde rappelle la proverbiale corvée hebdomadaire des souabes.

DER THEODUL-BRUNNEN auf dem Ehinger Marktplatz ist Blickfang und Ort der Erfrischung.

THE THEODUL Fountain in the market square in Ehingen is both an eye-catcher and a place of refreshment.

LA FONTAINE Théodule sur la Place du Marché d'Ehingen est une attraction et un havre de fraîcheur.

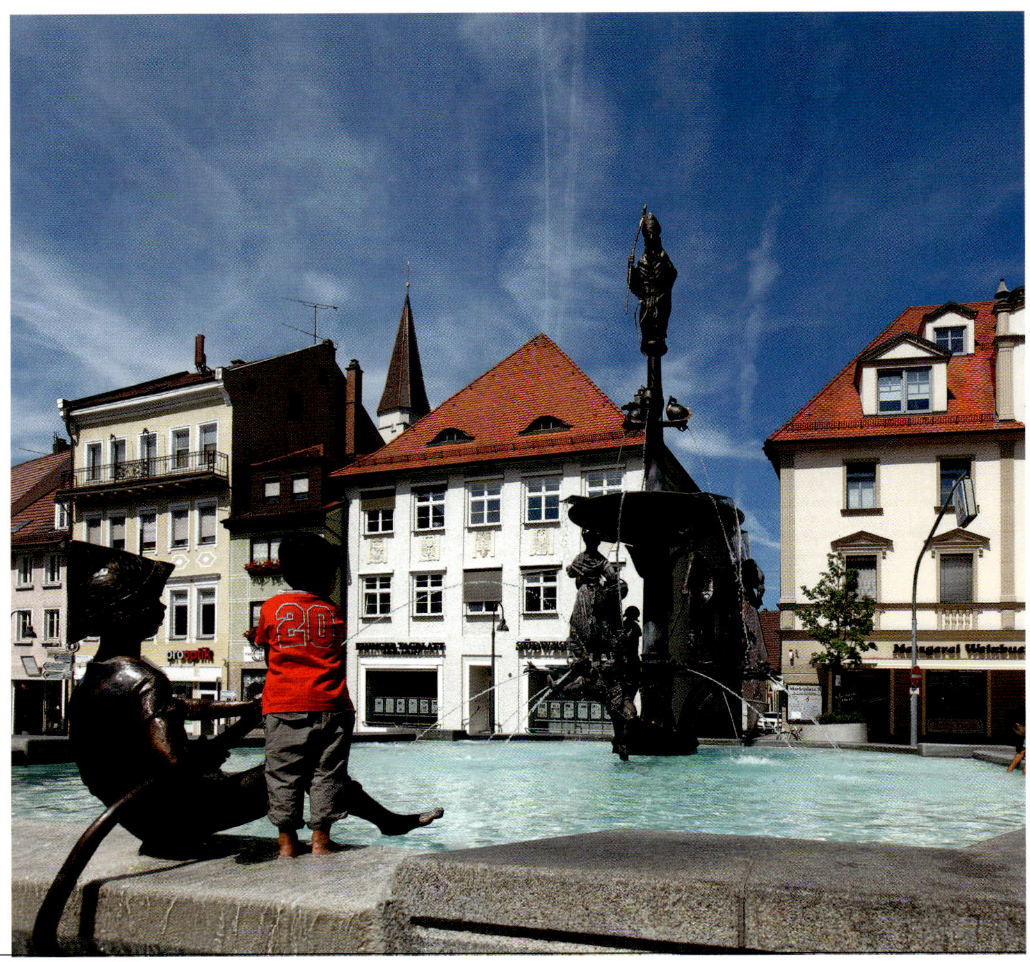

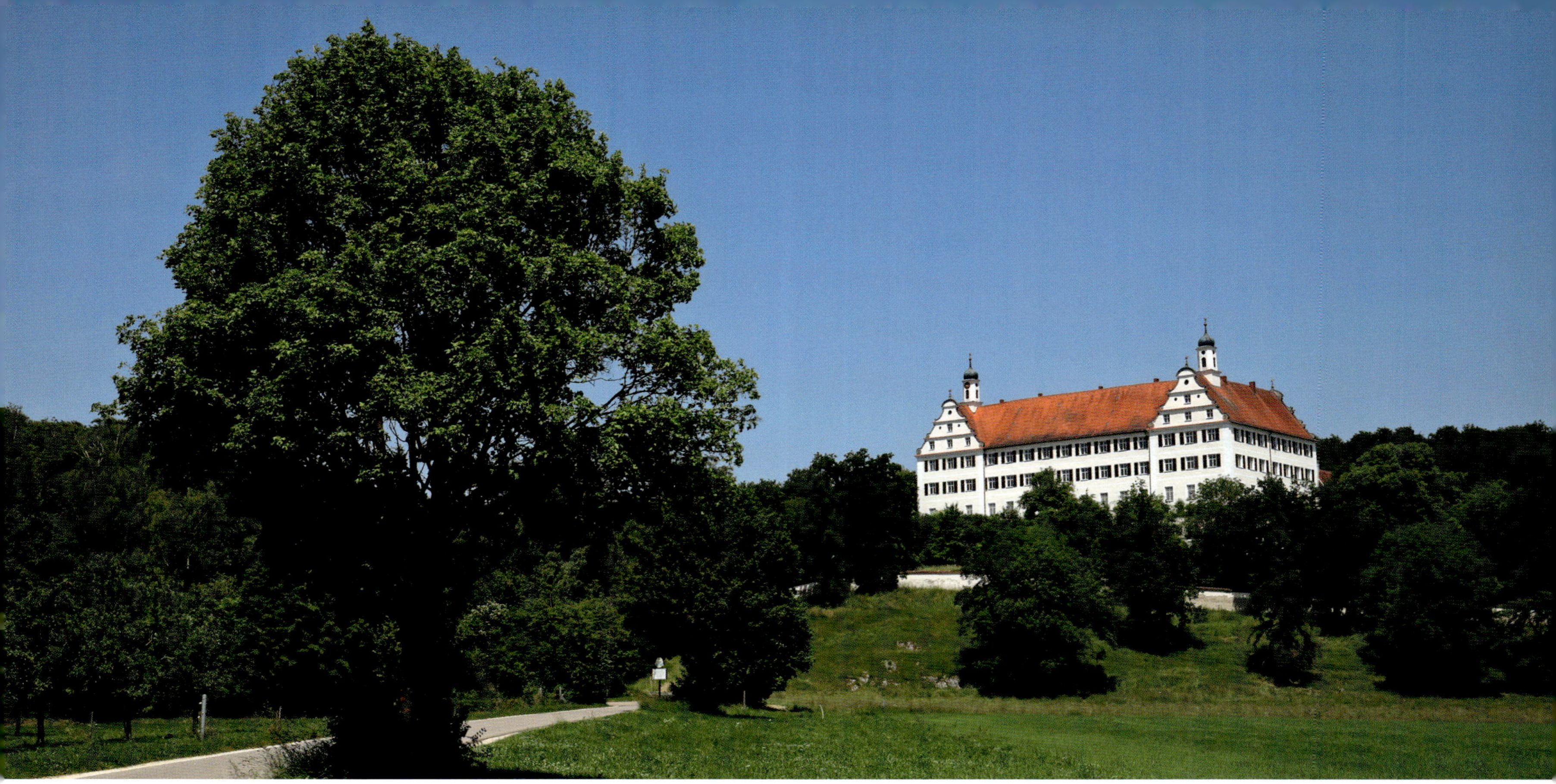

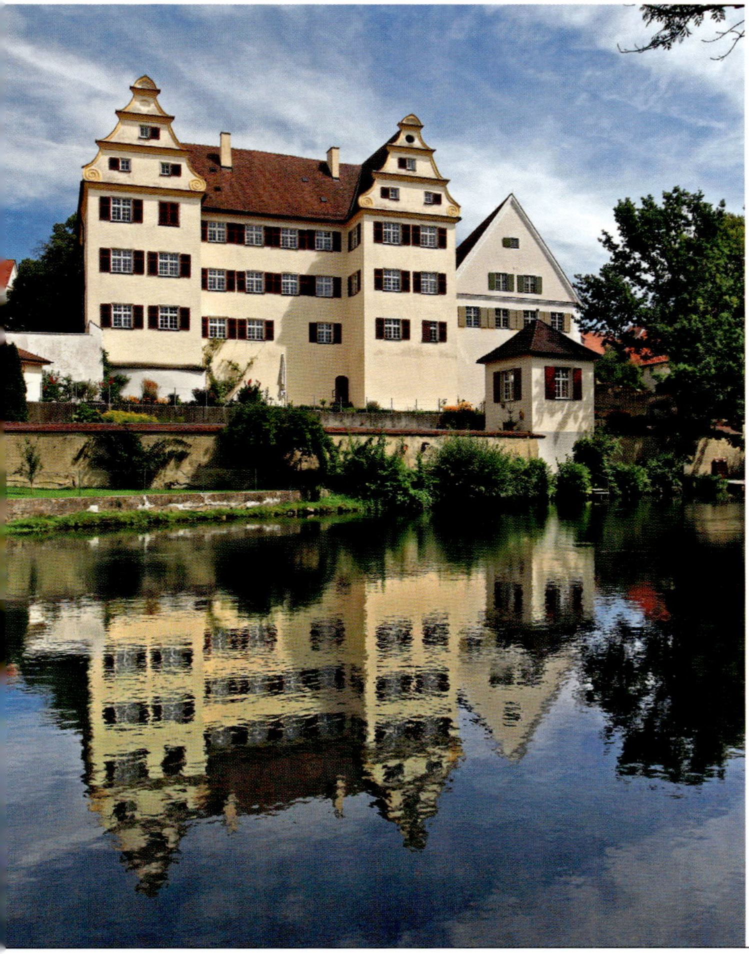

DER STATTLICHE Pfarrhof in Munderkingen diente auch als Sommersitz und Residenz der Äbte von Marchtal.

THE STATELY parsonage in Munderkingen was the summer residence of the Abbots of Marchtal.

L'IMPOSANT PRESBYTÈRE de Munderkingen servait aussi de villégiature d'été et de résidence aux Abbés de l'abbaye de Marchtal.

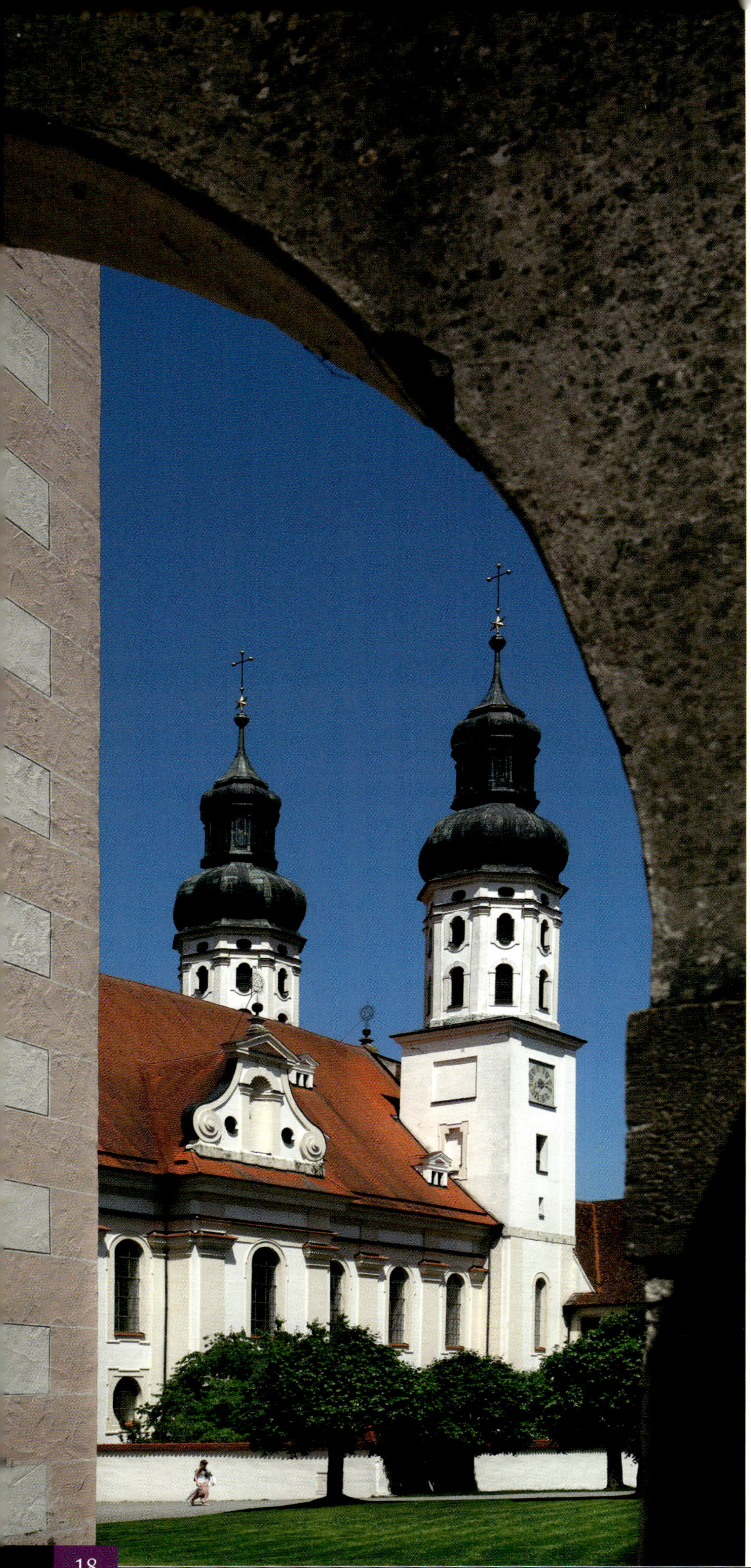

DAS EHEMALIGE Prämonstratenser-Kloster in Obermarchtal beherbergt heute verschiedene Schulen, ein Tagungshaus und kirchliche Bildungseinrichtungen.

THE FORMER Premonstratensian monastery in Obermarchtal is now home to various schools, a conference centre and religious education facilities.

L'ANCIENNE ABBAYE des Prémontrés d'Obermarchtal abrite aujourd'hui des écoles diverses, un centre de congrès et des institutions religieuses d'éducation.

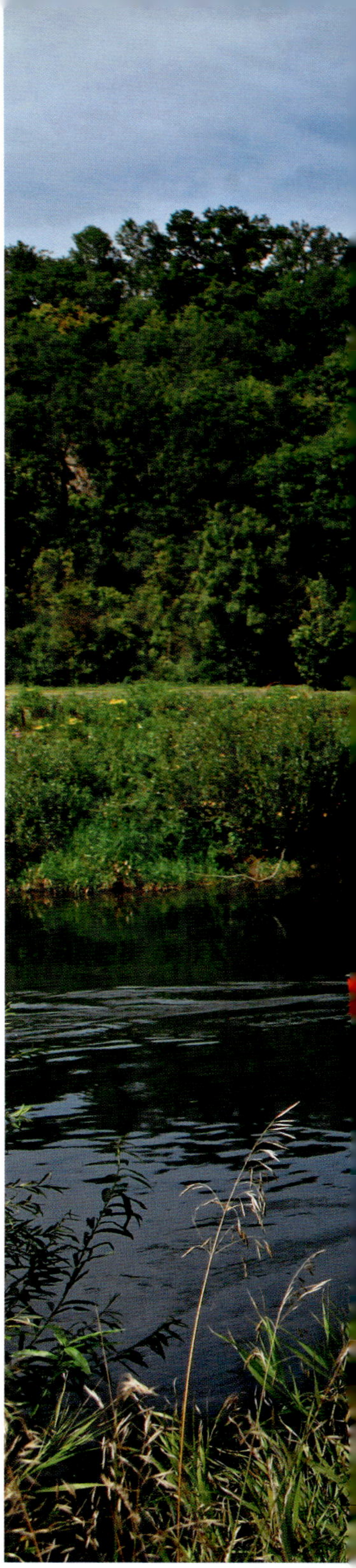

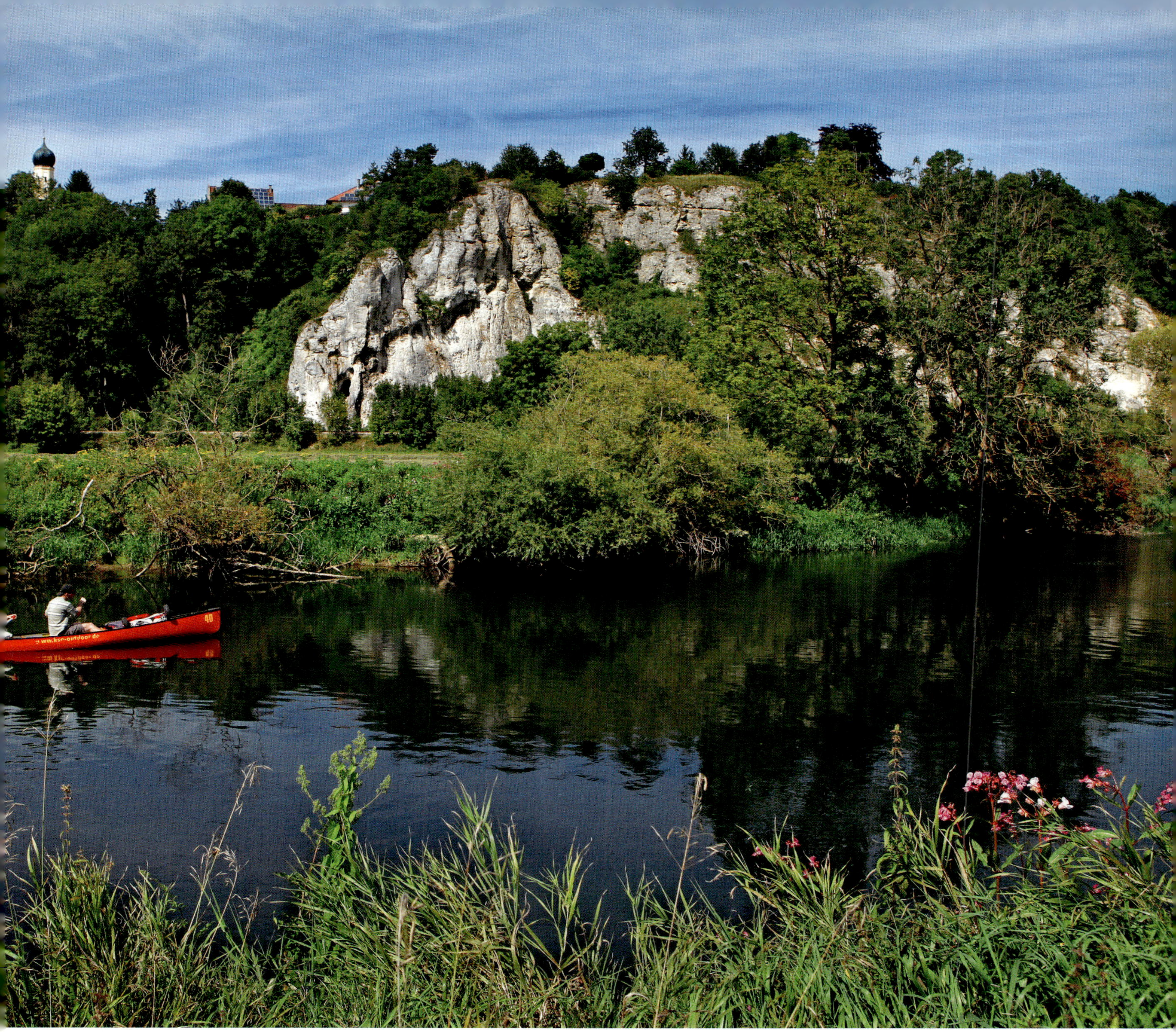

DIE DONAU ist an ihrem Oberlauf wie hier beim Lauteracher Ortsteil Neuburg ein Paradies für Paddler.

IN ITS upper reaches, such as here near the Lauterach suburb of Neuburg, the Danube is a canoeists' paradise.

LE COURS supérieur du Danube, comme ici à Neuburg, un quartier de Lauterach, est un paradis pour les pagayeurs.

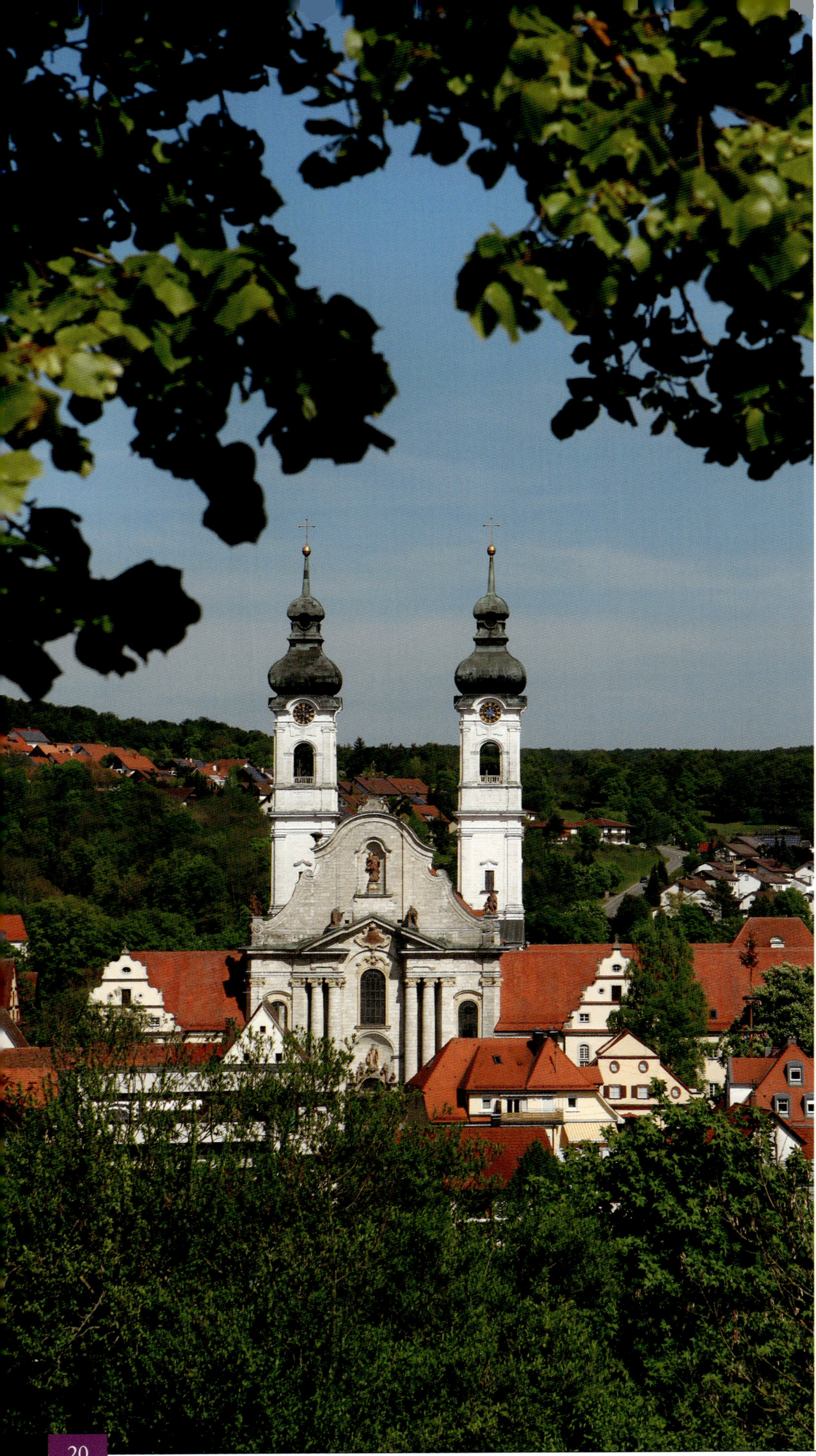

VON 1929 stammt diese Sonnenuhr an der Riedlinger Stadtpfarrkirche Sankt Georg.

THIS SUNDIAL on the Riedlingen parish church of St George dates back to 1929.

CETTE HORLOGE solaire de 1929 orne l'église paroissiale Saint-Georges de Riedlingen.

DAS MÜNSTER Unserer Lieben Frau ragt hoch über die geduckten Dächer Zwiefaltens hinaus.

THE MINSTER of Our Lady rises high above the pitched roofs of Zwiefalten.

LA CATHÉDRALE « A Notre chère Dame » se dresse au-dessus des toits de Zwiefalten.

DER HÄNGEGARTEN im Riedlinger Stadtteil Neufra ruht auf 14 Gewölben und stützt dadurch den Hang mit Schloss und Kirche. 1988 wurde er nach einer Zeichnung aus der Renaissancezeit wiederhergestellt.

THE HÄNGEGARTEN in the Riedlingen suburb of Neufra is supported by 14 arches, shoring up the slope on which the palace and church are located. The garden was restored in 1988 using a drawing from the Renaissance era.

LE JARDIN suspendu de Neufra, un quartier de Riedlingen, repose sur 14 voutes et renforce ainsi la butte qui porte le château et l'église. Il fut réaménagé en 1988 d'après un dessin de la Renaissance.

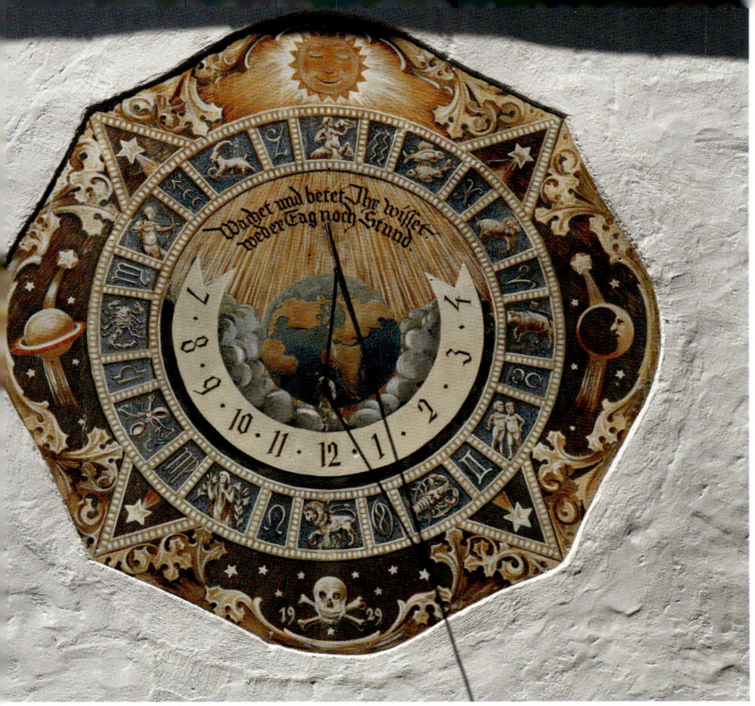

RIEDLINGEN: BLICK von der Donauinsel auf das Mühltörle, einen pittoresken Fachwerkbau hoch über der Donau. Im Hintergrund erhebt sich der Turm der Pfarrkirche Sankt Georg.

RIEDLINGEN: VIEW from the Danube Island to the Mühltörle, a picturesque half-timbered building high above the Danube. The tower of the parish church of St George can be seen in the background.

RIEDLINGEN : Vue d'un îlot du Danube vers le « Mühltörle », un bâtiment pittoresque à colombages qui se dresse au-dessus du fleuve. Le clocher de l'église paroissiale St-Georges se dessine à l'arrière-plan.

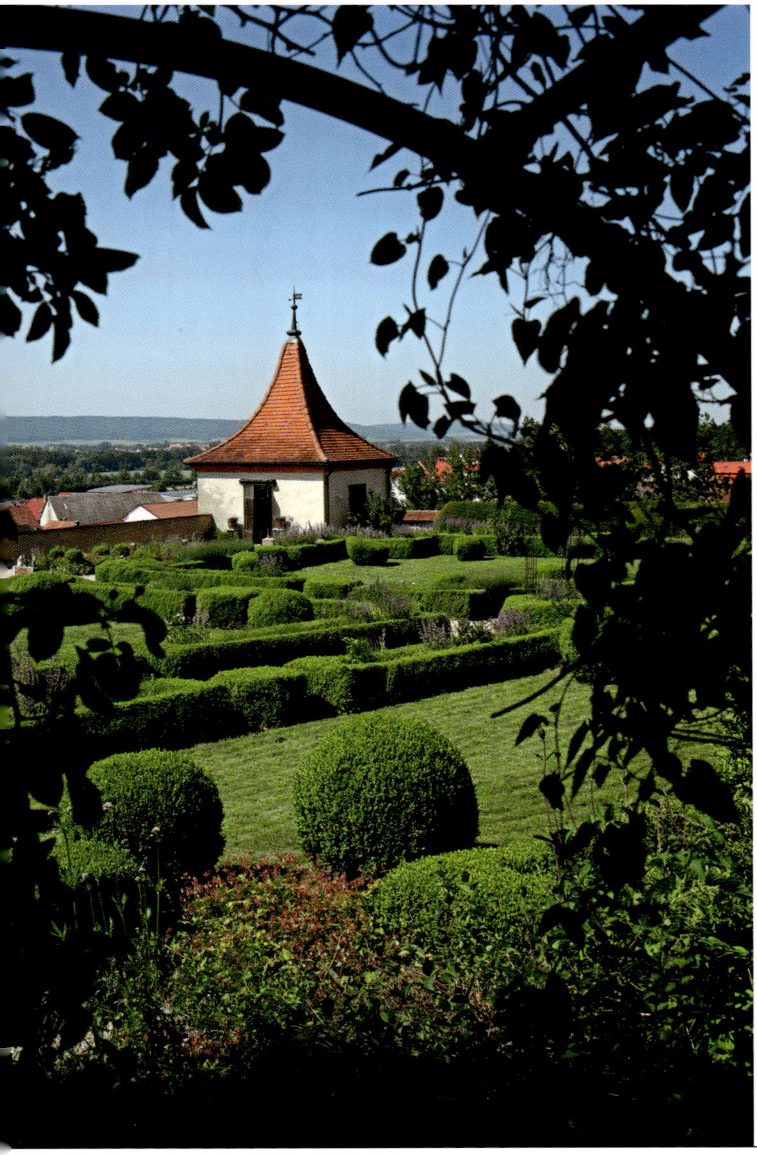

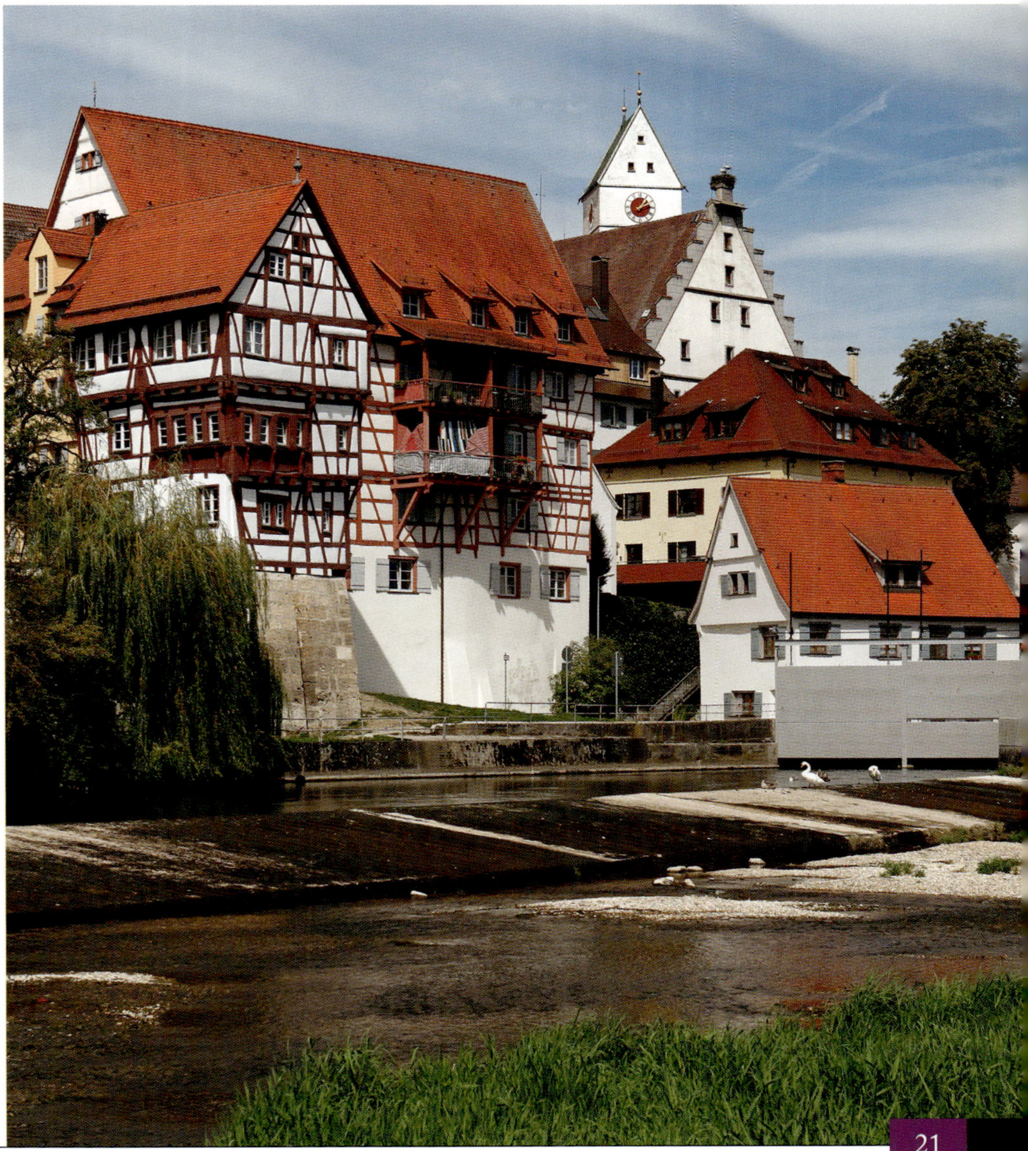

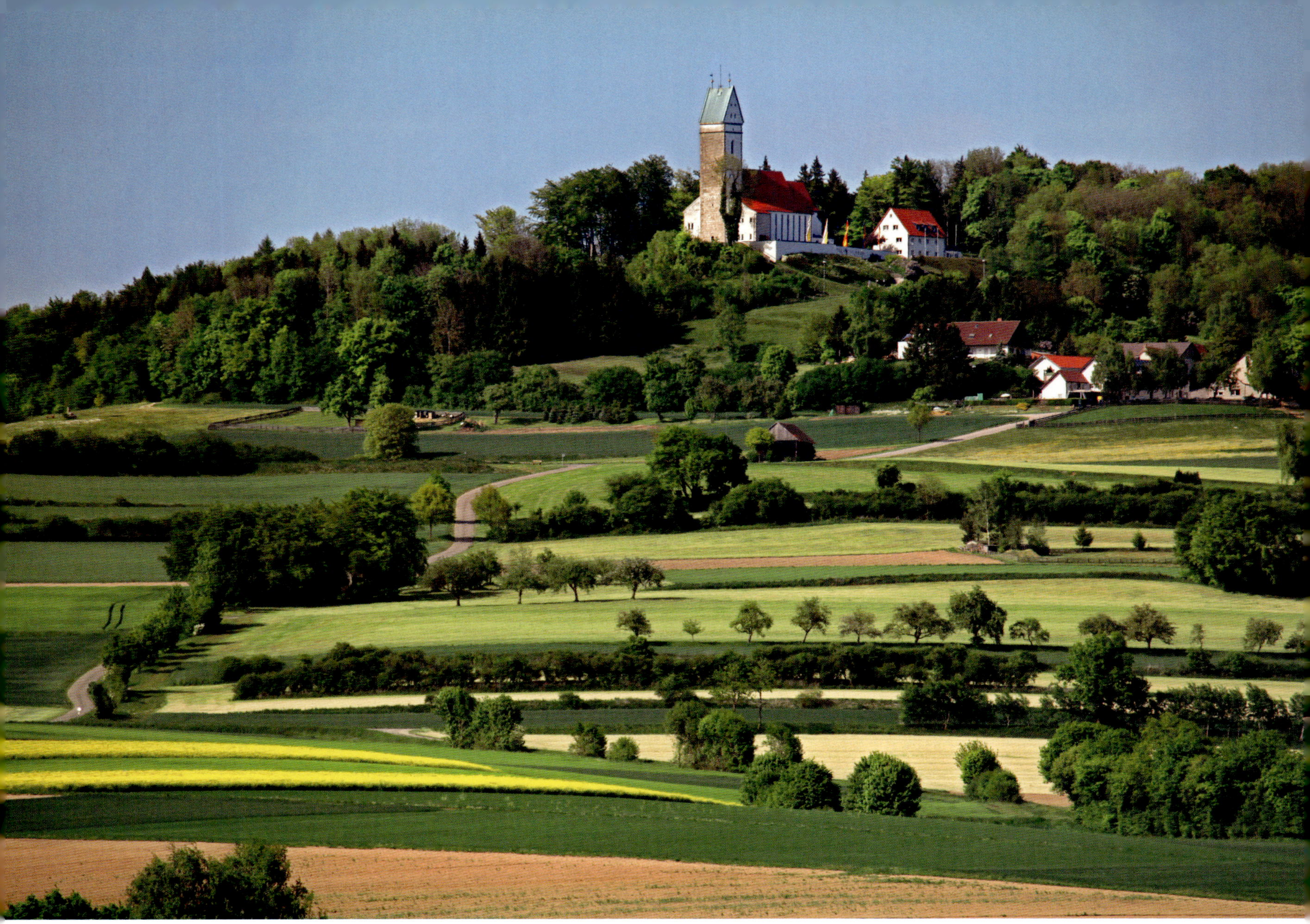

Auf dem Bussen, dem »heiligen Berg Oberschwabens«, stand einst unweit der Wallfahrtskirche eine mächtige Burganlage.

A mighty castle once stood close to the pilgrimage chapel on the Bussen, the "Holy Hill of Upper Swabia".

Non loin de l'église du pèlerinage, un imposant château-fort se dressait autrefois sur le Bussen, la « Montagne Sacrée de la Haute Souabe ».

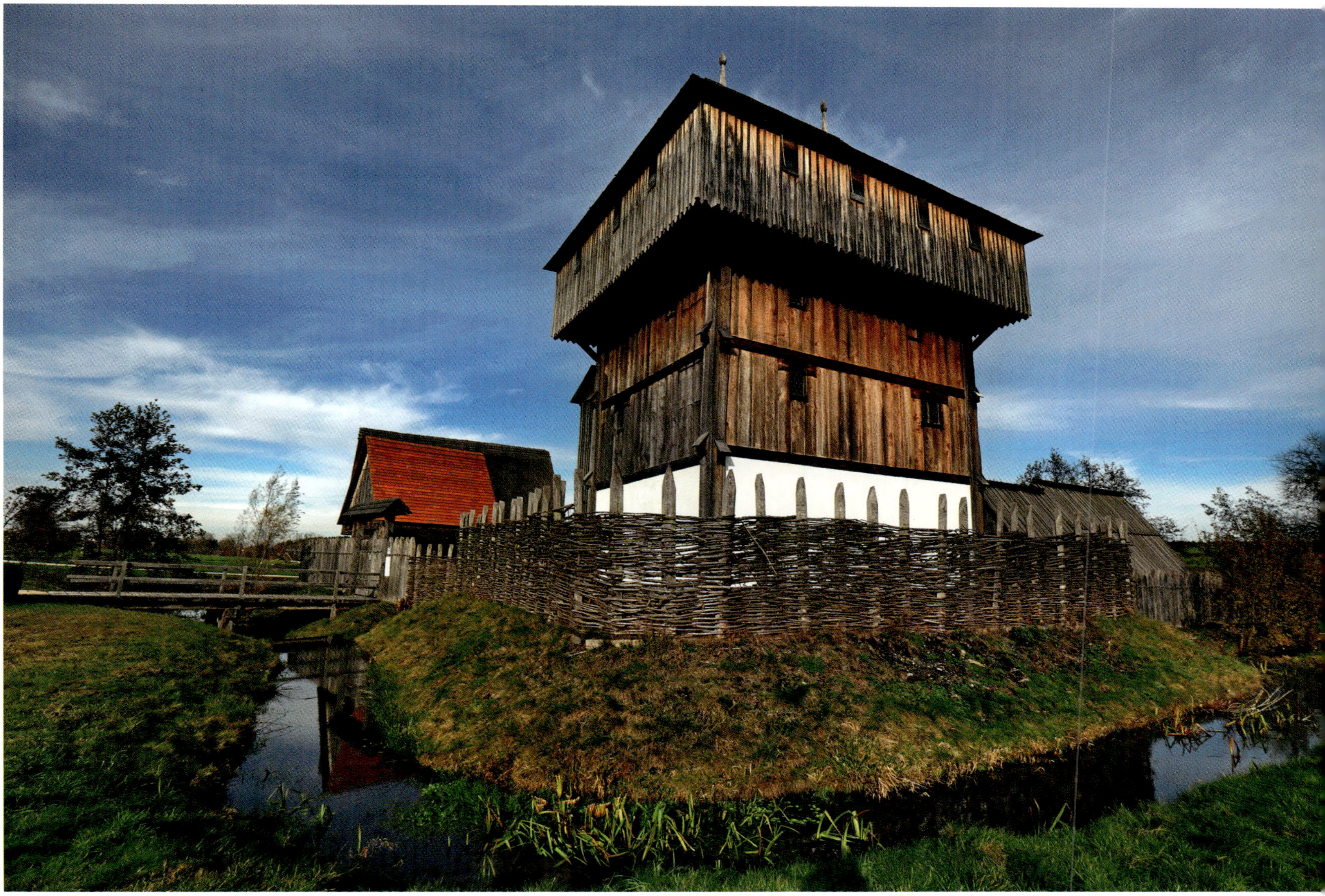

Ein kleines Freilichtmuseum in Kanzach zeigt den Nachbau einer hölzernen Turmhügelburg, wie sie ein Kanzacher Ortsadliger, der Bachritter, um 1230 errichtet hatte.

A small open-air museum in Kanzach contains a reconstruction of the wooden tower castle built by a local Kanzach lord, the Bachritter, around 1230.

Le petit écomusée de Kanzach montre la reproduction d'un château-fort en bois tel qu'il fut érigé vers 1230 par un noble local de Kanzach, le chevalier de Bach.

PARADIES AUF ERDEN

Gott hat es gut gemeint und sich viel Mühe gegeben bei der Erschaffung Oberschwabens, des Bodenseeraums und des Westallgäus. Nicht umsonst tragen Orte in diesem Landstrich vielsagende Namen wie Ewigkeit, Paradies, Liebenau, Heiligenberg, Engelswies, Hübschenberg oder Herrgotts. Die hier lebenden Menschen scheinen schon einen besonderen Draht nach oben, nach ganz oben, zu haben. Gerne wird von Einheimischen und Gästen schmunzelnd bestätigt, dass man in Oberschwaben dem Himmel einen Schritt näher ist. Im Schatten barocker Prachtarchitektur, eingebettet in eine sanft geschwungene, geradezu liebliche Landschaft lebt es sich besonders gut.

Die Entstehung dieser Region wird anekdotisch auf die Schöpfungsgeschichte zurückgeführt: Als Gott sich ans Werk machte die Erde zu erschaffen, wollte er zunächst ein Modell, eine Vorlage erstellen. Dazu griff er mit vollen Händen in seine Vorratskisten mit landschaftlichen Formen, nahm dort Wiesen heraus, dort Berge, dann wieder Flüsse, Bäche, Seen oder Felder, Äcker, Hügel und Moore. Am Ende mischte er alles und platzierte es zwischen Donau und der Alpenkette. Die Krönung war natürlich die Schaffung eines kleinen Meeres, eines schwäbischen Meeres: des Bodensees. Es entstand eine ganze Welt im Kleinen.

Dieses Fleckchen Erde ist eine eiszeitlich geprägte Region, in der sich tatsächlich nahezu alle Landschaftsformen ein Stelldichein geben. So bunt und abwechslungsreich wie die Landschaft sind die Wirtschaft und die Kultur, vor allem die Agrikultur in diesem Raum. Nicht nur in den Zentren, auch auf dem flachen Land werden Produkte entwickelt und erzeugt, die europa- oder sogar weltweiten Ruf genießen. Denken wir an Boehringer-Ingelheim in Biberach, an Ravensburger Spiele, MTU in Friedrichshafen, Hymer in Bad Waldsee, Liebherr in Kirchdorf, Ehingen und Ochsenhausen oder an Weishaupt in Schwendi.

Wo das Glück zuhause ist

Baudenkmäler von früher bis heute geben Einblicke in die gestalterische Kraft der Menschen. Wo Menschen sich wohl fühlen, wo sie verwurzelt sind, wo sie Heimat im besten Sinne finden, können sie kreative Ideen entwickeln, Innovatives auf den Weg bringen und auch Geselligkeit pflegen. Nicht umsonst liegt Oberschwaben, was die Zufriedenheit der Bewohnerinnen und Bewohner angeht, bei einer in der Zeitschrift »Stern« veröffentlichten Umfrage auf dem ersten Platz. Untersucht und befragt wurden 117 deutsche Regionen. Quirlige Städte und beschauliche Landschaften ergeben im Wechsel eine gesunde Mischung und damit eine hohe Lebensqualität.

Geschichtlich gesehen war und ist die Region Bauernland. Die Landwirtschaft richtet sich nach den natürlichen Gegebenheiten, prägt das Landschaftsbild und ist gleichzeitig ein bedeutender Wirtschaftsfaktor. Wer mit offenen Augen durch diesen Landstrich fährt, wandert oder radelt, erlebt Ackerbau und Schweinemast im Kreis Biberach, Grünlandwirtschaft und Milchproduktion im Kreis Ravensburg und im Westallgäu sowie Sonderkulturen im Bodenseekreis.

Von der Tourismusindustrie wird Oberschwaben gerade entdeckt, obwohl zum Beispiel mit der Oberschwäbischen Barockstraße schon seit Jahrzehnten ein touristisches Highlight Kunst- und Geschichtsinteressierte anzieht. Sehr schnell haben sich Gastronomie, Hotellerie und die Landwirtschaft auf die touristischen Belange eingelassen. Hochwertige, regional erzeugte Nahrungsmittel und kulinarische Spezialitäten überzeugen auch den Sushi- und Nouvelle-Cuisine-Begeisterten. Hier kann der Erholungssuchende Entspannung und Anregung für Körper, Geist und Seele finden. Viele landwirtschaftliche Unternehmen bieten Ferien auf dem Bauernhof an, Heuhotels entlang der Radrouten erfreuen sich guten Zulaufs und die Gäste, die einmal hier waren, werden häufig zu Dauergästen. Viele von ihnen haben eine an die Einheimischen adressierte Aussage auf den Lippen, bei der unterschwellig durchaus leichter Neid mitschwingt: Ihr dürft in einer Region leben und arbeiten, wo andere gerne Urlaub machen!

Ja, es stimmt! Dieser Landstrich ist etwas Besonderes, es ist wahrlich ein irdisches Paradies.

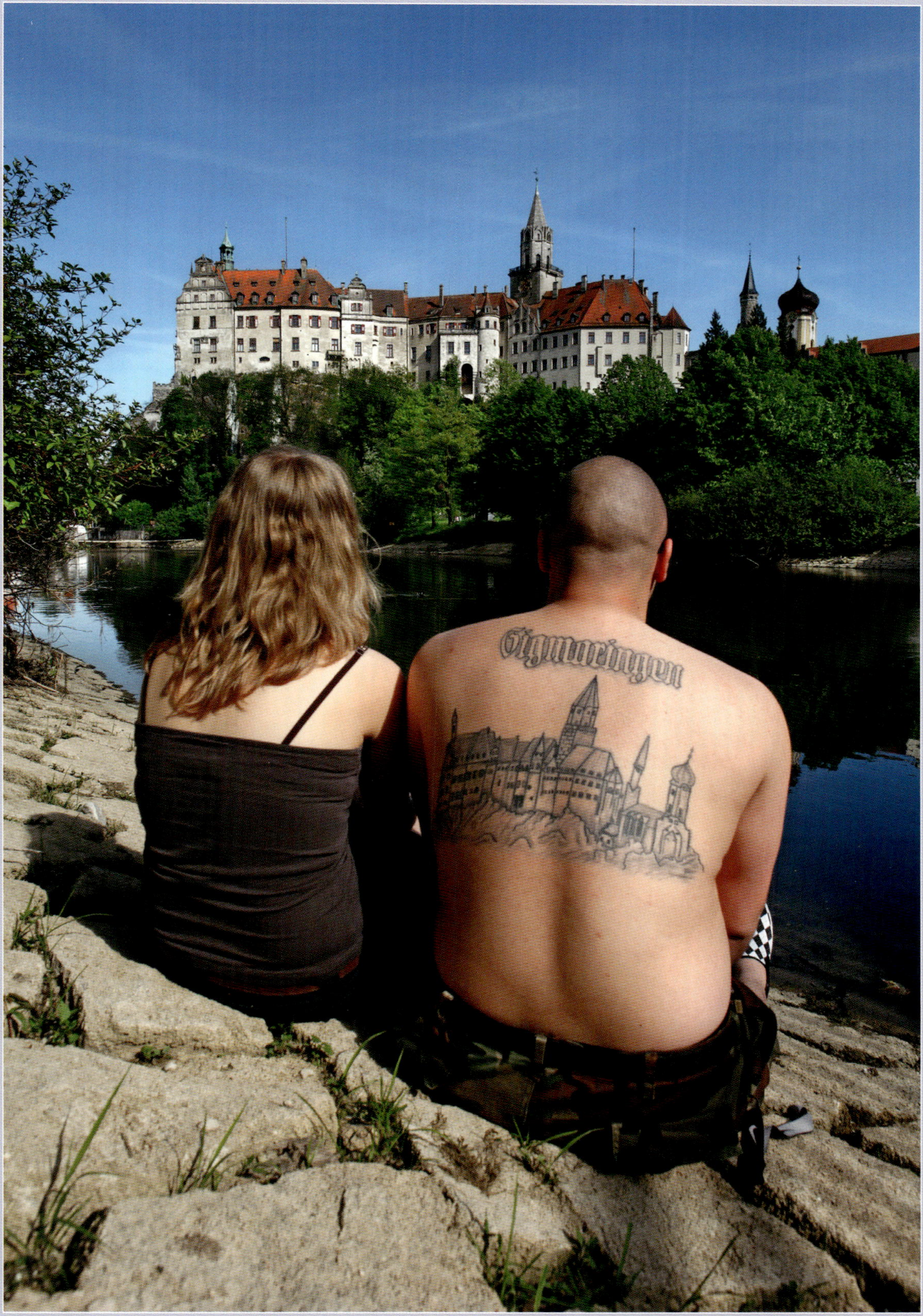

WAHRE HEIMATLIEBE zeigt sich im Tattoo ...

A TRUE love of your home shown by a tattoo ...

LE TATOUAGE est l'expression d'un véritable amour patriote ...

AN EARTHLY PARADISE

When he created Upper Swabia, the Lake Constance area and the Western Allgäu, God was in a good mood and made great efforts. It is no coincidence that many communities in this area have religious names like Ewigkeit (Eternity), Paradies (Paradise), Liebenau (Loving Meadow), Heiligenberg (Holy Mountain), Engelswies (Angel's Lagn), Hübschenberg (Pretty Mountain) or Herrgotts (Dear God). The people living here seem to have a special link to the top, the very top. In the shadow of fine Baroque architecture, embedded in a gently rolling, almost mellifluous landscape, this is an area worth living in.

The creation of this region is often jokingly linked to the story of The Creation. When God began his work on the Earth, he first wanted to create a model or template. For this, he reached deeply into his box of landscapes and took meadows, mountains, rivers, streams and lakes, as well as fields, hills and bogs. In the end, he mixed it all together and put it down between the Danube and the Alps. The crowning moment was, of course, the creation of a small sea, a Swabian sea—Lake Constance. A whole world in miniature was created.

From a historical point of view, the region was and is farming country. Agriculture is aligned to the natural conditions, dominating the countryside and it is also a key economic factor. Anyone driving, hiking or cycling through this area with their eyes open will see farming and animal husbandry in the Biberach area, grazing land and milk production in the Ravensburg district and in the western Allgäu, as well as special cultures in the area of Friedrichshafen.

The tourism industry is just discovering Upper Swabia, although, for example, the Upper Swabian Baroque Road has acted as a tourist highlight, bringing in art and history enthusiasts for decades. Restaurants, hotels and agriculture have adapted to the requirements of tourists very quickly. The high-quality, locally-produced foodstuffs and culinary specialities will even win over fans of sushi and nouvelle cuisine. Those looking for peace and quiet will find relaxation and stimuli for the body, the mind and the soul.

So—yes, it's true. This region really is something special—truly an earthly paradise.

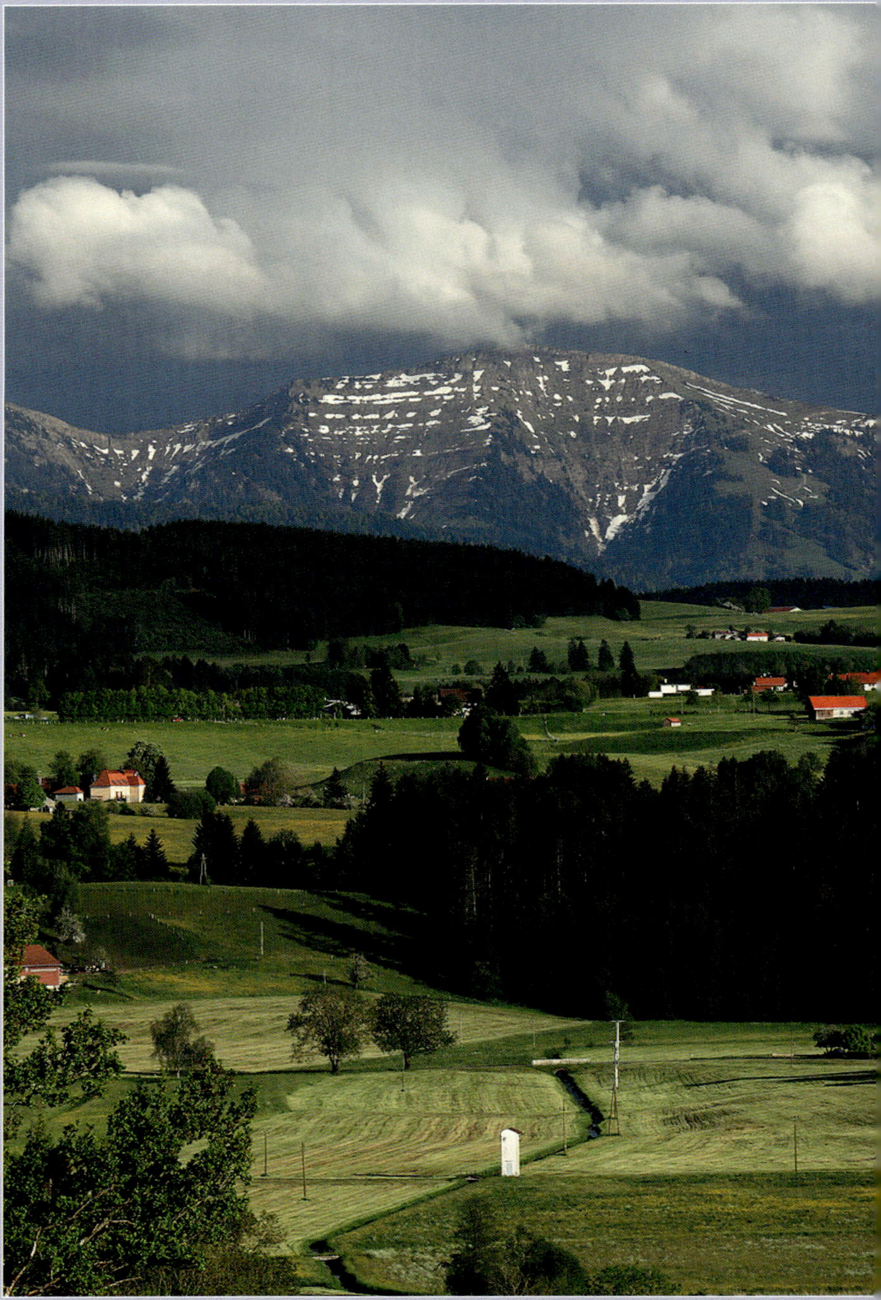

LE PARADIS SUR TERRE

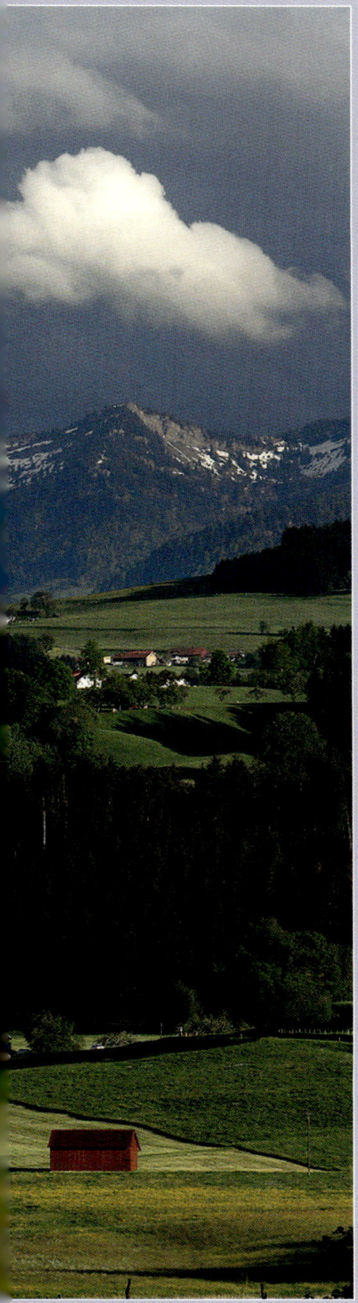

MANCHE LEBEN da, wo andere Urlaub machen: Blick vom Argenbühler Teilort Eglofs direkt an der Grenze zu Bayern in die Allgäuer Alpen.

SOME PEOPLE live where others have their holidays. View from the Argenbühl suburb of Eglofs, located directly on the border to Bavaria, to the Alps of the Allgäu.

CERTAINS VIVENT là où d'autres passent leurs vacances : Panorama des Alpes d'Allgäu vu d'Eglofs, un quartier de Argenbühl, à la frontière bavaroise.

C'est avec beaucoup de générosité et d'efforts que le Bon Dieu a créé la Haute Souabe, la région du Lac de Constance et l'Allgäu occidental. Ce n'est pas sans raison que de nombreuses localités portent des noms qui en disent long et que l'on peut traduire par : Eternité, Paradis, Chère Vallée, Mont des Saints, Pré des Anges, Jolie Montagne ou Bon Dieu. Les gens qui vivent ici semblent avoir une ligne directe vers le haut, le très haut.

Il fait particulièrement bon de vivre à l'ombre de la superbe architecture baroque, nichée dans un paysage adorable aux douces ondulations.

Une anecdote fait remonter la genèse de cette région à la création du monde : Avant d'entreprendre cette création, Dieu souhaita tout d'abord réaliser un modèle, une maquette. Il puisa à pleines mains dans ses réserves, y prenant, ici, des prairies, là, des montagnes et puis des rivières, des ruisseaux, des lacs et encore des champs, des collines et des marais. Il mélangea le tout et le disposa entre le Danube et la chaîne des Alpes. Pour couronner le tout, il créa une petite mer, une mer souabe : Le lac de Constance. Il résulta de tout cela un petit monde complet en miniature.

Historiquement, la région fut et reste une contrée agricole. L'agriculture s'adapte à l'environnement naturel, laisse son empreinte dans le paysage et est en même temps un important facteur économique. Celui qui traverse la contrée, à pieds ou en bicyclette, et l'observe, découvre les champs et les élevages porcins autour de Biberach, les prairies et l'industrie laitière dans l'arrondissement de Ravensburg et les cultures spécialisées près du Lac de Constance.

Bien que la « Route Baroque de Haute Souabe », par exemple, soit depuis des décennies un important pôle d'attraction touristique pour les amateurs d'art et d'histoire, la Haute Souabe vient d'être découverte par l'industrie du tourisme. La gastronomie, l'hôtellerie et l'agriculture se sont mises très rapidement au diapason des besoins touristiques. Des produits alimentaires du terroir de haute qualité et des spécialités culinaires convainquent même les amateurs de Sushis et de Nouvelle Cuisine. C'est ici que celui qui cherche le repos trouvera la détente et la stimulation corporelle et mentale. C'est vrai ! Cette région a quelque chose de particulier, c'est un véritable paradis terrestre.

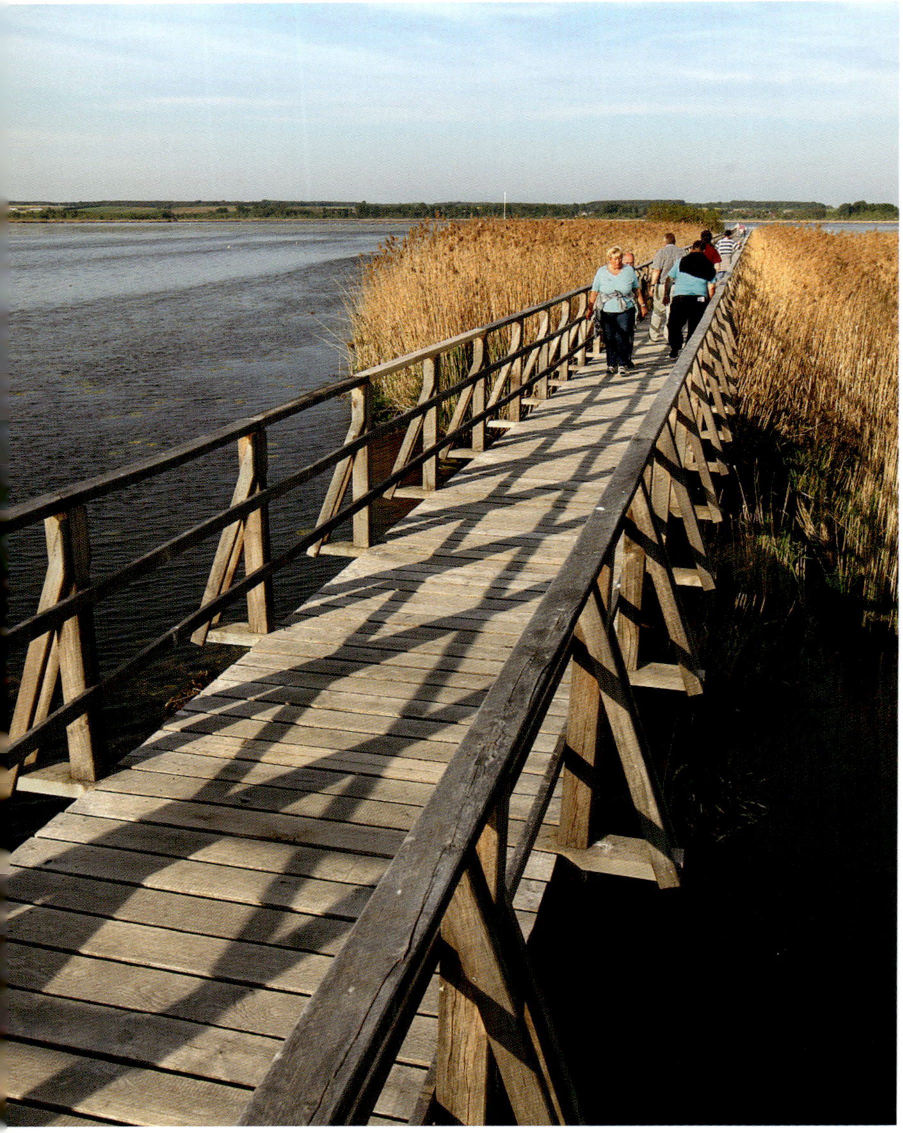

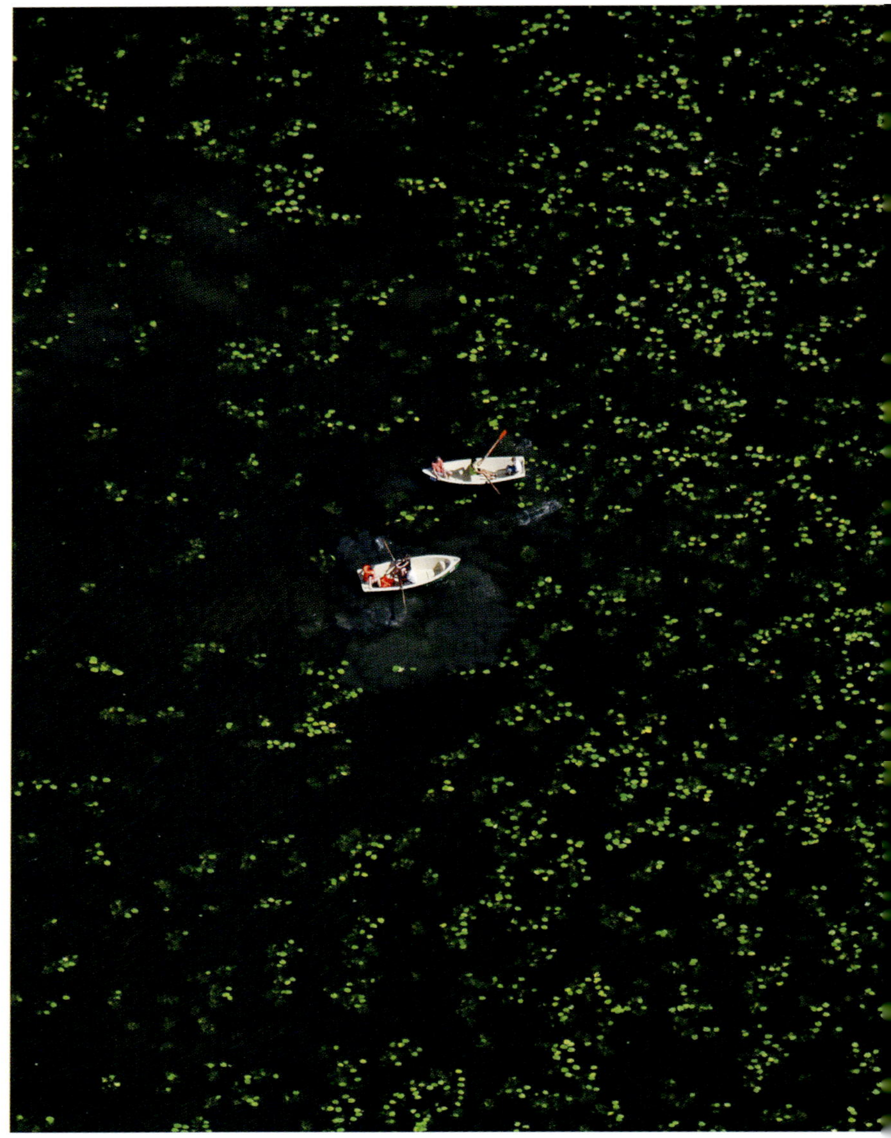

Der Federsee, Baden-Württembergs zweitgrößter See, ist ein Refugium für seltene Tiere – vor allem Vögel – und Pflanzen. Als »Europareservat« steht es unter strengem Schutz. Ein 1500 Meter langer Steg führt durch das Schilf zum offenen Wasser.

The Federsee, the second largest lake in Baden-Württemberg, is a refuge for rare animals—particularly birds—and plants. As a “European Reserve”, it is under strict protection. A 1500 metre-long jetty runs through the reeds to the open water.

Le Federsee, deuxième lac du Wurtemberg par son étendue, est un refuge pour les animaux, en particulier les oiseaux, et les plantes rares. La « Réserve Européenne » et particulièrement protégée. Une passerelle de 1500 mètres traverse la ceinture de roseaux et mène à l’eau libre.

ALS SICH nach der letzten Eiszeit der Federsee bildete, war er zwanzigmal so groß wie heute. Auf einer Insel errichtete ein Paar, Warin und Adalinde, im Jahr 770 ein Kloster, aus dem sich die Reichsstadt Buchau – seit 1963 Bad Buchau – entwickelt hat.

WHEN THE Federsee was created after the last Ice Age, it was twenty times bigger than today. A couple, Warin and Adalinde, built a monastery on an island in 770, from which the Imperial City of Buchau—since 1963, called Bad Buchau—developed.

LORSQUE LE Federsee s'est formé, après la dernière ère glaciaire, il était vingt fois plus vaste qu'aujourd'hui. En 770, un couple, Warin et Adalinde, construisit, sur une île, un monastère qui devint le berceau de la ville impériale Buchau, depuis 1963 Bad-Buchau.

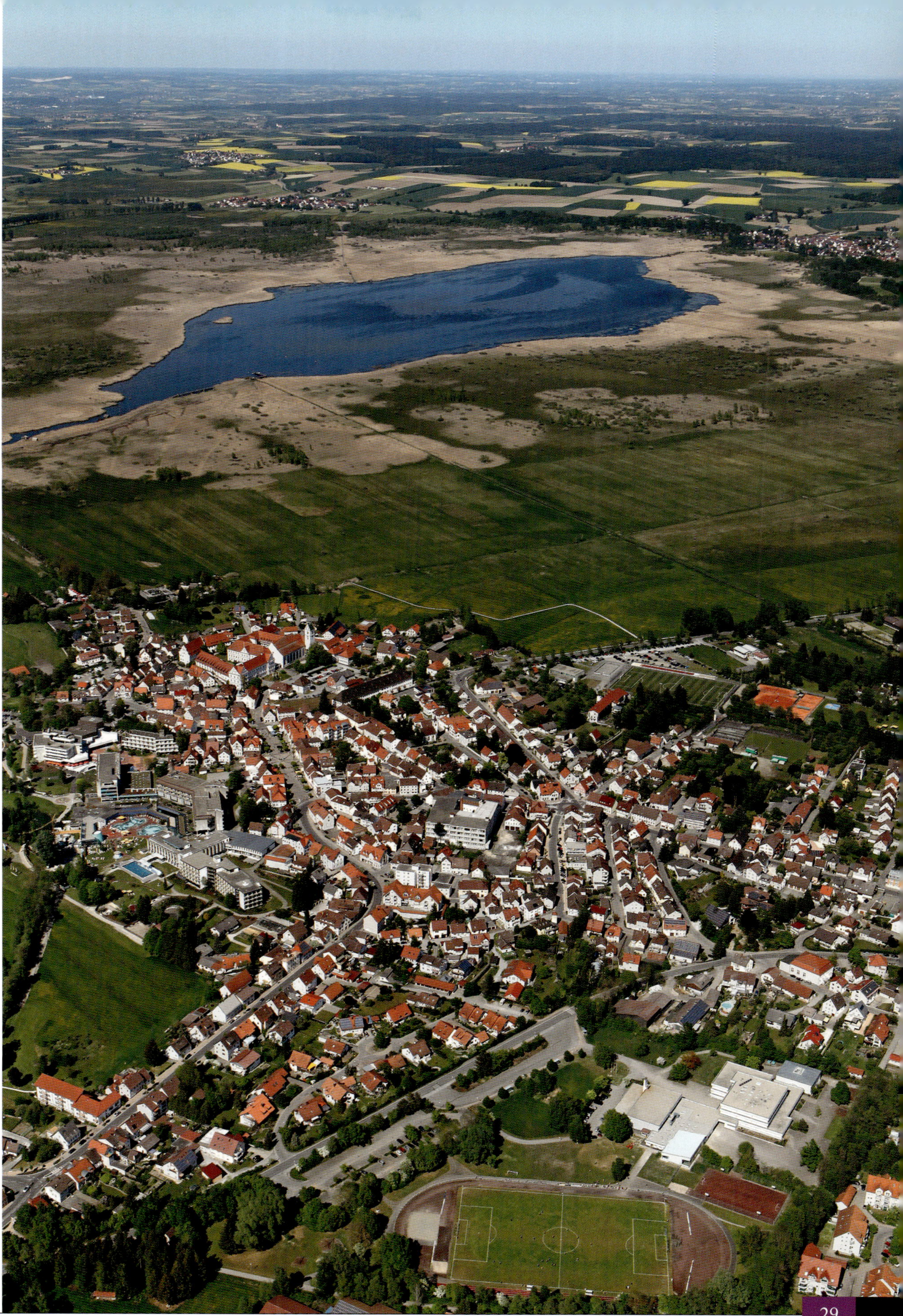

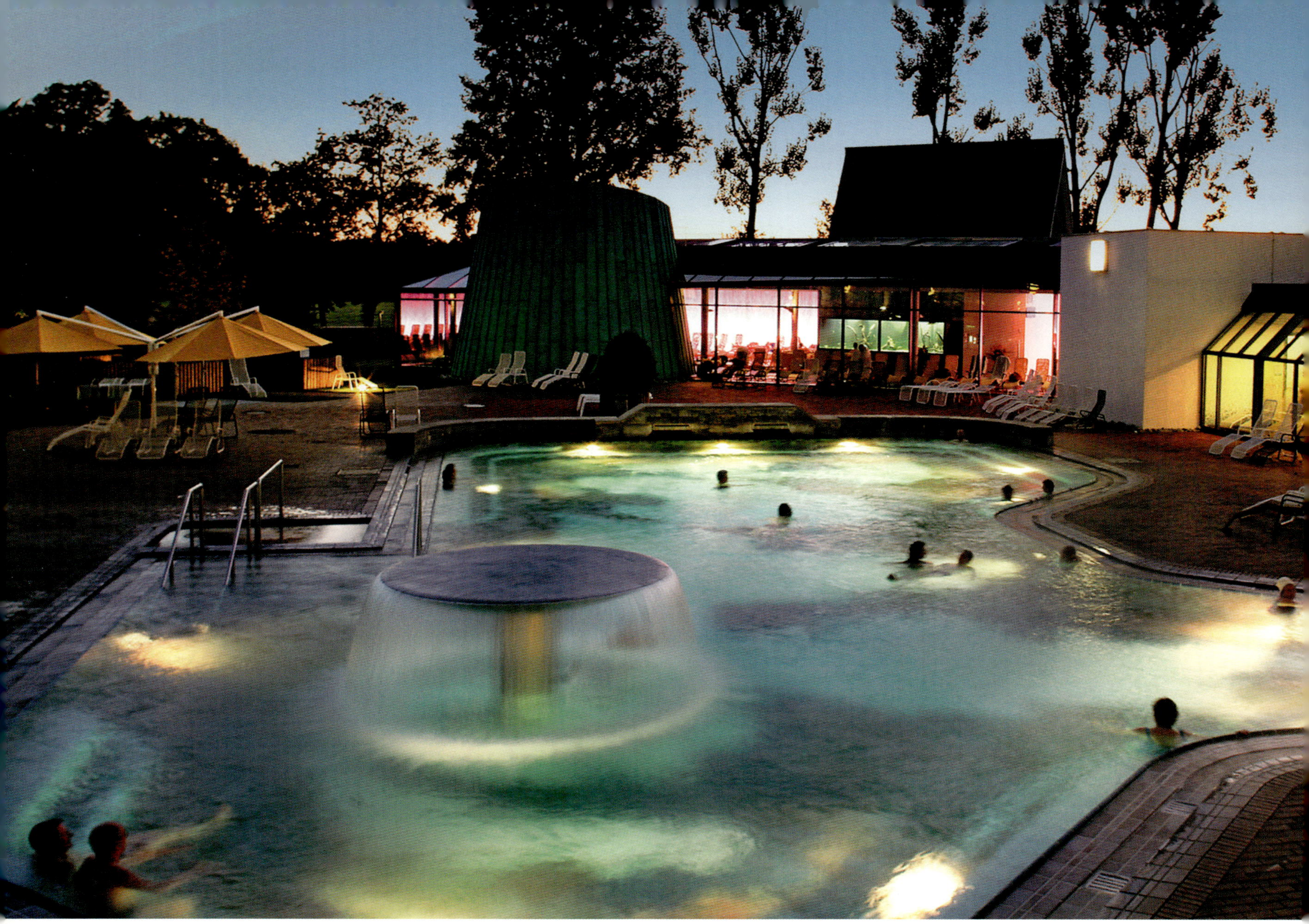

OBERSCHWABEN IST ein Gesundheitsland. In Bad Buchau – wie hier in der Adelindis-Therme – und Bad Saulgau, Bad Waldsee und Bad Wurzach, in Aulendorf und Biberach kann man in Thermalwasser und teilweise in frisch gestochenem Naturmoor kuren.

UPPER SWABIA is a healthy place. In Bad Buchau—such as here in the Adelindis-Therme—Bad Saulgau, Bad Waldsee and Bad Wurzach, in Aulendorf and Biberach, you can relax in spa water and, in some cases, in freshly cut natural peat bogs.

LA HAUTE Souabe est le pays des curistes. A Bad Buchau, comme ici au Therme Adelindis, à Bad Saulgau, Bad Waldsee et Bad Wurzach mais aussi à Aulendorf et à Biberach les cures se font dans des bains d'eau thermale ou de boue fraîchement tirée du marécage.

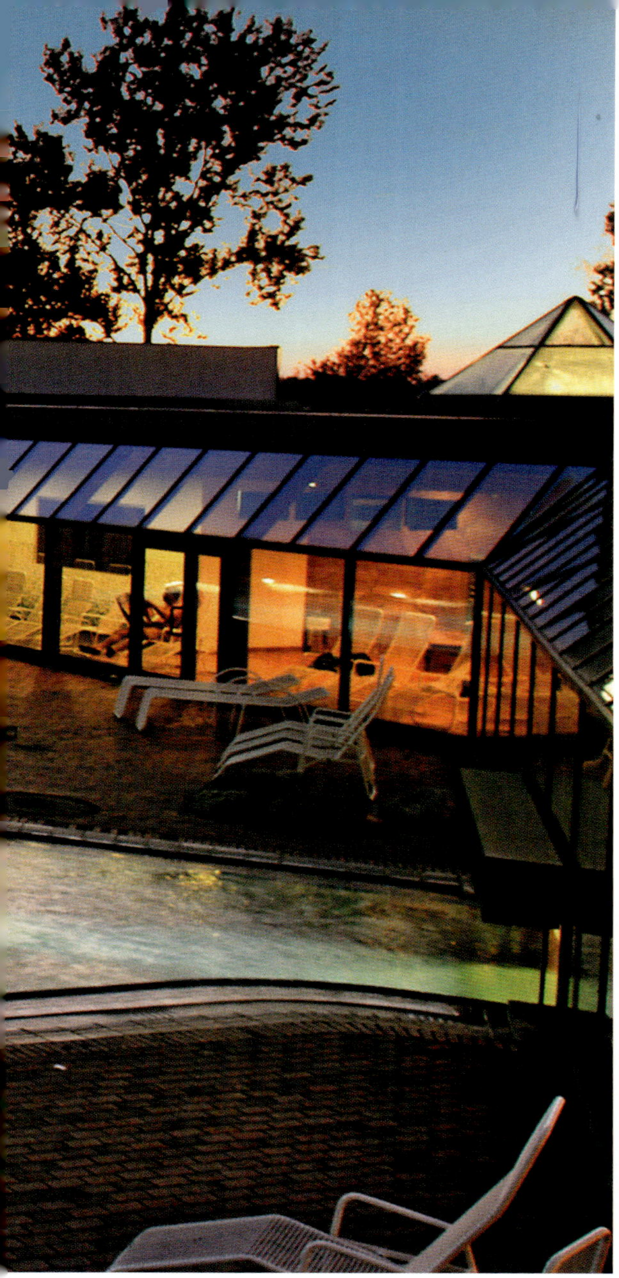

SPASS UND Entspannung in der Adelindis-Therme Bad Buchau – unter der Wasserschwall-Dusche (unten links) und im Sprudelbecken.

FUN AND relaxation in the Adelindis-Therme Bad Buchau—under a waterfall shower (below left) and in the jacuzzi pool.

PLAISIR ET détente au Therme Adelindis de Bad Buchau, sous la grande douche (en bas à gauche) et dans le jacuzzi.

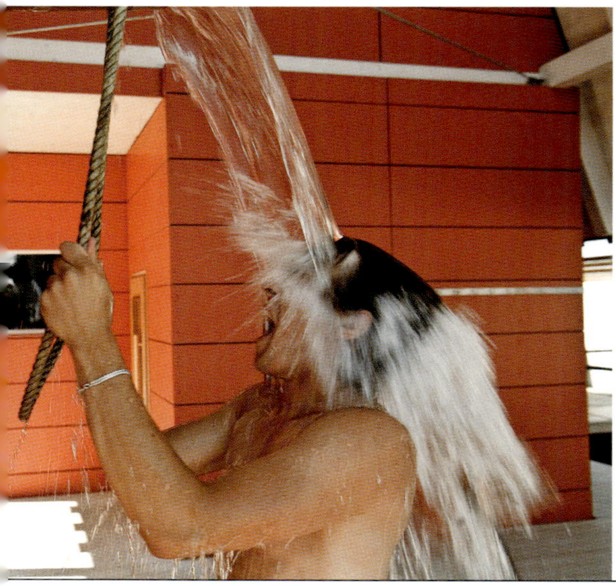

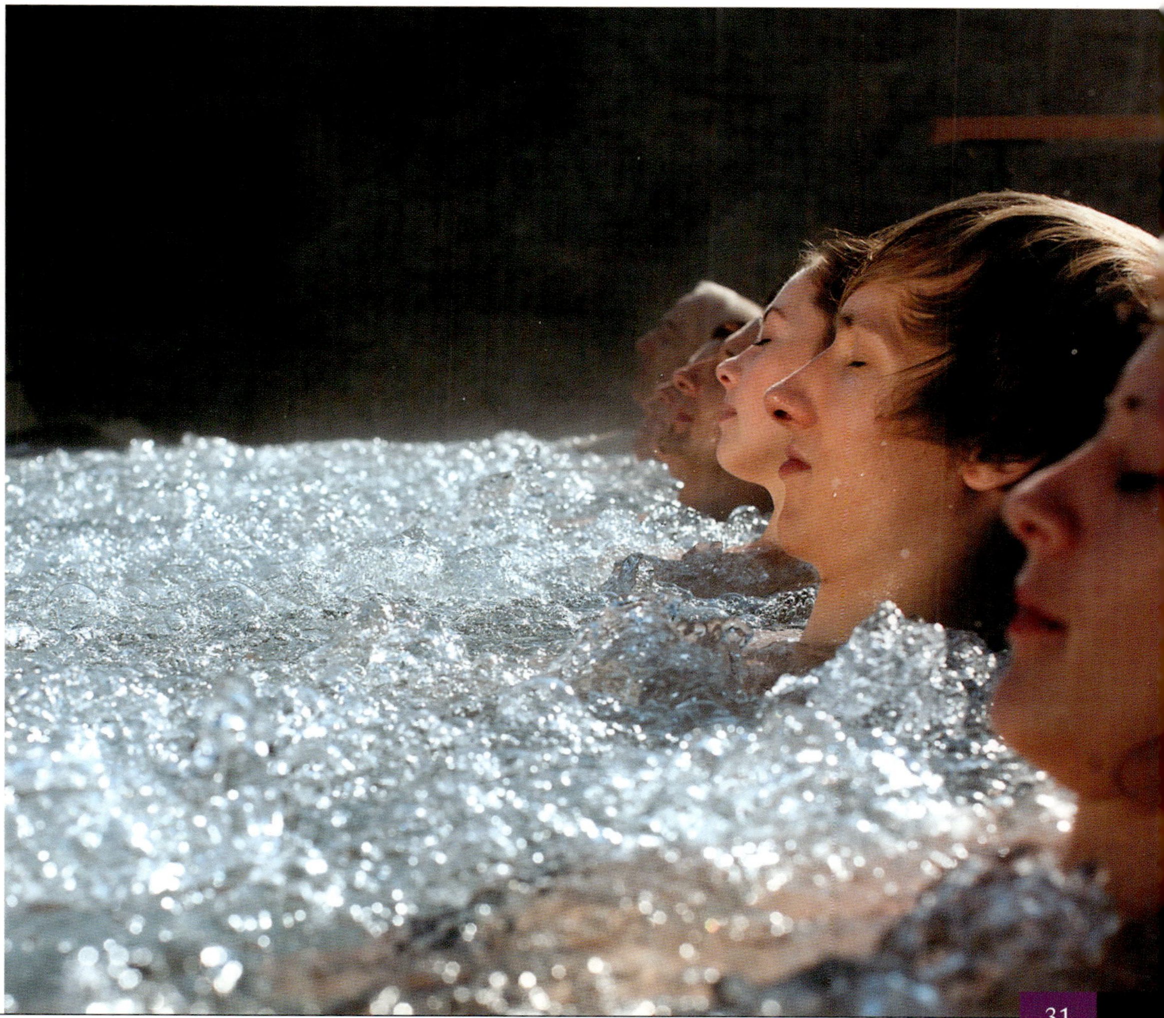

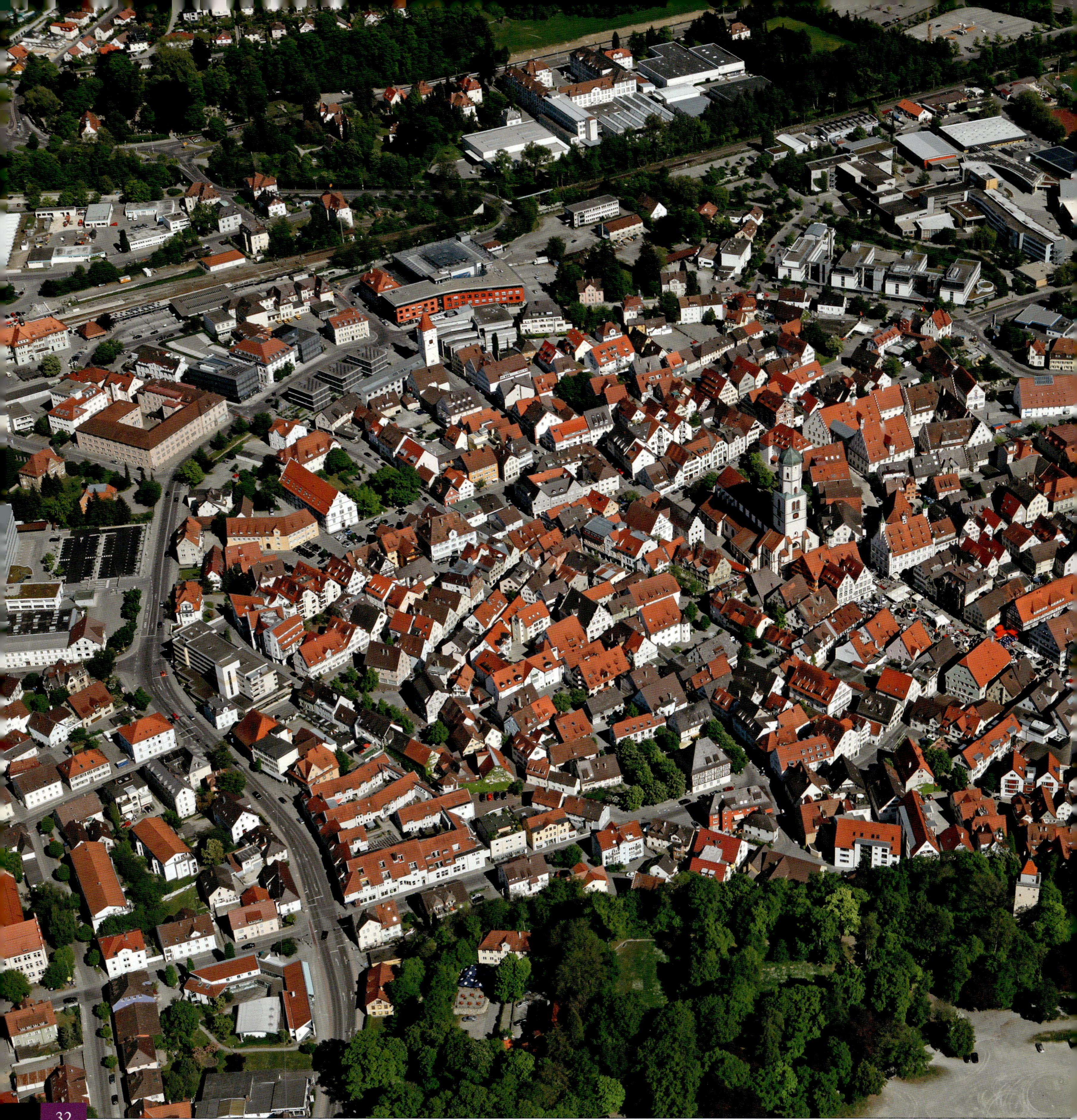

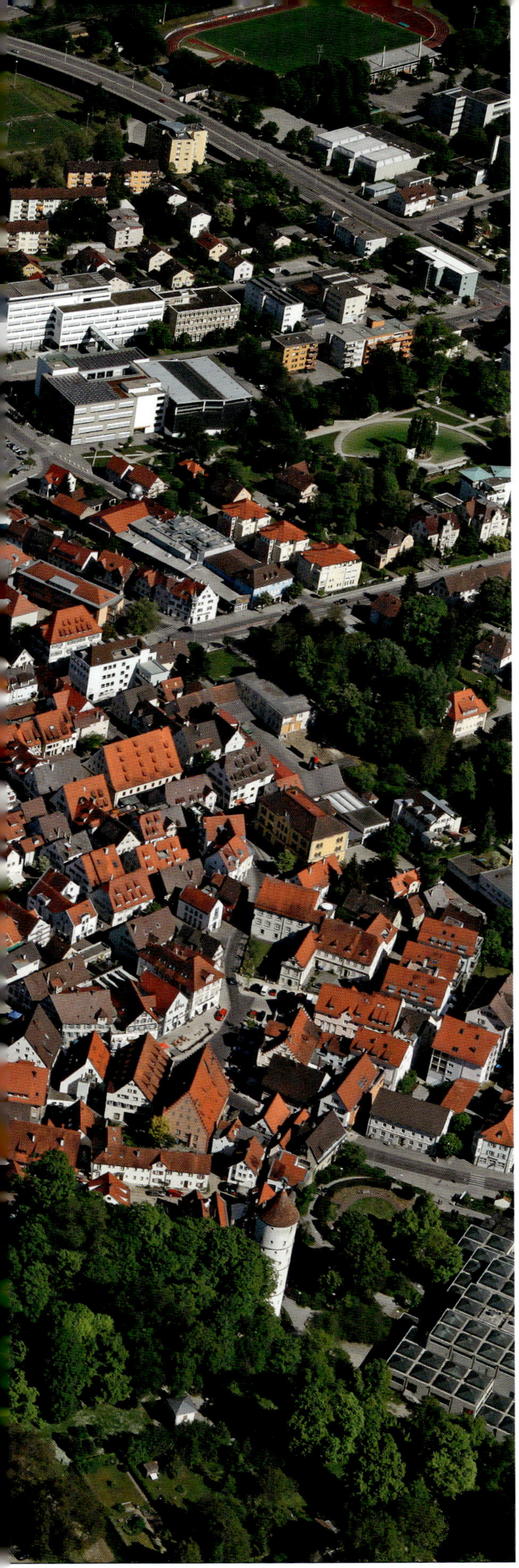

Der 1484 erbaute Weiße Turm im Biberacher Stadtgarten war einst Teil der Stadtbefestigung.

The White Tower in Biberach Town Gardens was built in 1484 and was once a part of town fortifications.

La Tour Blanche, bâtie en 1484 dans le jardin public de Biberach, faisait partie des fortifications de la ville.

Biberach an der Riß bildet das Zentrum des nördlichen Oberschwabens. In der 31 000-Einwohner-Stadt finden sich zahlreiche Schulen, das Landratsamt, vier Museen und etliche andere Kultureinrichtungen, aber auch hochkarätige Industriebetriebe.

Biberach an der Riss is the centre of northern Upper Swabia. The town, which is home to 31,000 people, contains numerous schools, the district administration office, four museums and countless other cultural facilities. It is also the site of high-flying industrial companies.

Biberach sur la Riss est le centre de la Haute Souabe du nord. La préfecture de 31.000 habitants compte de nombreuses écoles, 4 musées et de nombreuses autres institutions culturelles mais aussi des entreprises industrielles de pointe.

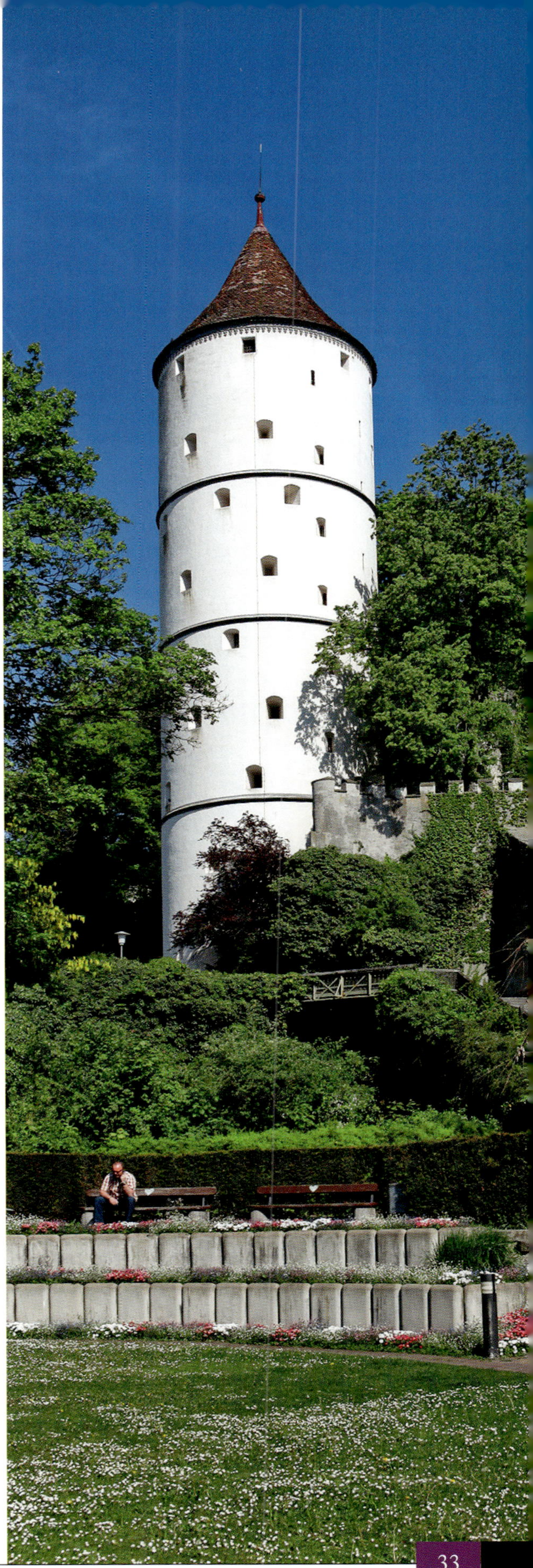

Drei Biberacher Sehenswürdigkeiten: das Alte Rathaus von 1432 mit seinem schönen Fachwerk, links das Neue Rathaus von 1503, rechts die 1366 fertiggestellte Stadtpfarrkirche Sankt Martin.

Three Biberach sights: The Old Town Hall, dating back to 1432, with its fine half-timbering, the New Town Hall of 1503 on the left and the parish church of St Martin, completed in 1366, on the right.

Trois curiosités de Biberach : l'Ancien hôtel de Ville de 1432 avec ses magnifiques colombages, à gauche le Nouvel Hôtel de Ville de 1503 et, à droite, l'église paroissiale Saint-Martin achevée en 1366.

Maria als Königin und Weltenherrscherin, Skulptur an einem Biberacher Bürgerhaus.

Mary as the queen and ruler of the world. Sculpture on a town house in Biberach.

Marie, reine et souveraine du monde, une sculpture sur une maison bourgeoise de Biberach.

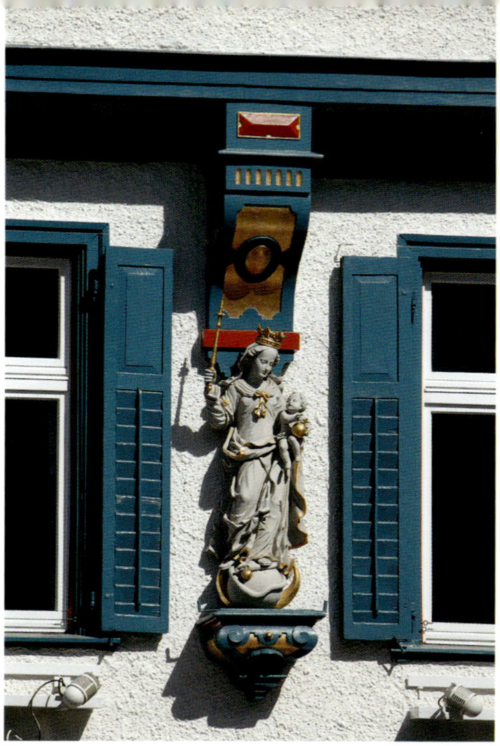

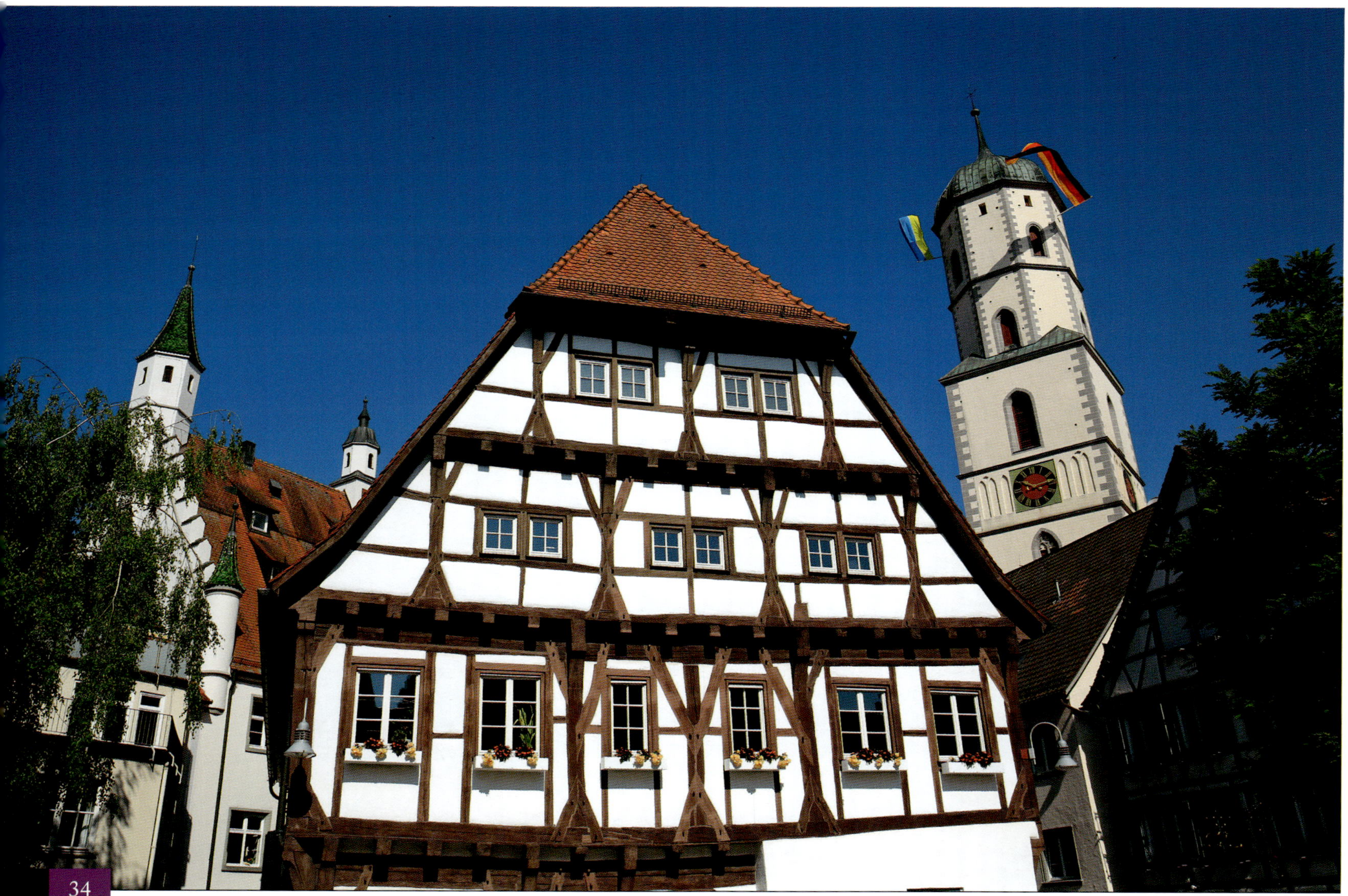

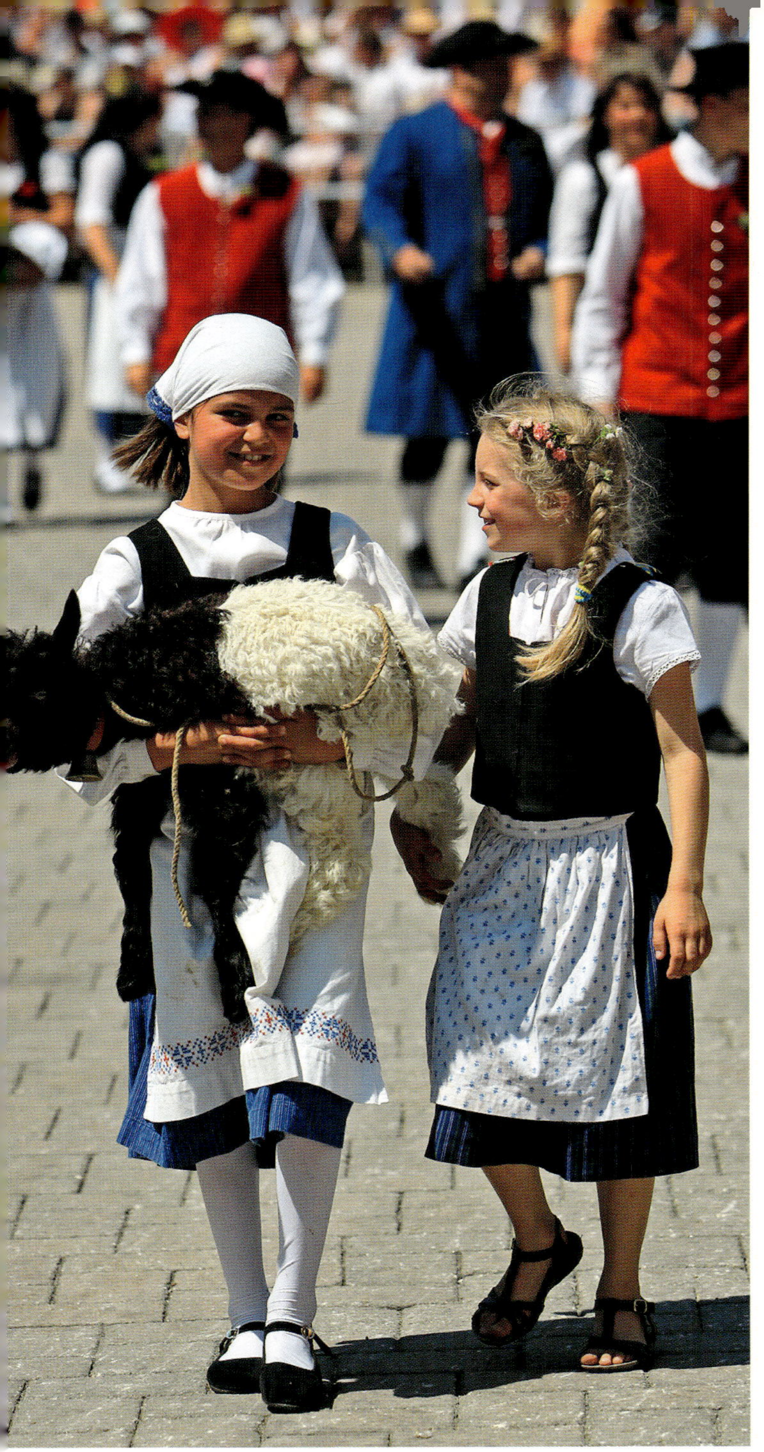

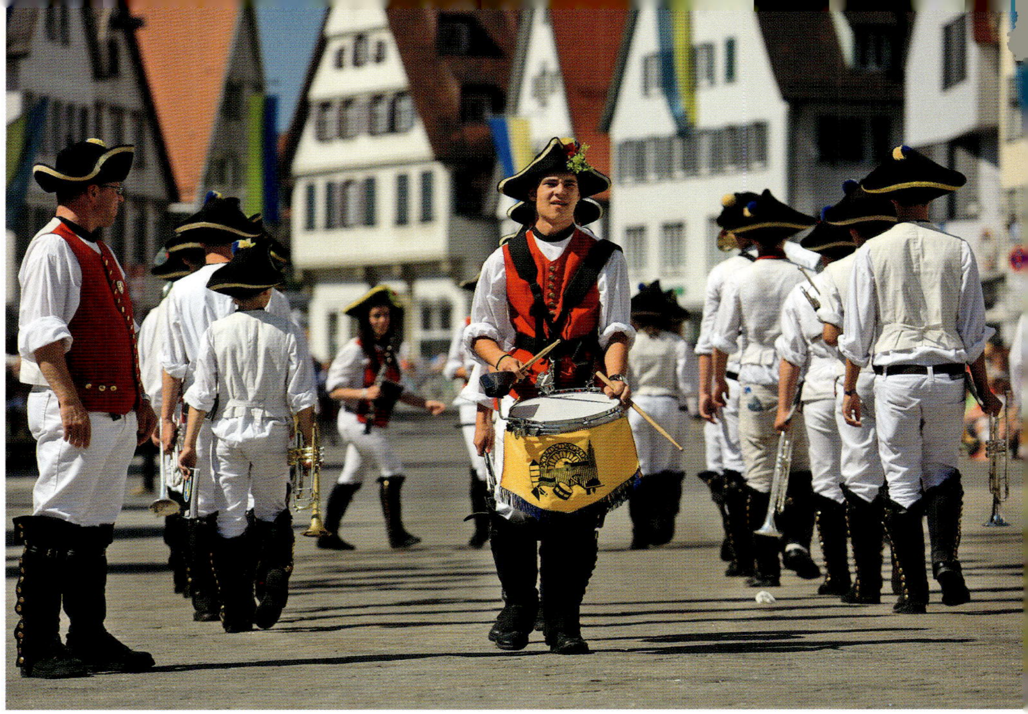

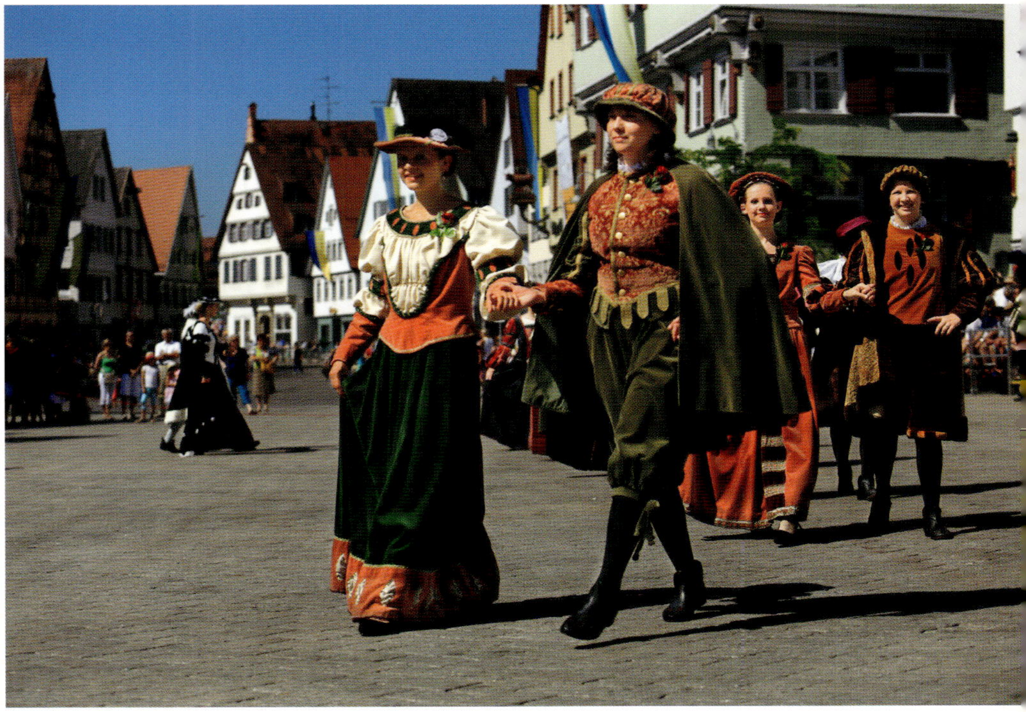

DAS BIBERACHER Schützenfest ist ein Kinder- und Heimatfest und findet jährlich Ende Juli statt. An den neun Festtagen gibt es Umzüge, Tanzveranstaltungen und das traditionelle Biberschießen.

THE BIBERACH "Schützenfest" is a festival of local traditions, particularly for children, and takes place at the end of July. During the nine days of the festival, there are processions, dances and the traditional beaver shooting event.

LA FÊTE de la société de tir de Biberach est une fête régionale appréciée des enfants. Elle a lieu tous les ans à la fin-juillet. Défilés, danses et le traditionnel tir à l'arbalète se déroulent pendant neuf jours.

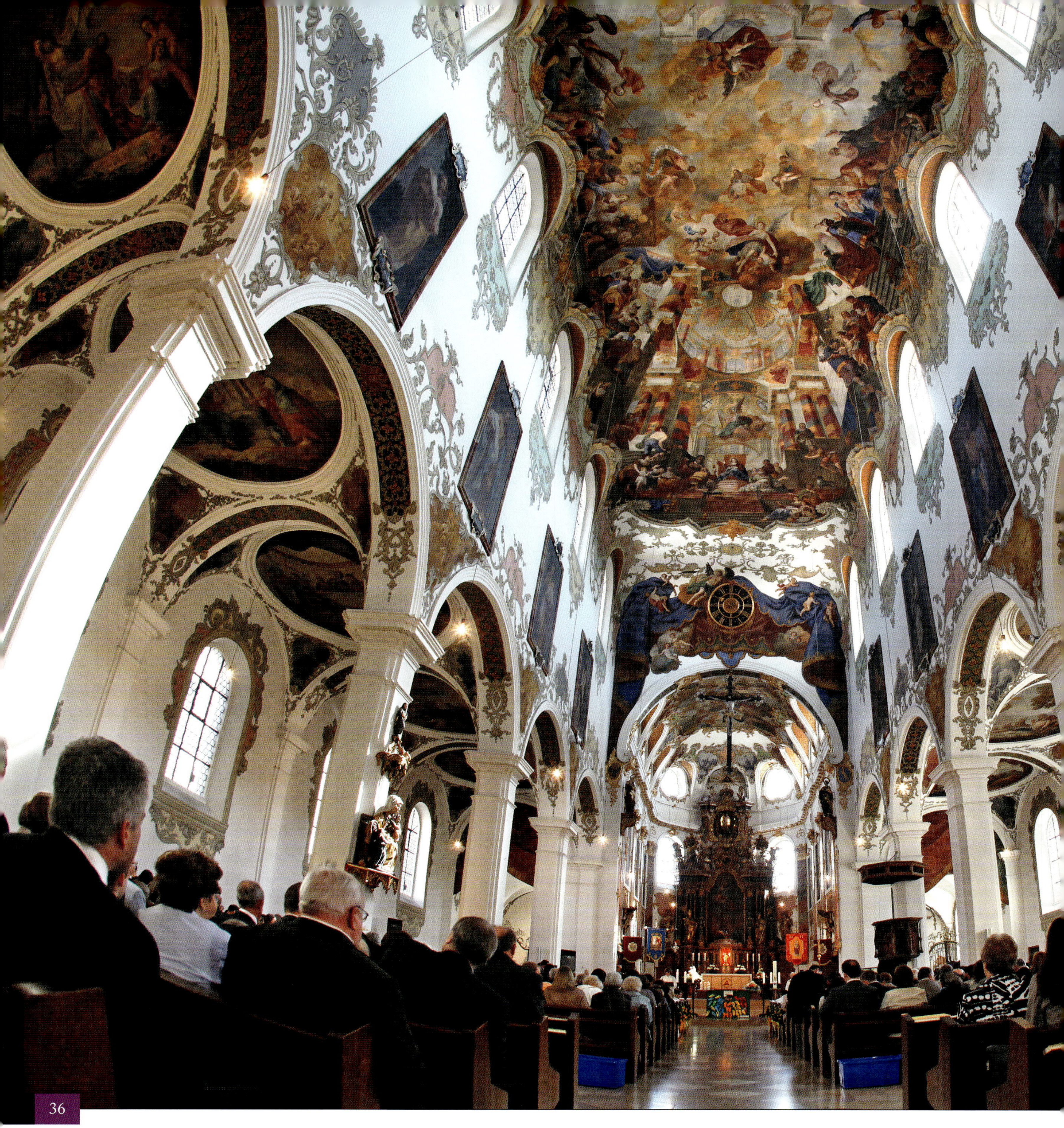

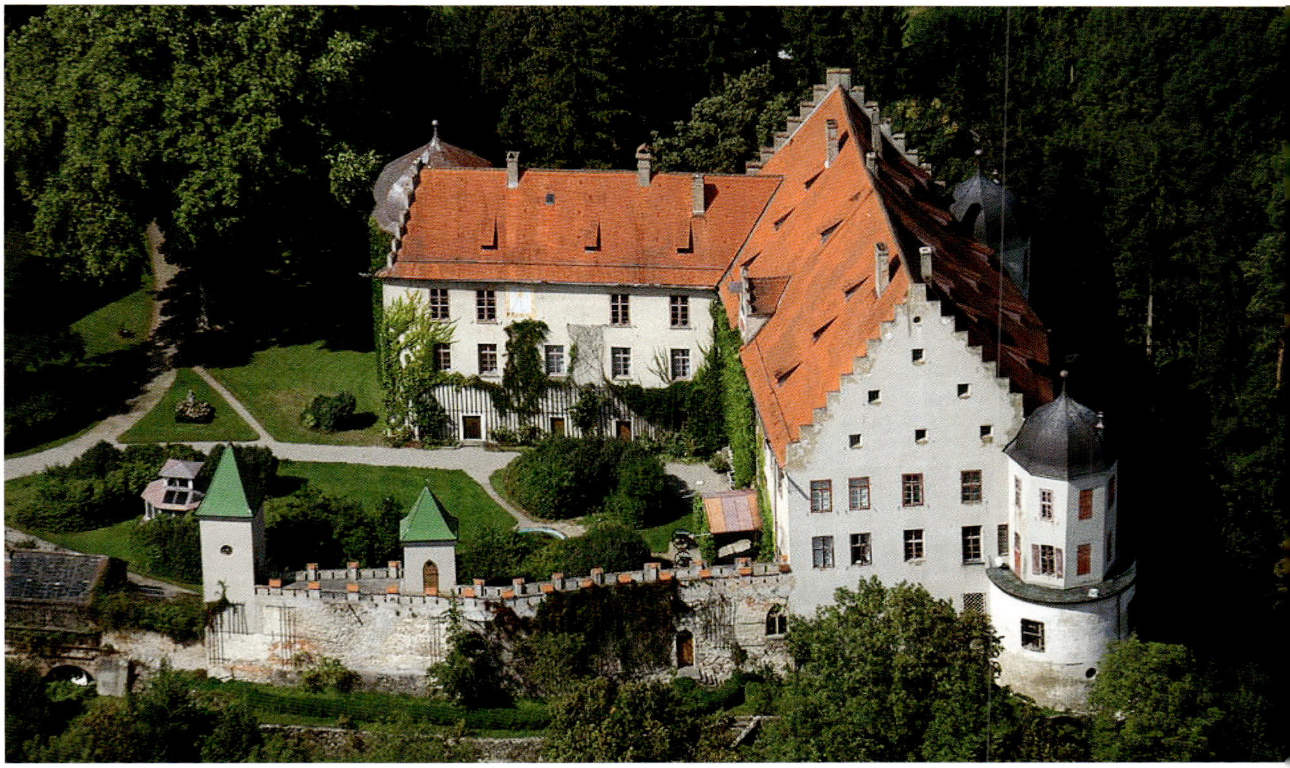

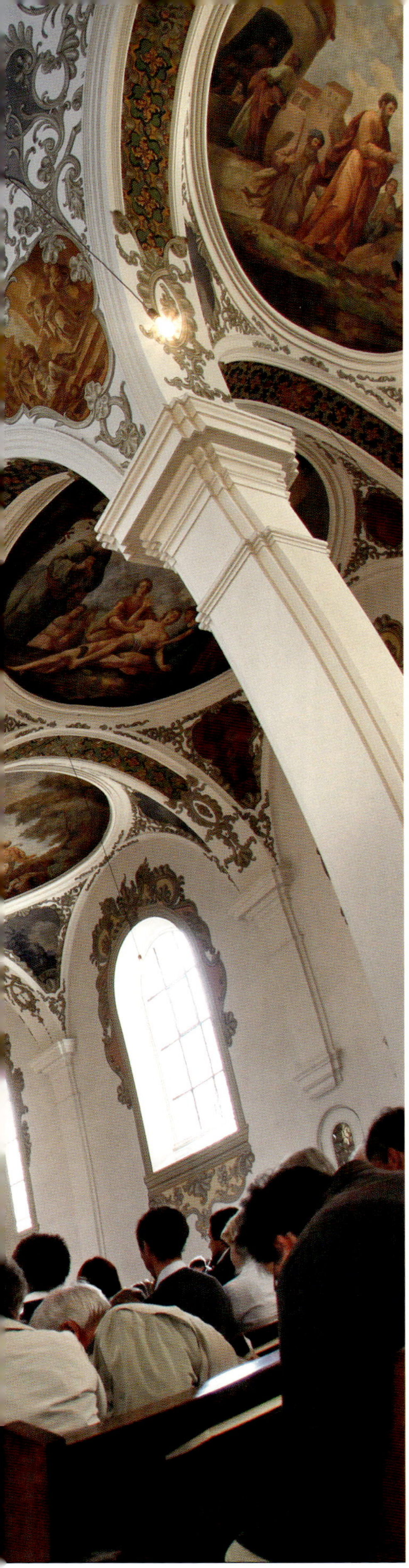

Im Schloss der Reichsgrafen von Stadion in Warthausen lebten im 18. Jahrhundert die Schriftsteller Sophie La Roche und Christoph Martin Wieland sowie der Maler Johann Heinrich Wilhelm Tischbein.

In the 18th century, the authors Sophie La Roche, Christoph Martin Wieland and the painter Johann Heinrich Wilhelm Tischbein all lived in the palace of the Imperial Counts of Stadion in Warthausen.

Au 18ème siècle, les écrivains Sophie La Roche et Christophe Wieland ainsi que le peintre Johann Heinrich Wilhelm Tischbein ont habité le château des Comtes de Stadion à Warthausen.

Die Biberacher Stadtpfarrkirche Sankt Martin wird seit 1548 von Katholiken und Protestanten gemeinsam genutzt; es ist vermutlich die älteste noch bestehende Simultankirche der Welt. Das Deckenfresko stammt von Johannes Zick (1746).

The Biberach parish church of St Martin has been shared by Catholics and Protestants since 1548. This could make it the oldest jointly-used church in the world. Johannes Zick painted the ceiling fresco in 1746.

L'église paroissiale Saint-Martin de Biberach est, depuis 1548, utilisée en commun par les catholiques et les protestants ; elle est certainement la plus ancienne église simultanée qui existe encore dans le monde. La fresque du plafond est de Johannes Zick (1746).

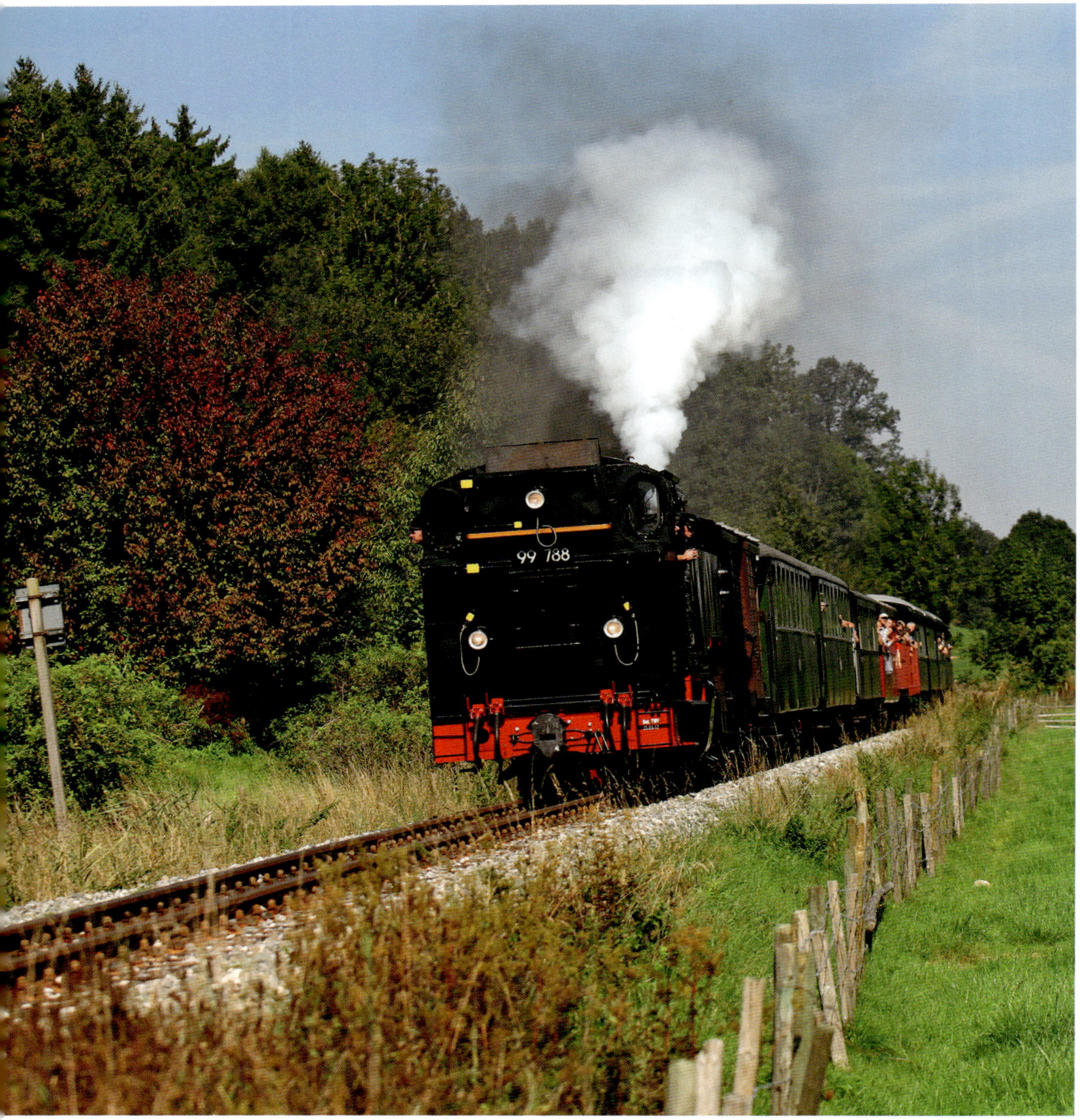

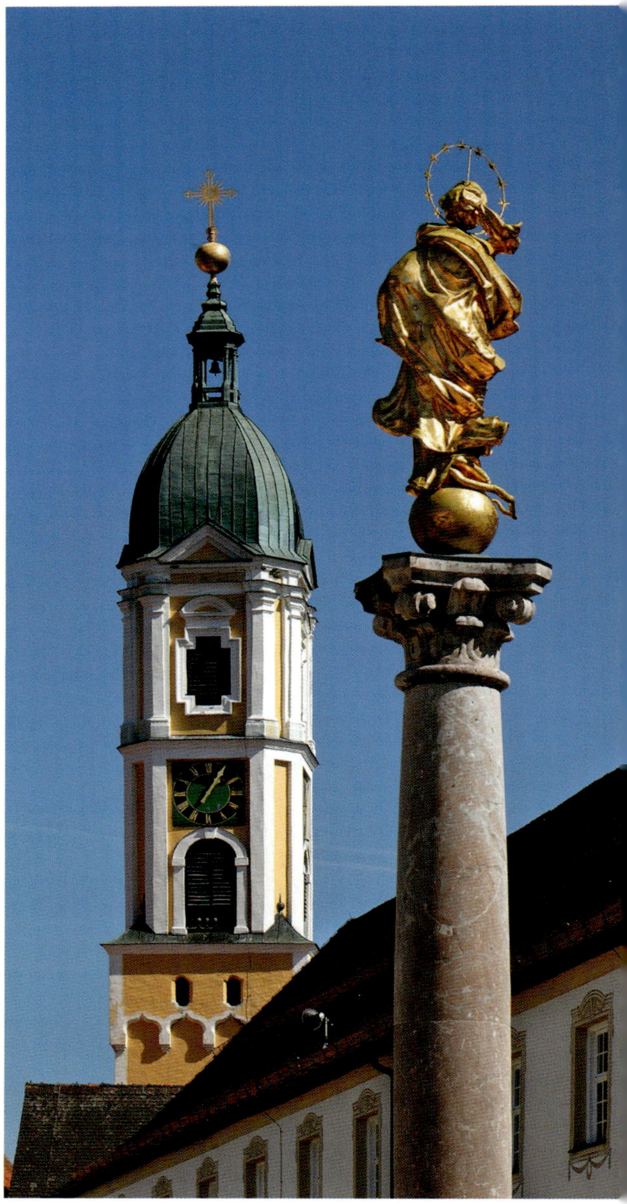

Auf der Schmalspurbahnstrecke Warthausen–Ochsenhausen ist heute die Museumsbahn »Öchsle« unterwegs.

The "Öchsle" steam railway has brought the narrow-gauge track between Warthausen and Ochsenhausen back to life.

Le chemin de fer touristique « Öchsle » fait revivre aujourd'hui la ligne à voie étroite Warthausen–Ochsenhausen.

Die ehemalige Reichsabtei Ochsenhausen beherbergt heute die Landesakademie für die musizierende Jugend.

The former Imperial Abbey of Ochsenhausen now houses the State Academy for Youth Music.

L'ancienne abbaye d'Ochsenhausen héberge de nos jours l'Académie du Land de la Jeunesse Musicale.

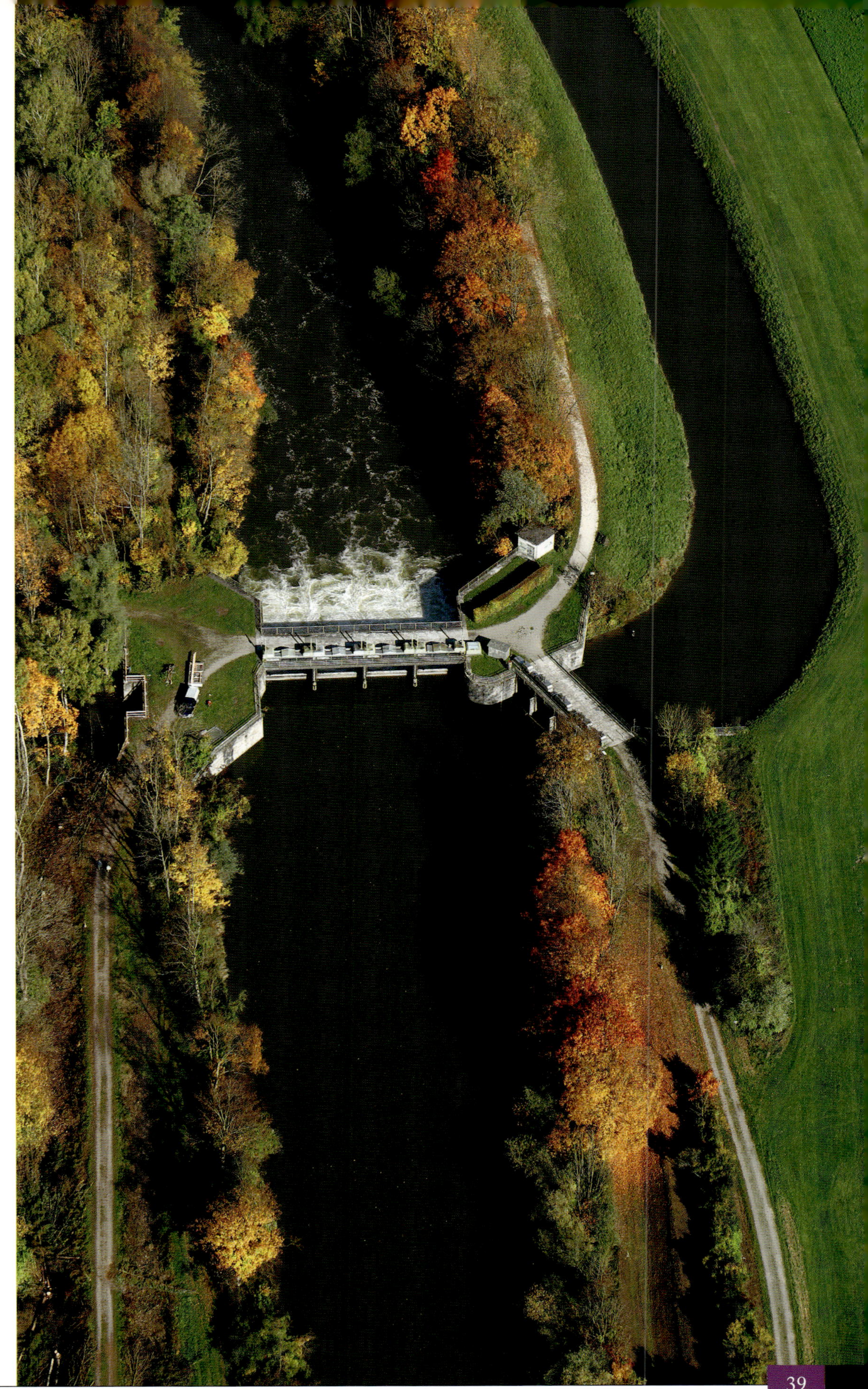

Von Aitrach bis Ulm markiert die Iller die Grenze zwischen Baden-Württemberg und Bayern. Der Illerkanal, der seit 1910 bei Kirchberg an der Iller abgeleitet wird (rechts im Bild), treibt sechs Wasserkraftwerke an.

Between Aitrach and Ulm, the River Iller marks the border between Baden-Württemberg and Bavaria. The Iller Canal, created near Kirchberg/Iller in 1910 (on the right of the picture), powers six hydroelectric power stations.

Entre Aitrach et Ulm, l'Iller forme la frontière entre le Bade-Wurtemberg et la Bavière. Le canal de l'Iller alimenté depuis 1910 par l'Iller près de Kirchberg/Iller entraîne six centrales hydro-électriques.

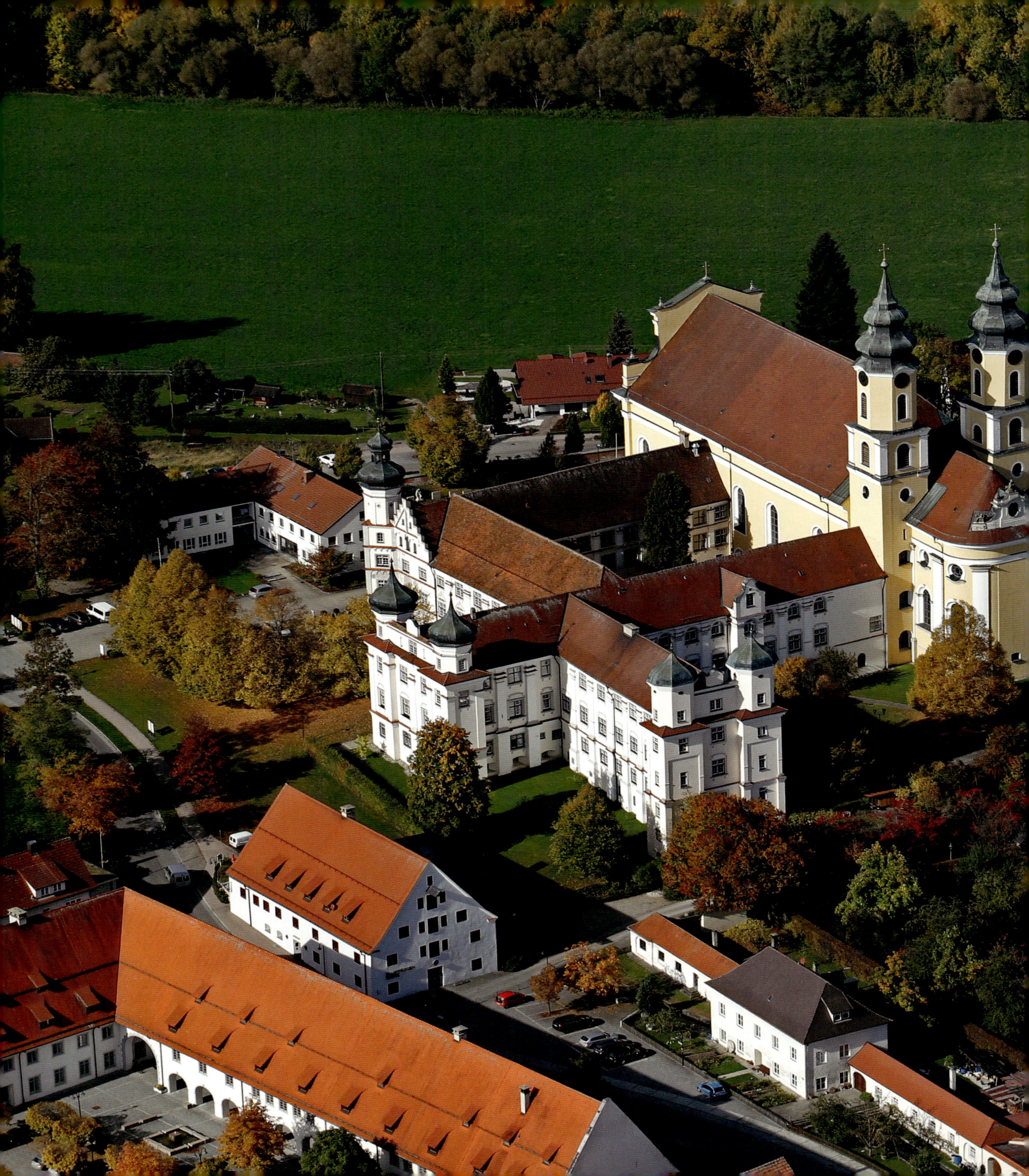

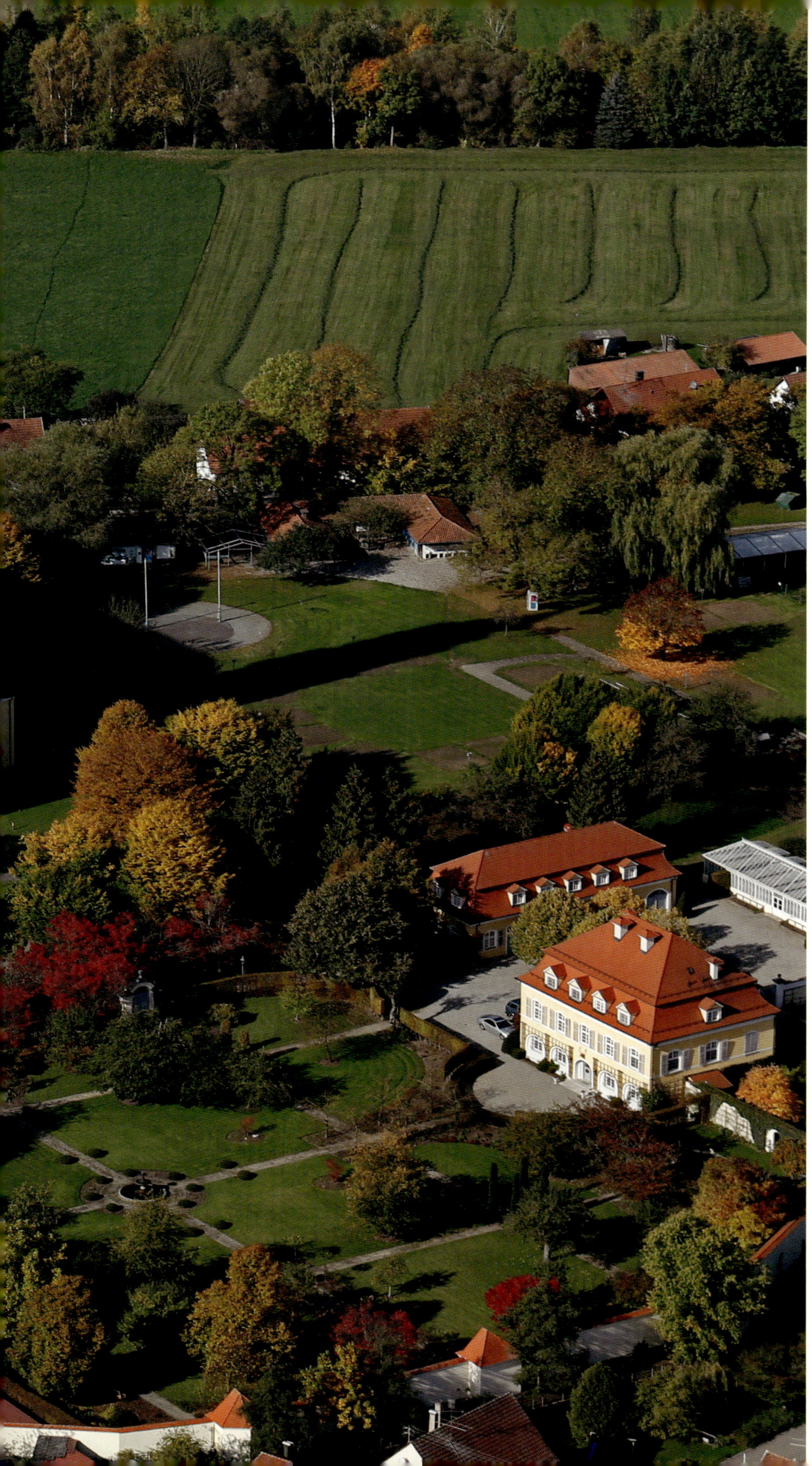

DIE REICHSABTEI Rot an der Rot war eines der ersten Prämonstratenserklöster in Oberschwaben.

THE IMPERIAL Abbey of Rot an der Rot was one of the first Premonstratensian monasteries in Upper Swabia.

L'ABBAYE IMPÉRIALE de Rot an der Rot fut une des premières abbayes de Prémontrés de Haute Souabe.

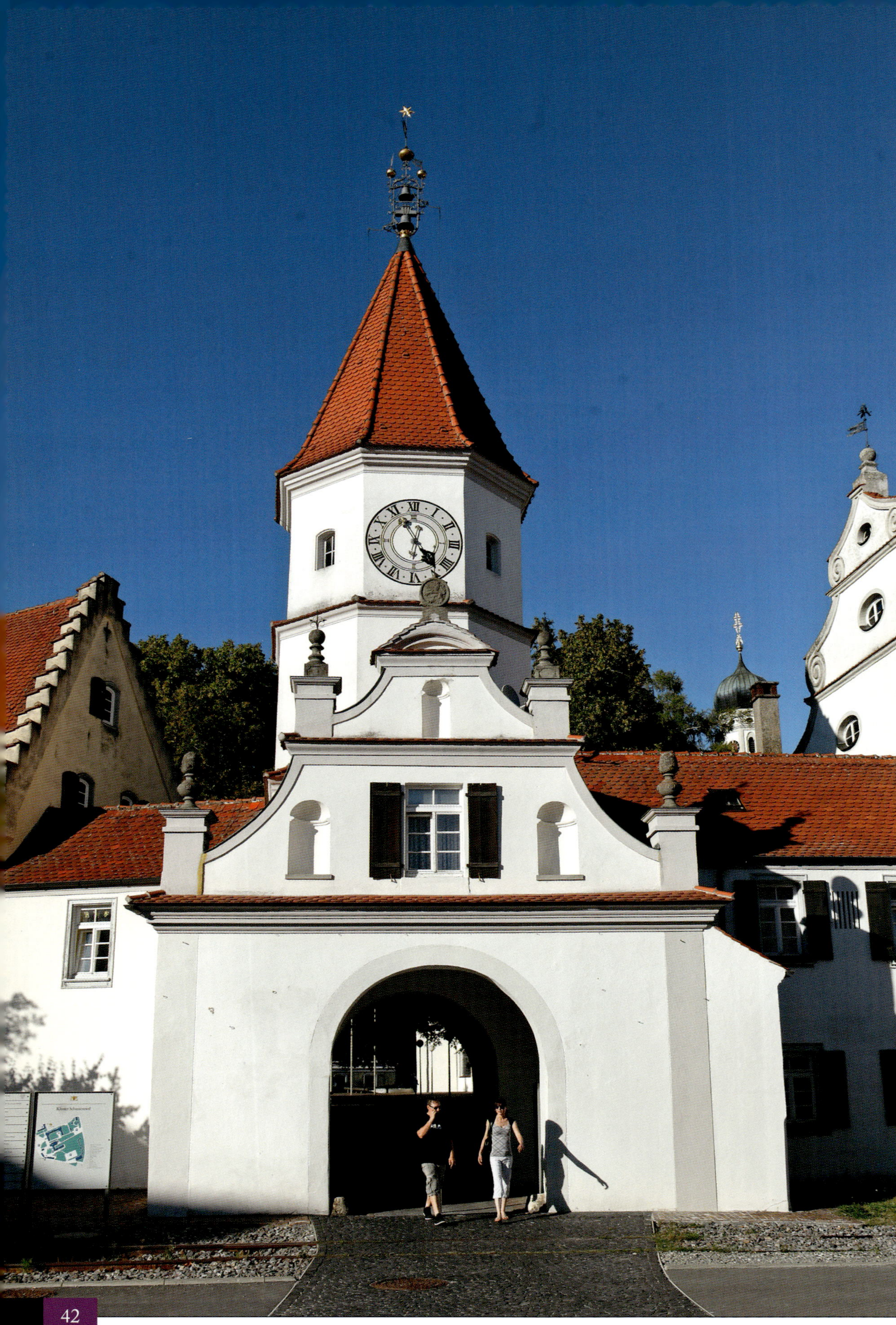

Torhaus und Gastbau der ehemaligen Reichsabtei Schussenried, im Hintergrund der Turm der einstigen Klosterkirche Sankt Magnus.

The gatehouse and guesthouse of the former Imperial Abbey of Schussenried. In the background, the tower of the former abbey church of St Magnus can be seen.

Entrée principale et corps de logis de l'ancienne abbaye impériale de Schussenried, à l'arrière-plan : le clocher de St-Magnus, l'ancienne chapelle de l'abbaye.

Das Bierkrug-Museum Bad Schussenried ist als Deutschlands erstes Museum dieser Art weithin bekannt.

The Bad Schussenried beer mug museum is very well-known and is Germany's first museum on this subject.

Le musée de la chope de bière de Bad Schussenried est réputé. Il est le premier de cette sorte en Allemagne.

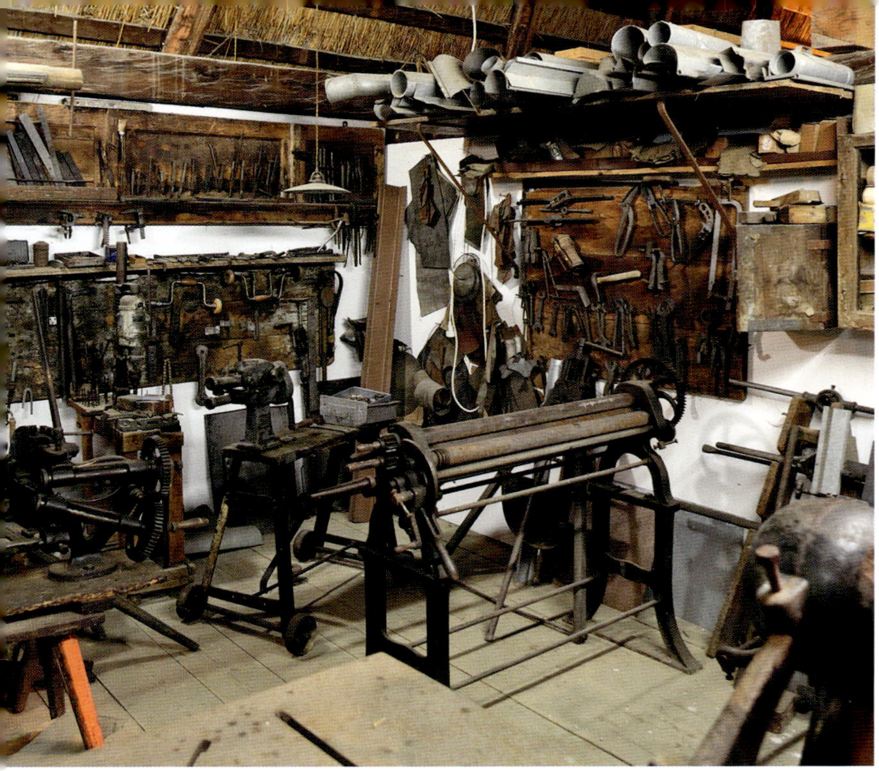

IM OBERSCHWÄBISCHEN Museumsdorf Kürnbach stehen 32 Gebäude aus sechs Jahrhunderten, die aus ganz Oberschwaben hierher versetzt worden sind. Besucherinnen und Besucher können viel über altes Handwerk und bäuerliche Lebensformen erfahren.

32 BUILDINGS from all over Upper Swabia and spanning six centuries can be found in the Upper Swabian Museum village of Kürnbach. Visitors can learn a great deal about old crafts and the peasant way of life.

L'ÉCOMUSÉE DE Haute Souabe à Kürnbach comporte trente-deux bâtiments issus de six siècles. Ils proviennent de toute la Haute Souabe. Visiteuses et visiteurs découvrent de vieux métiers artisanaux et la vie dans les campagnes.

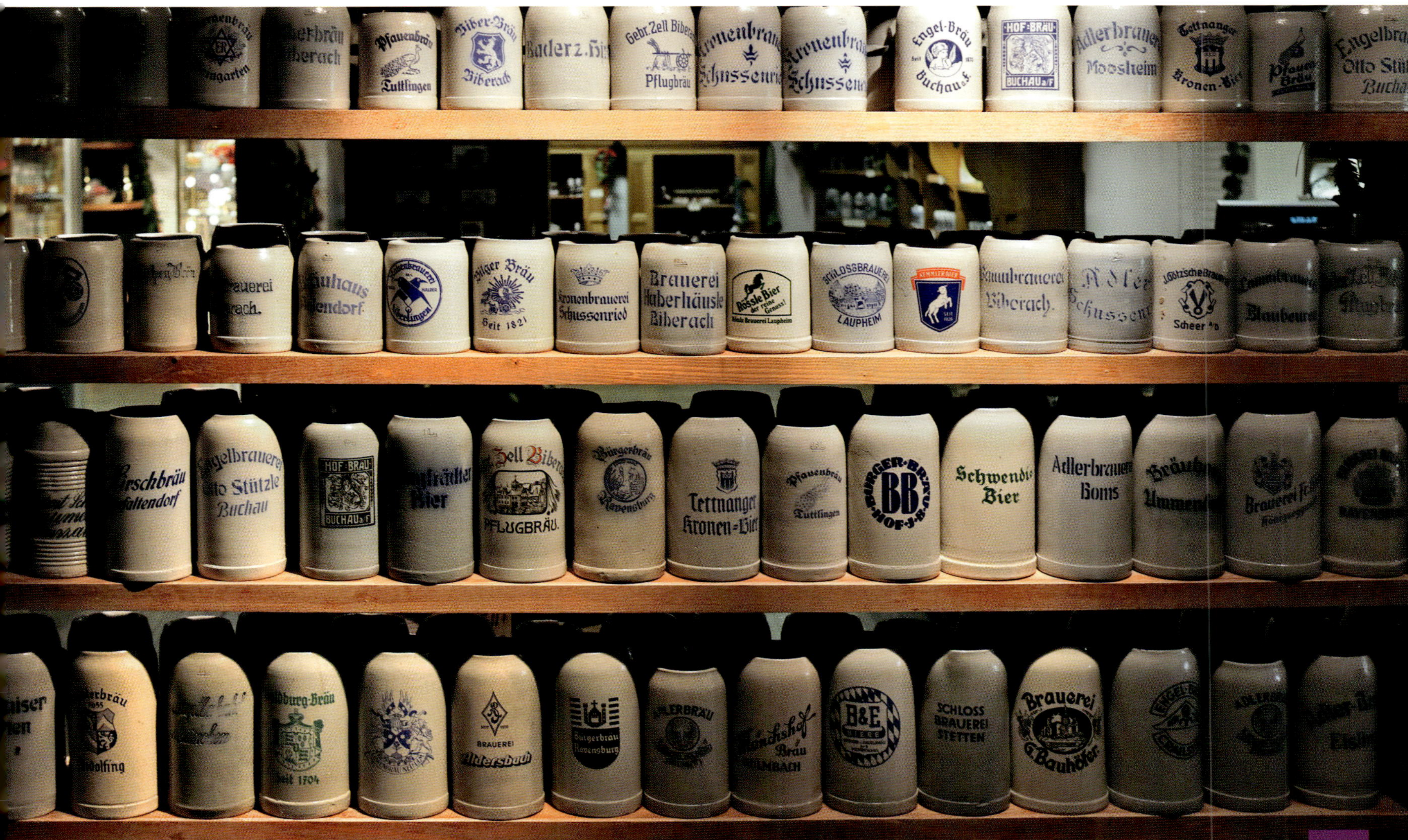

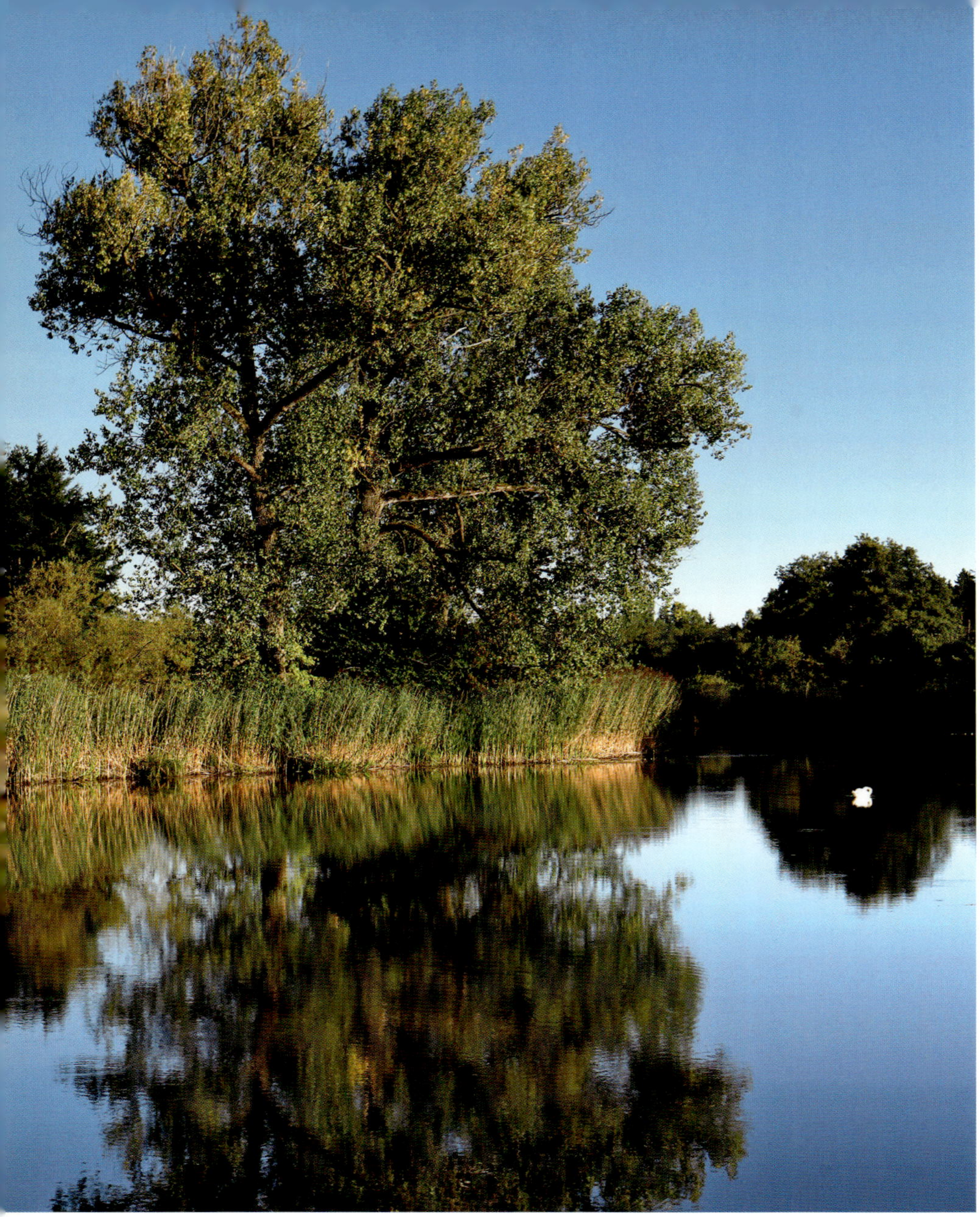

HINWEISSCHILD AN der Straße zwischen Steinhausen und Bad Schussenried. Links fließt Wasser ins Schwarze Meer, rechts in die Nordsee.

INFORMATION SIGN by a road between Steinhausen and Bad Schussenried. To the left, water flows into the Black Sea whilst, to the right, it flows into the North Sea.

PANNEAU SUR le bord de la route entre Steinhausen et Bad Schussenried. A gauche, les eaux coulent vers la Mer Noire, et à droite, vers la Mer du Nord.

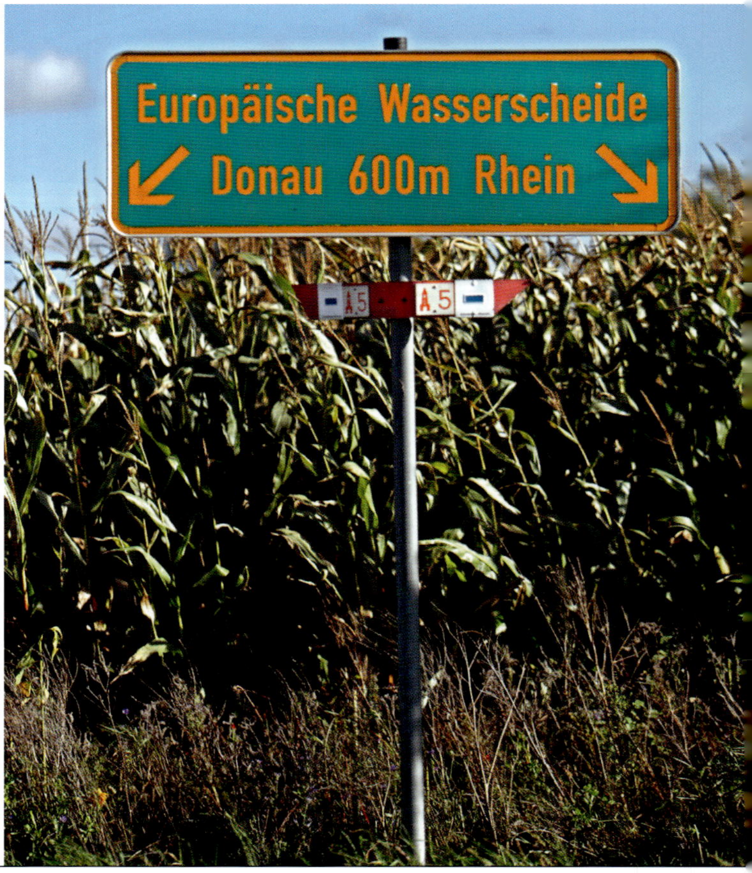

DIE PRÄMONSTRATENSERMÖNCHE des Klosters Schussenried haben im Jahr 1480 den Schwaigfurter Weiher aufgestaut – zur Fischzucht und um eine Mühle zu betreiben. Heute brüten seltene Wasser- und Sumpfvogelarten in diesem Naturschutzgebiet.

THE PREMONSTRATENSIAN monks of the monastery of Schussenried dammed the Schwaigfurter Weiher in 1480. This was in order to breed fish and run a mill. Rare water and marsh birds now breed in this nature reserve.

LES MOINES Prémontrés de l'abbaye de Schussenried ont aménagé en 1480 l'étang de Schwaigfurt. Il servait à la pisciculture et alimentait un moulin. De nos jours, des oiseaux aquatiques et de marécage couvent dans cette zone naturelle protégée.

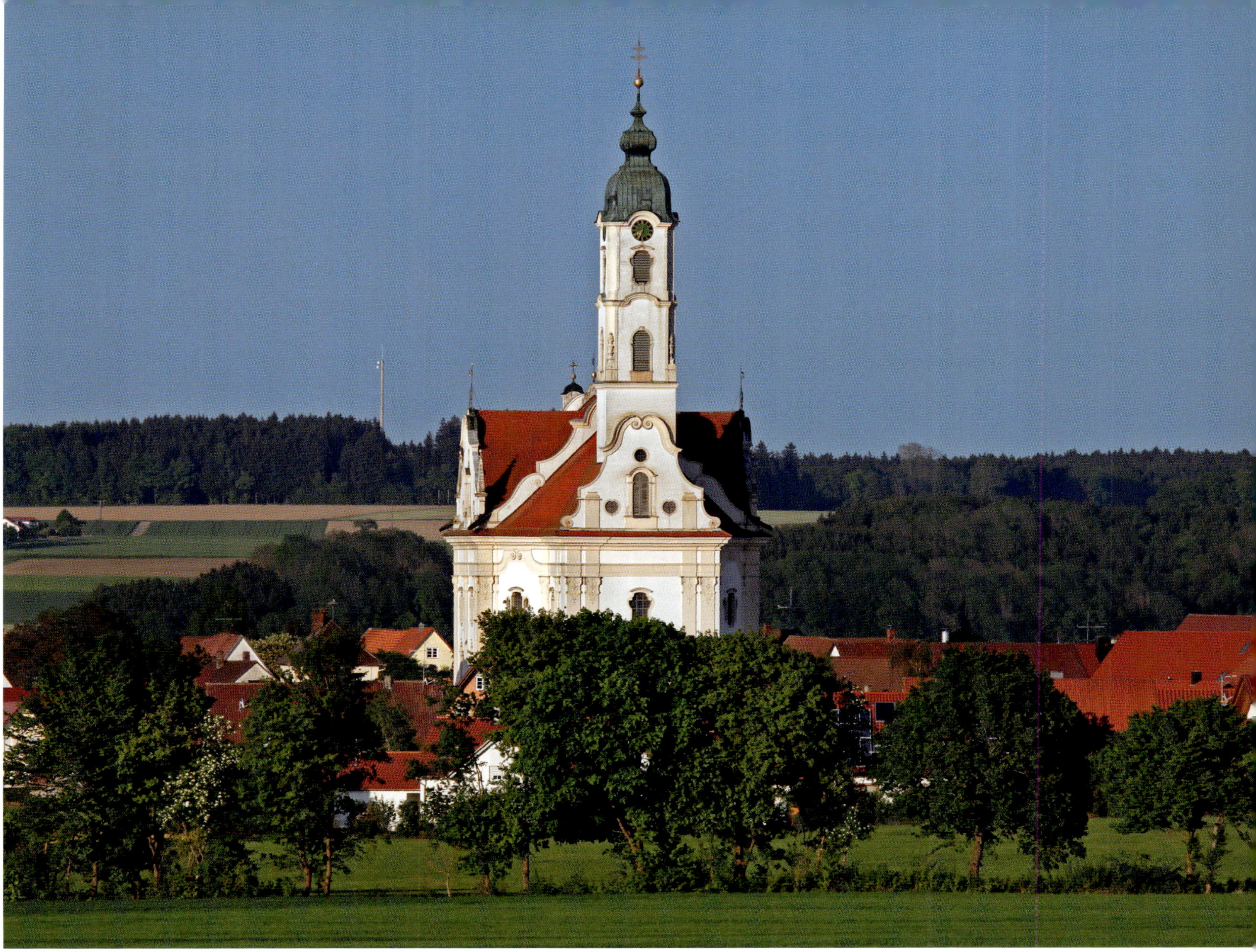

DIE WALLFAHRTSKIRCHE Unserer Lieben Frau im Bad Schussenrieder Ortsteil Steinhausen, 1726 bis 1733 im Auftrag des Schussenrieder Klosters erbaut, gilt als spätbarockes Meisterwerk und »schönste Dorfkirche der Welt«.

THE PILGRIMAGE Church of Our Dear Lady in the Bad Schussenried suburb of Steinhausen, which was built between 1726 and 1733 by the monastery of Schussenried, is considered a late-Baroque masterpiece and the "most beautiful village church in the world".

L'ÉGLISE DE pèlerinage « à Notre Chère Dame » de Steinhausen, un quartier de Bad Schussenried, fut construite entre 1726 et 1733 pour l'abbaye de Schussenried, elle est un chef d'œuvre du style baroque tardif et « la plus jolie église de village » du monde.

LAND DES BAROCK

Die Region Oberschwaben, Bodenseehinterland und Westallgäu gilt als Barockwinkel Baden-Württembergs, blumig ausgedrückt als »Himmelreich des Barock«. Eine Landschaft, in der sich Kirchen, Kapellen, Klöster, Residenzen, Bürgerhäuser und Schlösser aus dieser die Gegend prägenden Epoche wie die Perlen auf einer Kette aneinanderreihen, beeinflusst auch das Denken, das Fühlen der in diesem Landstrich beheimateten Menschen. Und Menschen waren es, die diese Bauten ersannen und errichteten. Nach den Schrecken und Wirrnissen des Dreißigjährigen Krieges erblühte im 17. und 18. Jahrhundert eine Sehnsucht nach Schönem, nach Erbaulichem, nach Sinnenfreude. Nach den verheerenden Kriegserfahrungen erwachte eine Lebenslust, die alle Bereiche des menschlichen Seins umfasste. Mit dem wirtschaftlichen und gesellschaftlichen Aufschwung ging ein regelrechter Bauboom einher. Die vielen geistlichen und weltlichen Herren in ihren selbständigen Territorien – Oberschwaben war ein bunter Fleckerlteppich an Klostergebieten, Grafschaften und freien Reichsstädten – huldigten dem repräsentativen neuen Stil, dem Barock. Reichtum und Wohlergehen sollten demonstriert werden. Theaterspiel und Musikaufführungen erfreuten das Herz, üppiges Essen und Trinken galt als Ausdruck eines neuen Lebensgefühls, prachtvolle Prozessionen förderten die Volksfrömmigkeit. Gerade die katholische Kirche war es, die über die Prachtentfaltung barocker Kunstwerke, von der Architektur über Musikkompositionen bis zur farbenfrohen Freskomalerei den Menschen in seiner Gesamtheit ansprechen wollte, nicht zuletzt um gegenreformatorisch zu wirken. Die Gläubigen sollten mit Vehemenz zurückgelockt werden in den Schoß der heiligen katholischen Kirche. Allerdings hatte das mittelalterliche Verständnis von oben und unten, von gottgegebener Ständezugehörigkeit weiterhin Bestand. Dem einfachen Mann blieb oft nur das Staunen über die barocke Prachtentfaltung. Sein Leben verlief weiter nach den gewohnten Regeln feudaler Strukturen.

Gegensätzlichkeit als Prinzip

Nachhaltig wirkte das barocke Prinzip der Gegensätzlichkeit: in der Musik die Kontrapunktik, in der Architektur das Spiel mit Licht und Schatten, im Alltag das Nebeneinander von Leben und Tod, von Sein und Schein. Die Gedankenwelt unterschied deutlich zwischen dem Hier und Jetzt auf Erden und dem zukünftigen Leben in himmlischen Gefilden. Mit höfischen Festen, mit Feuerwerken, mit Kirchenkonzerten, mit Wallfahrten und mit bäuerlichen Hochzeitsfeiern holten sich die Menschen ein Stück himmlischen Lebens auf die Erde. Den Tag, die Stunde, den Moment genießen, aus Angst, morgen könnte alles viel schlimmer kommen – das steckt bis heute in den Menschen, das prägt die Mentalität des Oberschwaben und des Bodenseeanrainers.

Barock als Lebenseinstellung

Barock ist mehr als Architektur, mehr als Üppigkeit, mehr als ein Schwelgen in Formen und Farben. Es ist eine Lebensauffassung, eine Lebenseinstellung, ja, eine Lebensphilosophie.

Wenn sich an einem heißen Sommertag weiße Kumuluswolken vom blauen Himmelszelt abheben, sich in einem der vielen Weiher und Seen Oberschwabens spiegeln, wenn der Schattensuchende sich in das Innere einer der zahlreichen Barockkirchlein begibt, um dort Heerscharen von Putten unter lichtem Stuck gen Himmel schweben zu sehen, wenn dann noch der Organist sich übend auf den kommenden Sonntagsgottesdienst vorbereitet, die Orgelklänge mit Harmonien eines oberschwäbischen Barockkomponisten den Kirchenraum füllen, dann, ja dann wird der Mensch eins mit der Schöpfung. Dann ist sie zu spüren, die Einheit zwischen Himmel und Erde, dann übermannt einen das vielbeschworene, kaum in Worte zu fassende barocke Lebensgefühl und das Wissen: Hier ist man dem Himmel ein bisschen näher.

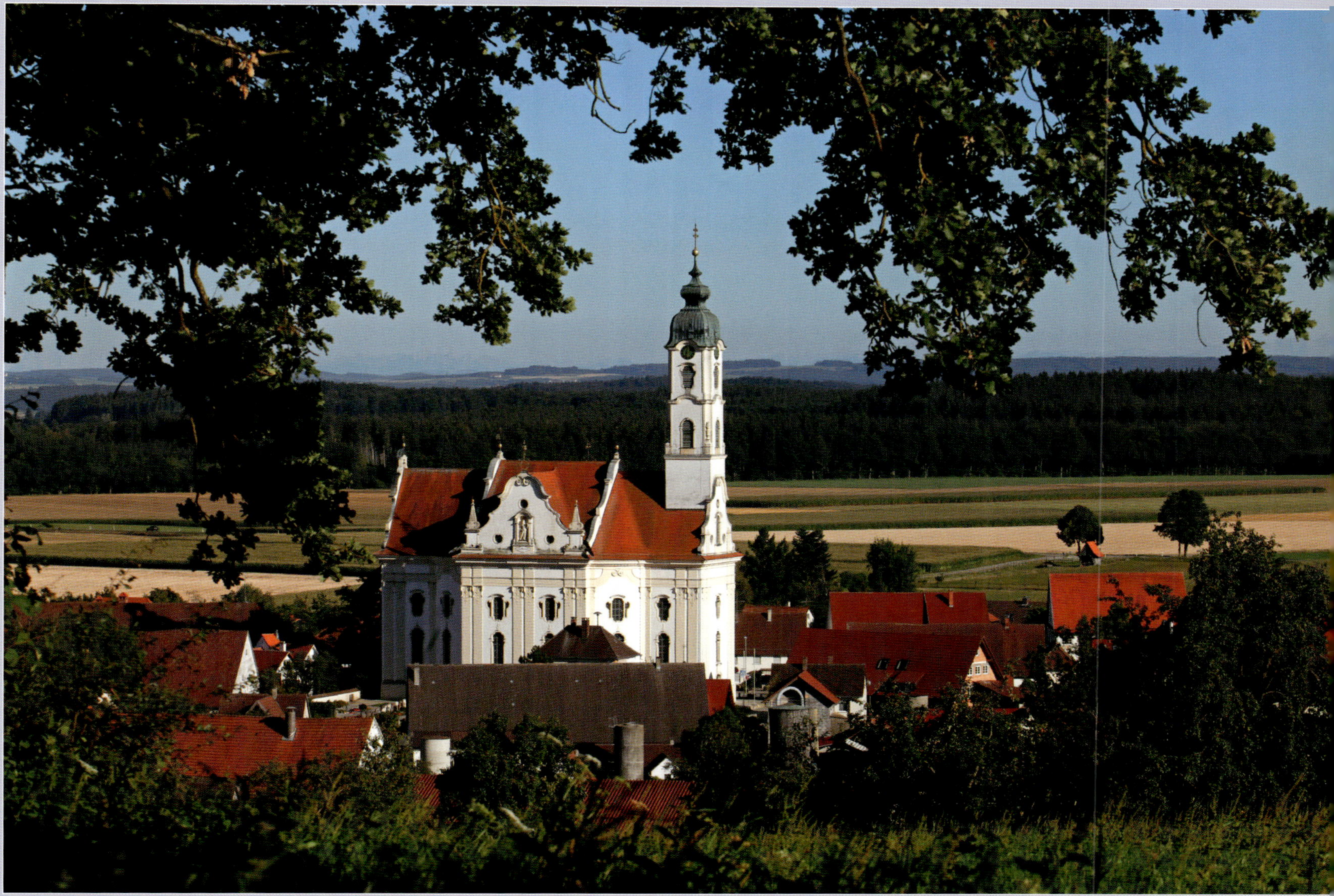

DAS DORF Steinhausen gehörte ab 1365 zum Kloster Schussenried. Im 15. Jahrhundert begannen Marienwallfahrten zu einem hier aufgestellten Gnadenbild. Als sie immer mehr Zulauf bekamen, beschlossen die Klosterbrüder 1726, die Kirche in Steinhausen neu errichten zu lassen und gewannen dafür den Architekten und Stuckateur Dominikus Zimmermann.

THE VILLAGE of Steinhausen belonged to the monastery of Schussenried from 1365. Marian pilgrimages to the icon in the church began in the 15th century. As the number of pilgrims rose, the monks of the monastery decided in 1726 to rebuild the church in Steinhausen, and charged the architect and stucco artist Dominikus Zimmermann with the task.

LE VILLAGE de Steinhausen appartint dès 1365 à l'abbaye de Schussenried. Les premiers pèlerinages vers une image miraculeuse de la Vierge Marie y eurent lieu au 15ème siècle. Comme les foules augmentaient sans cesse, les moines décidèrent, en 1726, de reconstruire l'église à Steinhausen et purent engager l'architecte et stucateur Dominikus Zimmermann.

A LAND OF THE BAROQUE

The region of Upper Swabia, the hinterlands of Lake Constance and the Western Allgäu are considered the Baroque area of Baden-Württemberg, or, to put it in more flowery terms, a "Baroque Heaven". It is a landscape in which churches, chapels, monasteries, residences, town houses and palaces from this era, which is so important to this region, are strung together like pearls on a string. This has also influenced the thinking and sensitivity of the people who live in the region. And it was the people who dreamed up and built these structures.

After the terrors and confusion of the Thirty Years War, the 17th and 18th centuries saw a desire for beauty, for the uplifting, for a feast for the senses. After the devastating experience of the war, a lust for life appeared, covering all fields of human life. The economic and social revival saw a boom in construction. The spiritual and secular lords in their independent territories—Upper Swabia was a patchwork of monasteries, earldoms and Free Imperial Cities—worshipped the fine new style—Baroque. Wealth and prosperity needed to be demonstrated.

The Baroque principle of contrasts had a sustained effect: In the music of counterpoint, in architecture through the use of light and shade, in everyday life through the coexistence of life and death, of fantasy and reality. People made a clear distinction between the here and now on Earth and the future in heaven. Through courtly festivals, fireworks, church concerts, pilgrimages and peasant wedding ceremonies, people tried to bring a piece of heavenly life down to Earth. Enjoying the day, the hour and the moment, out of the fear that, tomorrow, everything could be a lot worse—this is still a trait of local people, characterising the mentality of the Upper Swabians and those living by Lake Constance.

When, on a hot summer day, white cumulus clouds rise in the blue sky and are reflected in one of the many ponds and lakes of Upper Swabia, when those looking for shade enter the interior of one of the many Baroque churches to find armies of putti rising up through beams of light to heaven, when the organist is preparing for the forthcoming Sunday service and the sounds of the organ fill the church with the harmonies of an Upper Swabian Baroque composer—then, yes then do people become one with creation. It is then that the Baroque lifestyle of this region can be felt. You are that bit closer to heaven here.

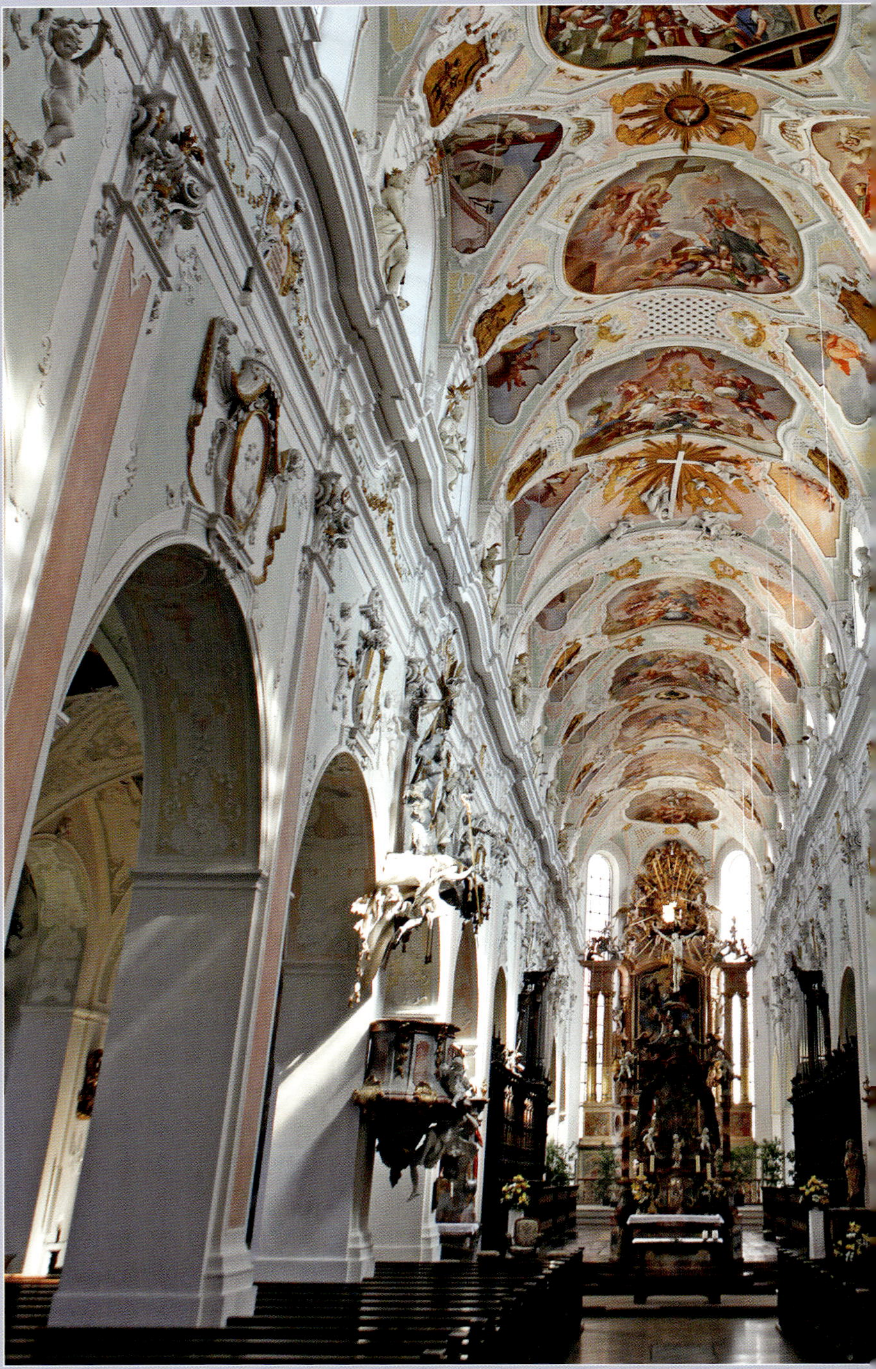

PAYS DU BAROQUE

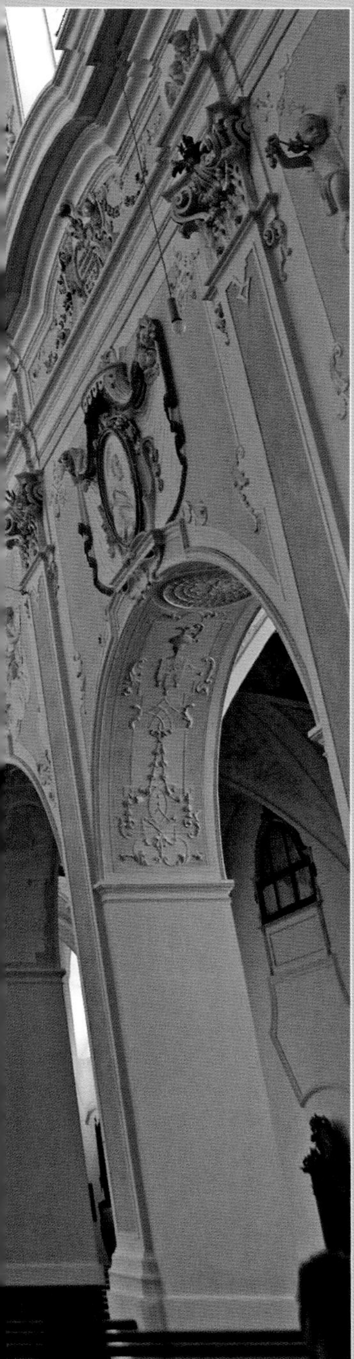

AUCH OCHSENHAUSEN liegt an der Oberschwäbischen Barockstraße. Die im Jahr 1090 errichtete, in der Barockzeit völlig umgebaute benediktinische Reichsabtei besaß ein Territorium von 255 km^2 Fläche mit zuletzt 11 000 Einwohnern. 1803 wurde das Kloster säkularisiert.

OCHSENHAUSEN IS also located on the Upper Swabian Baroque Road. The Benedictine Imperial Abbey, erected in 1090 and fully reconstructed during the Baroque era, owned a territory of 255 km^2 with 11,000 inhabitants. The monastery was dissolved in 1803.

OCHSENHAUSEN, ELLE-AUSSI, se trouve sur la Route du Baroque de Haute Souabe. L'abbaye impériale bénédictine construite en 1090 et modifiée entièrement pendant la période baroque possédait un territoire de 255 km^2 peuplé de 11.000 habitants. L'abbaye fut sécularisée en 1803.

La région de Haute Souabe, de l'arrière-pays du Lac de Constance et de l'Allgäu occidental est considérée comme le site baroque du Bade-Wurtemberg ou autrement dit, « le Royaume des Cieux du Baroque ». Ce paysage dans lequel s'alignent, comme les perles d'un collier, églises, chapelles, abbayes, résidences, maisons bourgeoises et châteaux datant de cette époque a marqué la région et influence aussi la façon de penser et les sentiments des humains qui habitent cette contrée. Ce sont aussi des humains qui ont conçu et construit ces édifices.

Après les troubles et la terreur de la Guerre de Trente Ans, une envie de beauté, de splendeur et de plaisir des sens s'exprima au 17ème et 18ème siècle. L'expérience dévastatrice de la guerre fit place à une envie de vivre qui toucha tous les domaines de l'être humain. L'essor économique et social fut suivi d'un véritable boom dans la construction. La Haute Souabe était une mosaïque bariolée de domaines monastiques et, dans leurs territoires autonomes, comtés et villes franches impériales, les nombreux maîtres spirituels et temporels s'adonnèrent au nouveau style représentatif, le baroque. Il fallait montrer sa richesse et son bien-être.

Le principe baroque des contraires eut un effet durable : en musique, le contrepoint, en architecture, le jeu de la lumière et de l'ombre et, dans la vie quotidienne, le voisinage de la vie et de la mort, être et paraître. Le monde de la pensée différenciait nettement le présent sur terre de la vie future dans les champs célestes. Grâce à des fêtes à la cour, des feux d'artifice, des concerts d'église, des pèlerinages et des noces campagnardes, les gens profitèrent sur terre d'une portion de la vie céleste. Profiter du jour, de l'heure, du moment de peur que demain tout soit pire, est un adage qui imprègne aujourd'hui encore les humains et qui caractérise la mentalité du Haut-Souabe et de l'habitant de la rive du Lac de Constance.

Lorsque, par une chaude journée d'été, les cumulus blancs se suivent dans le ciel bleu et se reflètent dans un des nombreux étangs et lacs de Haute Souabe, lorsque, à la recherche de l'ombre, on se réfugie à l'intérieur d'une des nombreuses chapelles baroques et admire la nuée d'angelots qui s'élève dans un ciel de stuc, lorsque peut-être l'organiste répète les morceaux qu'il jouera à la messe du dimanche suivant et que l'orgue remplit la nef des harmonies d'un compositeur baroque de Haut Souabe, alors oui, l'homme devient un avec la création. On ressent alors l'atmosphère baroque de cette région : ici, on est un peu plus près du ciel.

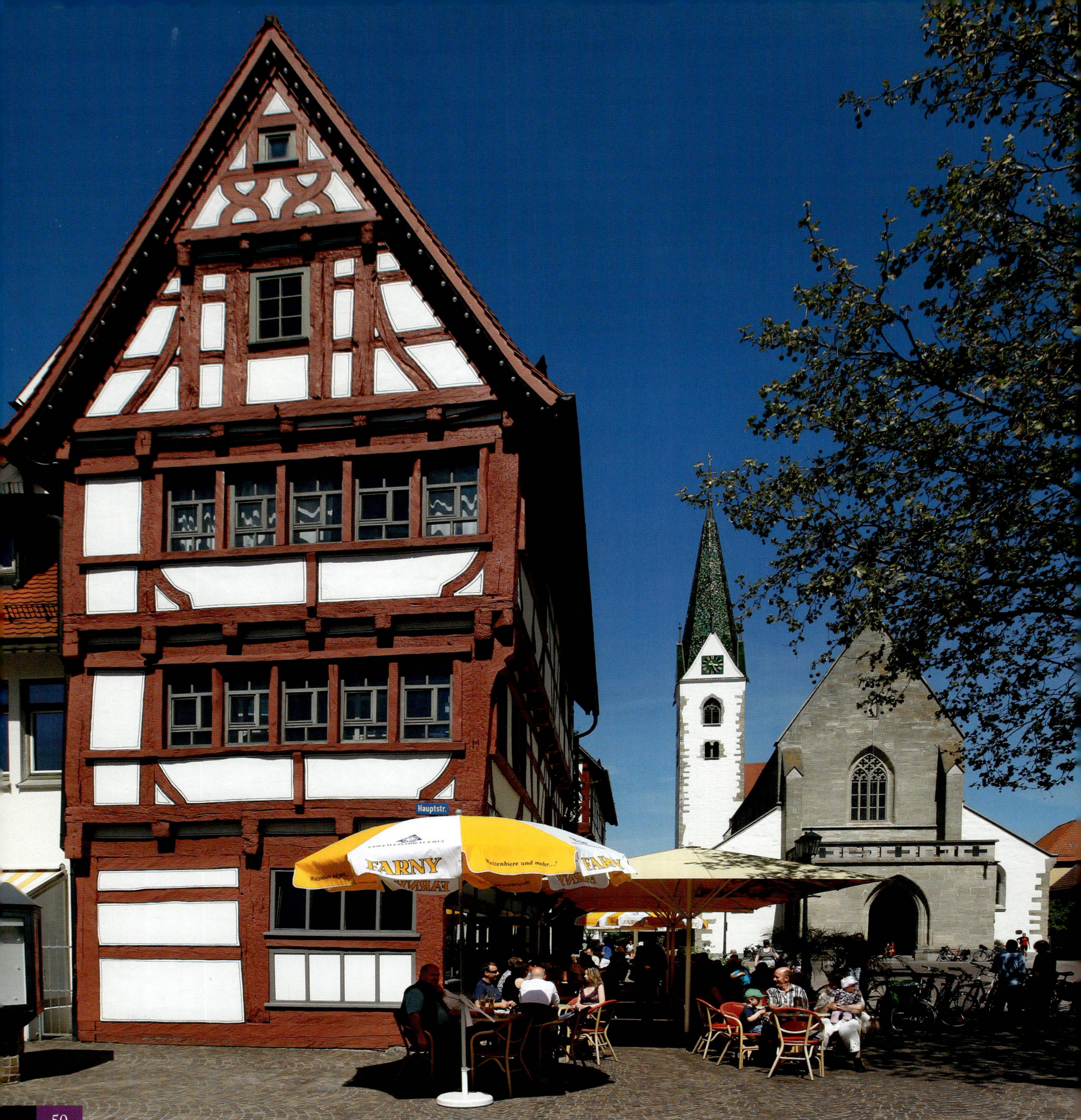
Hauptstr.
FARNY
FARNY

DAS »ECKLÄDELE« am Marktplatz von Bad Saulgau, ein Fachwerkhaus aus dem Jahr 1580, im Hintergrund die Stadtkirche Sankt Johannes Baptist.

THE "ECKLÄDELE" on the market square in Bad Saulgau, a half-timbered house dating back to 1580, with the town church of St John the Baptist behind it.

L'ÉCHOPPE DU coin « Eckládele », sur la Place du Marché de Bad Saulgau, est une maison à colombages datant de 1580. A l'arrière-plan : L'église St-Jean-Baptiste.

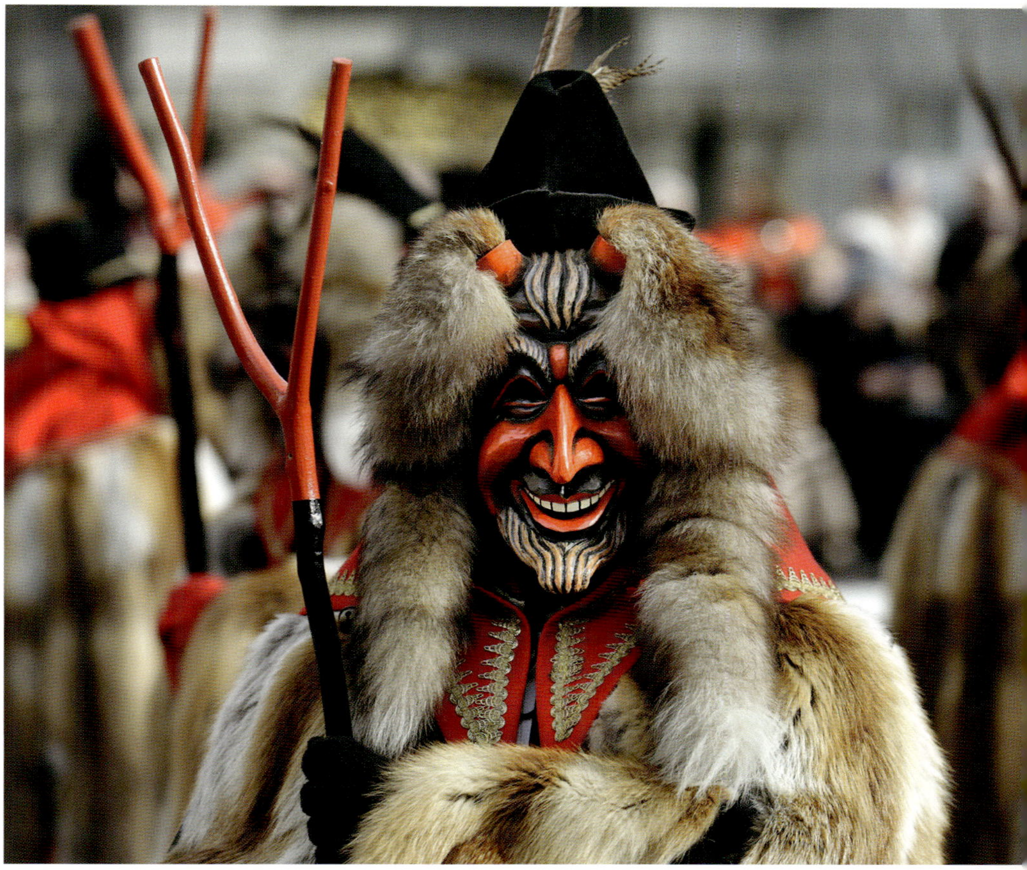

MEHR ALS hundert »Pelzteufel« der Dorauszunft bereichern und beherrschen die Fastnacht in Bad Saulgau.

MORE THAN one hundred "Pelzteufel" of the Doraus Guild enrich and rule over the carnival proceedings in Bad Saulgau.

PLUS DE cent « diables velus » de la confrérie de Doraus enrichissent le carnaval de Bad Saulgau où ils sont les figures dominantes.

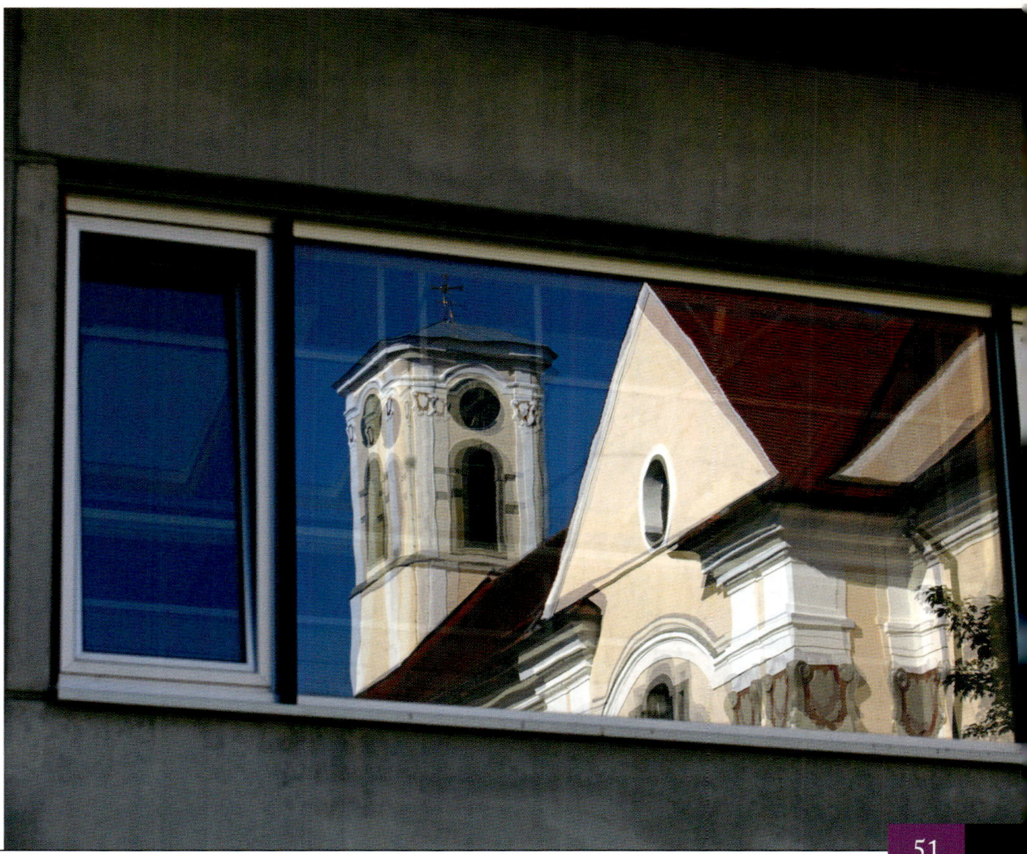

DAS KLOSTER im Bad Saulgauer Ortsteil Sießen geht aufs 13. Jahrhundert zurück. Seit 1860 sind hier Franziskanerinnen ansässig. Die berühmteste von ihnen war Maria Innocentia Hummel (1909–1946), nach deren Zeichnungen die Hummel-Figuren aus Keramik hergestellt werden.

THE MONASTERY in the Bad Saulgau suburb of Siessen dates back to the 13th century. Franciscan nuns have lived there since 1860. The most famous of them was Maria Innocentia Hummel (1909–1946), whose drawings were used to create the ceramic Hummel Figures.

L'ABBAYE DE Siessen, un quartier de Bad Saulgau, remonte au 13ème siècle. Des nonnes franciscaines y sont installées depuis 1860. La plus célèbre d'entre elles fut Maria Innocentia Hummel (1909–1946). Les figurines de Hummel en céramique sont réalisées d'après ses dessins.

Der Ravensburger Architekt Gottlieb Pfeilsticker errichtete 1854 bis 1856 im neogotischen Stil die Pfarrkirche Sankt Lambertus im Ertinger Ortsteil Binzwangen. Der Vorgängerbau war einsturzgefährdet und musste deshalb abgerissen werden.

The Ravensburg architect Gottlieb Pfeilsticker erected the Neo-Gothic parish church of St Lambert in the Ertingen community of Binzwangen between 1854 and 1856. The previous church was at risk of collapse and had to be demolished.

Entre 1854 et 1856, l'architecte ravensbourgeois Gottlieb Pfeilsticker bâtit en style néogothique l'église paroissiale Saint-Lambert de Binzwangen, un quartier d'Ertingen. Le bâtiment qui la précédait et qui menaçait de s'effondrer avait dû être rasé.

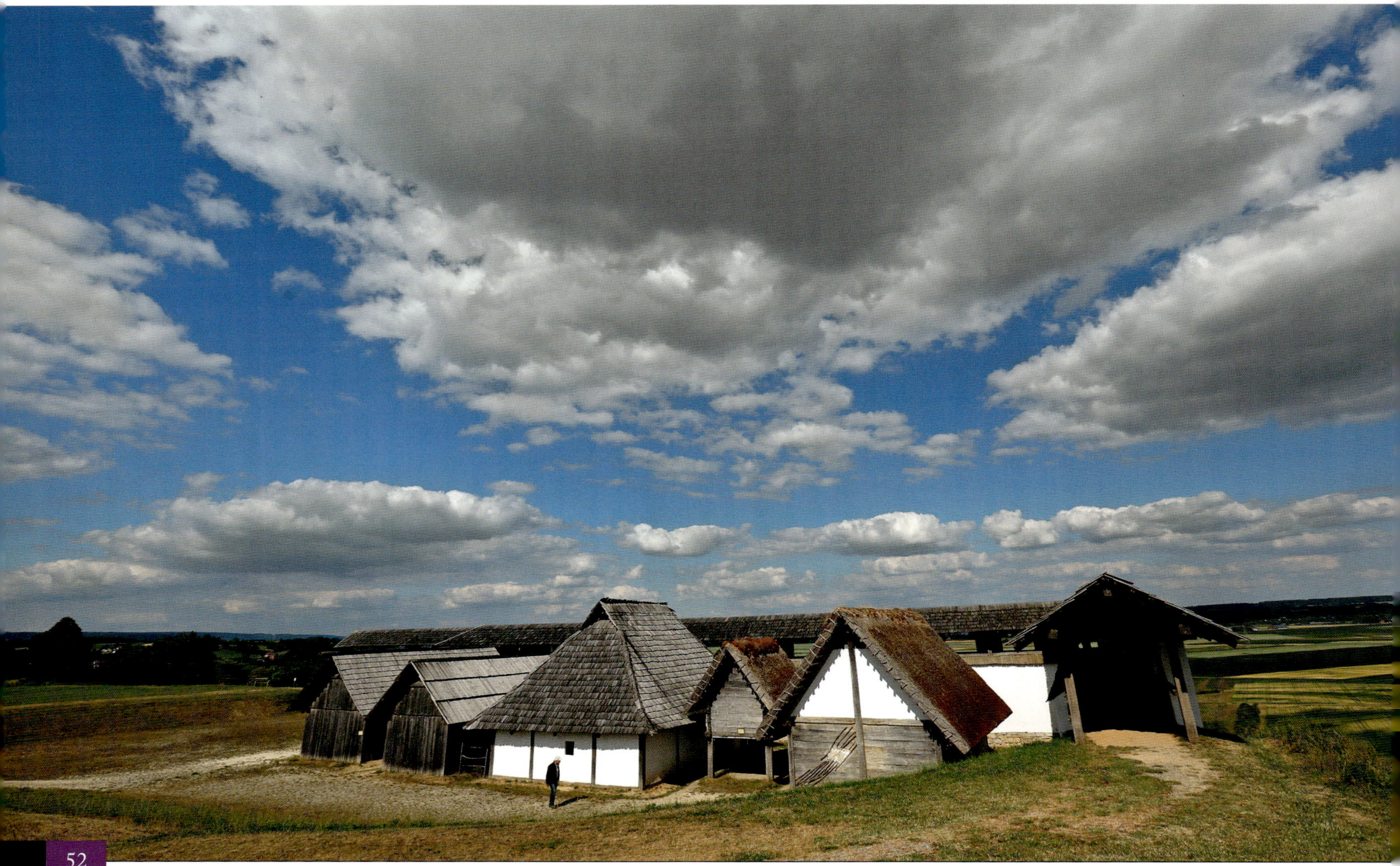

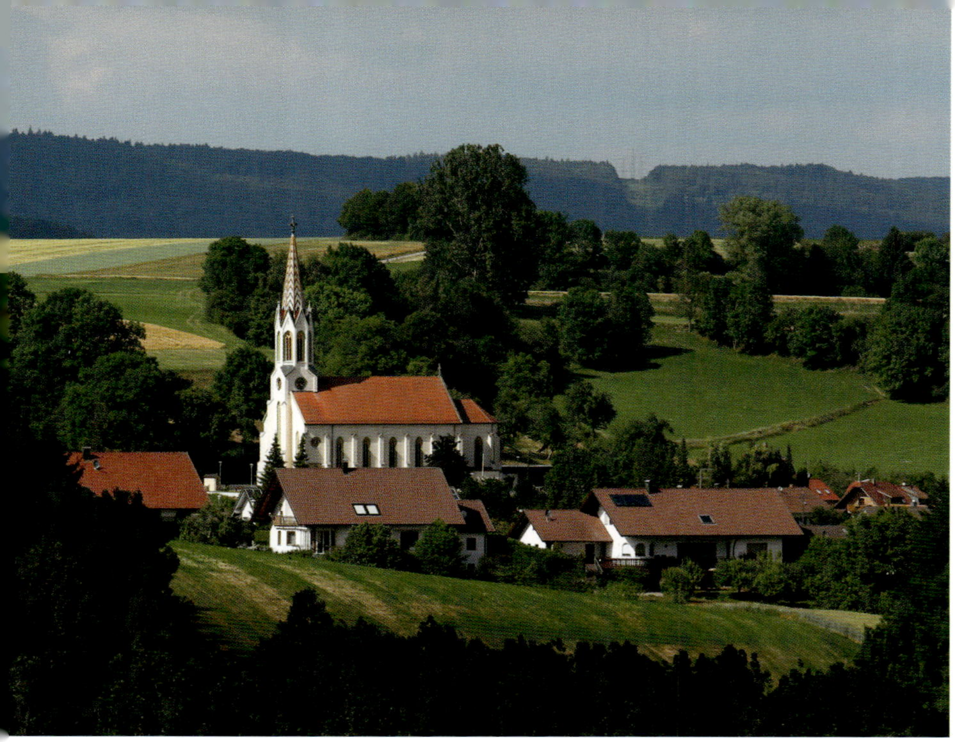

AUF EINEM Plateau über der Donau beim Herbertinger Ortsteil Hundersingen befand sich im 6. vorchristlichen Jahrhundert ein keltischer Fürstensitz. Ein Freilichtmuseum zeigt, wie die »Heuneburg« früher ausgesehen haben mag.

LOCATED ON a plateau above the Danube, the Herbertingen suburb of Hundersingen was the seat of a Celtic lord in the 6th century BC. An open-air museum shows what the "Heuneburg" may once have looked like.

AU 6ÈME siècle avant J.C., une résidence princière celte se dressait sur un plateau dominant le Danube, près de Hundersingen, un quartier de Herbertingen. Un écomusée montre ce « Heuneburg » tel qu'il aurait pu être.

DER TURM der 2014 sanierten Martinskirche in Mengen geht aufs 11. Jahrhundert zurück.

ST MARTIN'S Church in Mengen was restored in 2014. Its tower dates back to the 11th century.

LE CLOCHER de l'église Saint-Martin de Mengen, rénovée en 2014, remonte au 11ème siècle.

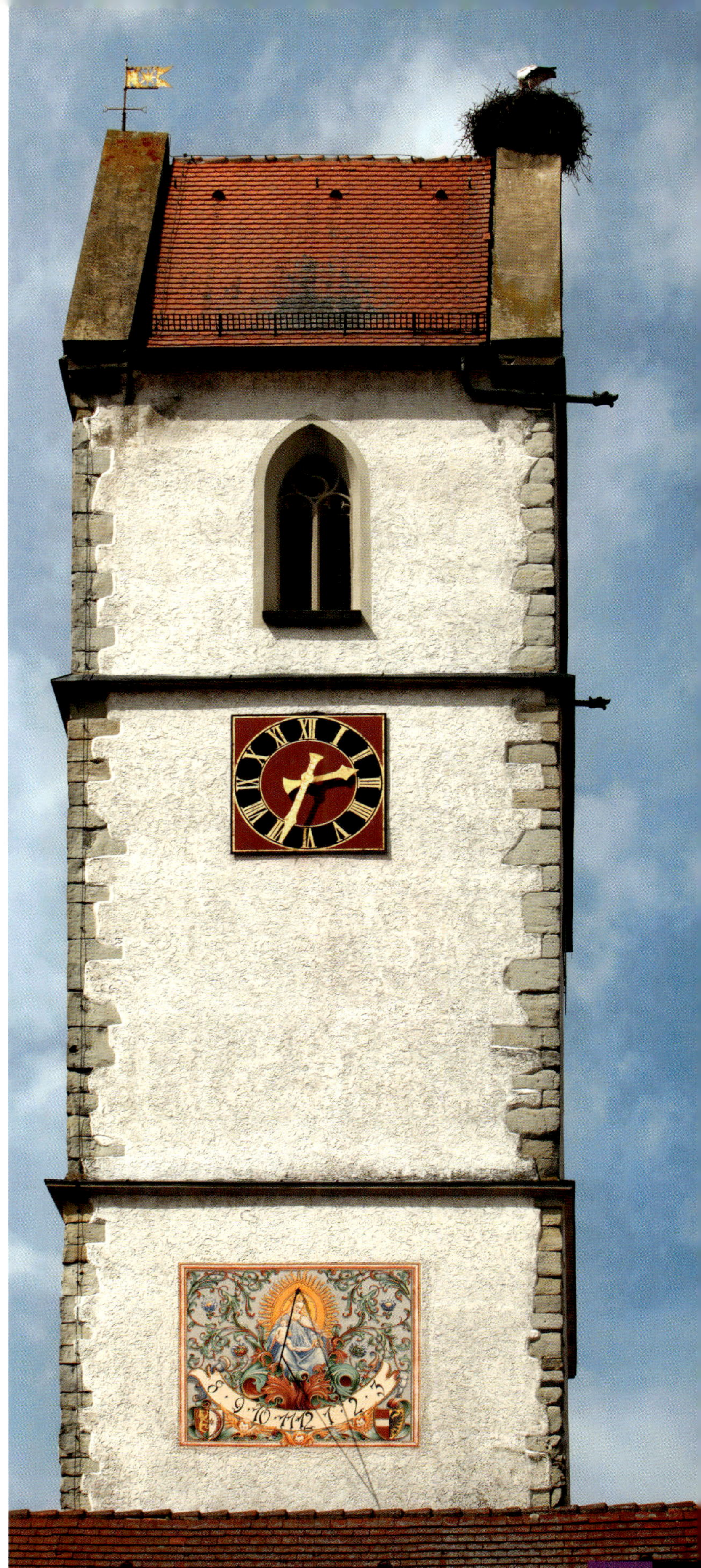

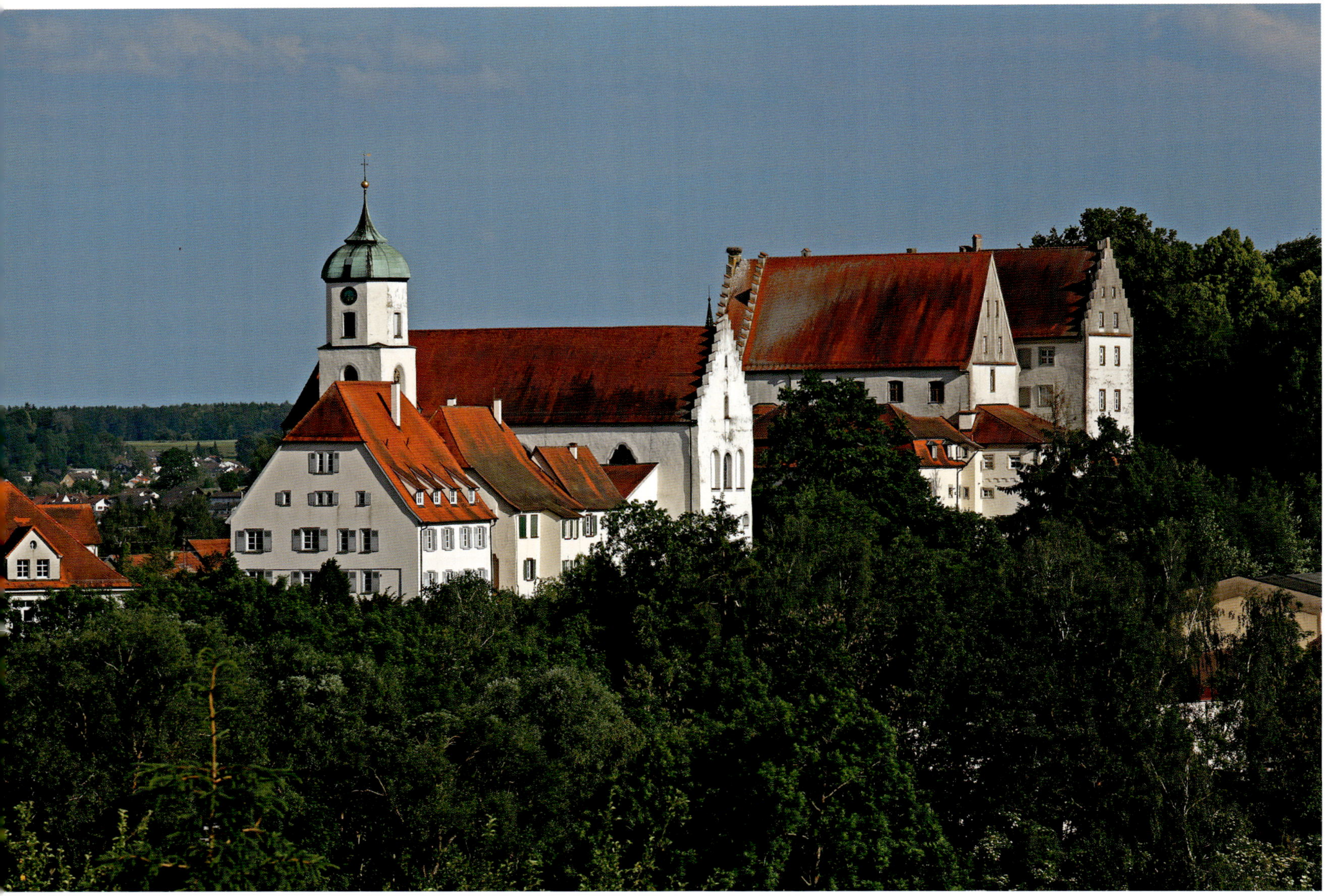

In Scheer überragen die Pfarrkirche Sankt Nikolaus und das 1485 bis 1496 errichtete Schloss die Stadt. Sie thronen auf dem Schlossberg, dem letzten Kalkfelsen, den die Donau umfließt: Hier berühren sich die Schwäbische Alb und Oberschwaben.

The parish church of St Nicholas and the Schloss, built between 1485 and 1496, dominate the town of Scheer. They reign over the Schlossberg, the last chalk outcrop around which the Danube flows. The Swabian Jura and Upper Swabia meet here.

Les bâtiments dominants de Scheer sont l'église paroissiale Saint-Nicolas et le château, bâti de 1485 à 1496. Tous deux se dressent sur le Schlossberg, le dernier éperon calcaire contourné par le Danube. C'est là que le Jura Souabe et la Haute Souabe se touchent.

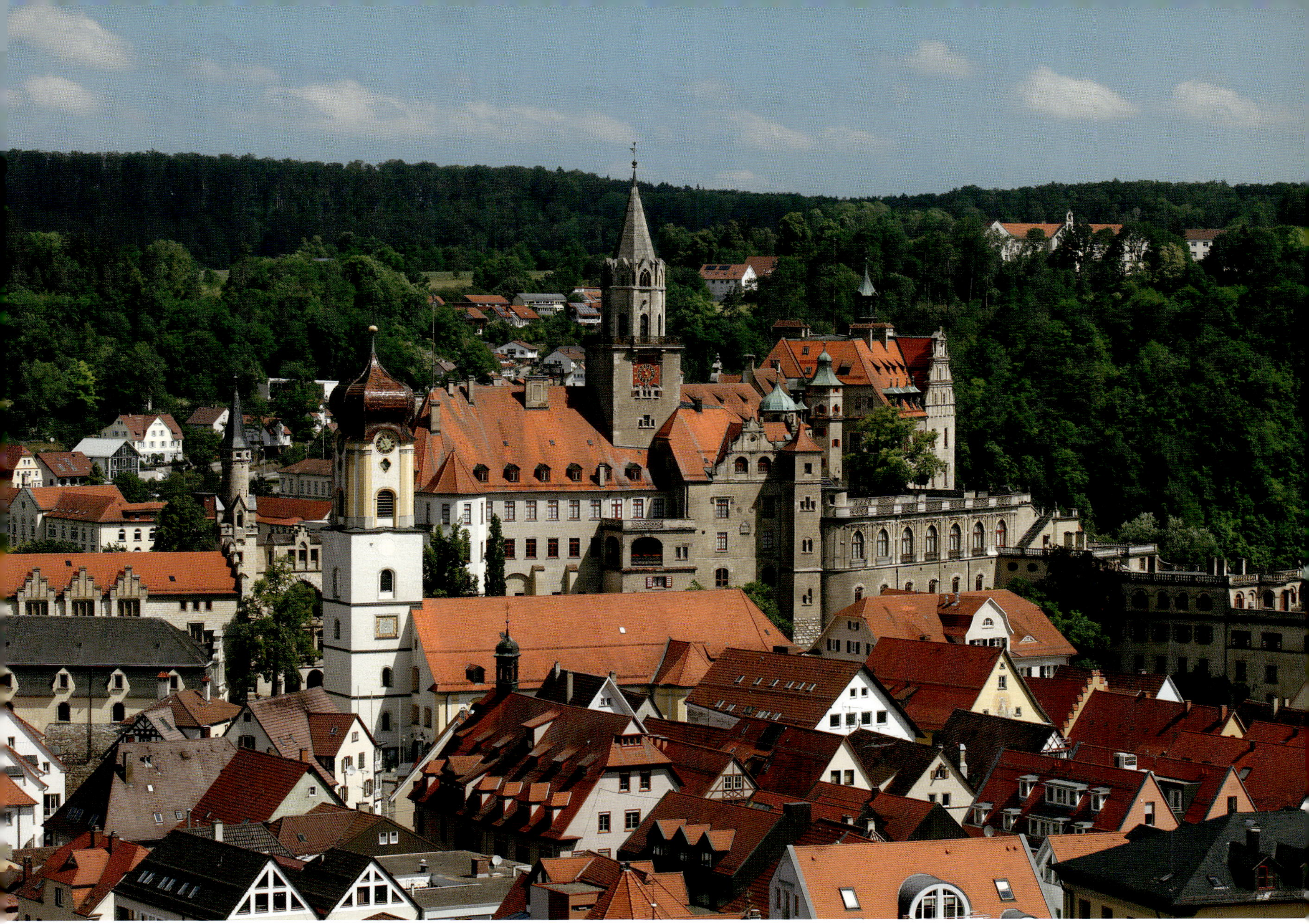

NOCH HEUTE Sitz und Zentrum der Fürsten von Hohenzollern-Sigmaringen: Schloss Sigmaringen hoch über der Donau.

STILL THE seat and centre of the Lords of Hohenzollern-Sigmaringen: Schloss Sigmaringen high above the Danube.

LE CHÂTEAU de Sigmaringen se dresse au-dessus du Danube. Il est, aujourd'hui encore, le siège et le centre familial de la lignée des Princes de Hohenzollern-Sigmaringen.

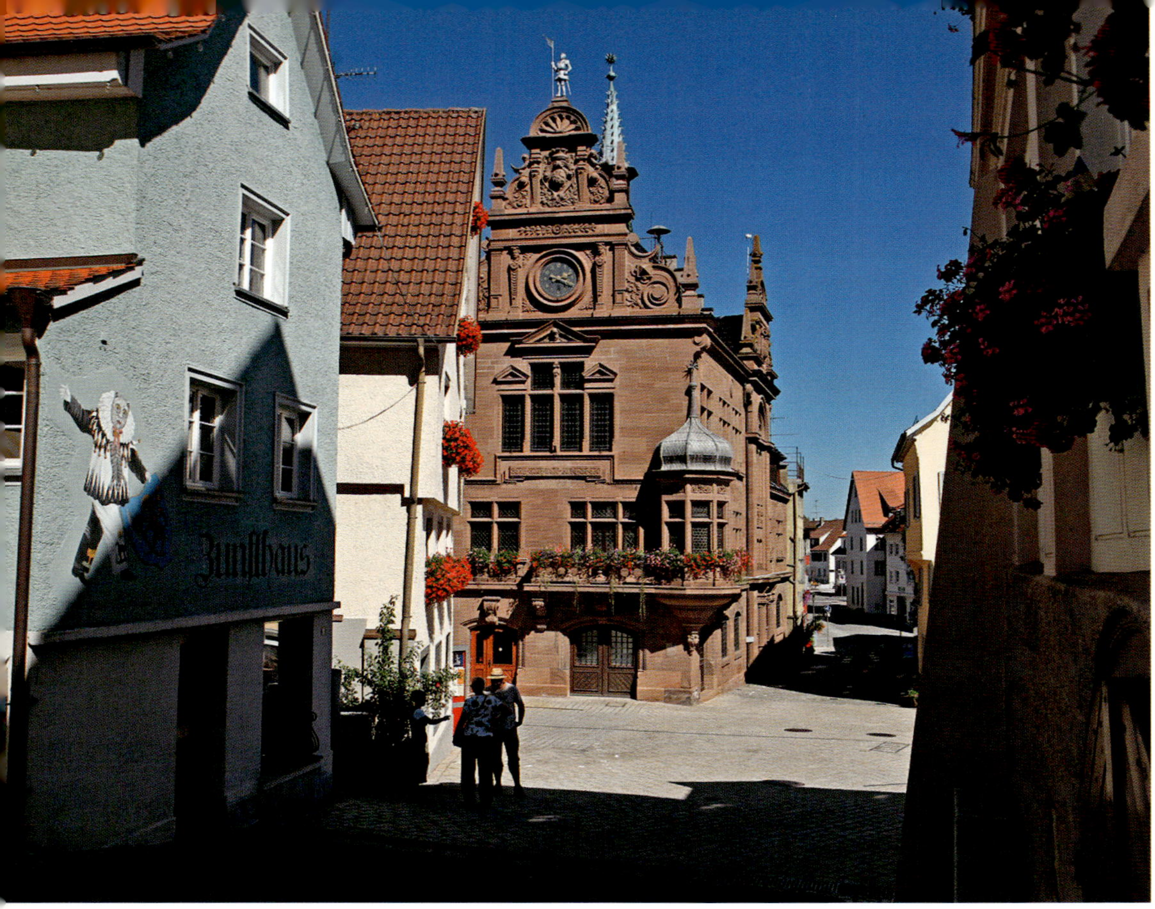

DAS MESSKIRCHER Rathaus wurde 1899 vom Konstanzer Architekten Carl Engelhorn im Stil der Neorenaissance entworfen. Vom Ziergiebel grüßt Ritter Kuno, eine 70 Kilo schwere Zinnfigur mit Wetterfahne.

THE TOWN hall of Meßkirch was designed in 1899 by the Constance architect Carl Engelhorn in a Neo-Renaissance style. The knight Kuno, a 70 kilogram tin figure with a weathervane, looks down from the decorated gable.

L'HÔTEL DE Ville de Meßkirch, de style néo-renaissance, a été construit en 1899 par l'architecte de Constance Carl Engelhorn. Le chevalier Kuno, une figure d'étain de 70 kg, et sa girouette saluent les visiteurs du haut du pignon ornemental.

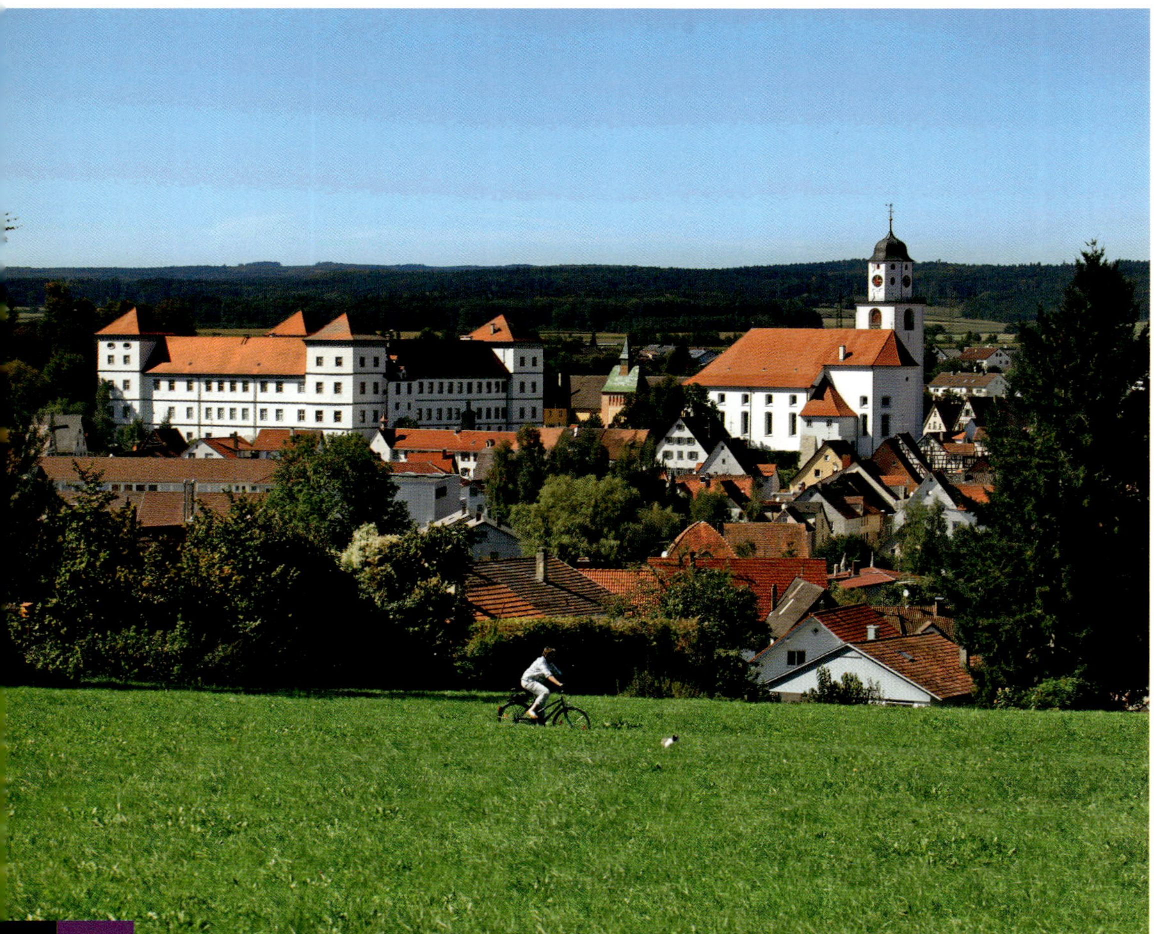

MARKANTE MESSKIRCHER Bauwerke: das von den Grafen von Zimmern ab 1557 errichtete Renaissance-Schloss und die barocke Stadtpfarrkirche Sankt Martin.

NOTICEABLE BUILDINGS in Messkirch: The Renaissance palace built by the Counts of Zimmern from 1557 onwards and the Baroque parish church of St Martin.

DES BÂTIMENTS marquants de Messkirch : le château de style renaissance, bâti à partir de 1557 par les comtes de Zimmern et l'église paroissiale baroque St-Martin.

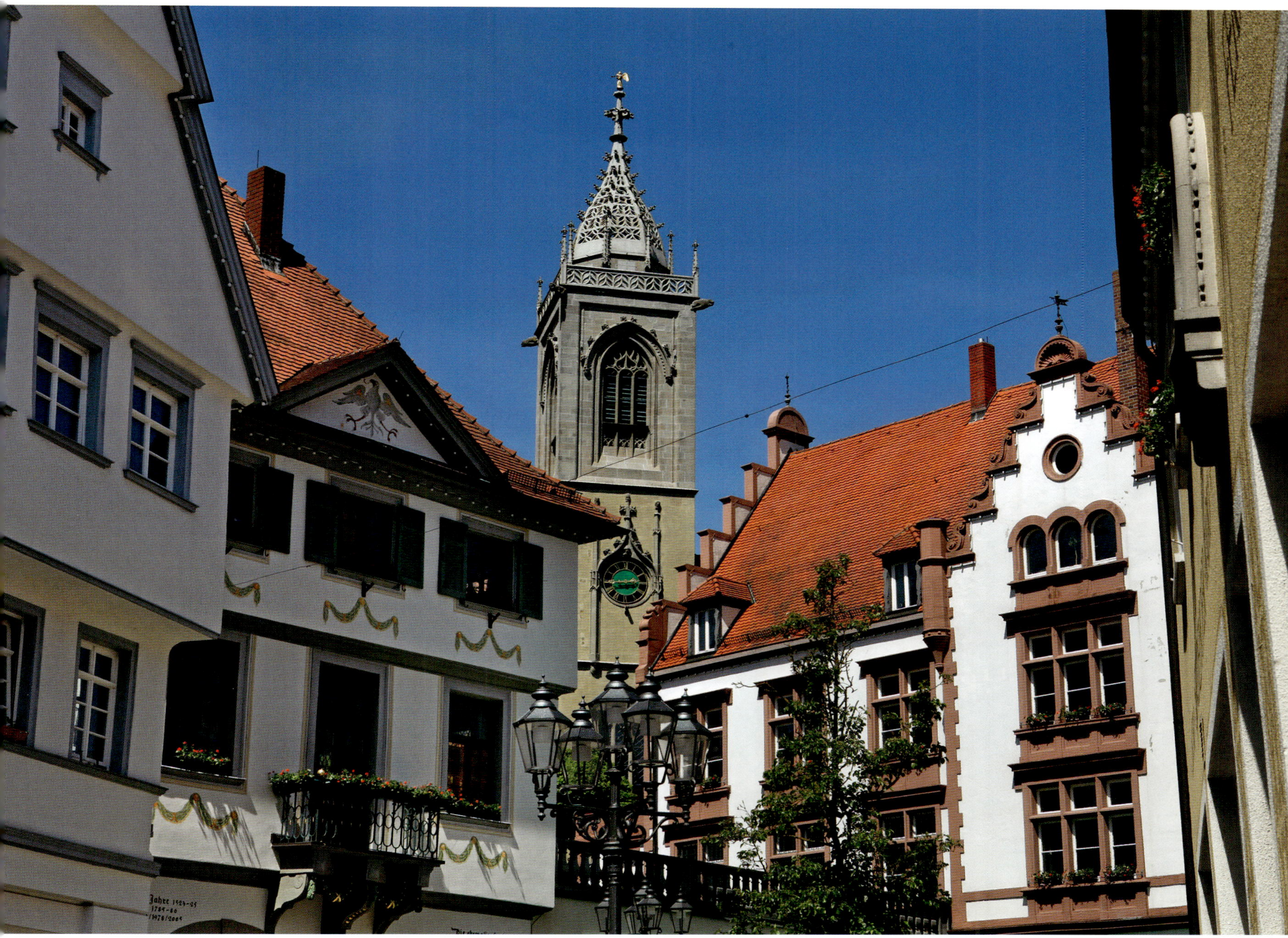

Pfullendorf war bis 1803 Reichsstadt und wurde dann badisch. Blick vom Marktplatz auf das Rathaus von 1524 (mit grünen Fensterläden) sowie den Rathausanbau von Franz Anton Bagnato (1785), in der Mitte die äußerlich gotische, innen barocke Stadtpfarrkirche Sankt Jakobus.

Pfullendorf was an Imperial City until 1803 and then belonged to Baden. The view from the market square to the town hall of 1524 (with green shutters) and the town hall extension built by Franz Anton Bagnato (1785). In the centre, we see the parish church of St James, which is very Gothic on the outside but Baroque on the inside.

Jusqu'en 1803, Pfullendorf fut une Ville d'Empire puis elle passa au Bade. Vue de la Place du Marché vers l'Hôtel de Ville de 1524 (avec ses volets verts) et sa dépendance de Franz Anton Bagnato (1785). Au centre, l'église paroissiale Saint-Jacques. De style gothique à l'extérieur, elle est baroque à l'intérieur.

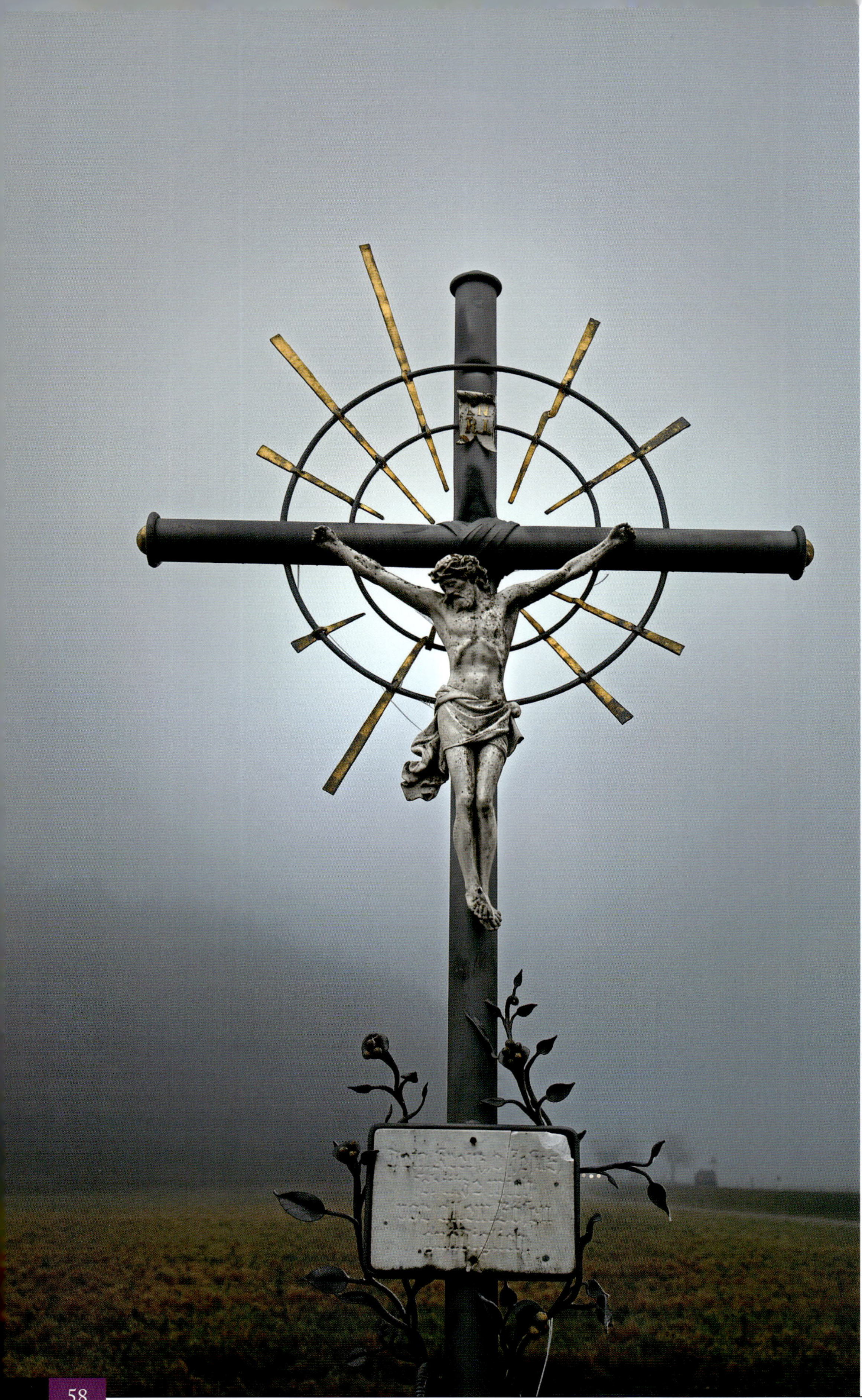

FLURKREUZ BEIM Pfullendorfer Stadtteil Denkingen. Die große Mehrheit der oberschwäbischen Bevölkerung ist traditionell katholisch.

CROSS NEAR the Pfullendorf suburb of Denkingen. The vast majority of the Upper Swabian population is traditionally Catholic.

CRUCIFIX CHAMPÊTRE à Denkingen, un quartier de Pfullendorf. La majeure partie de la population de Haute-Souabe est de tradition catholique.

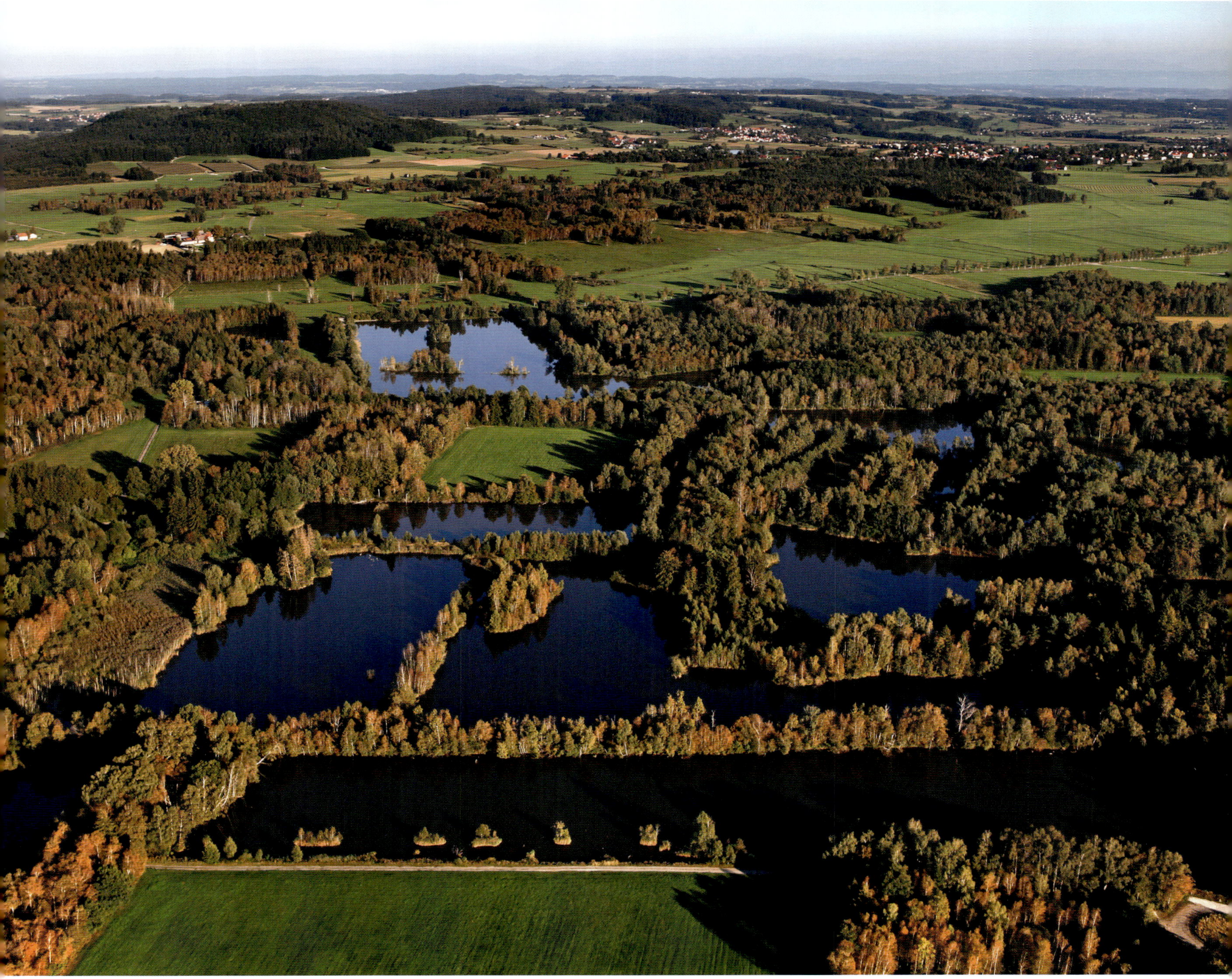

EINGEBETTET IN weitläufige Feuchtwiesen und durchbrochen von zahlreichen Torfstichseen bietet das etwa 780 Hektar große Pfrunger-Burgweiler Ried einer reichen und teils hochspezialisierten Tier- und Pflanzenwelt einen Lebens- und Überlebensraum.

NESTLING IN a broad expanse of wetlands and dissected by countless bog lakes, the Pfrunger-Burgweiler Ried has an area of around 780 hectares and offers a home to a rich, highly-specialised variety of flora and fauna.

NICHÉ DANS de vastes prairies humides et parsemé de nombreuses mares à tourbière, le marais du « Pfrunger-Burgweiler Ried », d'une surface de 780 hectares, offre un espace vital à une faune et une flore riches et hautement spécialisées.

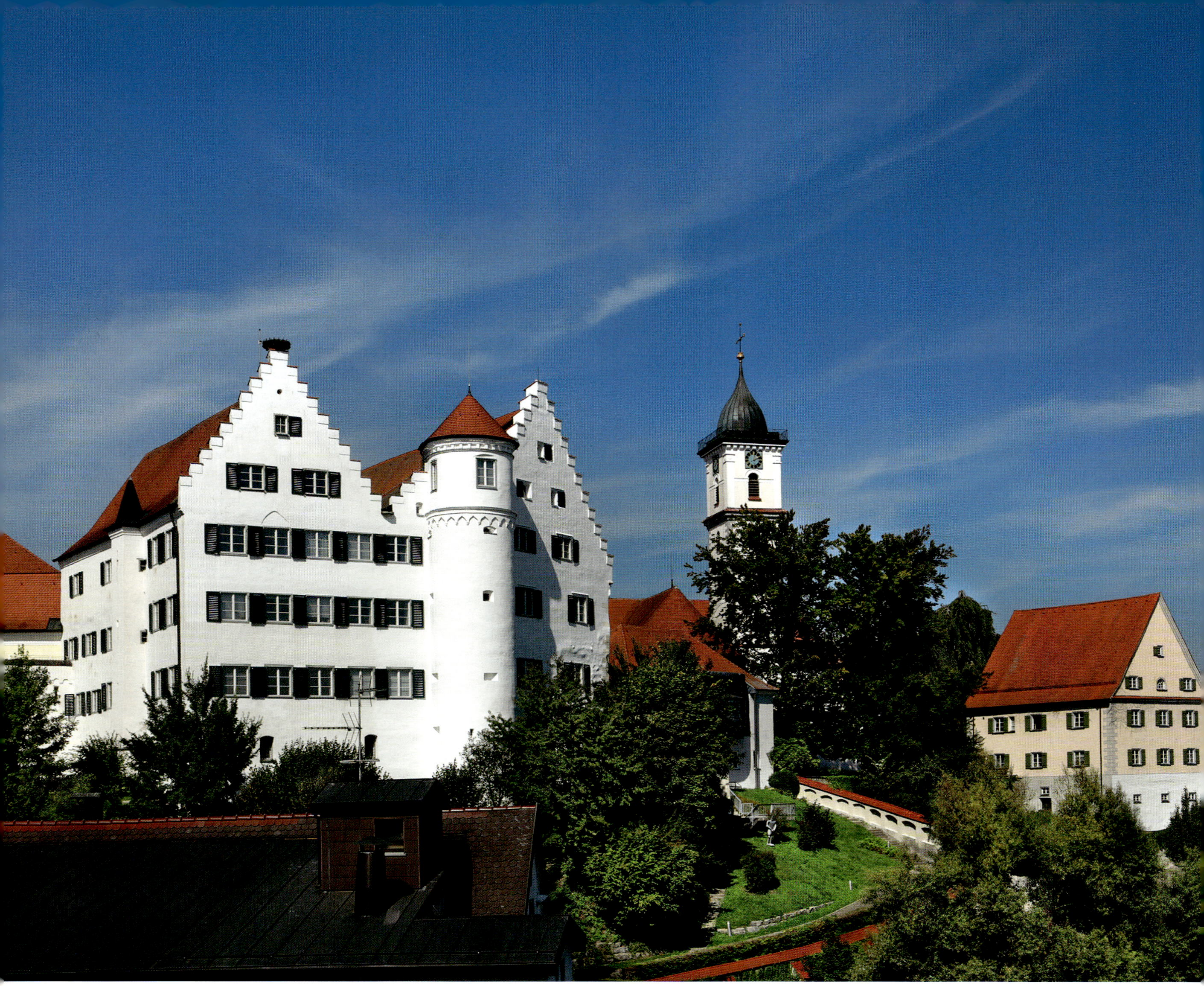

Im Aulendorfer Schloss, dem Wahrzeichen der Stadt, ist eine Zweigstelle des Landesmuseums Württemberg untergebracht. Die Ausstellung widmet sich der Kunst des Klassizismus und vor allem altem Spielzeug.

Aulendorf Schloss, the symbol of the town of the same name, houses a branch of the Württemberg State Museum. The exhibition is dedicated to classic art and also historic toys.

Le château d'Aulendorf, symbole de la ville, abrite une antenne du musée du Wurtemberg. Des œuvres d'art du classicisme et d'anciens jouets y sont exposés.

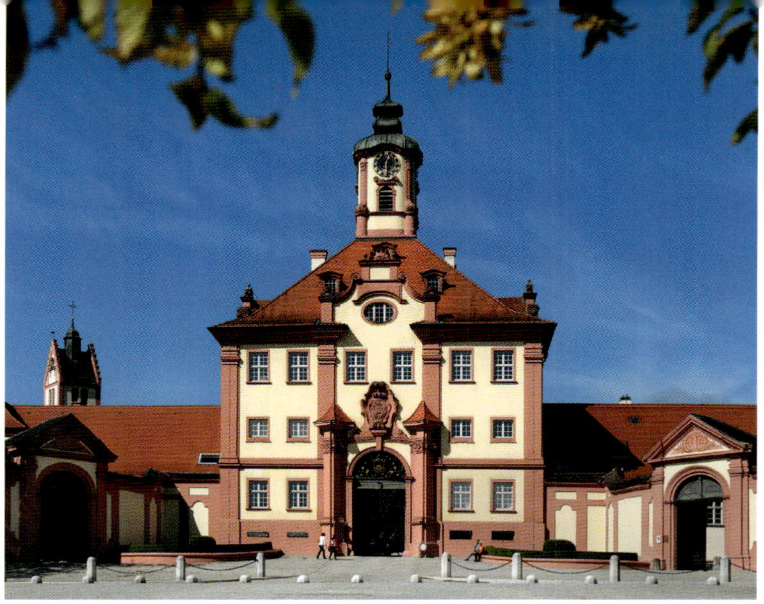

EINST SITZ des Deutschen Ordens, ist Schloss Altshausen heute Domizil von Carl Herzog von Württemberg. Seine Frau Diane, geb. d'Orléans, ist als Malerin und Bildhauerin unter dem Künstlernamen DxDiane bekannt. Sie stellt immer wieder auch in Altshausen aus. Im Vordergrund die Skulptur »Sitael«.

ONCE A seat of the Teutonic Order, Altshausen Palace is now the home of Duke Carl of Württemberg. His wife Diane, née d'Orléans, is well-known as a painter and sculptor who uses the artist's name DxDiane. She exhibits her work in Altshausen. In the foreground you can see the sculpture "Sitael".

LE CHÂTEAU d'Altshausen fut autrefois le siège de l'Ordre Teuton. Aujourd'hui, il est la résidence du Duc Carl de Wurtemberg. Son épouse Diane, née d'Orléans, est peintre et sculpteur. Elle est connue sous son nom d'artiste DxDiane. Elle expose ses œuvres régulièrement à Altshausen. Au premier-plan, la sculpture « Sitael ».

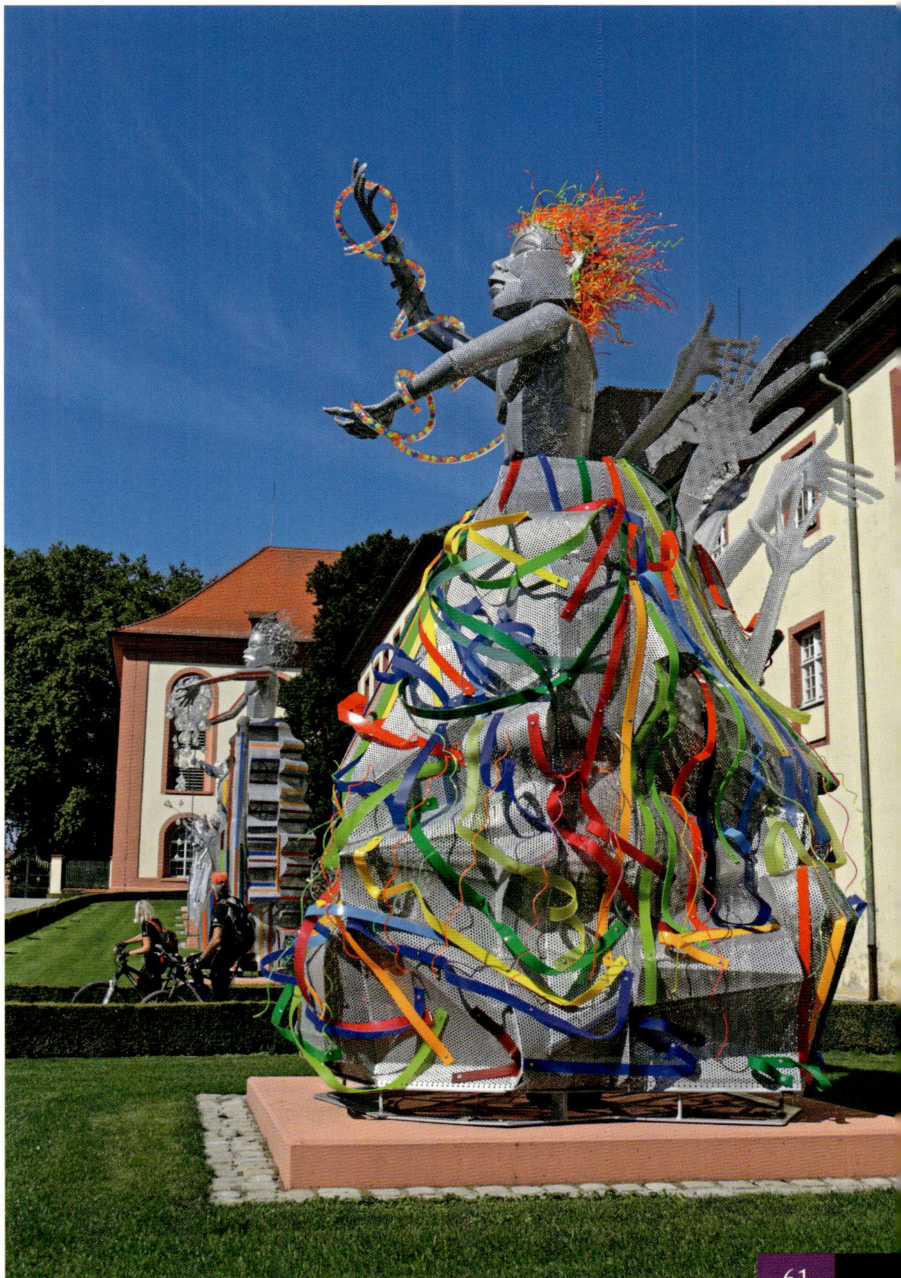

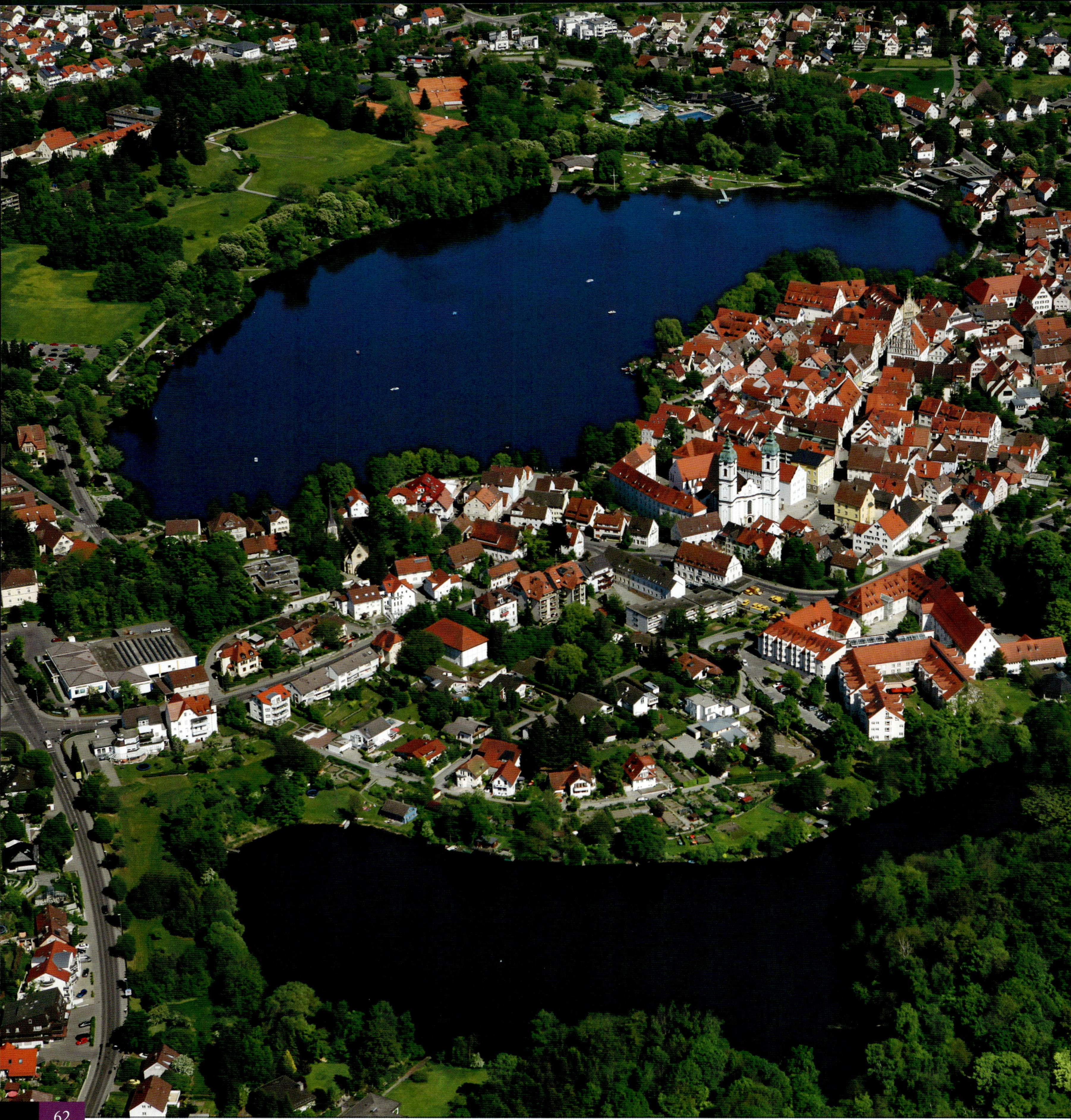

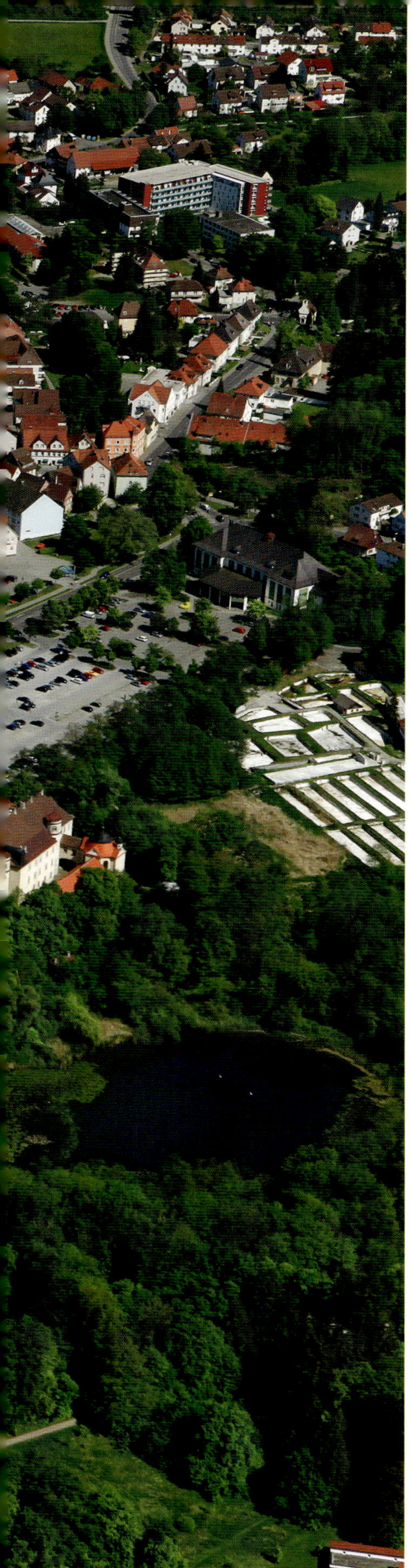

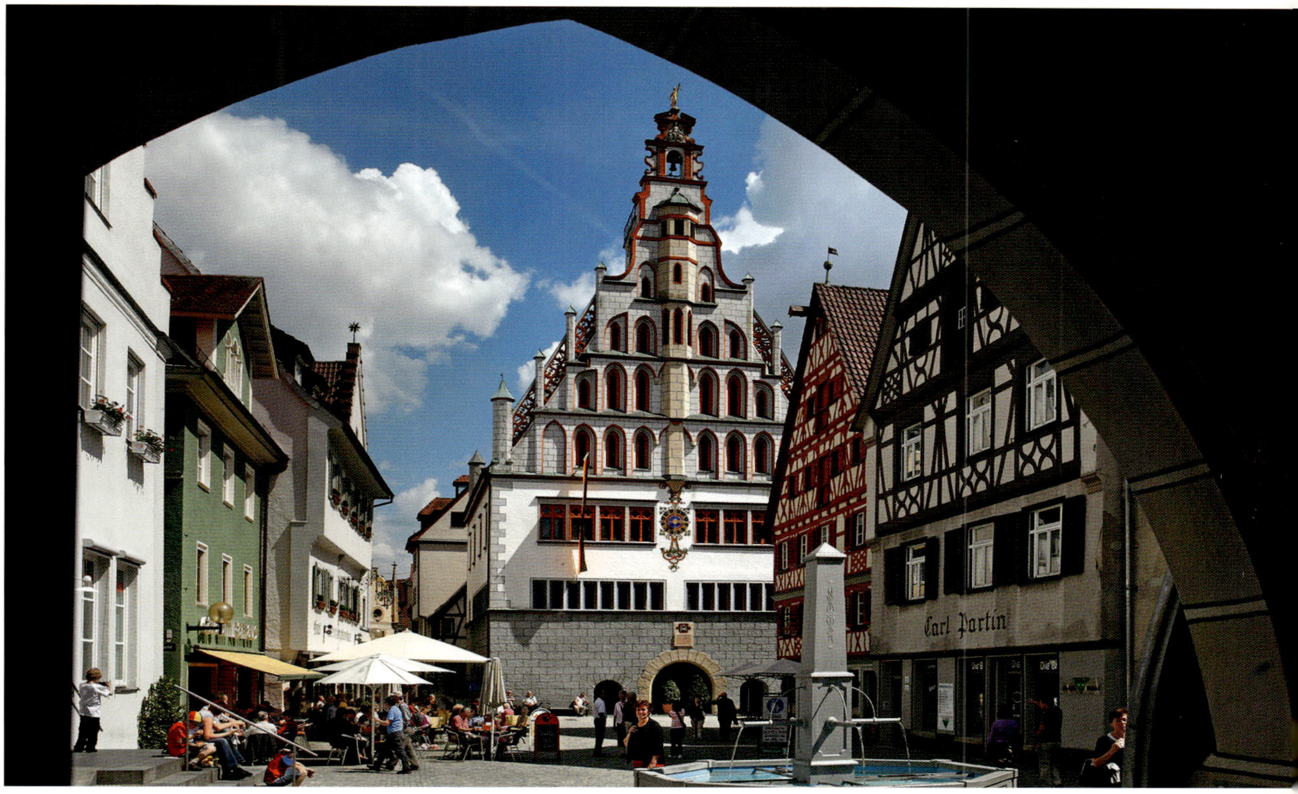

DIE ALTSTADT von Bad Waldsee wird vom Stadtsee (oben) und dem Schlosssee umrahmt. Unterhalb der Stiftskirche Sankt Peter in der Bildmitte sieht man den Komplex der Klinik im Hofgarten und rechts davon das Wasserschloss Waldsee, das der Familie von Waldburg-Wolfegg-Waldsee gehört.

THE OLD town of Bad Waldsee is surrounded by the Stadtsee (top) and the Schlosssee. Beneath the collegiate church of St Peter at the centre of the picture, you can see the complex of the Klinik im Hofgarten. To the right of that is the moated Waldsee Schloss, which belongs to the Waldburg-Wolfegg-Waldsee family.

LA VIEILLE ville de Bad Waldsee est entourée par deux lacs, le Lac de la Ville (en haut) et le Lac du Château. Sous la collégiale Saint-Pierre, au centre, s'étend l'ensemble de la clinique « im Hofgarten ». A droite, le château entouré d'eau Waldsee, propriété de la famille de Waldburg-Wolfegg-Waldsee.

DAS BAD Waldseer Rathaus mit seiner imposanten gotischen Fassade wurde 1426 erbaut, 40 Jahre nachdem die Habsburger die Stadt an die Fürsten von Waldburg verpfändet hatten. Die ungeliebte Pfandherrschaft dauerte bis 1803.

THE TOWN hall of Bad Waldsee with its impressive Gothic façade was built in 1426, 40 years after the Habsburgs pledged the town to the Lords of Waldburg. The unpopular lords ruled until 1803.

L'HÔTEL DE Ville de Waldsee et son imposante façade gothique furent bâtis en 1426, 40 ans après que les Habsbourgeois ait donné la ville en hypothèque aux Princes de Waldburg. Cette dominance malaimée dura jusqu'en 1803.

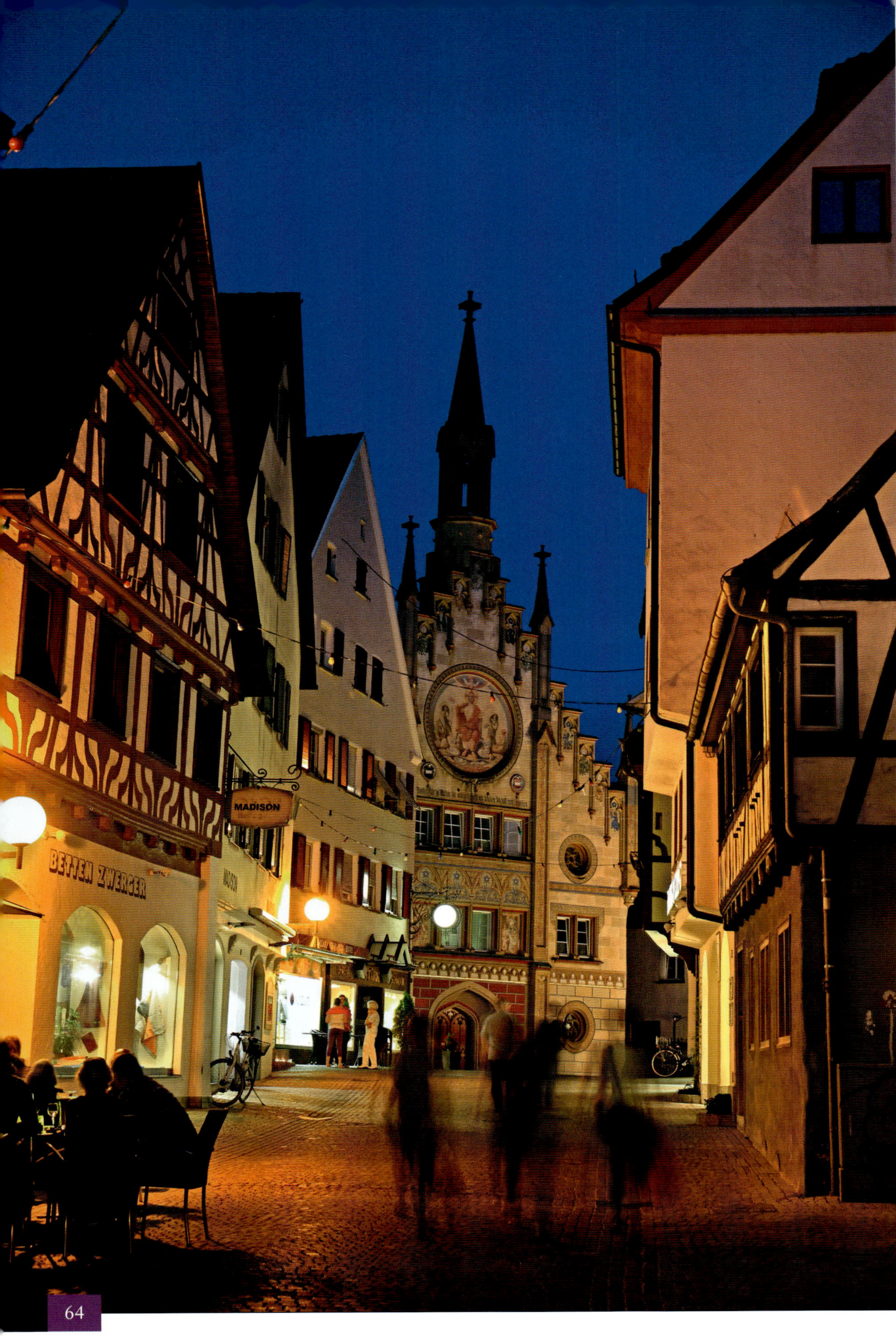

DAS SPITAL zum Heiligen Geist in Bad Waldsee diente seit dem Mittelalter als Krankenhaus und Altersheim, als Waisenhaus und Gefängnis und speiste die Armen. Die neogotische Fassade von 1856 wurde 1885 von dem Ehinger Kirchenmaler Hans Kolb bemalt.

FROM THE Middle Ages onwards, the Spital zum Heiligen Geist in Bad Waldsee served as a hospital and old people's home, as an orphanage and prison and also gave meals to the poor. The Neo-Gothic façade, built in 1856, was painted by the Ehingen church painter Hans Kolb in 1885.

DÈS LE moyen-âge, l'hôpital du Saint-Esprit de Bad Waldsee servit également de maison de retraite, d'orphelinat, de prison et aussi de table des pauvres. La façade néo-gothique de 1856 a été peinte en 1885 par le peintre d'église Hans Kolb.

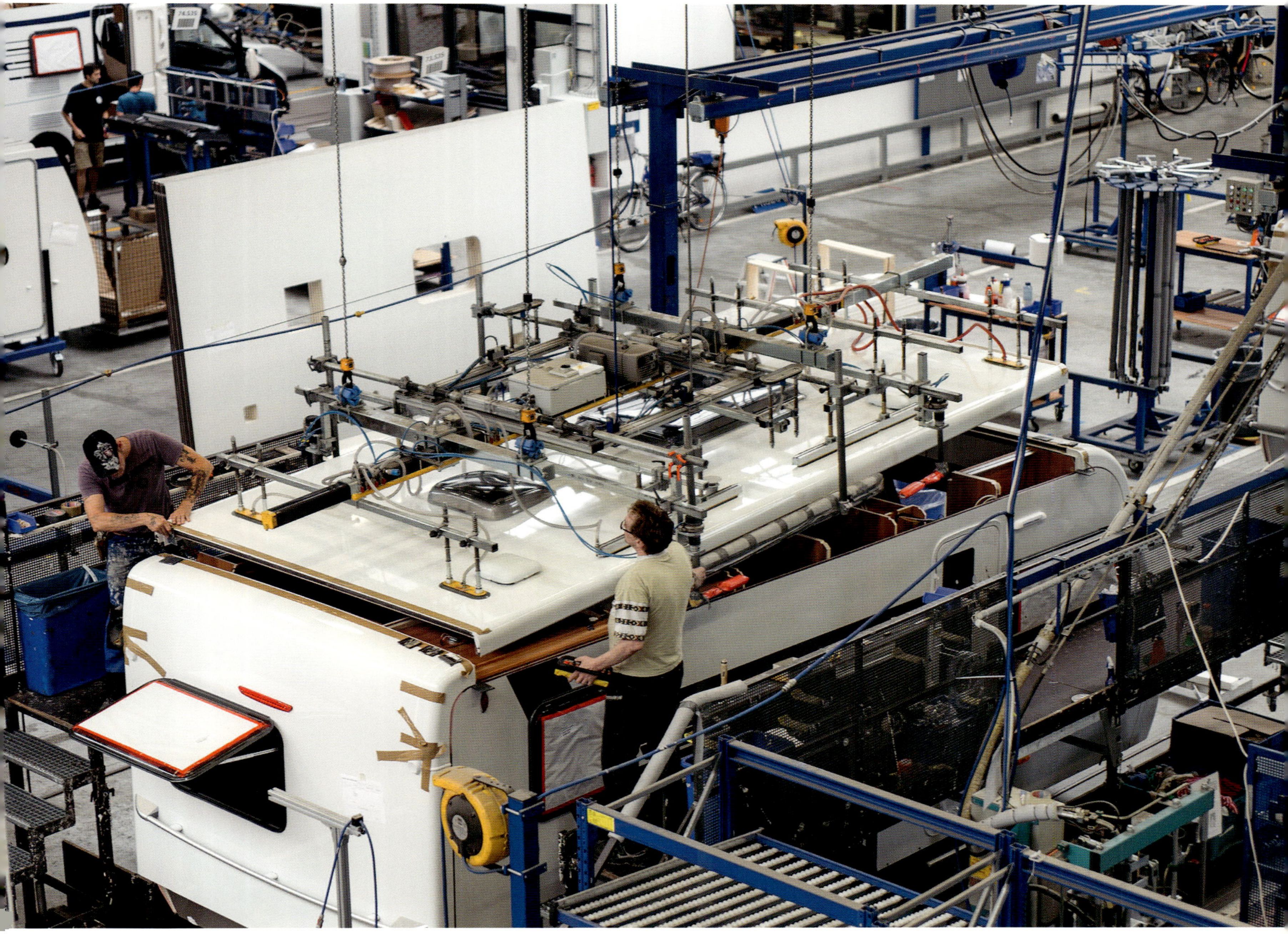

Bad Waldsee ist Moorheilbad und Kneippkurort, es gibt aber auch Industrie – etwa die Hymer AG, die Reisemobile und, wie hier, Caravans herstellt. Ein 2011 eröffnetes Museum veranschaulicht die Geschichte des mobilen Reisens.

Bad Waldsee is a marshland and Kneipp spa. It is also home to industry—such as Hymer AG, who produces mobile homes and caravans, as can be seen here. A museum, opened in 2011, tells the story of the company's history.

Bad Waldsee est un centre de cure pour bains de boue et méthode Kneipp. L'industrie y est également présente comme la société Hymer AG qui fabrique des mobil-homes et, comme ici, des caravanes. Un musée, ouvert en 2011, y raconte l'histoire de cette entreprise.

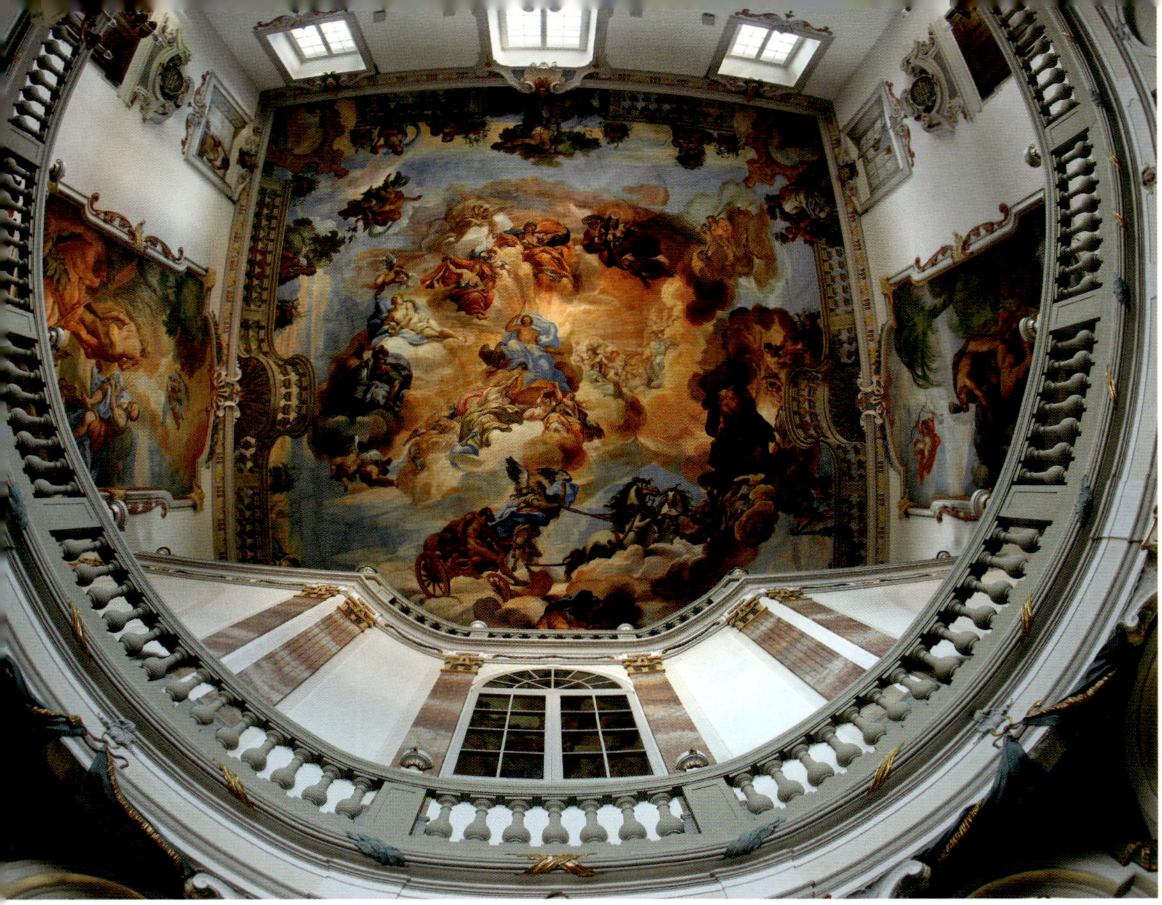

EIN VERBLÜFFENDES Spiel mit Licht und Schatten, mit Sein und Schein: das barocke Treppenhaus im Schloss von Bad Wurzach. Wer es entworfen hat und wer das Deckenfresko mit dem olympischen Götterhimmel gemalt hat, ist unbekannt.

AN AMAZING game of light and shade, with fantasy and reality: The Baroque staircase in the Schloss in Bad Wurzach. It is unknown who designed and painted the ceiling fresco with the gods in Olympia.

UN JEU étonnant d'ombre et de lumière, être ou paraître : la cage d'escalier baroque du château de Bad Wurzach. Son bâtisseur ainsi que le peintre qui a réalisé la fresque murale et son firmament des divinités olympiennes sont inconnus.

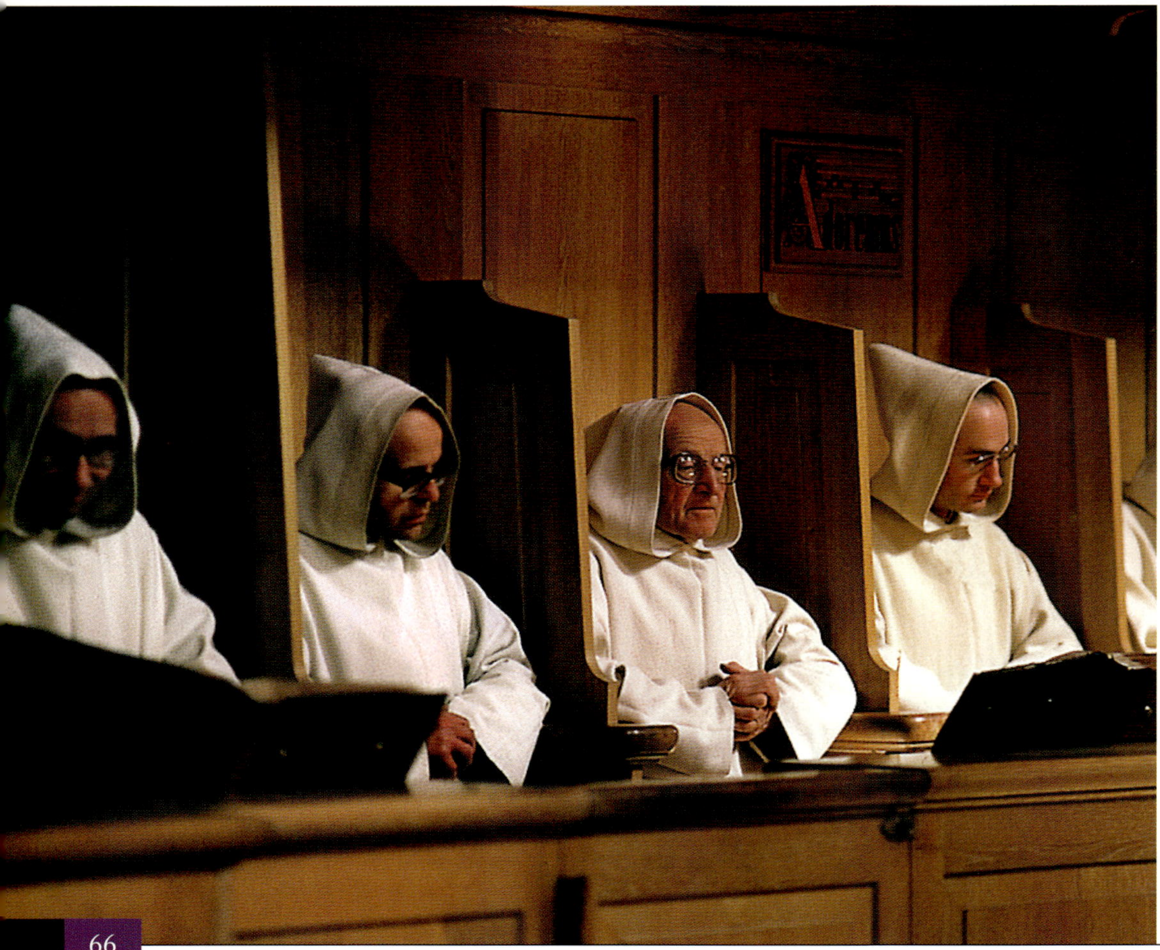

SEIT 1964 leben Kartäusermönche in der »Marienau« bei Seibranz, einem Stadtteil von Bad Wurzach. Ihr Kloster ist derzeit die einzige in Deutschland bestehende Kartause. Ihr Leben haben sie der Suche nach Gott in Schweigen und im Gebet gewidmet.

CARTHUSIAN MONKS have lived in Marienau near Seibranz, a suburb of Bad Wurzach, since 1964. Their monastery is currently the only active Carthusian monastery in Germany. The monks have dedicated their lives to the search for God through silence and prayer.

LES MOINES chartreux vivent depuis 1964 à Marienau près de Seibranz, un quartier de Bad Wurzach. Leur abbaye est actuellement la seule chartreuse d'Allemagne. Ils consacrent leur vie à la recherche de Dieu dans le silence et la prière.

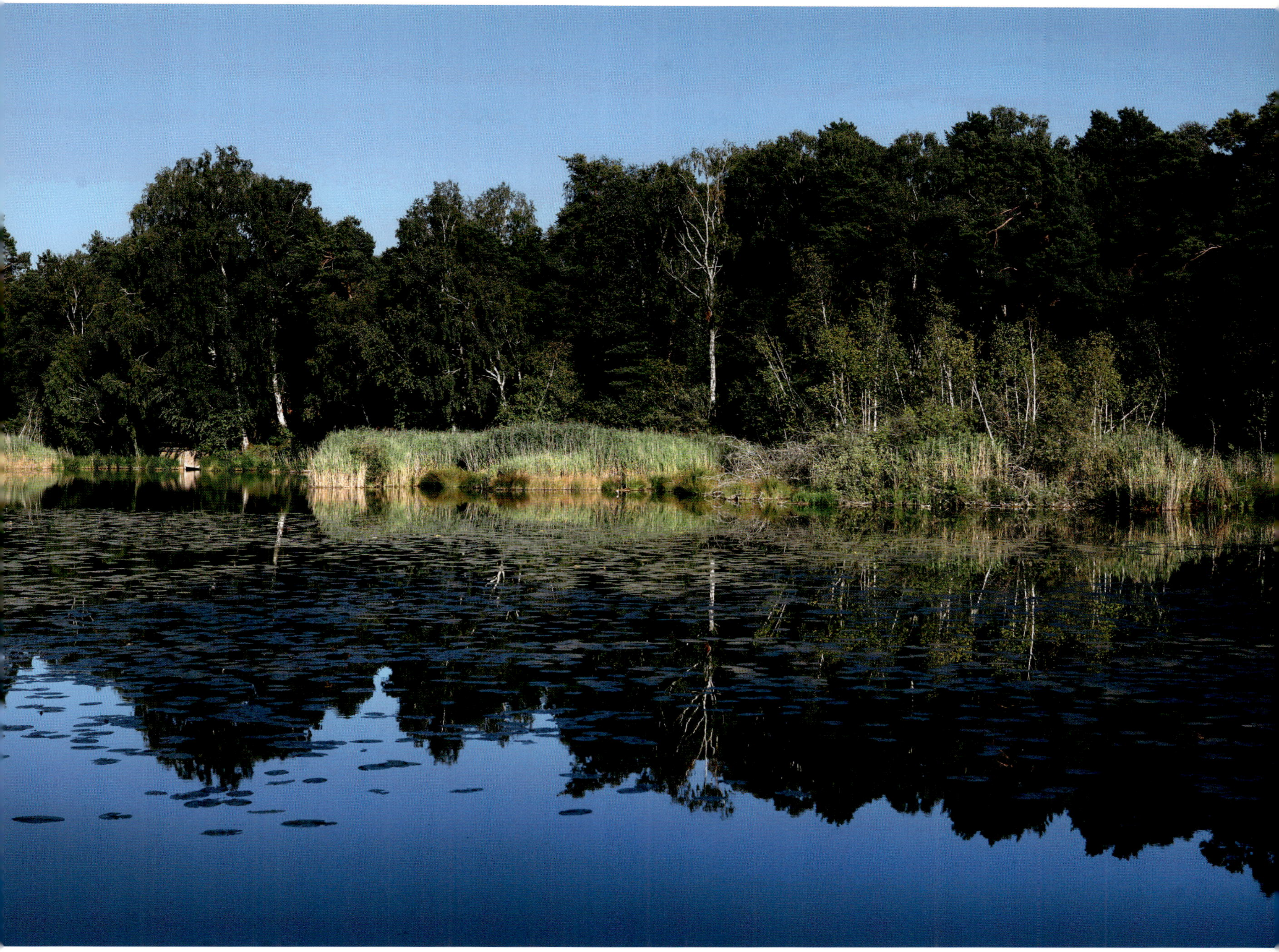

Das Wurzacher Ried wurde als eine der größten intakten Hochmoorflächen in Mitteleuropa mit dem »Europäischen Diplom für geschützte Gebiete« ausgezeichnet. Dies unterstreicht die internationale Bedeutung des Naturschutzgebietes.

The Wurzacher Ried was awarded the "European Diploma of Protected Areas" as one of the largest intact moorland areas in Central Europe. This underlines the international significance of the nature reserve.

Un des marais d'altitude les plus vastes d'Europe Centrale, le marais du Ried de Wurzach, a reçu le diplôme européen de zone protégée. Ceci souligne l'importance internationale de cette zone naturelle protégée.

LAND DER ORIGINALE

Jede Landschaft und jede Landsmannschaft beansprucht für sich, sicher mit Recht, unverwechselbar und einzigartig zu sein. Sowohl aus der Innen- als auch aus der Außensicht trifft diese Aussage auf Oberschwaben, den Bodenseeraum und das Westallgäu in besonderem Maße zu. Über Jahrhunderte lag der Landstrich zwischen Donau und Bodensee, zwischen Lech und Schwarzwald im Schatten der großen weltpolitischen Ereignisse; er war auf sich selber gestellt und mit sich selbst beschäftigt. Die Obrigkeit war in der Regel weit weg, in Zeiten der vorderösterreichischen Lande in Innsbruck und Wien, nach der Zuschlagung zum Königreich Württemberg jenseits der Schwäbischen Alb, in Stuttgart. Es ist deshalb kein Wunder, dass sich in Oberschwaben ein Menschenschlag entwickeln konnte, geprägt durch gelebte Traditionen und gewachsenes Brauchtum, beeinflusst durch die vielfältige Landschaft mit ihren Wiesen, Wäldern, Seen, Mooren, Rieden, Hügeln und Bergen, auf den der Begriff »Original« zutrifft.

Für die einen sind diese Menschen am sozial-kommunikativen Rande, für die anderen sind sie Schaffer, Tüftler oder schlichtweg Lebensphilosophen. Eines ist unbestreitbar: Die Angehörigen dieses Menschenschlags sind eigen, haben ihren eigenen Kopf, zeigen sich manchmal auch eigenbrötlerisch. Eigenständigkeit und Eigensinn gehen Hand in Hand. Eine südländische Lebenseinstellung, ein ausgeprägtes Freiheits- und Toleranzdenken tun ihr Übriges, um die vom Ravensburger Altlandrat Guntram Blaser wohlmeinend formulierte »Gnade der oberschwäbischen Geburt« als echtes Privileg zu empfinden.

Menschen mit heiterem Charakter

Eine der Nachahmung empfohlene hiesige Lebensweisheit lautet: Wer feste schafft, soll auch feste »feschten«! Aus dieser über Jahrhunderte verinnerlichten Lebenseinstellung hat sich eine unverwechselbare Identität entwickelt, ein Humus, auf dem echte Originale gedeihen konnten und können. Leider ist diese Spezies von Menschen in einer globalisierten Welt, in der immer mehr Lebensbereiche uniformiert werden, vom Aussterben bedroht. Heute werden aufmüpfige Geister glatt geschliffen, Tagesabläufe werden austauschbar, charakterliche Ecken und Kanten abgehobelt – alles im Dienste der Effizienz, eines einseitigen Leistungsgedankens.

In Oberschwaben sind Gott sei Dank noch kleine Fluchten möglich. Hier hat das Leben in Vereinen noch einen hohen Stellenwert. Sport- und Musikvereine, Chöre und Wandergruppen haben guten Zulauf. Fasnetszünfte müssen den Ansturm der Neumitglieder regulieren. Warum? Weil hier noch Raum ist für einen knitzen, trockenen Humor, weil man hier nicht bis ins Detail auf die »political correctness« achten muss, weil an den Stammtischen nach erfolgter Probe oder sportlicher Betätigung ein lockeres »Lettagschwätz« mit wohlwollendem Gelächter honoriert wird.

Authentisch durch Mundart

Das in Oberschwaben übliche, durchaus gesellschaftsprägende Miteinander in den unterschiedlichsten Formen ist und war schützendes Dach, ja Heimat für viele der zahlreichen oberschwäbischen und Allgäuer Originale. Gleichzeitig boten die Zusammenkünfte der Menschen – zu welchem Anlass auch immer – Nährstoff für ihr Tun und Handeln.

Eines haben alle diese kauzigen Typen gemeinsam: Der Umgang mit der eigenen Sprache, der Mundart. Natürlich ist sie eine verbindende Klammer, auch wenn jede und jeder zu ihr einen anderen Zugang hat. Originell, unverwechselbar, verwurzelt, mit eigener Diktion, so kommt Mundart bis heute daher. Wer ein feines Gehör hat, kann an Satzmelodie, an Redewendungen, an Akzentuierung, am Klang der ach so beliebten Nasallaute erkennen, aus welcher Region, ja aus welchem Dorf der Gesprächspartner kommt, wo er seine sprachliche Prägung bekommen hat.

In einer Zeit, in der das Regionale immer weiter verblasst, die Amerikanisierung voranschreitet, dem Stammtischgespräch Konkurrenz durch in Hollywood produzierte »soap operas« und Big-Brother-Shows erwachsen ist, mutet das Festhalten an der Mundart fast anachronistisch an.

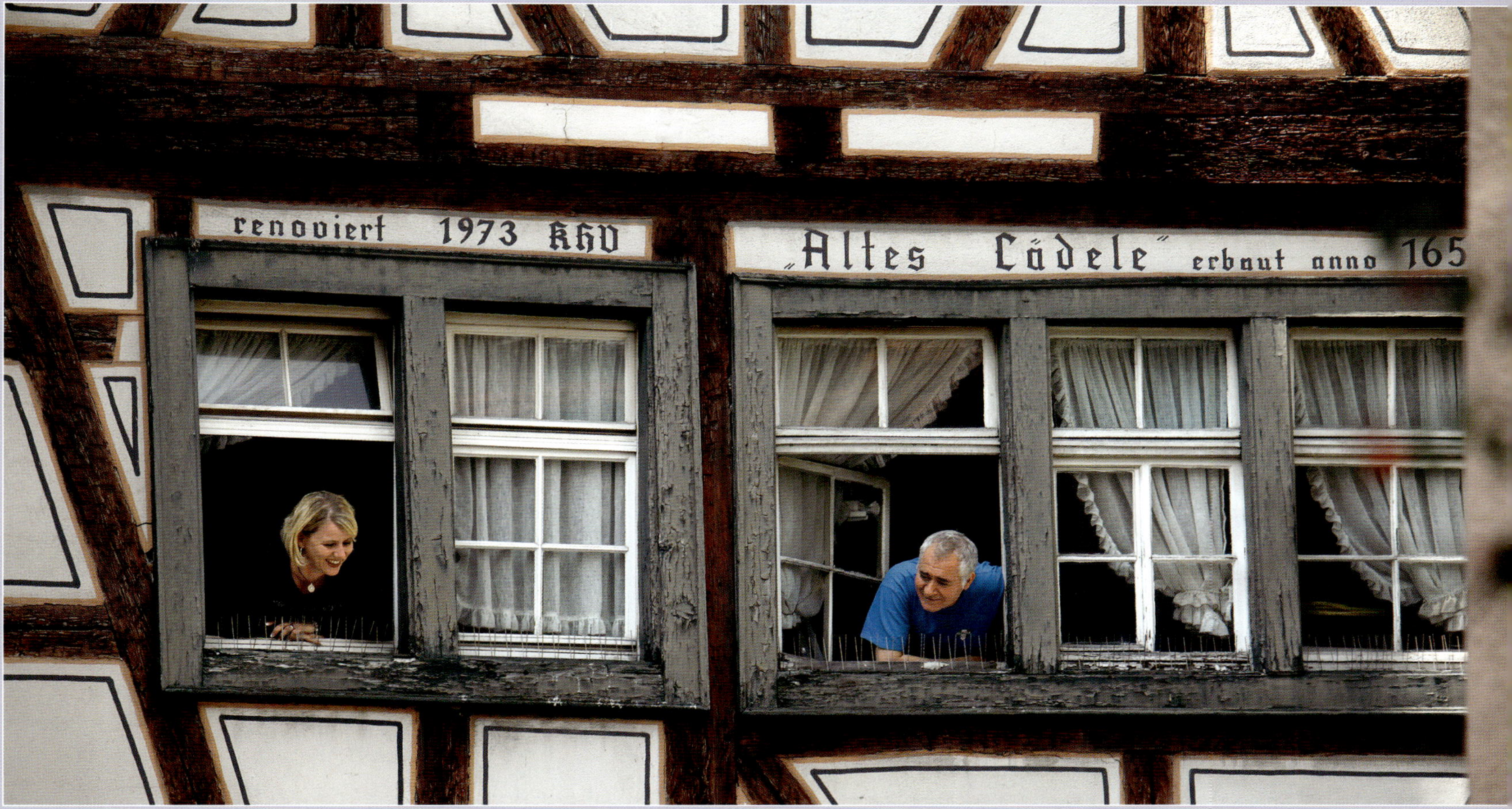

Ein eloquenter Umgang mit der Mundart ist neben einer Grundeinstellung zum Leben und den Mitmenschen charakteristisch für ein menschliches Original. Ein wichtiger Bestandteil im Wortschatz dieser Originale früher und heute war und ist das Wort »wellaweag«. Hier tritt Lebenseinstellung und auch »a bissle« Trotz zutage. Unbeirrbar den eigenen Weg gehend, bleiben sich diese Menschen selber treu, egal woher der Wind weht, egal mit welchen Widerständen eventuell zu rechnen sein könnte. Aktiv, fleißig, lebensfroh, reaktionsfreudig, auch unbeugsam und hintersinnig trotzen sie den Vorwürfen, stur und starrsinnig zu sein.

Glücklich die Gegend, wo es noch Originale gibt, glücklich die Landschaft, in der man stolz ist auf seine Originale, glücklich der Landstrich, in dem sich Originale wohlfühlen und kreativ sind.

In Oberschwaben und am Bodensee leben »Charakterköpfe, denen Gelassenheit, eine Großzügigkeit im Denken und südländische Lebenseinstellung zu eigen ist«. Hier zwei Ravensburger im Haus »Altes Lädele«.

Upper Swabia and the Lake Constance region are the home of "characters, whose easy-going nature, generosity of thought and Mediterranean way of life come naturally to them", like these two Ravensburg citizens in the "Altes Lädele".

Dans la Haute Souabe et au Lac de Constance « vivent des types caractéristiques qui se distinguent par leur calme intérieur, leur générosité de pensée et une façon de vie méridionale », comme ces deux Ravensbourgeois à l'auberge « Altes Lädele ».

A LAND OF CHARACTERS

Each area and its people claim, no doubt correctly, to be unique. When viewed both from the inside and from the outside, this statement certainly applies to Upper Swabia, the Lake Constance region and the Western Allgäu. For centuries, the area between the Danube and Lake Constance, between the Lech and the Black Forest was in the shadow of major global political events. It was left to itself and busy on its own account.

The nobility were frequently a long way away. When it was a part of Western Austria, they were in Innsbruck and Vienna. Then, when the territory became a part of the Kingdom of Württemberg, the rulers were in Stuttgart, on the other side of the Swabian Jura. It is therefore no surprise that, in Upper Swabia, a breed of people could develop, characterised by ancient traditions and habits and who could easily be termed "Characters".

For some, these people are on the edge of social life and communication. For others, they are entrepreneurs, inventors or simply philosophers. One thing cannot be denied. Those belonging to this group are individuals, have their own opinions, but can often be somewhat insular. Independence and freedom of thought go hand in hand. A Mediterranean attitude to life and a marked desire for freedom and tolerance can also be seen.

A maxim found in the region which is well worth repeating is: "Anyone working hard should also party hard!" Out of this attitude, created over centuries, an unmistakeable identity has developed—ideal for the growth of true characters. Unfortunately, this species of person is threatened with extinction in today's globalised world, in which ever more areas of life are becoming uniform. Thank goodness that, in Upper Swabia, small escapes are still possible. Participation in clubs and societies is a major part of life here. Sports clubs and music clubs, choirs and hiking groups are all popular. Guilds of jesters have to pick and choose from the large numbers of people wanting to join.

Everyone living here shares one thing: Life with their own language—the local dialect. Of course, it draws people together, even if each person has a different attitude to it. Original, unmistakeable, deeply-rooted, and with its own diction—dialect is still very much alive. If you listen closely to the melody, the phrases, the accentuation and the popular nasal sounds, you will be able hear from which region, even which village, your interlocutor comes.

It must be a happy place to have so many characters!

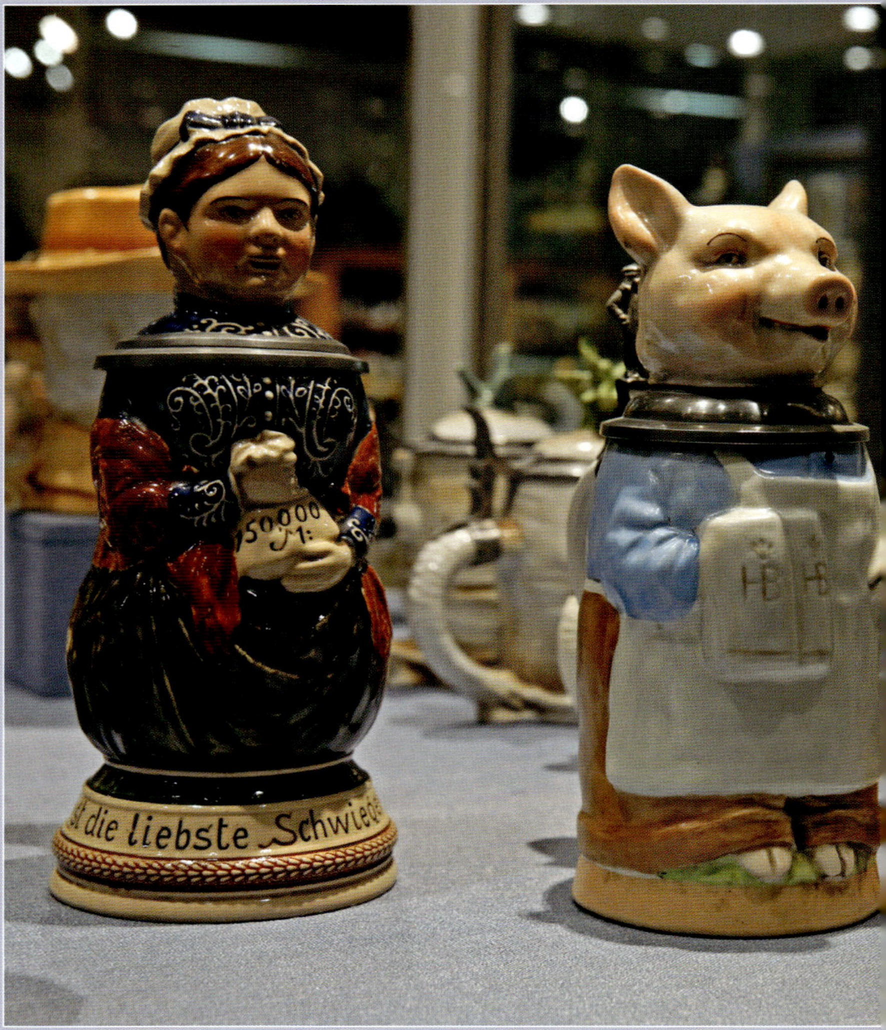

PAYS DES ORIGINAUX

Chaque paysage et chaque groupe régional revendique pour soi, ce qui est certainement justifié, le fait d'être unique en son genre et incomparable. Cette affirmation s'applique tout particulièrement à la Haute Souabe, à la région du Lac de Constance et à l'Allgäu occidental, intérieurement aussi bien qu'extérieurement.

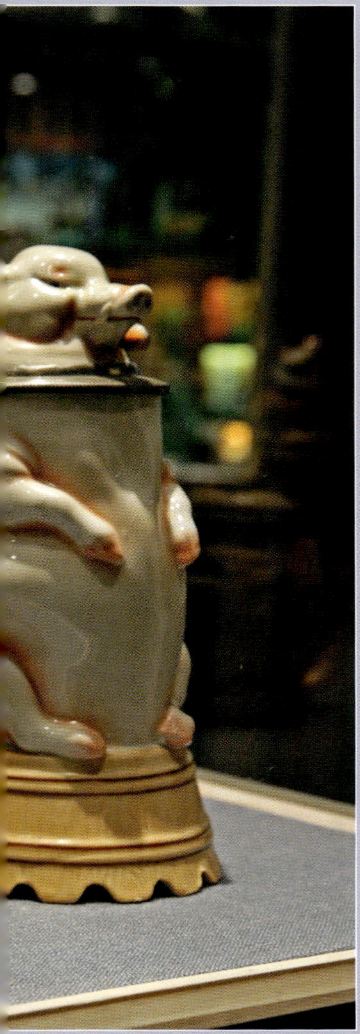

»DER OBERLÄNDER Bauer ist groß gewachsen, stark gebaut, sieht blühend aus, ißt gern Fleisch und trinkt gern Bier«, bemerkte 1838 der Schriftsteller Carl Theodor Griesinger. Vom immerwährenden Durst zeugt auch das Bierkrugmuseum in Bad Schussenried.

"THE FARMERS of the uplands are tall, well-built, look in the peak of health, like eating meat and drinking beer", wrote Carl Theodor Griesinger in 1838. The Beer Mug Museum in Bad Schussenried is a testament to their everlasting thirst.

« LE PAYSAN du haut pays est de grande taille, bien charpenté, il a une mine resplendissante, aime la viande et la bière », constatait l'écrivain Carl Theodor Griesinger en 1838. Le musée de la chope de bière de Bad Schussenried témoigne de cette soif permanente.

Pendant des siècles, cette région située entre le Danube et le Lac de Constance, entre le Lech et la Forêt Noire, vécut à l'ombre des grands événements politiques mondiaux. Elle fut laissée à elle-même et s'occupait de soi.

Les autorités étaient généralement très loin, à Innsbruck ou Vienne à l'époque des possessions de l'Autriche Antérieure et, à Stuttgart, au-delà du Jura Souabe, après le rattachement au royaume de Wurtemberg. Il ne faut donc pas s'étonner si un type d'homme a pu se développer, marqué par une tradition vécue et des coutumes bien enracinées, que le terme d'« original » décrit parfaitement. Pour les uns, ces hommes sont la frange de la société de communication, pour les autres, ce sont des bosseurs, des bricoleurs ou tout simplement des philosophes. Une chose est incontestable : Ceux qui appartiennent à ce type d'homme sont des êtres particuliers, ont leur propre tête, ont un originalisme exalté. L'indépendance et l'obstination vont main dans la main. Il faut ajouter à cela une conception méridionale de la vie, et un sens marqué de la liberté et de la tolérance.

Une maxime philosophique répandue ici et digne d'être suivie dit que : « Celui qui ‹ bosse › dur doit aussi ‹ festoyer › dur ! » Cette philosophie, appliquée pendant des siècles, a conduit à une identité unique en son genre, à un humus, sur lequel a pu pousser le véritable original. Cette espèce d'humain est malheureusement menacée de disparition dans une mondialisation qui uniformise tous les secteurs de la vie. En Haute Souabe, il existe cependant encore quelques échappatoires. La vie associative est hautement appréciée. Les associations sportives et musicales, les chorales et groupes de randonneurs ne manquent pas d'adhérents. Les associations de carnaval doivent freiner le flux des demandes d'adhésion. Tous ces gens ont ici une chose en commun : L'emploi de leur langage propre, le dialecte. Il est, bien entendu, un trait d'union, même si l'un ou l'autre y accède différemment. Originalité, enracinement, unicité, propre prononciation, ainsi se caractérise le dialecte. Une fine oreille peut déceler à la mélodie d'une phrase, une expression, une accentuation, au son de ces nasales si aimées, la région ou même le village d'origine de son interlocuteur. Quelle est heureuse cette contrée, où l'on trouve encore de tels originaux.

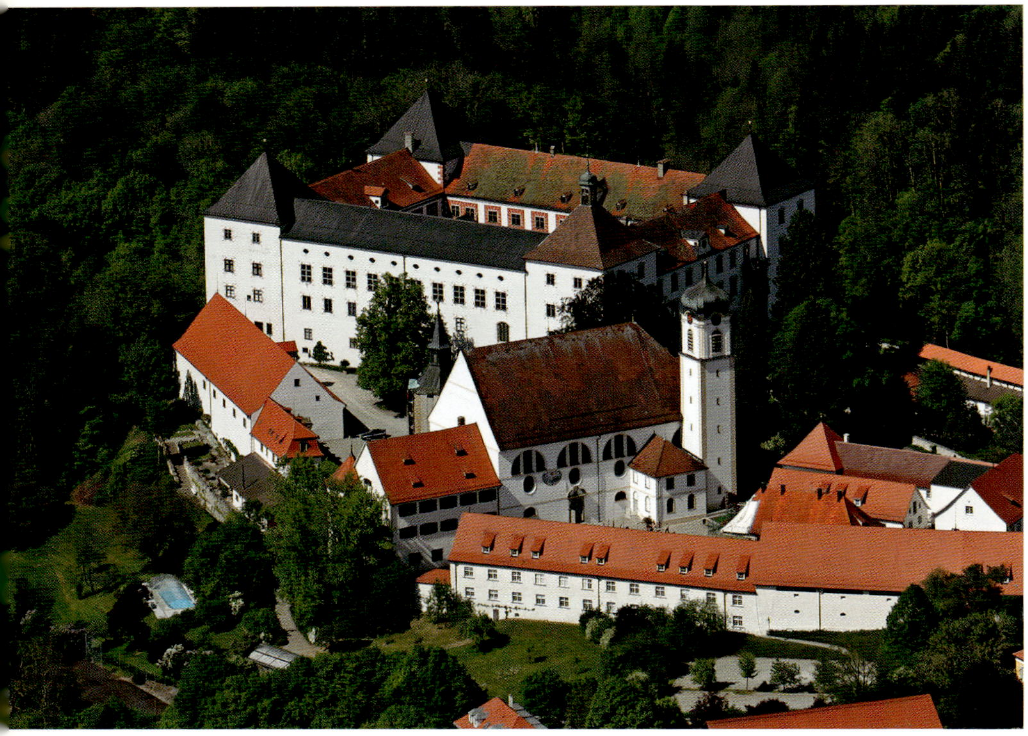

Schmuckes Ensemble am Ostrand des Altdorfer Waldes: das vierflügelige Wolfegger Renaissanceschloss und die prächtige Barockkirche Sankt Katharina.

A tidy ensemble on the eastern edge of the Altdorf Forest: The square Renaissance palace and the fine Baroque church of St Catherine in Wolfegg.

Un joli ensemble à l'orée orientale de la forêt d'Altdorf : Les quatre ailes du château de style renaissance de Wolfegg et la magnifique église baroque Ste-Katharina.

Blick über den Zeller See auf Kißlegg mit der Pfarrkirche Sankt Gallus und Ulrich und dem Neuen Schloss.

The view of Kisslegg over the Zeller See, with the parish church of St Gall and St Ulrich and the Neues Schloss.

Vue du lac de Zell vers Kisslegg, l'église paroissiale St-Gallus et St-Ulrich et le nouveau château.

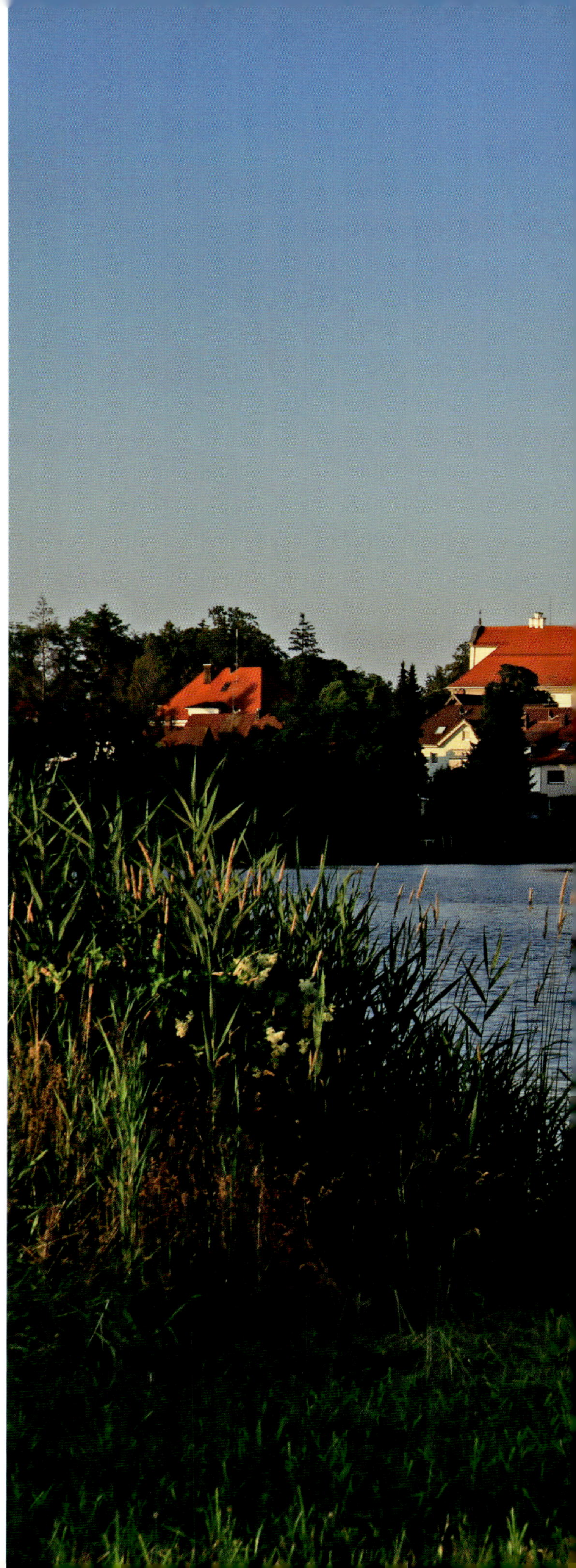

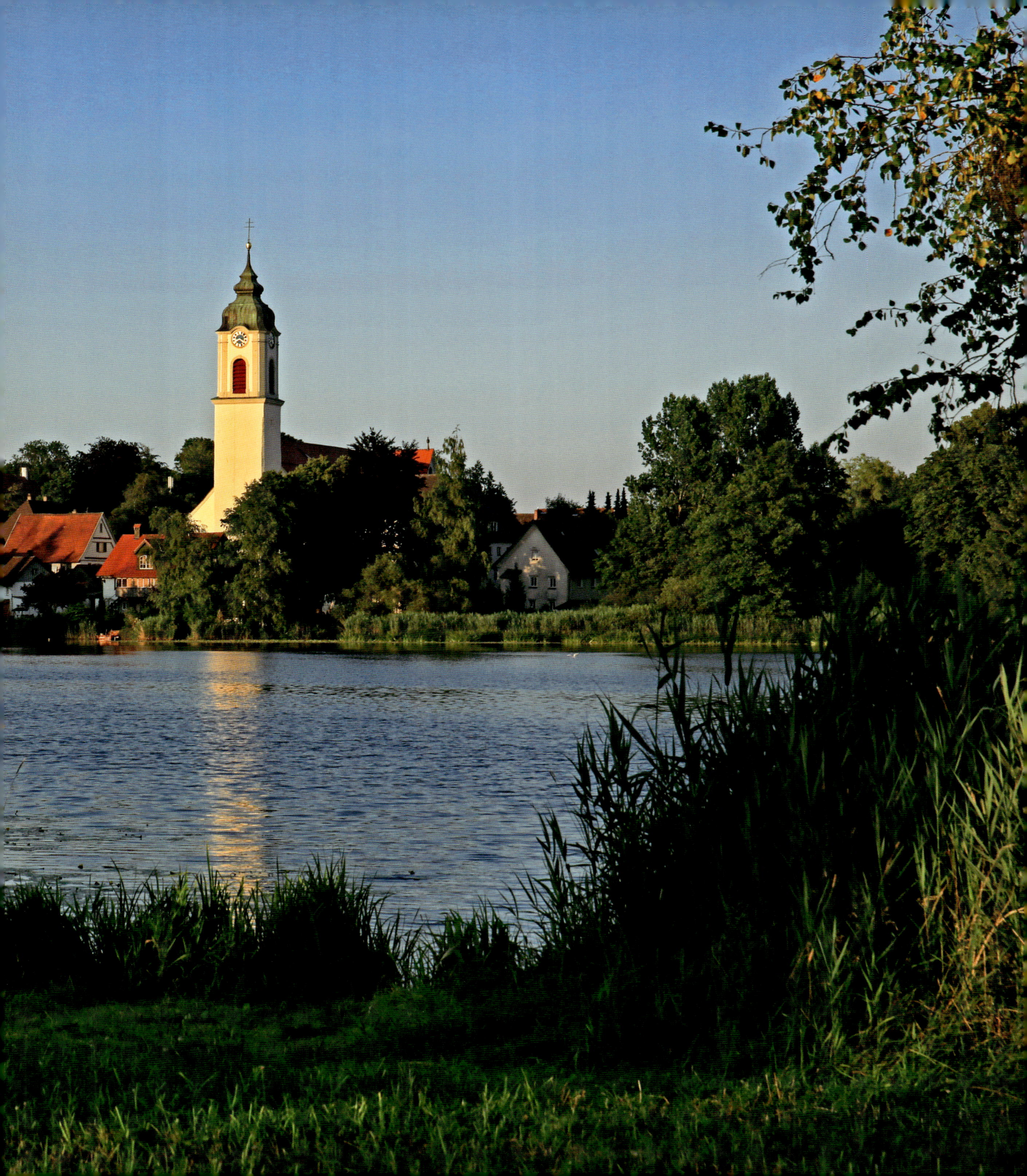

Die ehemalige Reichsstadt Leutkirch im Allgäu liegt am nördlichen Ende der Adelegg, des nördlichsten Ausläufers der Alpen.

The former Imperial City of Leutkirch im Allgäu on the northern end of the Adelegg, the most northerly foothills of the Alps.

L'ancienne ville impériale de Leutkirch en Allgäu est située à l'extrémité Nord de l'Adelegg, le contrefort le plus septentrional de la chaîne des Alpes.

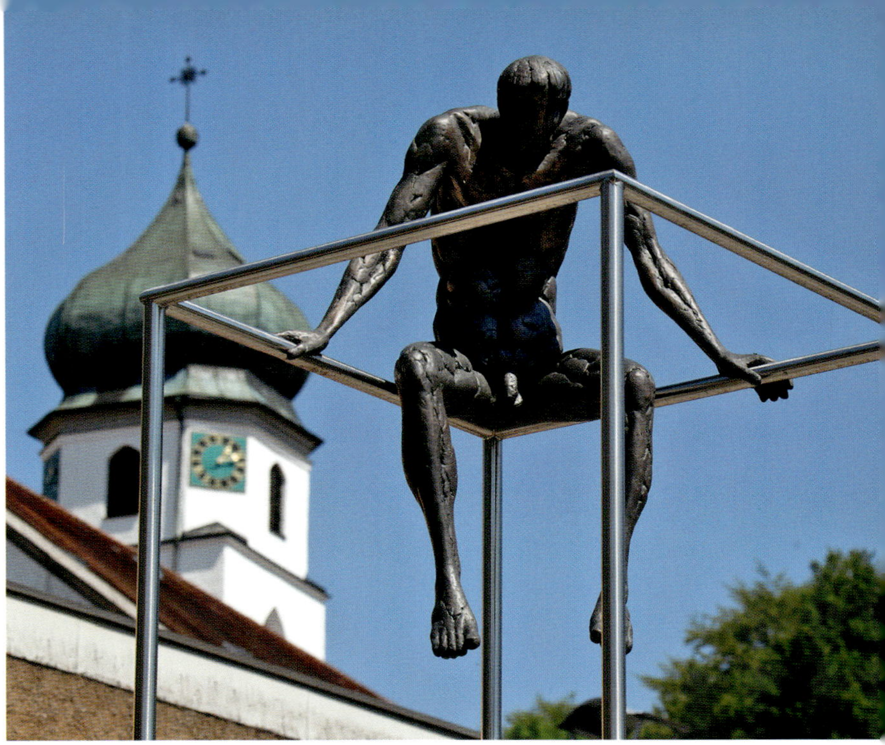

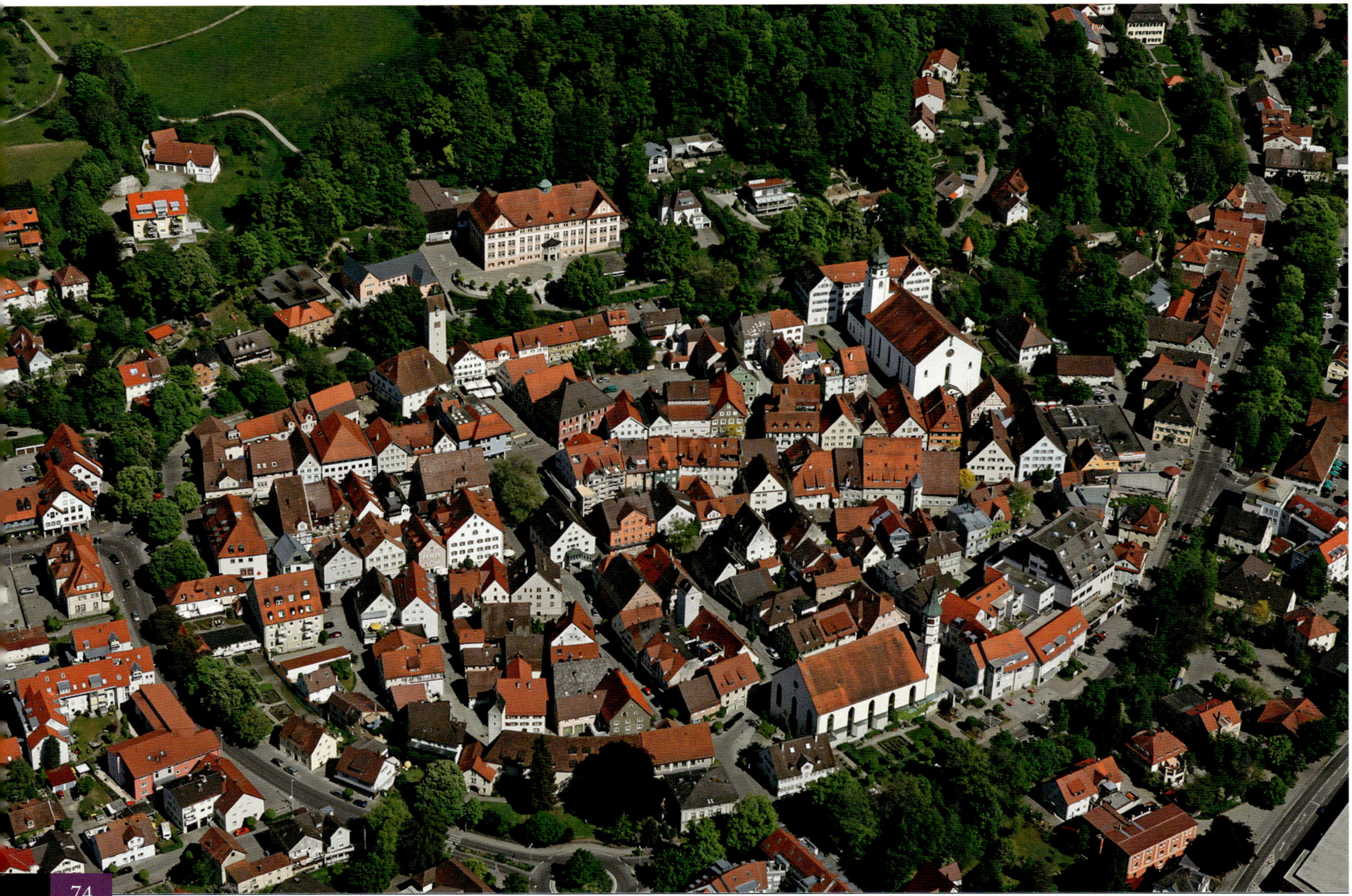

Von hoher Warte in die Tiefe schaut in Leutkirch »Der Beobachter«, eine 2002 vom Tuttlinger Bildhauer Roland Martin geschaffene Bronzeskulptur. Im Hintergrund ist der Zwiebelturm von Sankt Martin zu sehen, der schon im 9. Jahrhundert erwähnten »Leutekirche«.

In Leutkirch "The Watcher", a bronze sculpture created in 2002 by the Tuttlingen sculptor Roland Martin, looks down from his high seat. The onion dome of St Martin's Church, the "People's Church" ("Leutekirche"), first mentioned in the 9th century, can be seen in the background.

De son haut perchoir, « l'observateur », une sculpture en bronze créée à Leutkirch en 2002 par le sculpteur Roland Martin de Tuttlingen, observe les passants. Derrière lui se dresse le clocher à bulbe de l'église Saint-Martin mentionnée déjà au 9ème siècle.

In Schloss Zeil, das zum Leutkircher Stadtteil Reichenhofen zählt, wohnen noch heute die Fürsten von Waldburg-Zeil. Der Park und die Aussichtsterrasse sind jedoch frei zugänglich.

Schloss Zeil in the Leutkirch suburb of Reichenhofen is still the residence of the Lords of Waldburg-Zeil. However, the park and viewing terrace are freely accessible.

Le château de Zeil situé à Reichenhofen, un quartier de Leutkirch est, aujourd'hui encore, la résidence des Princes de Waldburg-Zeil. Le parc et la terrasse panoramique sont cependant ouverts au public.

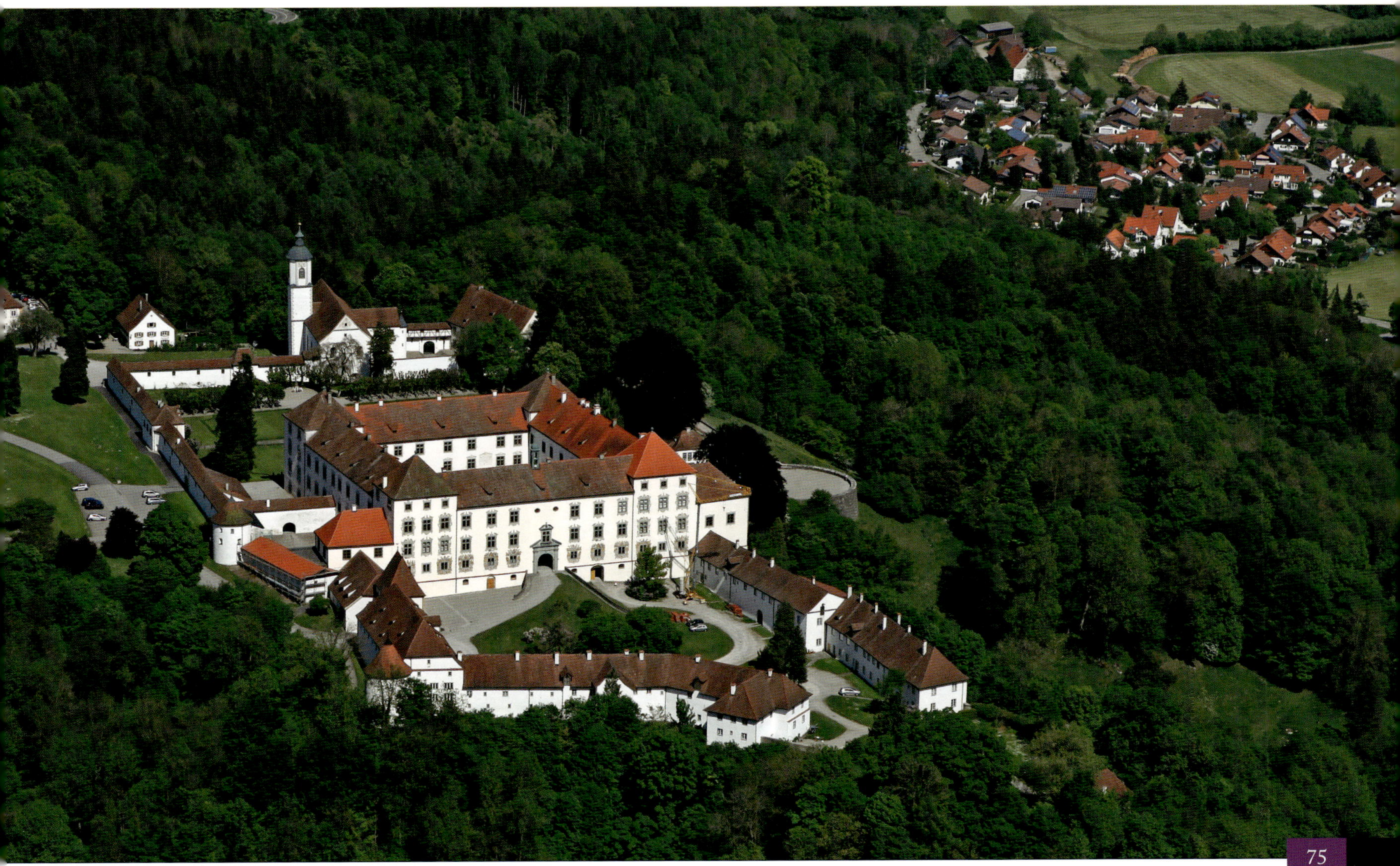

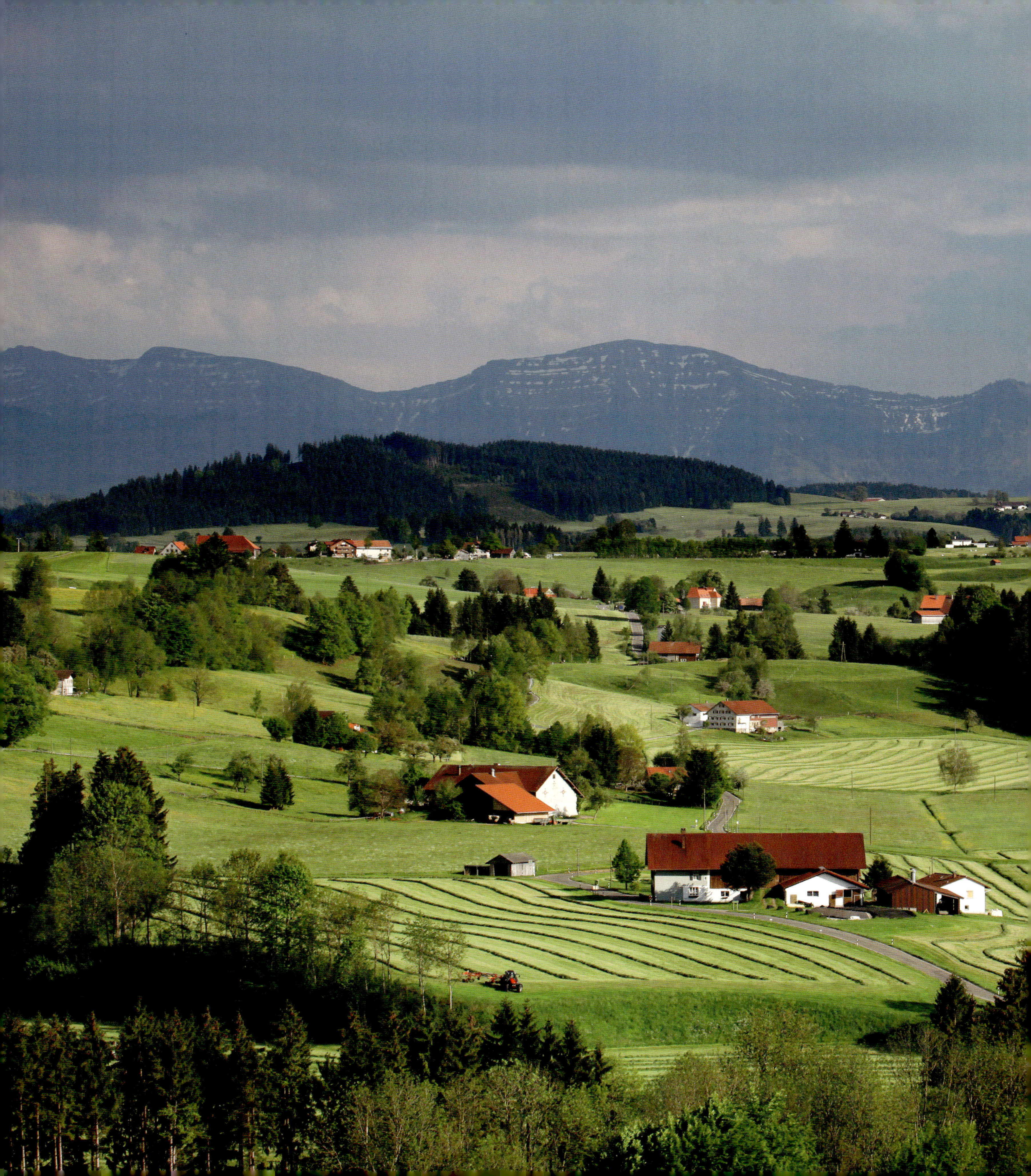

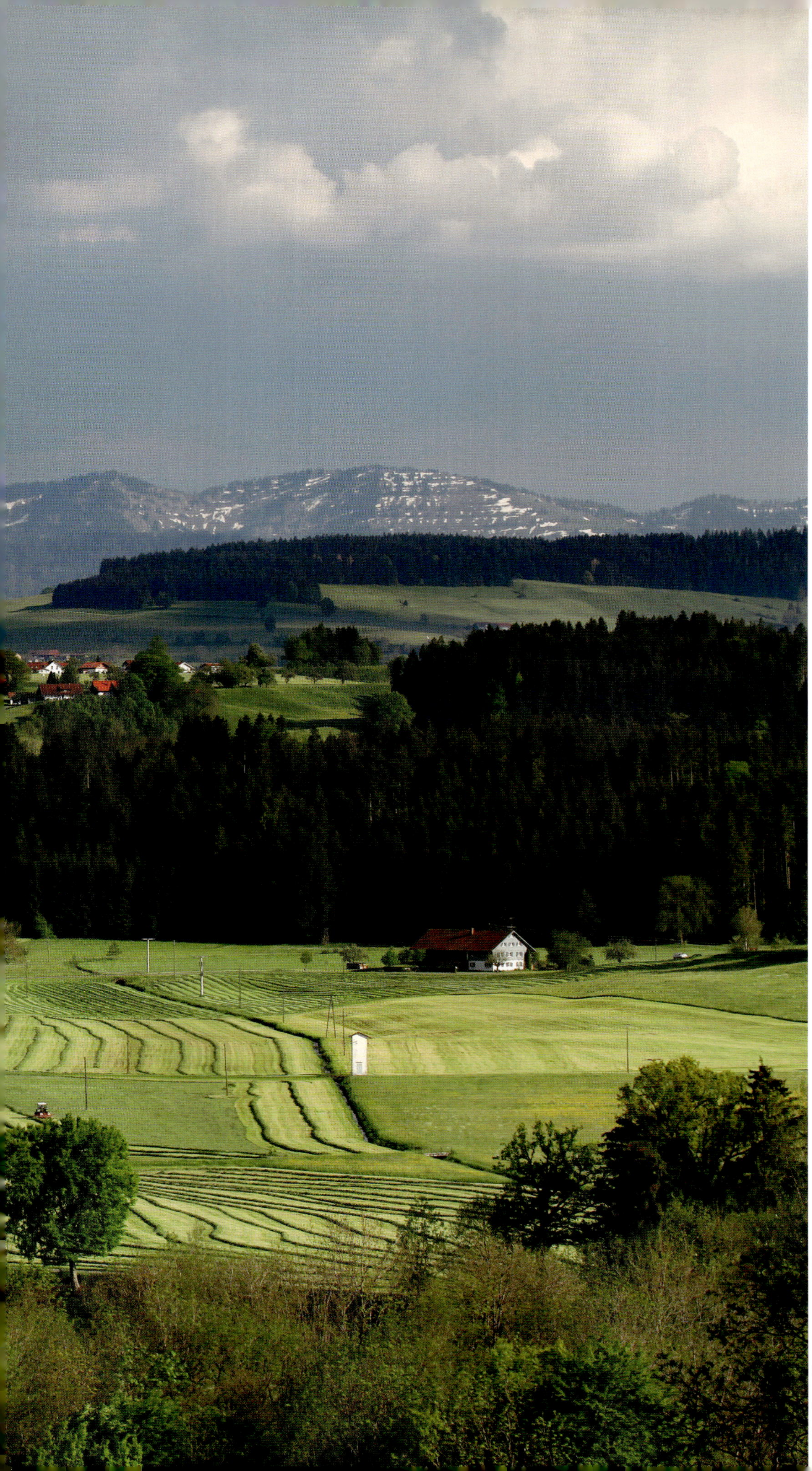

Wellige Allgäulandschaft vor alpinen Gipfeln bei Argenbühl.

Undulating Allgäu landscape set against Alpine peaks near Argenbühl.

Les ondulations du paysage de l'Allgäu se succèdent devant les sommets alpins près d'Argenbühl.

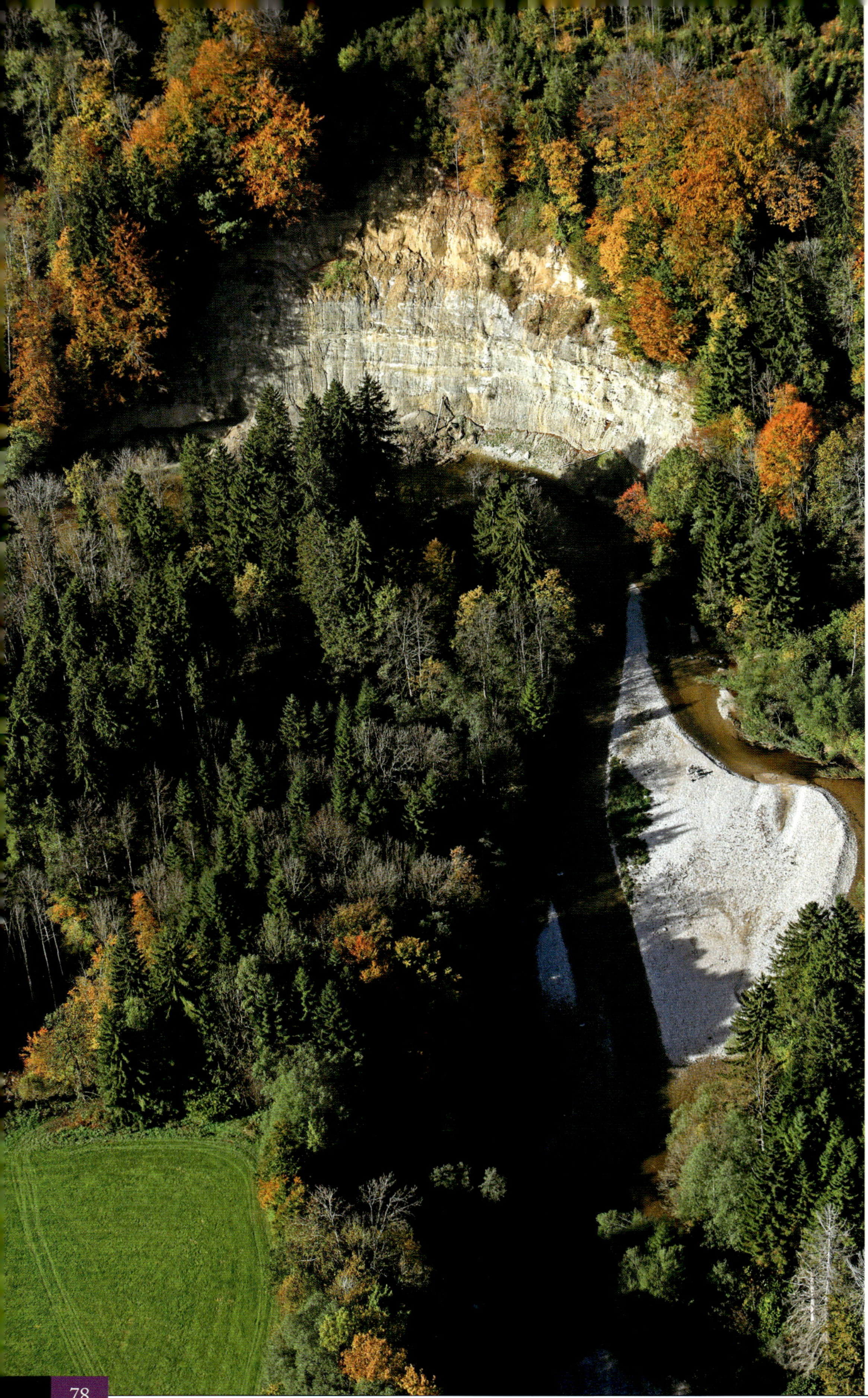

Nordwestlich vom Isnyer Stadtteil Neutrauchburg hat die mäandernde Untere Argen in einer Flussbiegung den Prallhang so stark abgetragen, dass man wunderschön die Gesteinsschichtung sieht.

To the north-west of the Isny suburb of Neutrauchburg, the meandering Lower Argen has eroded the slopes so much that it has created a bend to such an extent that the strata of stone can be seen perfectly.

Au nord-ouest de Neutrauchburg, quartier d'Isny en Allgäu, l'Argen Inférieure méandreuse a, dans un coude du fleuve, érodé si fortement la rive escarpée que les stries rocheuses sont très bien visibles.

Einblicke von außen: Hinter der Stadtmauer von Isny im Allgäu ragen das Wassertor sowie die Türme der evangelischen Nikolaikirche und der katholischen Pfarrkirche Sankt Georg und Jakobus auf.

Views from outside: Behind the town walls of Isny im Allgäu, the Wassertor and the towers of the Protestant Nicholas' Church and the Catholic parish church of St George and St James can be seen.

Vus de l'extérieur : La porte du « Wassertor » et les clochers du temple protestant Nikolai et de l'église catholique St-Georg et St-Jakobus se dressent au-dessus de la muraille d'Isny en Allgäu.

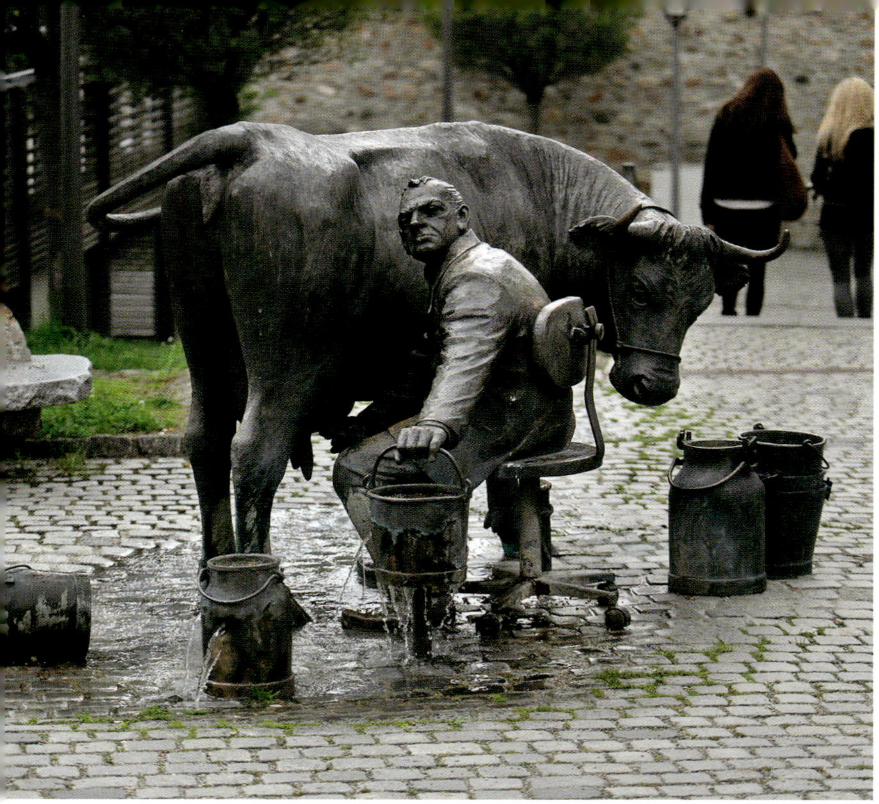

In Isny hat man Humor, davon zeugt der lebensgroße, in Bronze ausgeführte »Steuerzahlerbrunnen« des Bildhauers Leo Wirth aus dem Jahr 2001. Der Bürger ist als Kuh dargestellt, die vom Finanzbeamten gemolken wird. Doch die Kannen haben Löcher.

People in Isny like a good laugh. This is shown by the 2001 life-size bronze "Taxpayers' Fountain" by the sculptor Leo Wirth. Citizens are depicted as a cow being milked by tax officers. However, the buckets are full of holes.

Humour à Isny : la «fontaine des imposables» créée en 2001 par le sculpteur Leo Wirth : l'imposable est représenté par une vache que le percepteur trait. Mais le seau est percé.

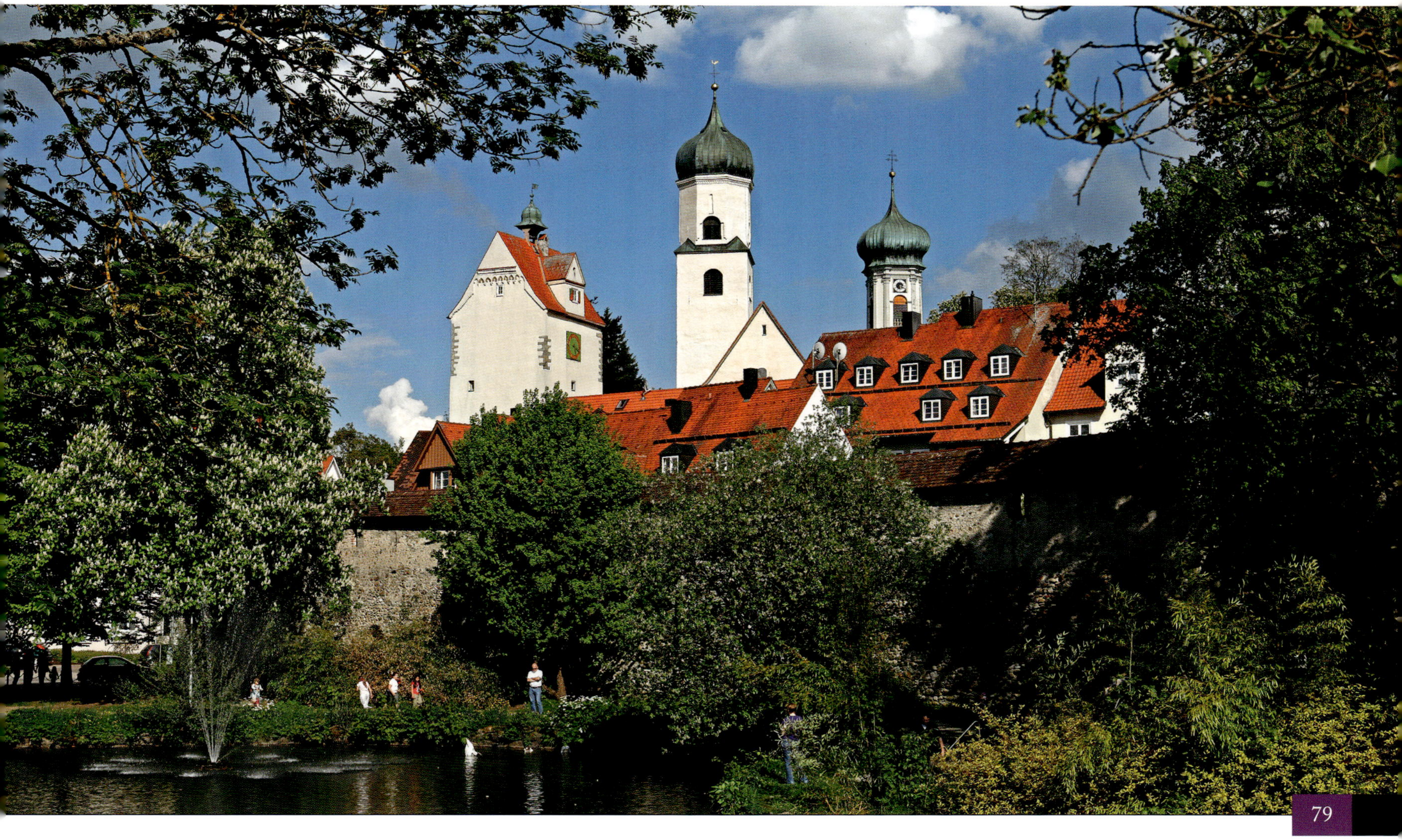

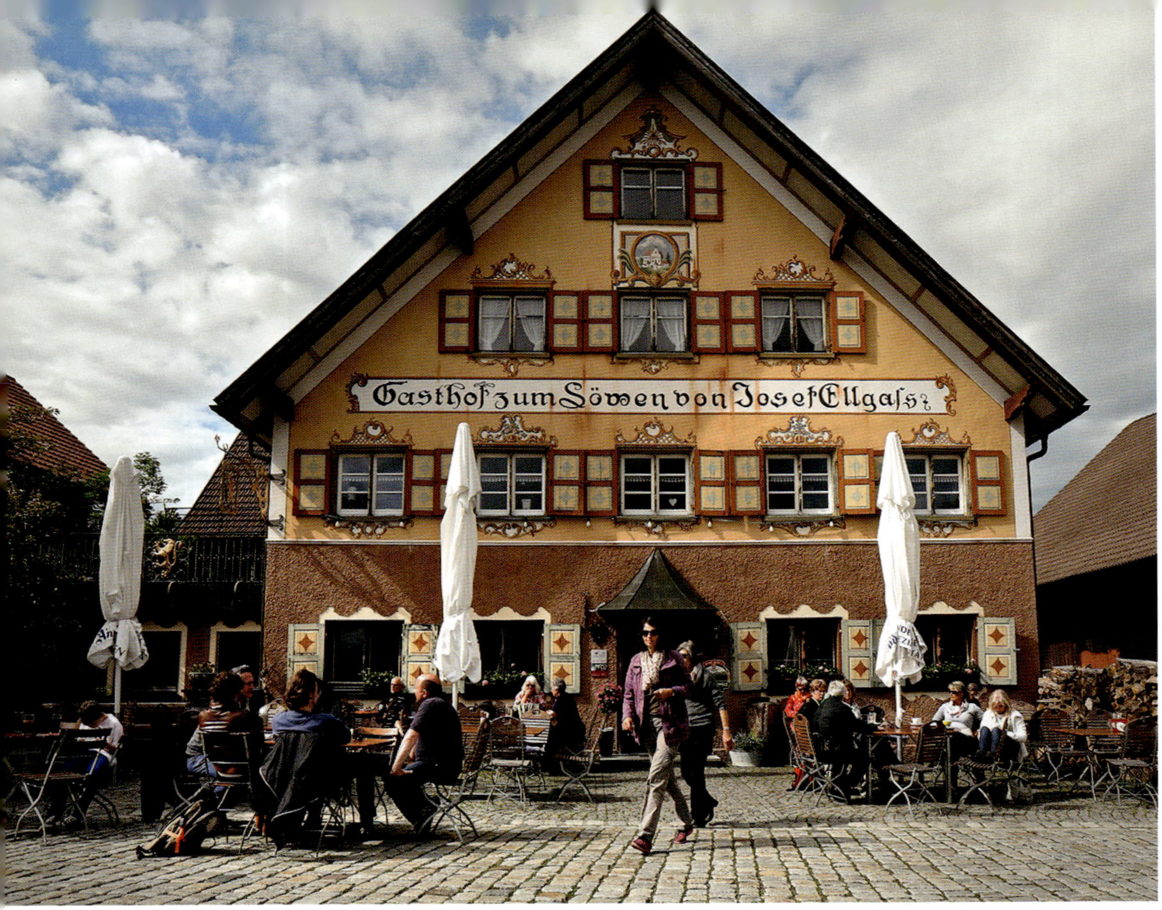

Die Hofwirtschaft zum Löwen im Argenbühler Ortsteil Eglofs existiert schon seit 1480 und wird seit über hundert Jahren von der Familie Ellgass geführt. Der Wirt ist stolz darauf, gleichzeitig Bauer zu sein und eigene Produkte anzubieten.

The "Zum Löwen" inn in the Argenbühl suburb of Eglofs has existed since 1480 and has been run by the Ellgass family for more than 100 years. The innkeeper is very proud of the fact that he is a farmer himself and can offer his own products.

L'auberge fermière « zum Löwen » à Eglofs, un quartier d'Argenbühl, existe depuis 1480. Elle appartient à la famille Ellgass depuis cent ans. L'aubergiste est fier d'être en même temps un agriculteur et de pouvoir proposer ses propres produits.

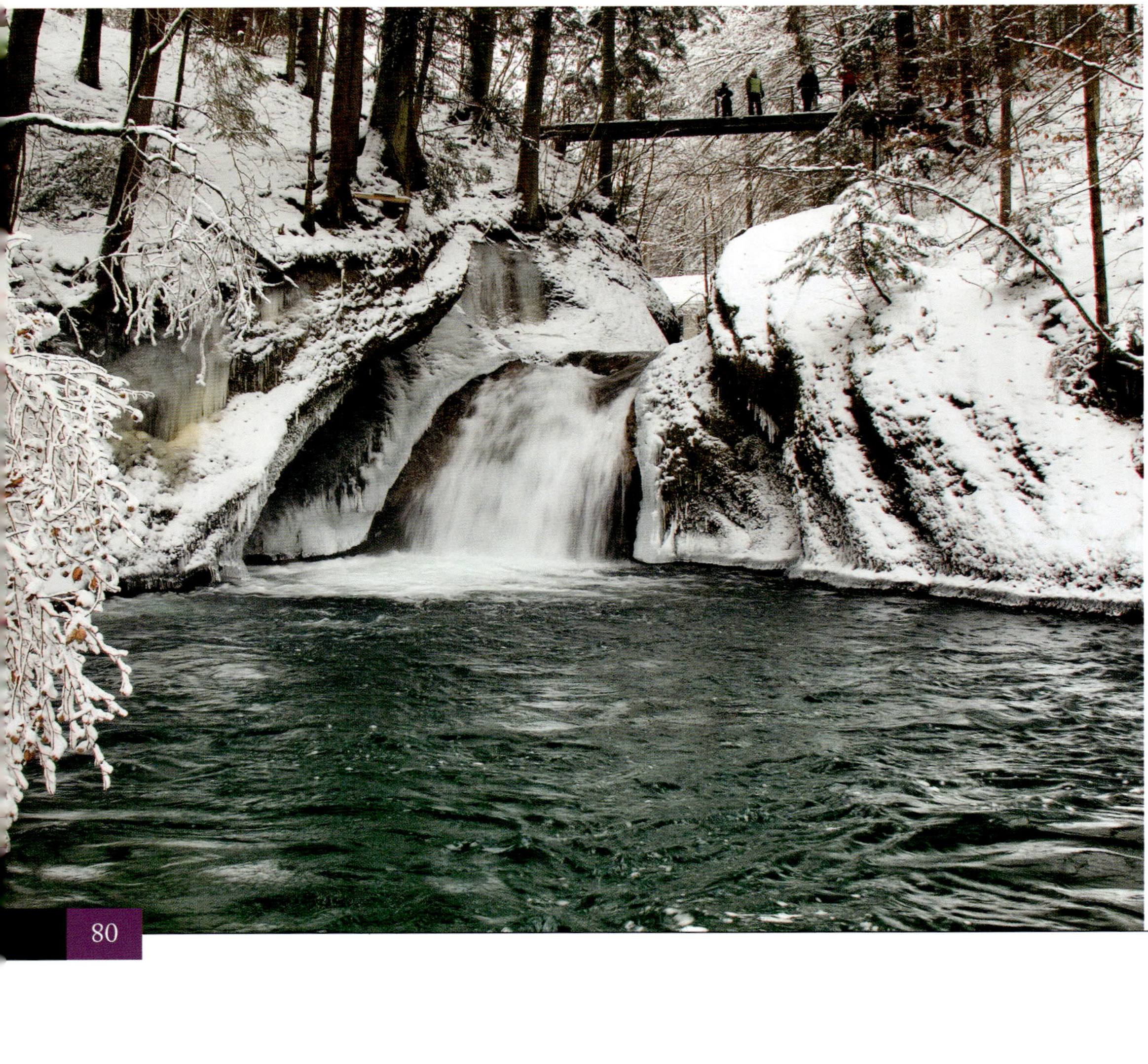

Bizarres Schauspiel: Südlich von Isny stürzt die Obere Argen am Eistobel über mehrere Geländestufen 70 Meter in die Tiefe.

A bizarre scene. At the Eistobel, south of Isny, the Upper Argen falls 70 metres in several stages.

Etrange spectacle : a l'Eistobel, au sud d'Isny, l'Argen Supérieure plonge dans le vide en une cascade de plusieurs sauts d'un dénivelé de 70 mètres.

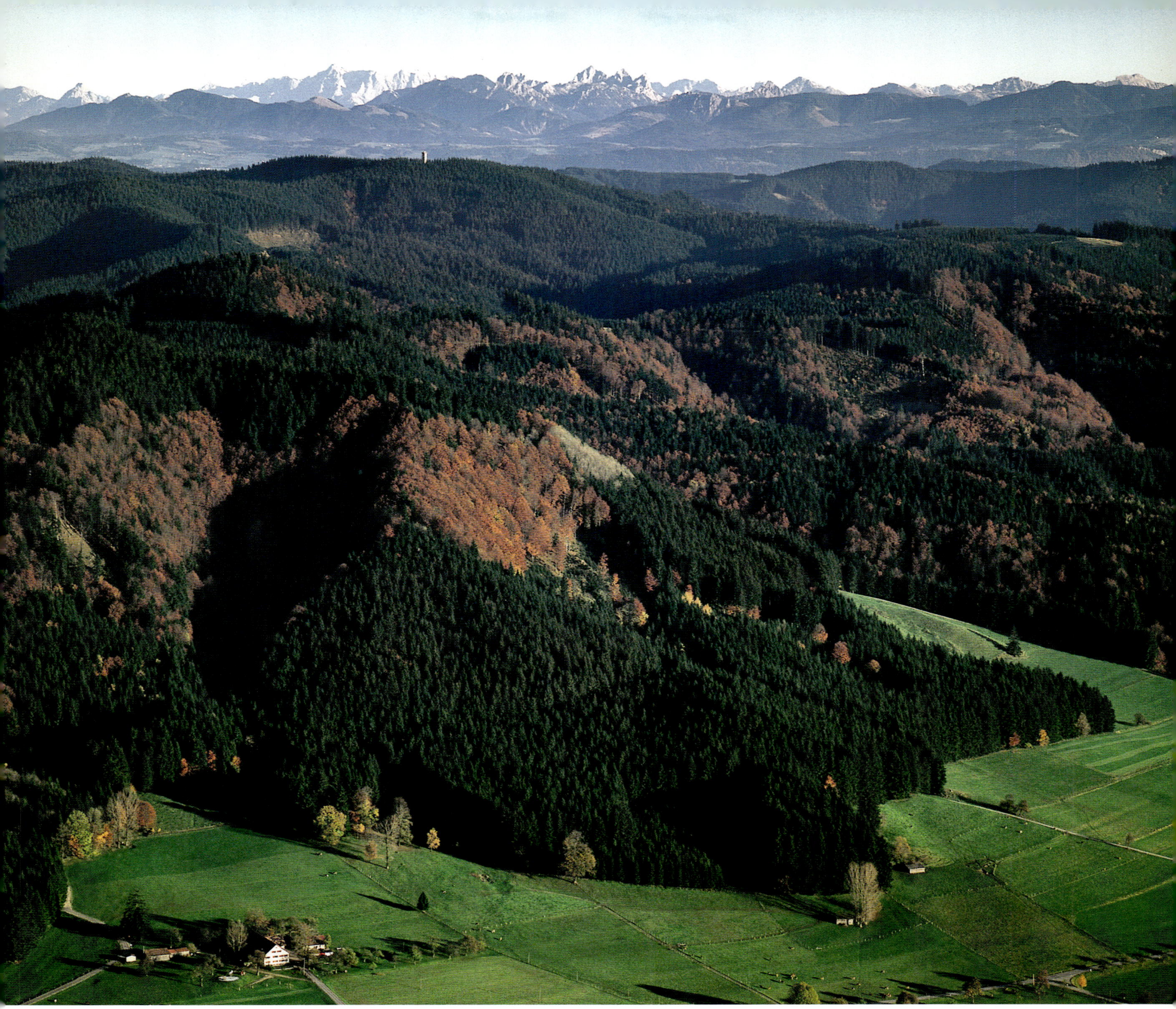

MIT SEINEN 1118 Metern Höhe ist der dicht bewaldete Schwarze Grat östlich von Isny die höchste Erhebung Württembergs. Über seinen Gipfel, der durch den Turm gekennzeichnet ist, verläuft die Grenze zu Bayern. Im Hintergrund die Allgäuer Alpen.

AT 1118 metres above sea level, the densely forested Schwarzer Grat to the east of Isny is the highest peak in Württemberg. The border to Bavaria runs over its summit, indicated by the tower. Beyond that, you can see the Allgäu Alps.

LE SCHWARZE Grat, à l'est d'Isny, est couvert de forêt. Avec son altitude de 1118 mètres, il est le point culminant du Wurtemberg. La frontière bavaroise traverse sa cime caractérisée par sa tour. Les Alpes d'Allgäu se dessinent à l'arrière-plan.

Den krönenden Abschluss der Herrenstraße von Wangen im Allgäu bildet das Frauentor, heute auch Ravensburger Tor genannt. Es war einst Teil der Stadtbefestigung. Seine Renaissanceform erhielt es 1608.

The crowning glory of Herrenstrasse in Wangen im Allgäu is the Frauentor, also called the Ravensburger Tor. It was once a part of the town fortifications and was given its Renaissance appearance in 1608.

À Wangen im Allgäu, la Porte des Femmes, appelée aussi Porte de Ravensburg, est le couronnement grandiose de la Herrenstrasse. Elle faisait autrefois partie des fortifications. Sa forme Renaissance lui fut donnée en 1608.

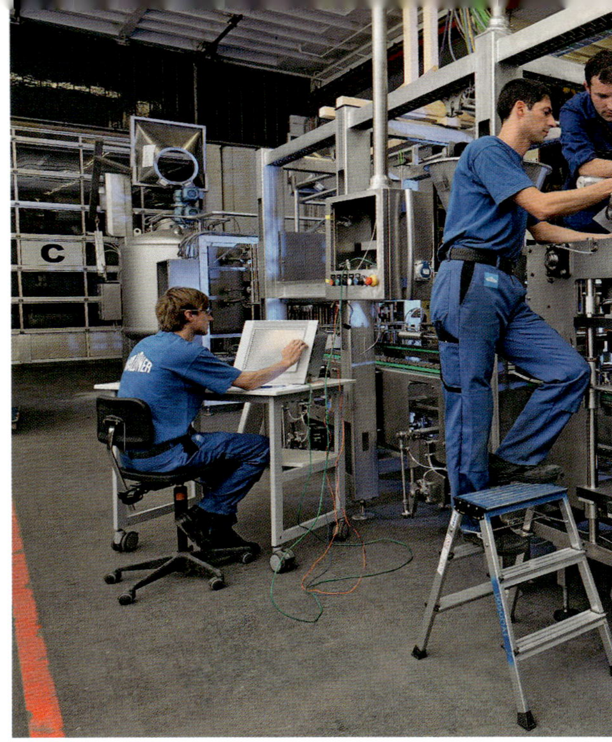

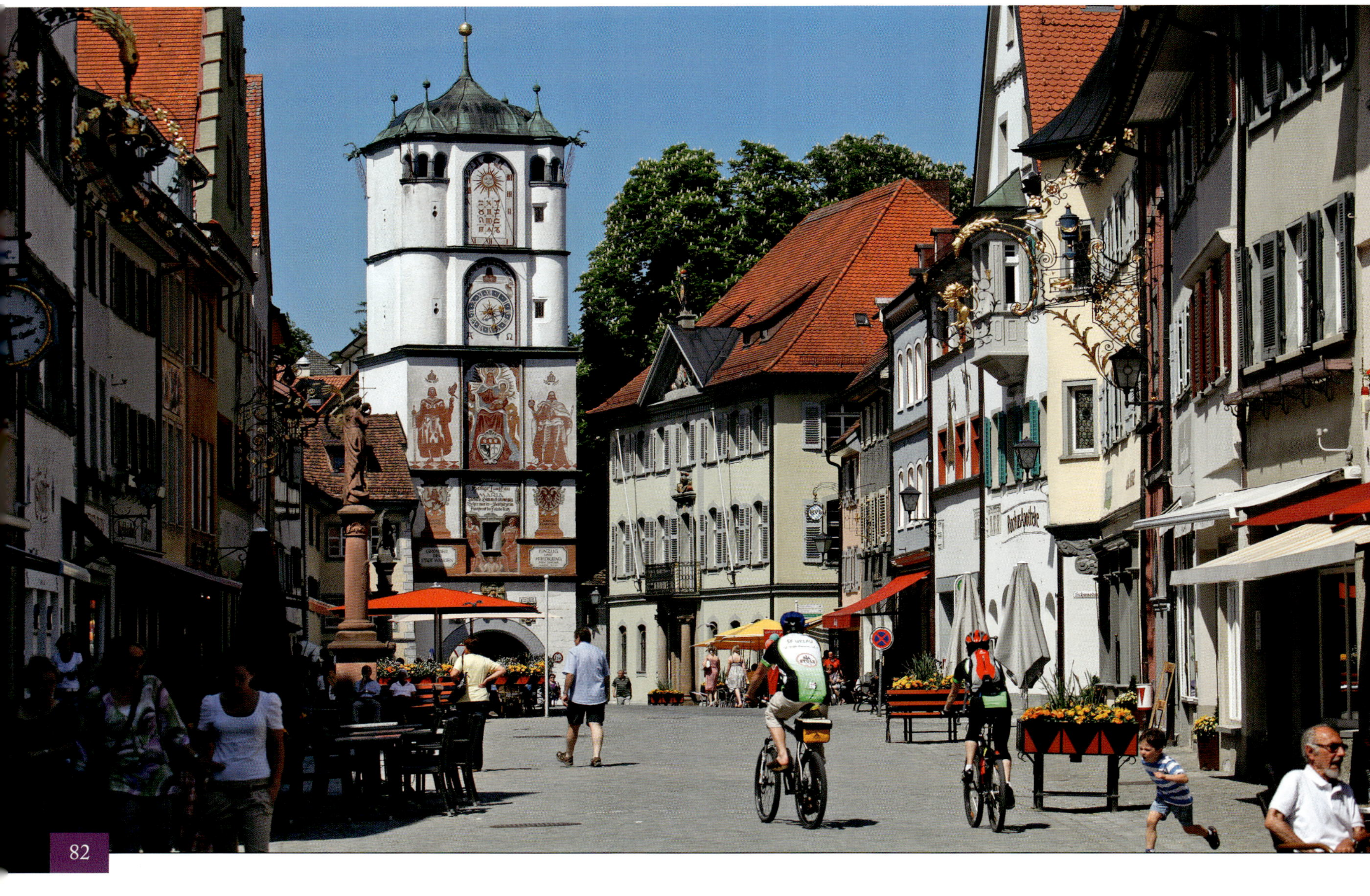

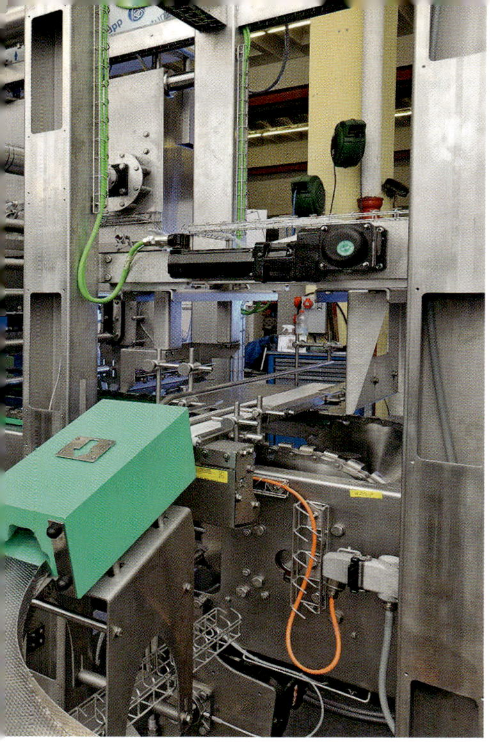

Aus einer Flaschnerei, die mit ovalen Melkkübeln Erfolg hatte, hat sich in gut 100 Jahren der größte Arbeitgeber von Wangen im Allgäu entwickelt. Die Firmengruppe Waldner baut beispielsweise Verpackungsmaschinen für Milchprodukte und andere Lebensmittel und liefert sie in alle Welt.

Over the course of 100 years, a tinsmith, who made his fortune with oval milk cans, has become the biggest employer in Wangen im Allgäu. For example, the Waldner group builds packaging machines for milk products and other foodstuffs and sends them around the world.

Une tôlerie qui fabriquait avec succès des seaux ovales pour la traite est devenue, en une centaine d'années, le plus grand employeur de Wangen en Allgäu. Le groupe Waldner construit et livre dans le monde entier, par exemple, des machines d'emballage pour le lait et autres aliments.

1721 erhielt das Wangener Rathaus die zum Marktplatz zeigende Barockfassade. Die Front zur Unterstadt behielt ihren spätgotischen Charakter.

Wangen's town hall was given its Baroque façade, which looks out onto the market square, in 1721. The side pointing towards the lower town has maintained its late-Gothic character.

L'hôtel de ville de Wangen a été doté en 1721 de la façade baroque qui donne sur la Place du Marché. Le pignon tourné vers la ville basse a conservé son caractère gothique tardif.

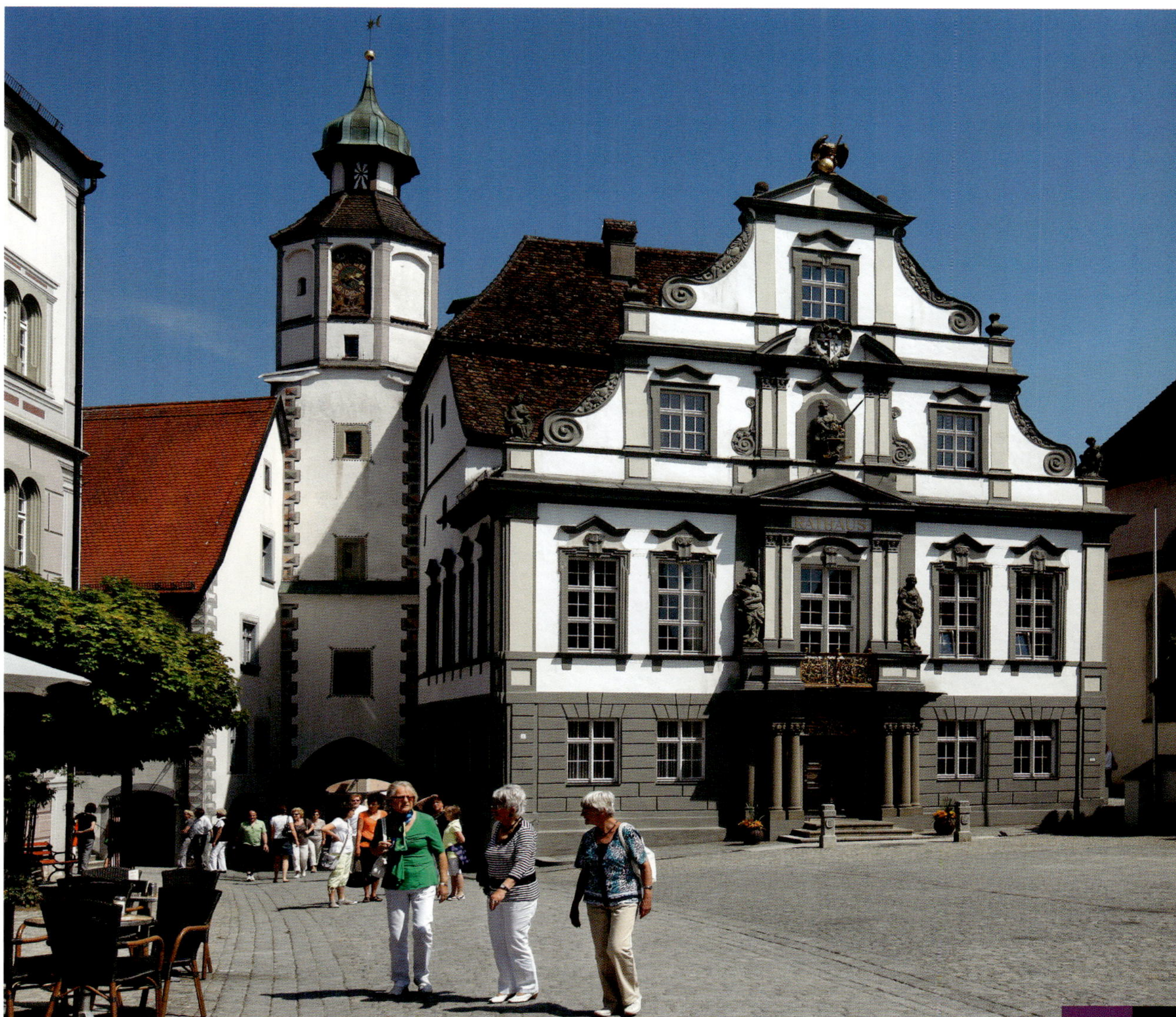

DIE GRÖSSTE Reiterprozession Europas: Am Freitag nach Christi Himmelfahrt findet in Weingarten der sogenannte Blutritt statt. Mit einer Heilig-Blut-Reliquie werden Stadt und Flur gesegnet.

EUROPE'S LARGEST horseback procession, the so-called Blood Ride, takes place in Weingarten on the Friday after Ascension Day. The town and countryside are blessed with a relic of The Holy Blood.

LA PLUS grande procession équestre d'Europe : la « Chevauchée du Sang » a lieu à Weingarten le vendredi qui suit l'Ascension. Une relique contenant le Saint-Sang bénit la ville et la campagne.

DIE WALDBURG in der gleichnamigen Gemeinde, der Stammsitz des schwäbischen Adelsgeschlechts Haus Waldburg, wurde im 11. Jahrhundert auf einem steilen Drumlin errichtet. An klaren Tagen überblickt man von hier ganz Oberschwaben.

WALDBURG CASTLE, in the parish of the same name, is the dynastic home of the Swabian noble family Haus Waldburg and was erected on a steep drumlin in the 11th century. On clear days, you get a view of the whole of Upper Swabia.

LE WALDBURG, dans la commune de même nom, est le siège de la lignée noble souabe de la Maison de Waldburg. Le château-fort fut bâti au 11ème siècle sur un drumlin. Par temps clair, la vue s'étend sur toute la Haute Souabe.

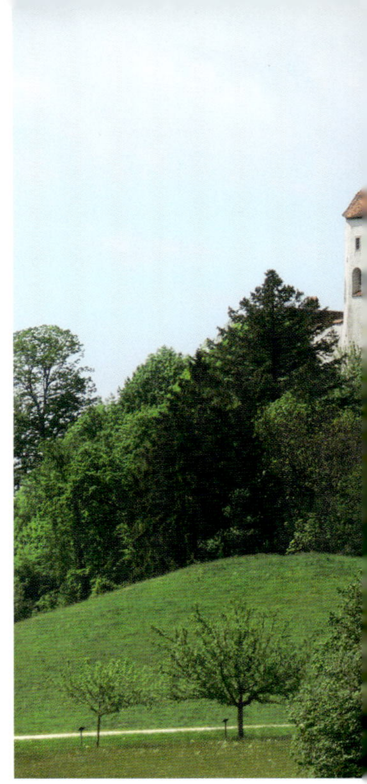

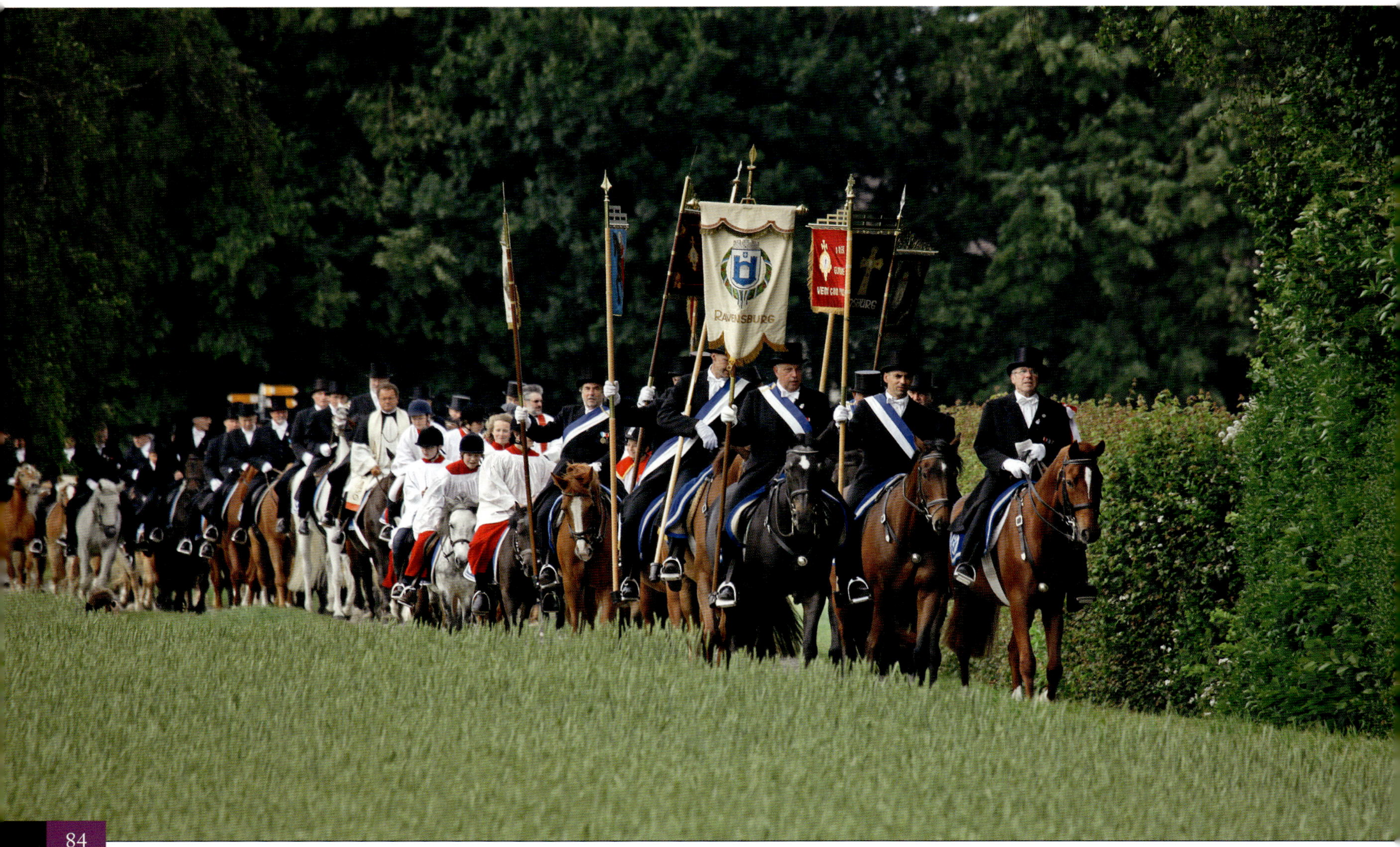

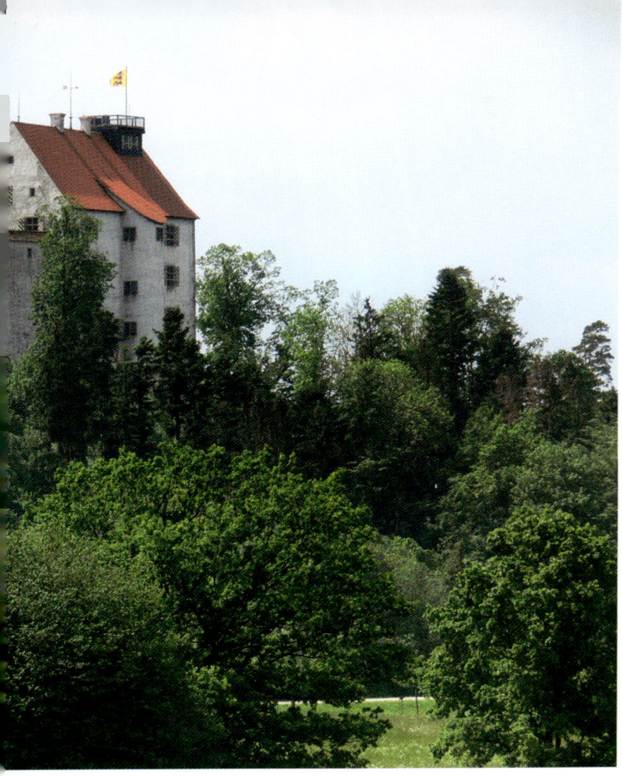

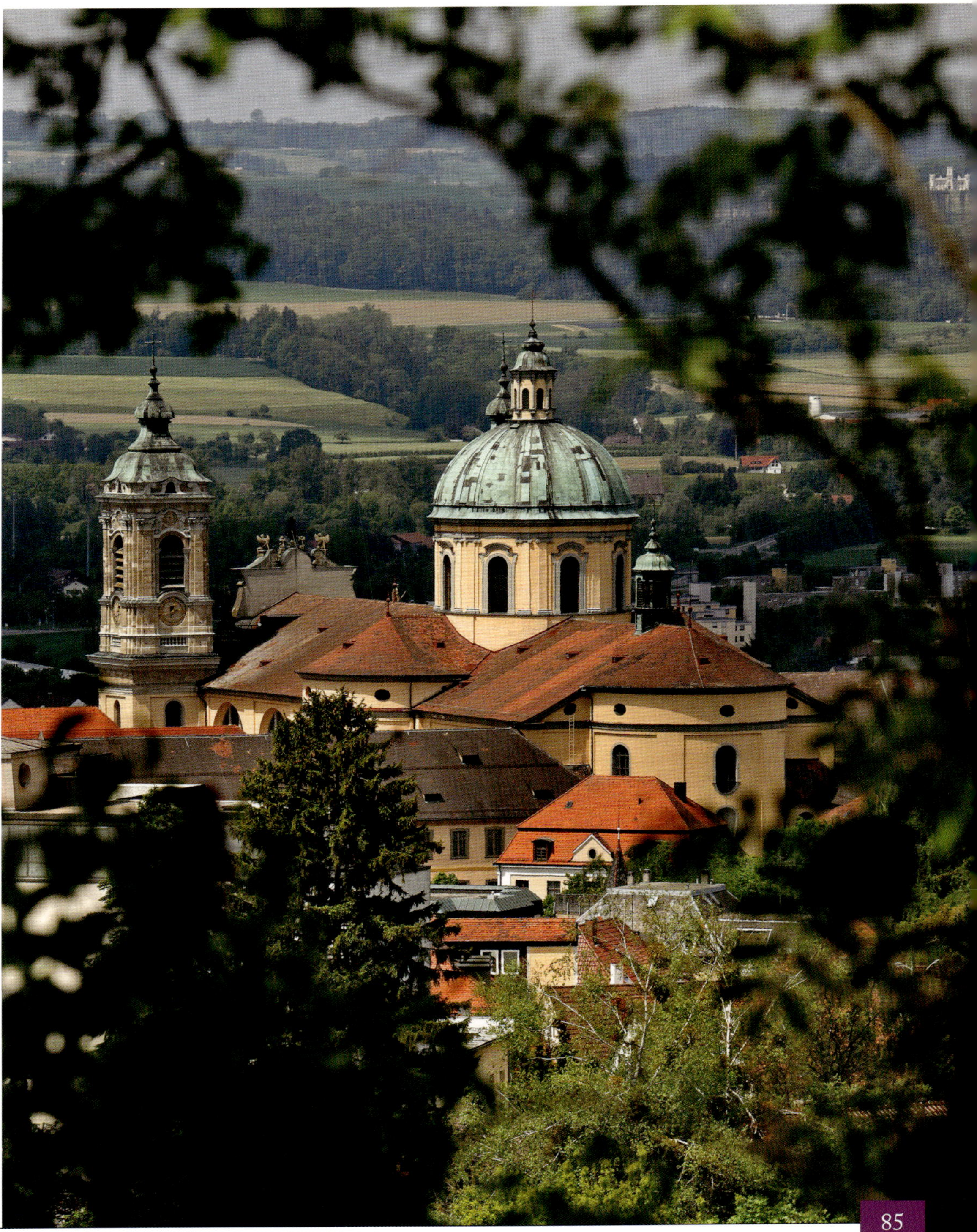

Der »Schwäbische Petersdom«, die Basilika Sankt Martin, ist nicht nur das Wahrzeichen Weingartens, sondern auch die größte Barockkirche nördlich der Alpen.

The Basilica of St Martin, known as the "Swabian St Peter's", is not only the symbol of Weingarten, but is also the largest Baroque church north of the Alps.

La « Saint-Pierre Souabe », la basilique St-Martin, n'est pas seulement le symbole de Weingarten mais elle est aussi la plus grande église baroque qui se dresse au nord des Alpes.

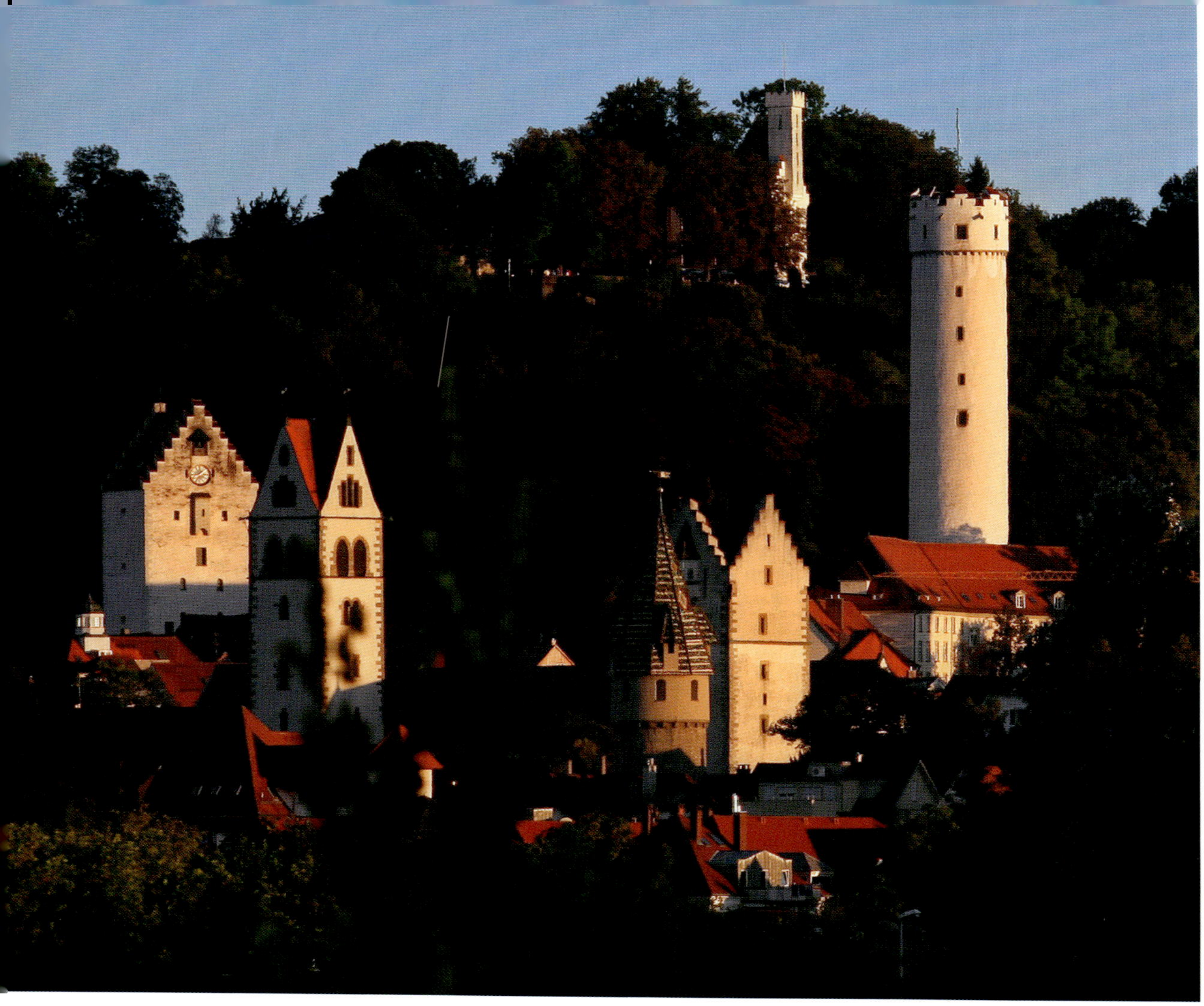

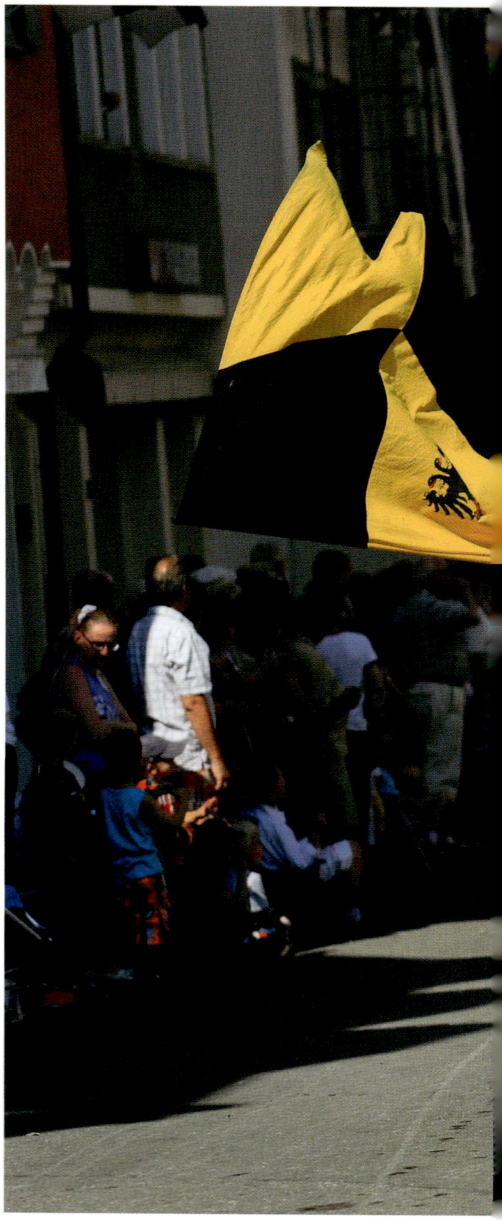

Mit rund 50 000 Einwohnern ist Ravensburg die größte Stadt Oberschwabens und überdies die turmreichste. Zahlreiche Stadt-, Tor-und Kirchtürme überragen das historische Zentrum: hier von links Obertor, Liebfrauenkirche, Grüner Turm, Frauentor, Mehlsack, dahinter die Veitsburg.

Ravensburg, with over 50,000 inhabitants, is not only the largest town in Upper Swabia, but also the one with the most towers. Countless town, gate and church towers rise above the historic centre: from the left Obertor, Church of Our Lady, Green Tower, Frauentor, Mehlsack and, beyond, the Veitsburg.

Avec ses 50.000 habitants environ, Ravensburg est la plus grande ville de la Haute Souabe. Elle est également celle qui compte le plus de tours et de clochers. De nombreuses tours, portes et clochers dominent le centre historique : ici, de gauche à droite : la Porte Supérieure, l'église Notre-Dame, la Tour Verte, la Tour des Femmes et le « Sac de Farine ». Au-dessus, la Veitsburg.

JEDES JAHR vor Beginn der Sommerferien wird in Ravensburg das Rutenfest gefeiert, ein Schüler- und Stadtfest, dessen Tradition bis ins 17. Jahrhundert zurückreicht.

EACH YEAR, before the summer holidays start, the town, and particularly the schoolchildren, of Ravensburg celebrate the “Rutenfest”, whose traditions stretch back into the 17th century.

TOUS LES ans, avant que les vacances d’été ne commencent, Ravensburg célèbre la « Fête des Verges ». C’est une fête des écoles et communale dont la tradition remonte au 17ème siècle.

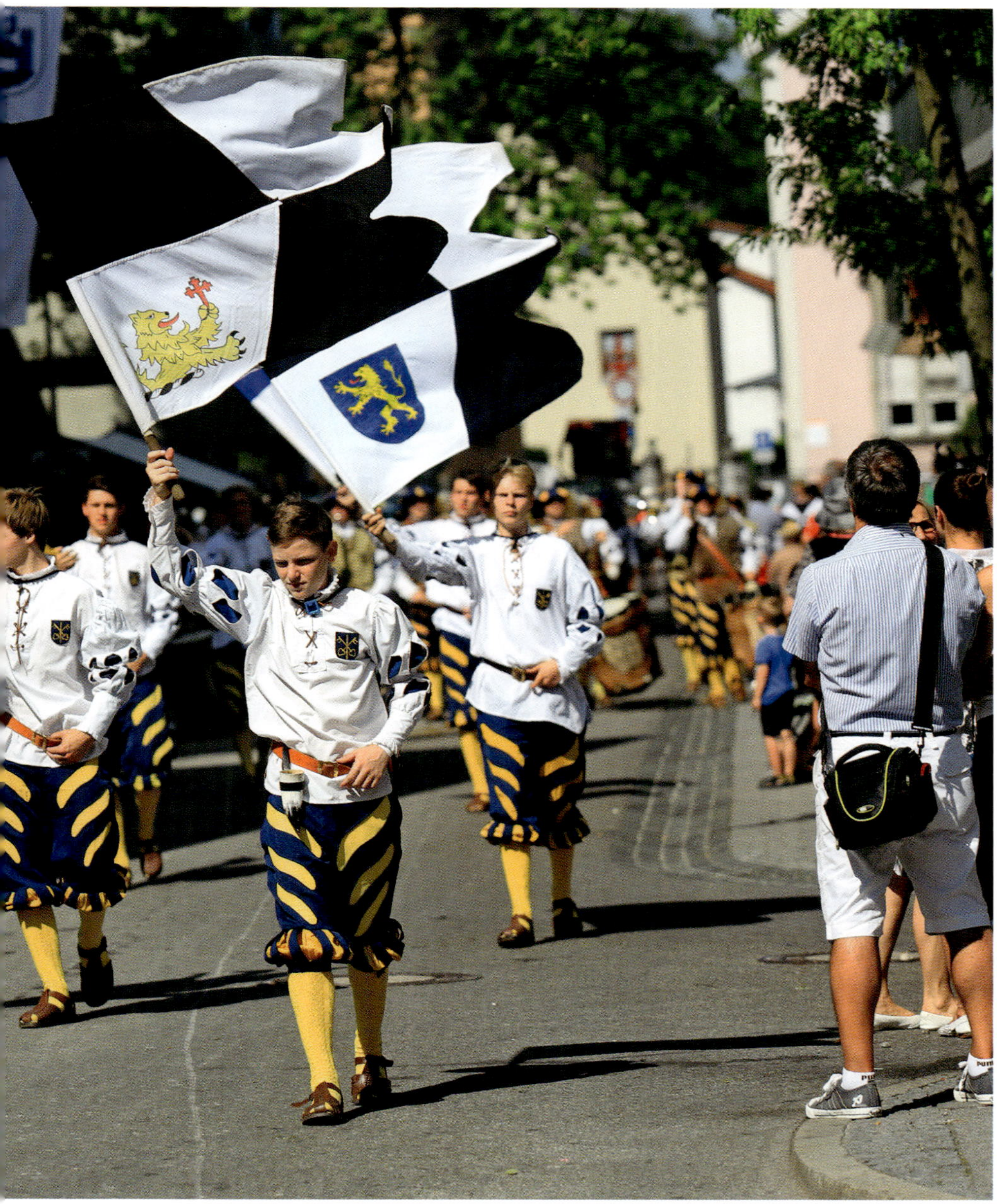

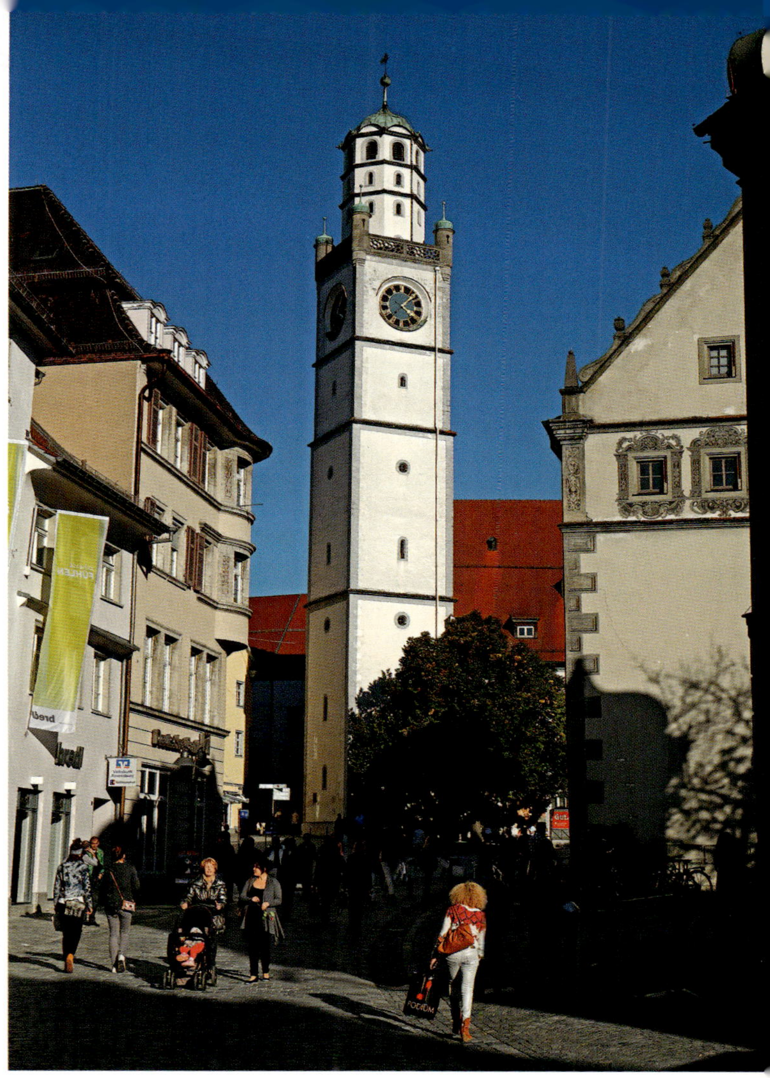

DER BLASERTURM am Marienplatz in Ravensburg wurde Mitte des 16. Jahrhunderts im Stil der italienischen Renaissance neu errichtet, nachdem der Vorgängerturm bei einem Sturm eingestürzt war. Rechts sieht man ein Stück der Westfassade des Lederhauses.

AFTER THE previous tower had collapsed during a storm, the Blaserturm on Marienplatz in Ravensburg was rebuilt in the middle of the 16th century in the style of the Italian Renaissance. To the right, you can see a part of the façade of the Lederhaus.

LA BLASERTURM sur la Place de Marie à Ravensburg a été érigée au milieu du 16ème siècle après l’effondrement, pendant une tempête, de la tour qui la précédait. Elle est de style Renaissance. A droite, on voit une partie de la façade ouest de la Maison du Cuir.

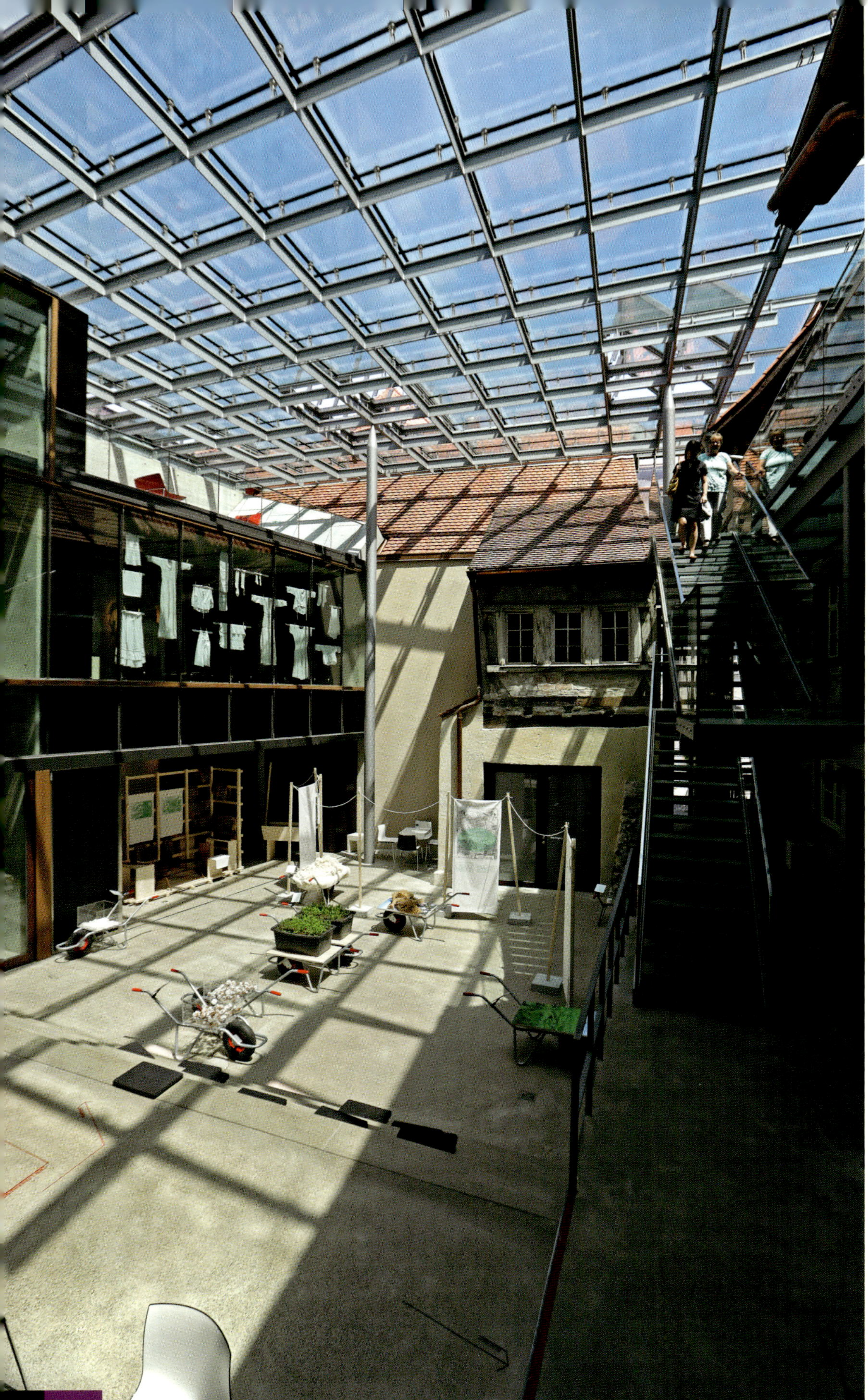

DAS HUMPIS-QUARTIER ist ein aus insgesamt sieben Gebäuden bestehendes spätmittelalterliches Wohnquartier in Ravensburg, das seit 2009 als Stadtmuseum Besucher aus dem In- und Ausland anzieht.

THE HUMPIS District is a late-Medieval housing area. It is made up of a total of seven buildings, which, in the form of the town museum, has drawn visitors from Germany and abroad since 2009.

LE QUARTIER Humpis à Ravensburg est un ensemble de sept bâtiments d'habitation de la fin du moyen-âge. Musée municipal depuis 2009, il attire de nombreux visiteurs, allemands et étrangers.

Das 2013 eröffnete Kunstmuseum Ravensburg zeigt Werke aus der Privatsammlung von Peter und Gudrun Selinka, deren Schwerpunkt beim Expressionismus und seinen Fortentwicklungen liegt. Das Gebäude, ein Passivhaus, das mit Ziegelsteinen von einem abgebrochenen belgischen Kloster verkleidet wurde, ist mit vielen Architekturpreisen ausgezeichnet worden.

The Ravensburg Art Museum, which was opened in 2013, displays works of the private collection of Peter and Gudrun Selinka. The emphasis is on Expressionism and its successors. The building, a passive house which was clad with bricks from a demolished Belgian monastery, has won many architectural prizes.

Le musée d'art de Ravensburg, ouvert en 2013, expose des œuvres de la collection privée de la famille de Peter et Gudrun Selinka, centrée sur les expressionnistes et leurs successeurs. Le bâtiment à énergie passive est recouvert de briques provenant d'un monastère belge disparu. Il a reçu de nombreux prix architecturaux.

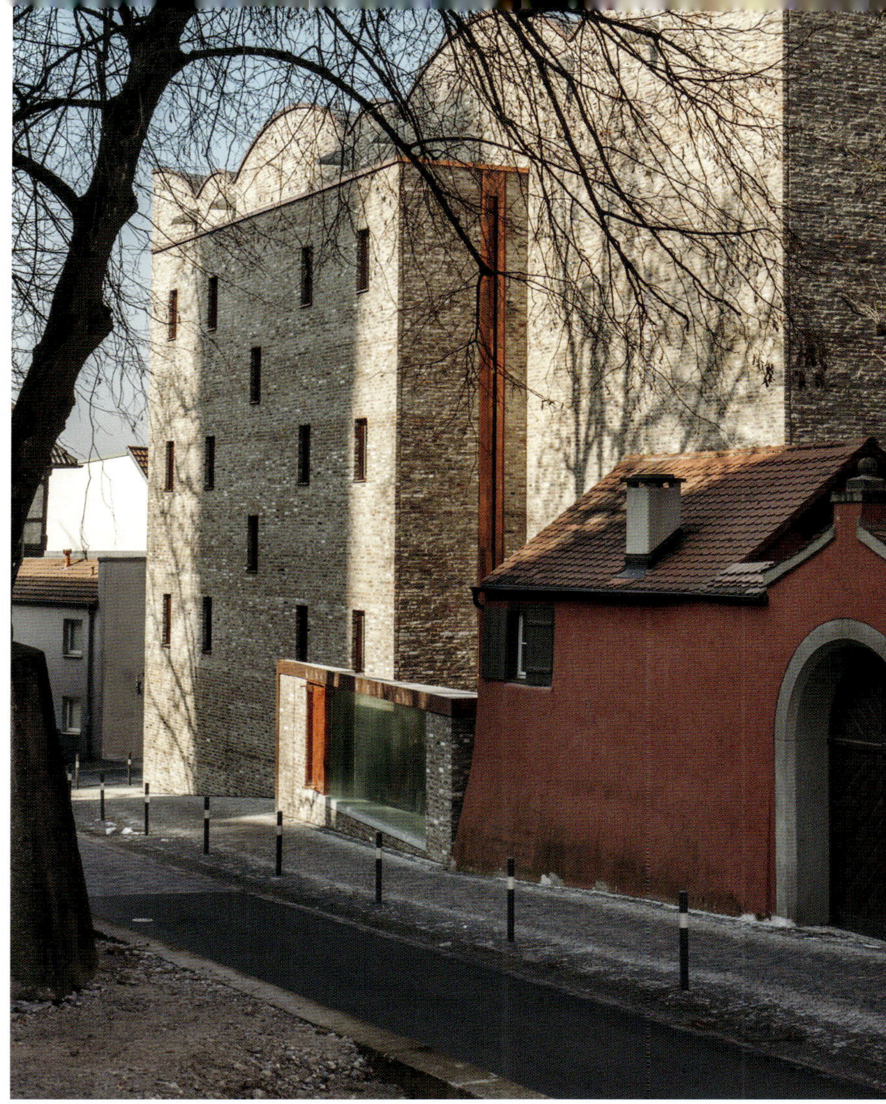

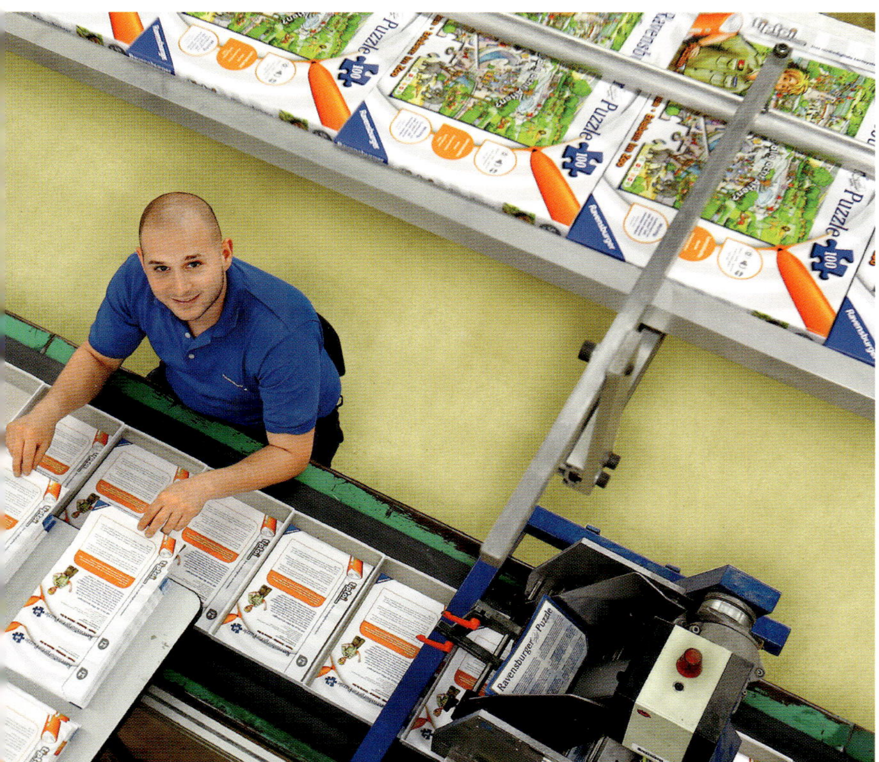

Die Ravensburger AG hat den Namen ihrer Heimatstadt auf Büchern, Spielen und Puzzles in alle Welt getragen. Hier ein Mitarbeiter, der in Ravensburg »tiptoi«-Produkte konfektioniert, bei denen Sprache oder Musik erklingt, wenn man mit einem elektronischen Stift auf ein Bild oder einen Text tippt.

Ravensburger AG has carried the name of its home town around the world on books, games and jigsaw puzzles. Here we can see an employee assembling "tiptoi" products in Ravensburg. In this system, speech or music can be heard when an electronic pen is applied to a picture or a piece of text.

La société Ravensburger AG a exporté le nom de sa ville de résidence dans le monde entier, apposé sur des livres, des jeux et des puzzles. Ici, confection du jouet « tiptoi » qui émet une voix ou de la musique lorsque l'on touche une image ou un texte à l'aide d'un crayon électronique.

LEBENDIGE VOLKSKULTUR

Wenn Baden-Württemberg das »Land der Dichter und Denker« ist, dann darf die Region Oberschwaben/Bodensee/Westallgäu mit Fug und Recht als das »Land der Sänger und Volksmusikanten« bezeichnet werden. Eine hohe Zahl an singenden und musizierenden Gruppierungen tragen das kulturelle Leben in Stadt und Land. Ohne die Musikkapellen, ohne die Chöre wären die zahlreichen Feste landauf, landab nicht denkbar. Die sprichwörtliche »Festlesfreude« der Oberschwaben und der Allgäuer findet in den Laienmusikgruppen ihren Ausdruck. In der überbordend gefeierten fünften Jahreszeit, der Fasnet, bei den Umzügen anlässlich der Kinder- und Heimatfeste wie dem Seehasenfest in Friedrichshafen, dem Rutenfest in Ravensburg, dem Schützenfest in Biberach, dem Bächtlesfest in Bad Saulgau, dem Welfenfest in Weingarten, dem Adelindisfest in Bad Buchau lassen die Klänge der mitmarschierenden Musikvereine, Spielmanns- und Fanfarenzüge, der Liederkränze und Sängerbünde die Herzen der Zuschauer am Wegesrand höher schlagen.

Das feierliche Gepräge der kirchlichen Hochfeste, der Ortsprozessionen, der Blutritte, der zahlreichen Wallfahrten lebt von den Darbietungen singender und musizierender Laien. Das im und durch den Verein organisierte gemeinsame Musizieren und Singen ist das eine – wie steht es aber um die Singfreude jedes Einzelnen?

Singen ist Leben

»Suevia non cantat!«, »Der Schwabe singt nicht!«, so hieß es früher und so hört man heute immer wieder, wenn nach den Singgewohnheiten in unseren Landen gefragt wird. Wie sich eine solche Aussage, ein solches Vorurteil einprägen und verfestigen kann, ist und bleibt ein Rätsel. Vielleicht hängt es mit der häufig kolportierten Introvertiertheit der Schwaben zusammen? Wer nicht viel redet, wird schon gar nicht viel singen! Vielleicht lässt sich dieser Gedanke auch davon ableiten, dass die Schwaben in der Öffentlichkeit, sprich im Gasthaus, in der Kneipe, nur dann singen, wenn keine Fremden zugegen sind und diese deshalb selten oder gar nie in den Genuss der schwäbischen Sangeskünste kommen. Eines ist sicher: Wer regelmäßiger Gast an den Stammtischen der Lokale vor allem in den ländlichen Raumschaften ist, hat ein großes Liederrepertoire und kennt Liedtexte, die so nirgendwo in einem Liederbuch nachzulesen sind.

Auch die Mitgliederzahlen der Liederkränze, Sängerbünde und Chorgemeinschaften in Oberschwaben und dem Westallgäu strafen die Behauptung vom singfaulen Schwaben Lügen. Allerdings sind für manche Vereinssängerin, für manchen Vereinssänger die Singprobe und die sogenannte »Nachsingstunde« zweierlei Dinge. Wurde in der Singstunde noch fleißig an Intonation, Atemtechnik und Artikulation gefeilt und geschliffen, kommt bei der anschließenden Einkehr im Stammlokal das freie und somit das häufig lustvollere Singen zum Tragen. Die Konzentration und Anstrengung des Probeabends fallen nach dem zweiten Glas Bier oder dem zweiten Viertele Wein schlagartig ab und werden ersetzt durch kreative Texteinfälle, durch eine freie Mehrstimmigkeit und durch einen Liedschatz, der sich deutlich von den vom Dirigenten eingeübten Chorsätzen unterscheidet.

Gastlichkeit lebt von Geselligkeit

Wirtshäuser waren und sind Treffpunkte. Wer seinen Stammtisch besucht, weiß, welcher Gesprächspartner an welchem Tag, zu welcher Stunde dort wartet. Hier sitzen die Menschen generationsübergreifend zusammen, brauchen kein Blatt vor den Mund zu nehmen und tauschen sich aus, unabhängig von der Herkunft und vom sozialen Status des Einzelnen.

Sind die wichtigsten Ereignisse des Heimatortes »durchgehechelt«, sind die neuesten Entwicklungen in der Politik kommentiert und sind die aktuellen Sportnachrichten auf deren Bedeutung für die Zukunft abgeklopft, schlägt die Stunde der Lieder, die Stunde des Gesangs. Ein kleines »Aschuggerle« genügt dann schon, um eine Liederlawine ins Rollen zu bringen. In jeder Runde ist meist jemand, der sich getraut, nach einem kurzen Räuspern, die ersten Töne zu produzieren. Natürlich will dieser Jemand manchmal auch gebeten sein, bevor er in seine persönli-

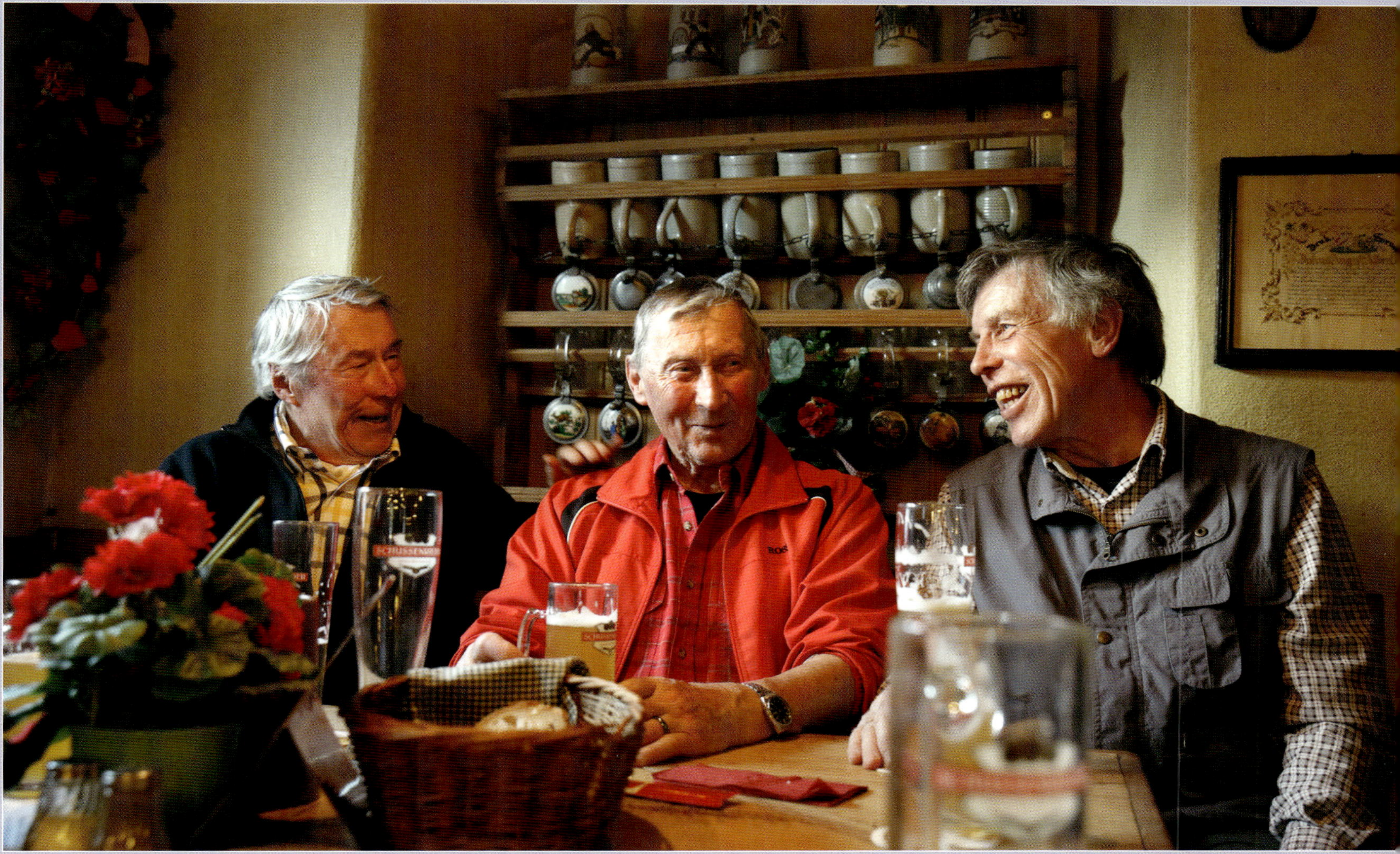

che Schatzkiste mit Liedern greift. Ein Freibier wirkt in diesem Zusammenhang manchmal ein kleines Wunder! Zu erwähnen bleibt, dass natürlich die im Wirtshaus gesungenen Texte mundartlich eingefärbt oder noch besser im breitesten, nur noch selten in dieser Farbigkeit zu hörenden Dialekt dargeboten werden.

Heute sucht der Mensch nach Identität, nach Nähe und emotionaler Wärme. Wo lässt sich dieses besser finden als in einer Umgebung, die darauf ausgerichtet ist, Menschen zu beherbergen und zu bewirten? Wo lässt sich dies besser finden als in den gastlichen Wirtshäusern am Bodensee, in Oberschwaben und dem Westallgäu?

Die scheinbar heile, volkstümelnde, zum passiven Konsum zwingende Fernsehwelt lässt sich per Fernbedienungsknopfdruck ausschalten. Es gibt dann nichts Erhebenderes, als in einer Gaststube bei gutem Essen und Trinken mit netten Menschen zusammenzusitzen und vielleicht sogar zu singen.

Im Wirtshaus – wie hier in Bad Schussenried – nimmt man kein Blatt vor den Mund. Hat man genug erzählt, kommentiert und getratscht, dann schlägt die Stunde der Lieder.

At the pub—such as here in Bad Schussenried—there is no need to hold your tongue. Once you have talked, commented and gossiped enough, it is then time to sing.

A l'auberge, comme ici à Bad Schussenried, les bouches ne se ferment pas. Quand on a assez discuté, commenté et raconté, c'est le tour des chansons.

A LIVELY FOLK CULTURE

If Baden-Württemberg is considered as the "Land of thinkers and poets", then the region of Upper Swabia/Lake Constance/Western Allgäu can rightly call itself the "Land of singers and folk musicians". A large number of singing and musical groups keep the cultural life alive in town and country. Without the orchestras and bands and without the choirs, the countless festivals across the region simply wouldn't take place.

The literal "Festival happiness" of the Upper Swabians and Allgäuer is expressed through the amateur music scene. In the vastly popular "fifth season", Carnival, the sounds of the music groups, minstrels, heralds and choirs make the hearts of those watching the processions in children's fêtes and local festivals beat faster.

The more solemn holy days, the local processions, the Blood Rides and the countless pilgrimages all live from the performances of amateur singers and musicians. Joint music-making and singing organised in clubs is one aspect, but what about an individual's desire to sing?

"Suevia non cantat!", "The Swabian doesn't sing!" was the common attitude in the past. Even today, we can still hear it when people ask about the singing habits in our region. It is still a mystery how such a statement, such a prejudice, can form and take root. Possibly it is connected to the frequently rumoured introversion of the Swabians? Anyone who doesn't say much will certainly not sing much. Maybe this thought can be derived from the fact that Swabians only sing in public when no strangers are around. One thing cannot be denied. Anyone who is a frequent guest at the regular's table in inns, primarily in rural areas, has a large repertoire of songs and knows lyrics which cannot be found in any songbook.

These days, people are looking for identity, closeness and emotional warmth. What better place to find this than in an environment which has specialised in accommodating people? What better place to find this than in the inns by Lake Constance, in Upper Swabia and the Western Allgäu?

The seemingly perfect, folksy world of TV, which forces one to consume in a passive manner, can be switched off at the touch of a button. There is nothing more uplifting than sitting together in an inn with other people, enjoying good food and drink, and maybe even singing.

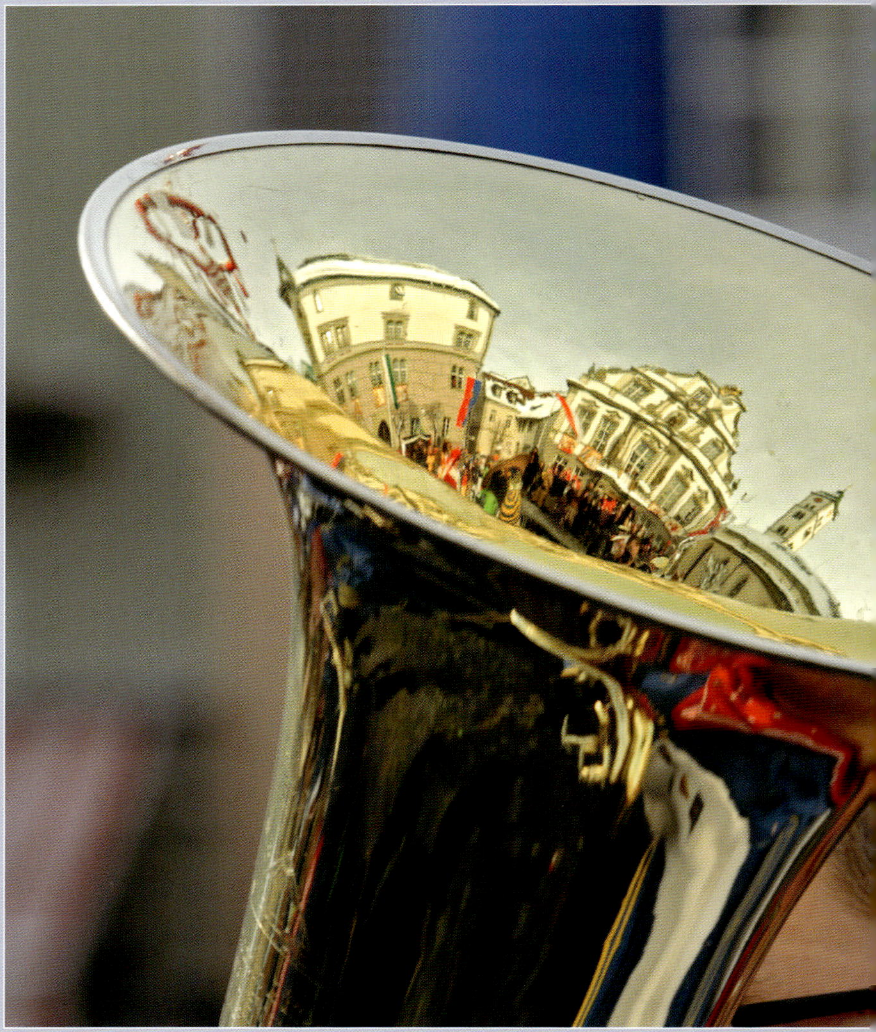

CULTURE POPULAIRE VIVACE

Si le Bade-wurtemberg est le « Pays des poètes et penseurs », il est possible d'affirmer de bon droit, que la Région de Haute Souabe, du Lac de Constance et d'Allgäu occidental est le « Pays des chanteurs et musiciens populaires ». La vie culturelle dans les villes et la région est animée par un grand nombre de groupes de chanteurs et de musiciens. Sans les orchestres locaux, sans les chorales, les nombreuses fêtes qui ont lieu çà et là seraient inimaginables.

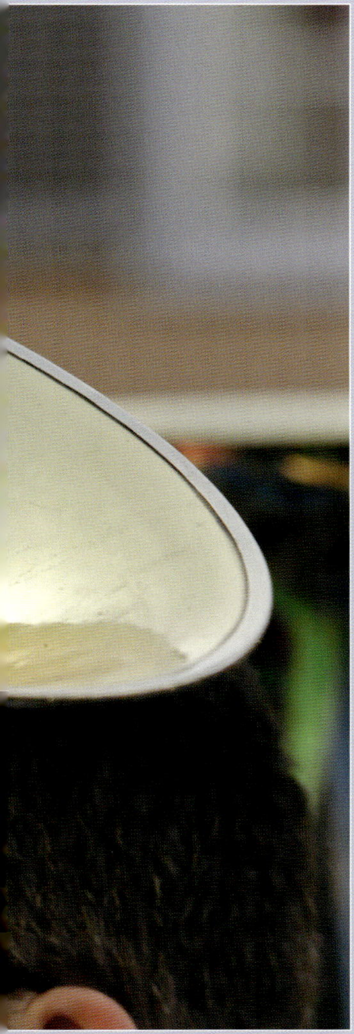

KEIN DORF ohne Blaskapelle! Wie sollte man sonst Feste oder Fastnacht feiern? Die Volksmusik trägt ihren Namen hier wahrlich zu Recht. – In der Tuba spiegeln sich Häuser der Altstadt von Wangen im Allgäu.

EVERY VILLAGE must have its brass band! How else can you celebrate festivals or Carnival? Folk music really lives up to its name here. The buildings of the old town of Wangen im Allgäu are reflected in the tuba.

PAS DE village sans son orchestre de cuivre ! Comment pourrait-on égayer sans lui les fêtes et le carnaval ? La musique populaire porte bien son nom. Les maisons de la vieille ville de Wangen en Allgäu se reflètent dans le tuba.

La « joie de faire la fête », proverbiale, des habitants de Haute Souabe et d'Allgäu s'exprime dans les groupes de musique amateurs. Pendant les festivités magistrales de la cinquième saison qu'est le Carnaval, lors des défilés dans le cadre des fêtes des écoles et fêtes locales, le son des orchestres des associations musicales, des batteries-fanfares, des diverses chorales enthousiaste les spectateurs qui bordent les rues.

La solennité des grandes fêtes religieuses, des processions locales, des chevauchées du Saint-Sang, et des nombreux pèlerinages n'est possible que grâce aux prestations des chanteurs et musiciens amateurs. La musique et le chant organisés en commun dans les associations, et par elles, sont une chose, mais qu'en est-il du plaisir du chant de chaque individu ?

« Suevia non cantat ! », « La Souabe ne chante pas ! », c'est une réponse que l'on recevait et que l'on reçoit encore aujourd'hui lorsque l'on se renseigne sur les coutumes musicales orales de la région. Comment une telle affirmation, un tel préjugé peut apparaître et se conforter ? Ceci est, et restera, une énigme. Cela provient peut-être du caractère introverti du souabe, souvent colporté ? Qui ne parle pas beaucoup, chantera encore moins ! Cette pensée peut aussi être dérivée du fait que les souabes ne chantent en public que s'il n'y a pas d'étranger. Une chose est sûre : Celui qui est invité régulièrement à une table d'habitués dans une auberge des contrées rurales profite d'un répertoire de chants et apprend des chansons qu'on ne trouve plus dans des livres de chants.

L'homme d'aujourd'hui recherche l'identité, la proximité et la chaleur émotionnelle. Où peut-on trouver tout cela si ce n'est dans un environnement préparé pour recevoir et régaler des hôtes ? Où peut-on trouver tout cela si ce n'est dans les auberges accueillantes du Lac de Constance, de la Haute Souabe ou de l'Allgäu occidental ?

Le monde de la télévision, apparemment intact, et son pseudo-folklore, qui oblige à une consommation passive peut être effacé par pression sur un bouton. Il n'y a rien de plus exaltant que d'être assis dans une auberge, avec de gentils contemporains, devant une table garnie de mets et de boissons et même, peut-être, de chanter.

WILHELMSDORF WURDE 1824 als »Kolonie« der pietistisch geprägten evangelischen Brüdergemeinde in Korntal bei Stuttgart gegründet. Zentrum des Ortes ist noch immer der Betsaal mitten auf dem markanten Saalplatz.

WILHELMSDORF WAS founded as a "colony" of the Pietist Protestant Brethren Church from Korntal near Stuttgart in 1824. The centre of the community is still the prayer room in the central of the impressive Saalplatz.

WILHELMSDORF A été créé en 1824 comme une « colonie » de la communauté évangélique piétiste installée à Korntal près de Stuttgart. Le centre de la commune est toujours concrétisé par la salle de prière située au milieu de la Place de la Salle.

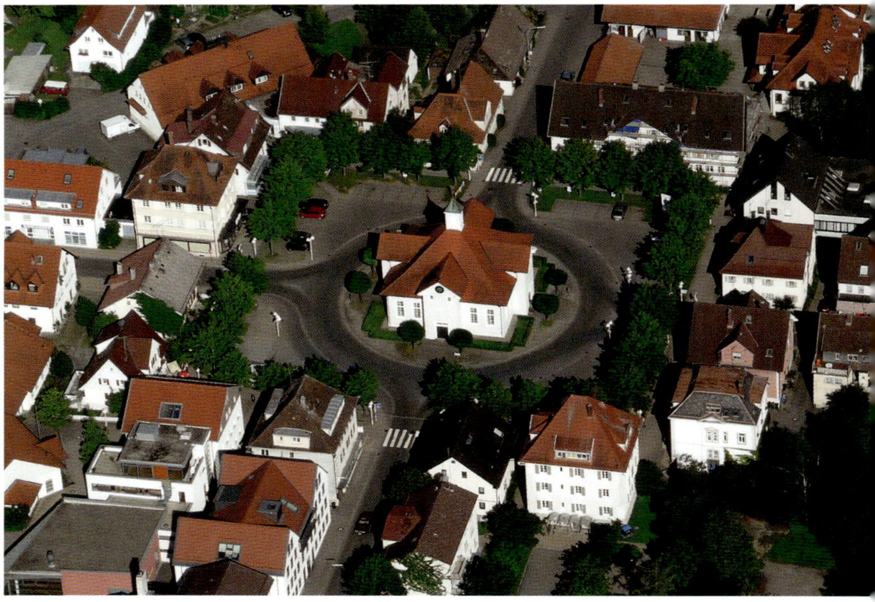

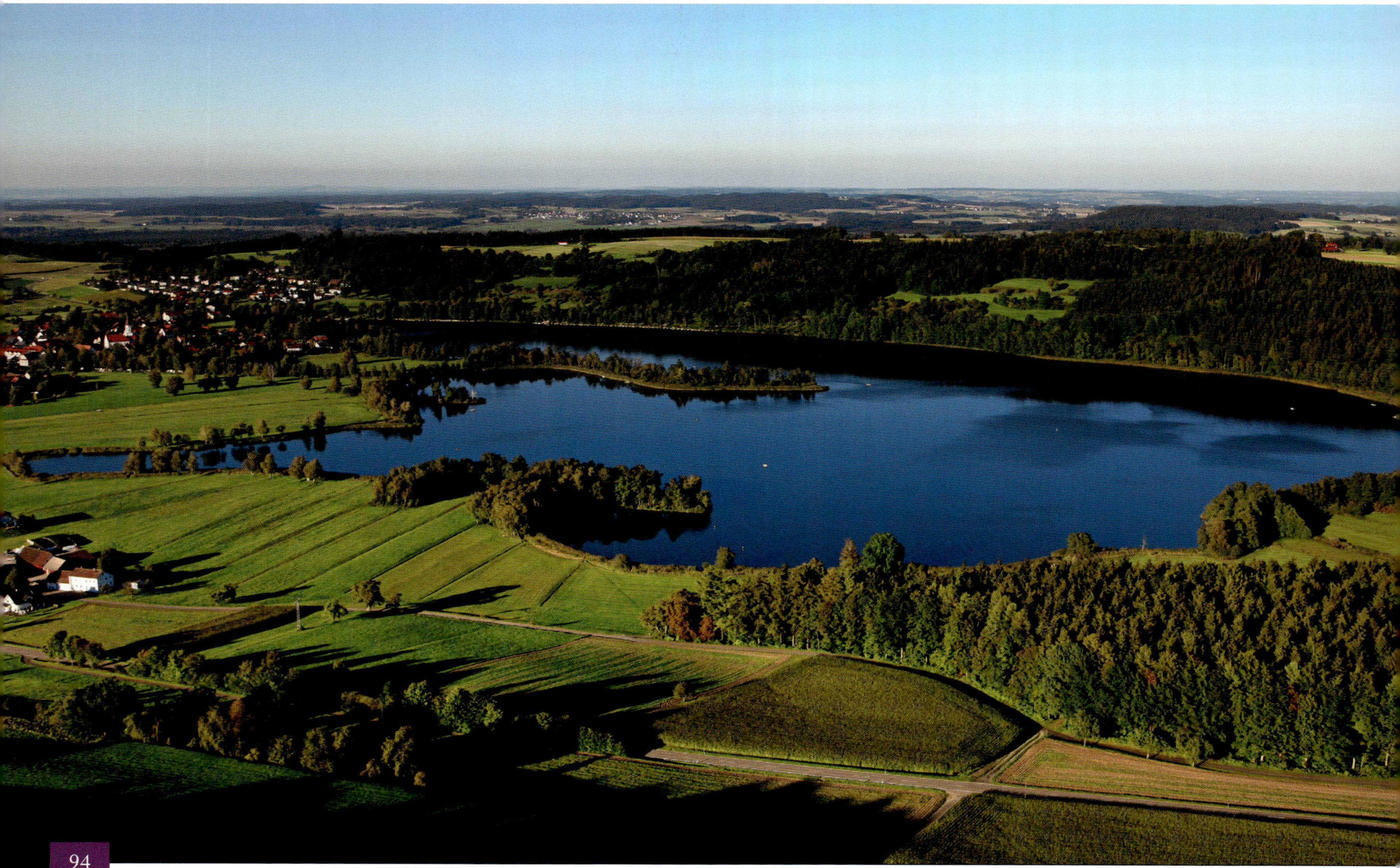

Das Gemeindegebiet von Deggenhausertal erstreckt sich in hügeliger Landschaft auf Höhen zwischen 466 und 833 Meter und wird fast ausschließlich forst- und landwirtschaftlich genutzt. Zentral liegt das sanfte Tal der Deggenhauser Aach.

The parish of Deggenhausertal comprises a hilly landscape with summits between 466 and 833 metres. The area is almost solely used for forestry and agriculture. The gentle valley of the Deggenhauser Aach is located at its heart.

Le territoire de Deggenhausertal s'étend dans une région de collines de 466 à 833 mètres de hauteur qui ne comporte que des exploitations agricoles et forestières. La douce vallée de l'Aach de Deggenhausen a une situation centrale.

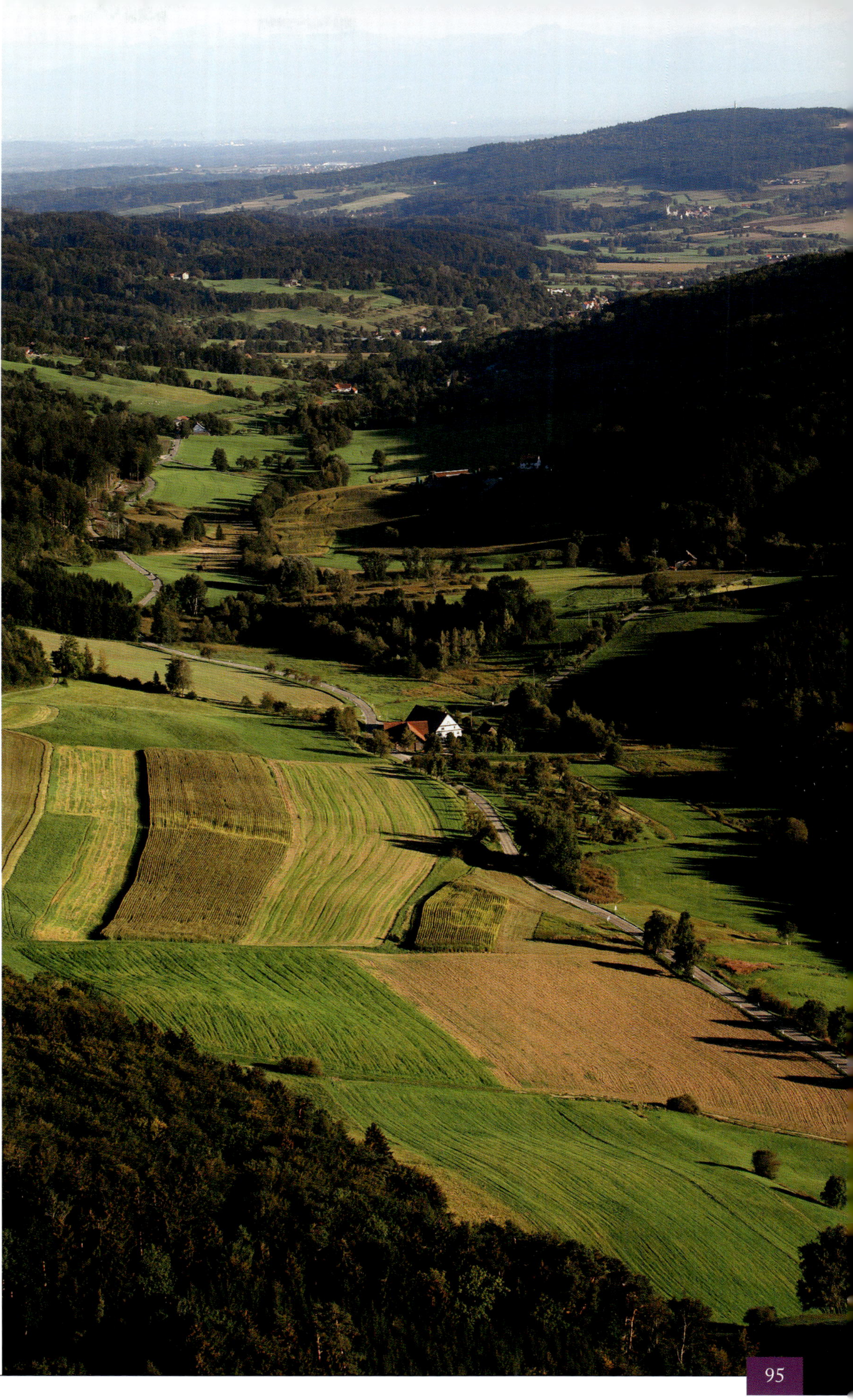

Eiszeitrelikt: Der Ilmensee im südlichen Landkreis Sigmaringen ist als Landschaftsschutzgebiet ausgewiesen und ein beliebter Erholungsort.

A relic of the Ice Age. The Ilmensee in the southern part of Sigmaringen district is a dedicated nature reserve and a population leisure destination.

Un souvenir de l'époque glaciaire : Le lac Ilmensee, dans le canton de Sigmaringen, est une zone au paysage protégé et un site de détente très apprécié.

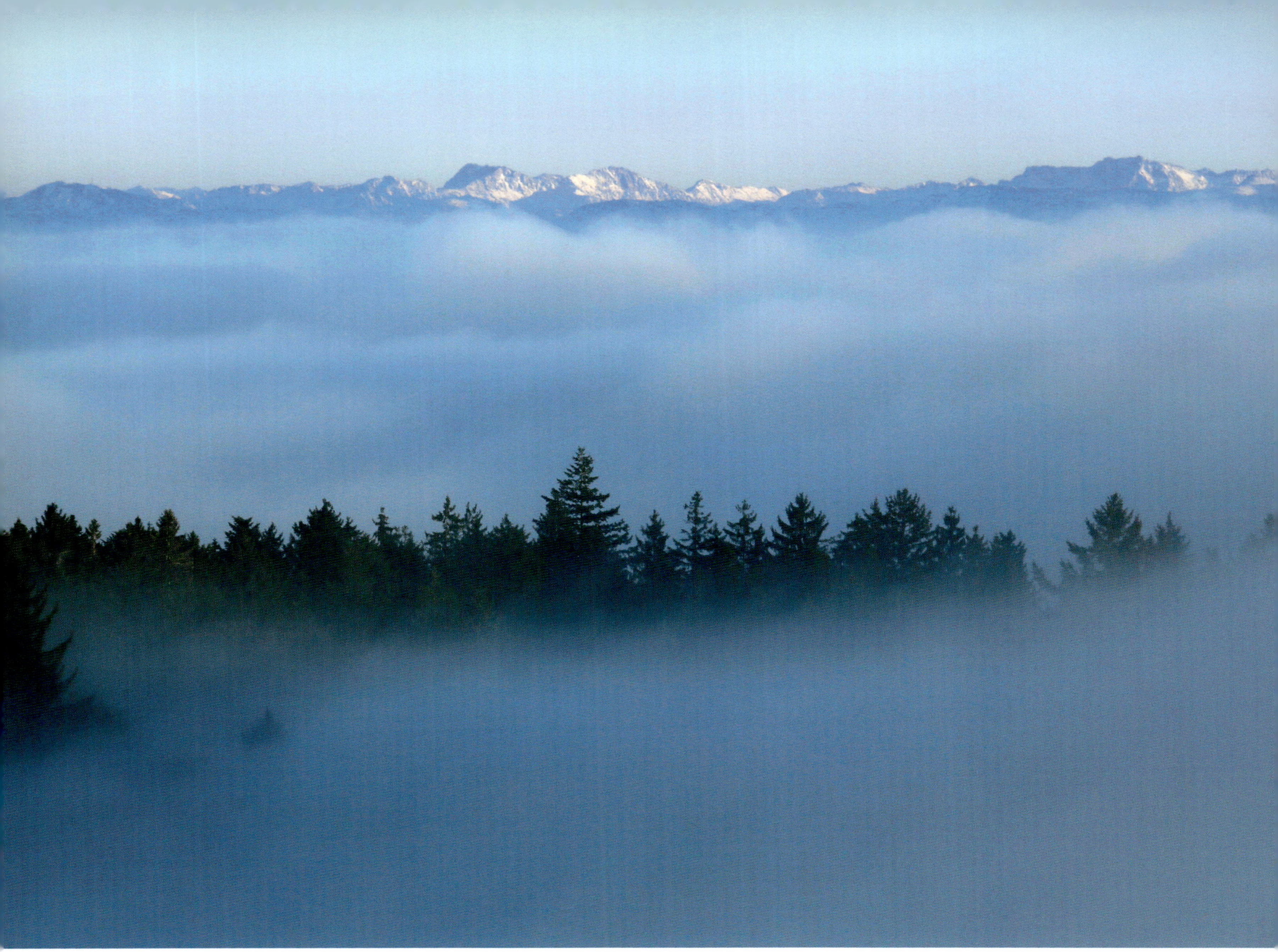

DER HÖCHSTEN (838 m) trägt seinen Namen zu Recht – er bildet die höchste Erhebung zwischen Donau und Bodensee. Vom Aussichtspavillon beeindruckt das Alpenpanorama. Genau über den Höchsten verläuft die Mundartgrenze zwischen Schwäbisch und Alemannisch.

AT 838 metres above sea level, the Höchsten ("Highest") lives up to its name. It is the highest peak between the Danube and Lake Constance. There is a stunning Alpine panorama from the look-out pavilion. The dialect border between Swabian and Alemannic runs directly over the Höchsten.

LE HÖCHSTEN (838 m) mérite son nom. Il est le point culminant entre le Danube et le Lac de Constance. Le panorama alpin découvert du belvédère est impressionnant. La frontière dialectale entre le souabe et l'alaman passe par le Höchsten.

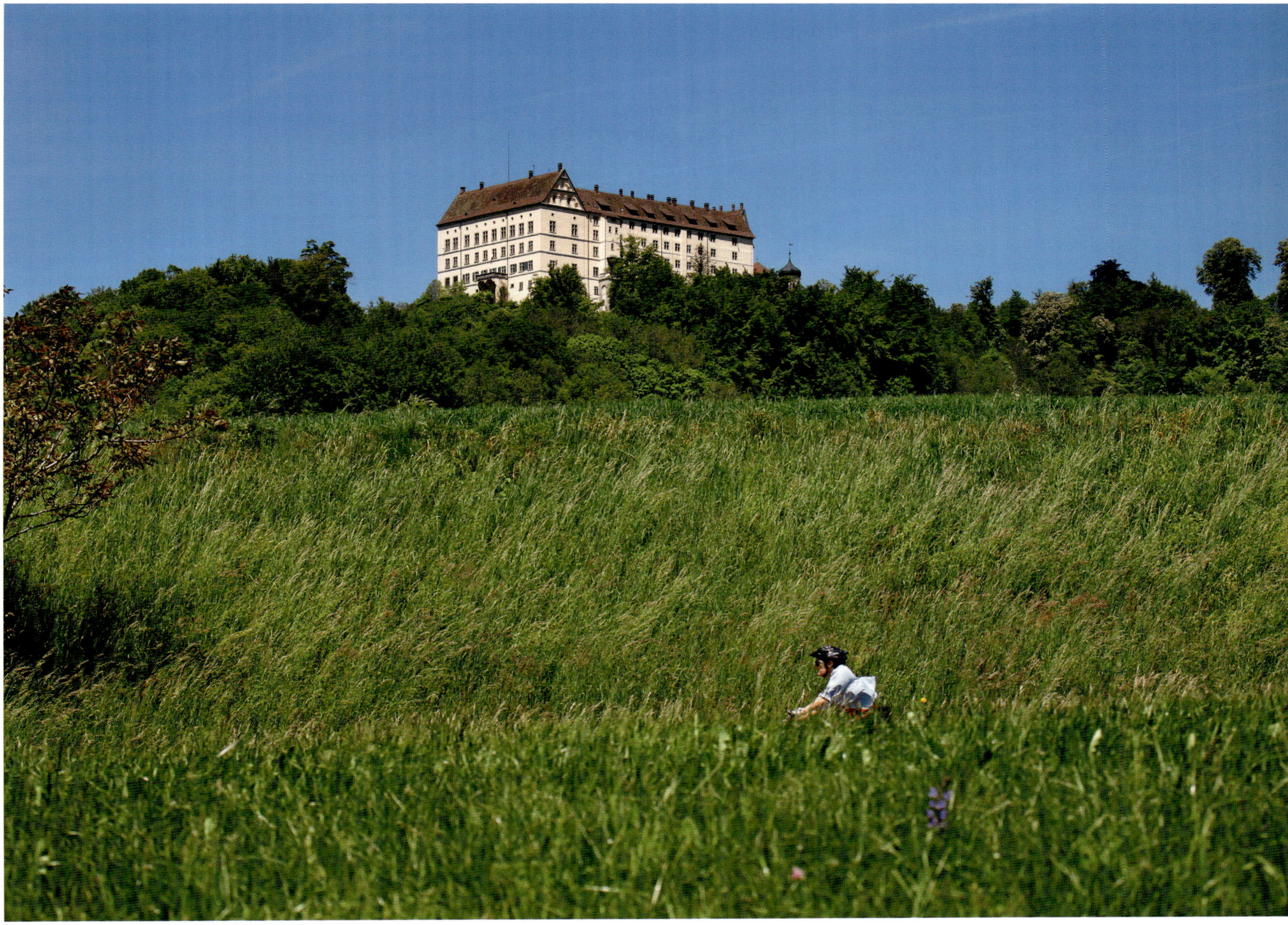

Schloss Heiligenberg über dem gleichnamigen Ort befindet sich seit 1535 im Besitz des Hauses Fürstenberg. 1560 bis 1575 wurde die mittelalterliche Burg zum Renaissanceschloss umgebaut. Der prachtvolle Rittersaal, Schlosskapelle, Gruft und weitere Räume können besichtigt werden.

Schloss Heiligenberg, situated above the community of the same name, has been the property of the House of Fürstenberg since 1535. The medieval castle was converted into a Renaissance palace between 1560 and 1575. The fine Knight's Room, Palace Chapel, Crypt and other rooms are open to visitors.

La Maison Fürstenberg est, depuis 1535, propriétaire du château d'Heiligenberg qui domine la commune de même nom. De 1560 à 1575, le château-fort moyenâgeux fut transformé en château de la Renaissance. La magnifique salle des chevaliers, la chapelle du château, la crypte et d'autres pièces peuvent être visités.

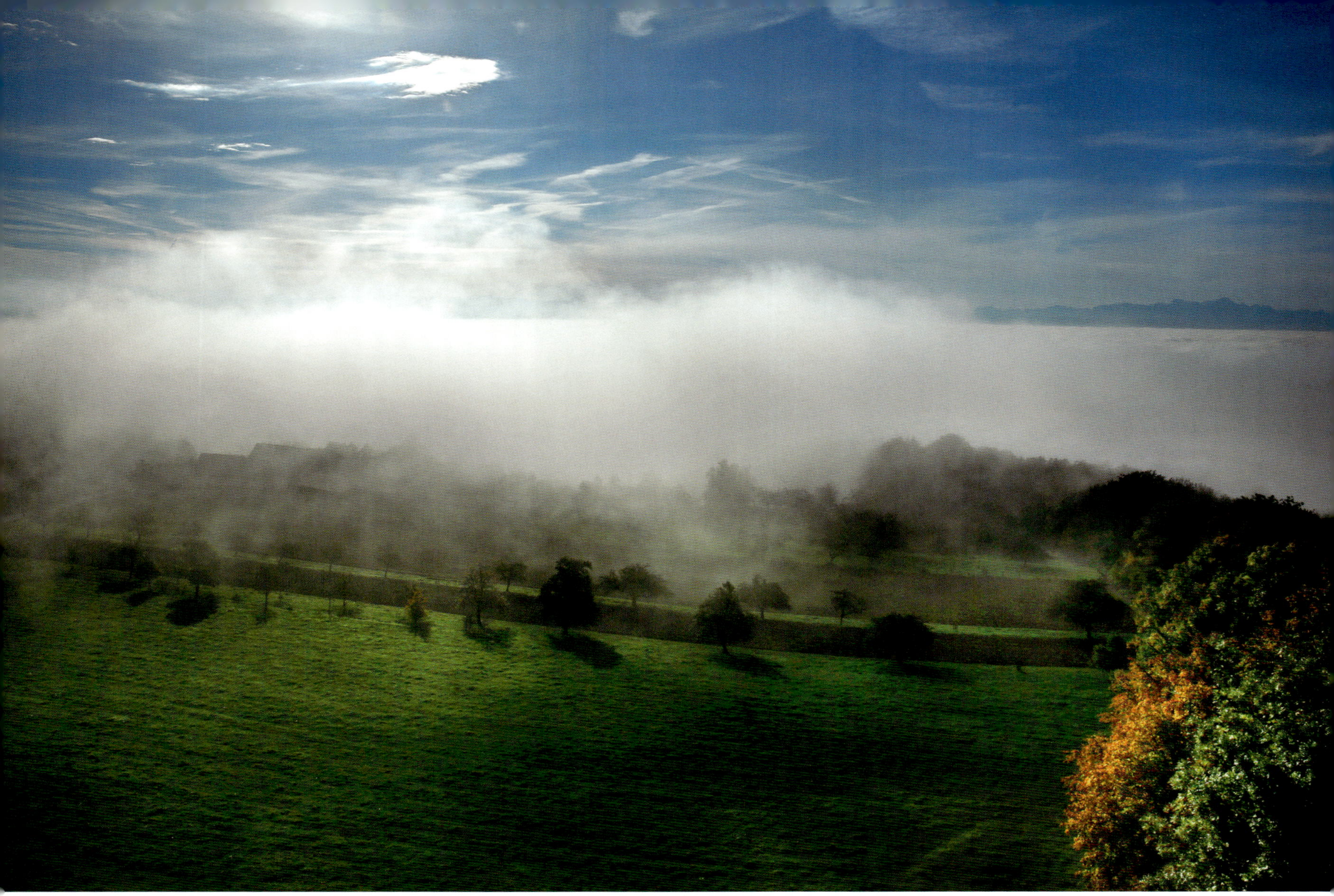

DER GEHRENBERG (754 m) ist der Hausberg von Markdorf. Vom Aussichtsturm hat man an klaren Tagen einen phantastischen Rundblick über den Linzgau, den Bodensee und in die Allgäuer und Appenzeller Alpen.

THE GEHRENBERG (754 metres) is Markdorf's local hill. On clear days, you get a fantastic 360-degree view over the Linzgau, Lake Constance and the Allgäu and Appenzell Alps from the lookout tower.

LE GEHRENBERG (754 m) est le « mont privé » de Markdorf. Par temps clair, le belvédère offre un panorama fantastique sur le district de Linz, le Lac de Constance et les Alpes d'Allgäu et d'Appenzell.

JEDER DRITTE deutsche Apfel stammt aus dem Bodenseeraum. 650 landwirtschaftliche Betriebe erzeugen entlang dem nördlichen Ufer »Obst vom Bodensee«, das unter diesem Markennamen in ganz Deutschland vermarktet wird. Hier die Apfelernte bei Markdorf.

EVERY THIRD apple grown in Germany comes from the Lake Constance area. Along the northern shore of the lake, 650 agricultural companies grow "Lake Constance Fruit", which is marketed as such throughout Germany. This is the apple harvest near Markdorf.

UNE POMME allemande sur trois provient de la région du Lac de Constance. 650 exploitations agricoles produisent, le long de la rive nord, des fruits commercialisés dans toute l'Allemagne sous la marque « Fruits du Lac de Constance ». Ici, la récolte des pommes près de Markdorf.

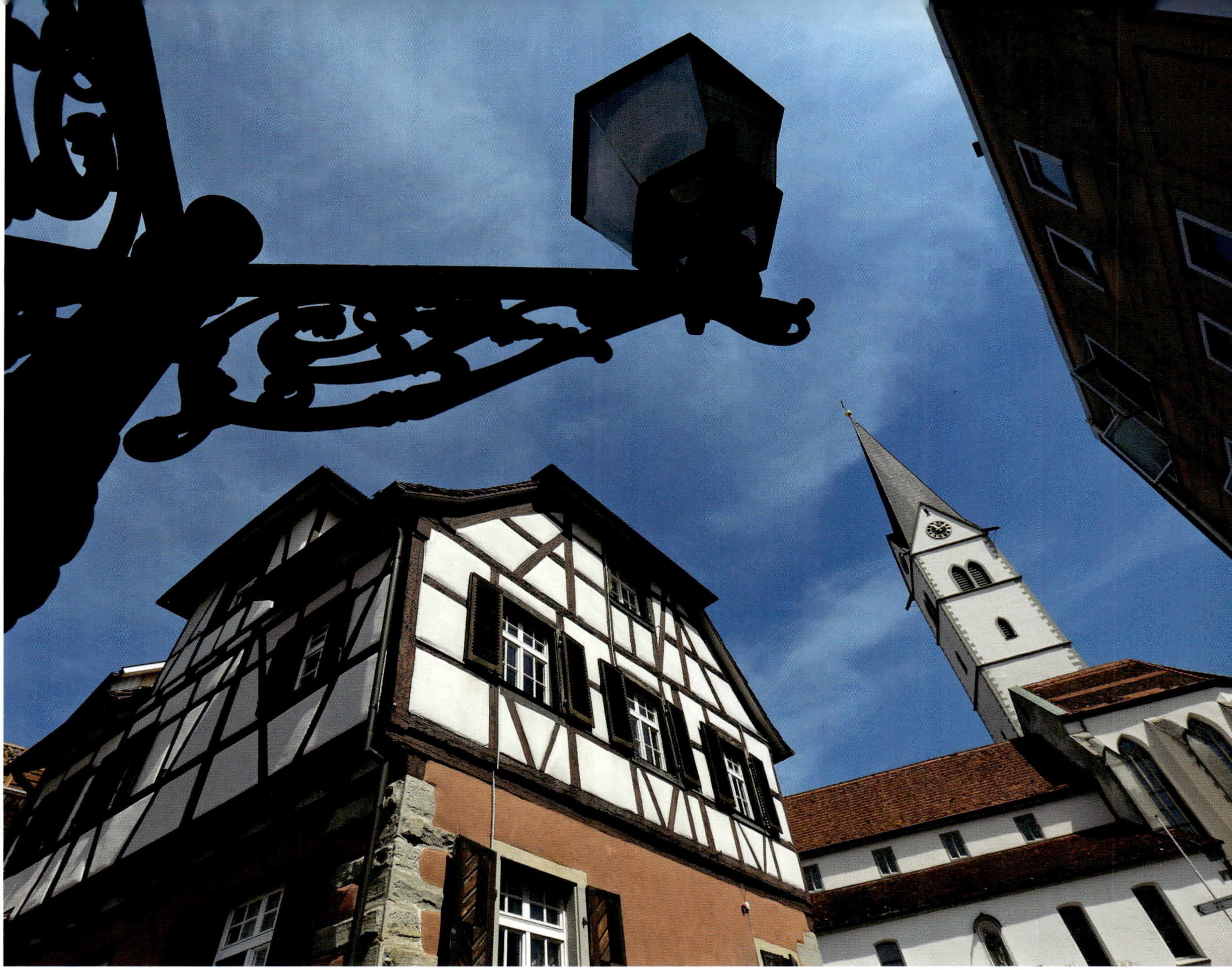

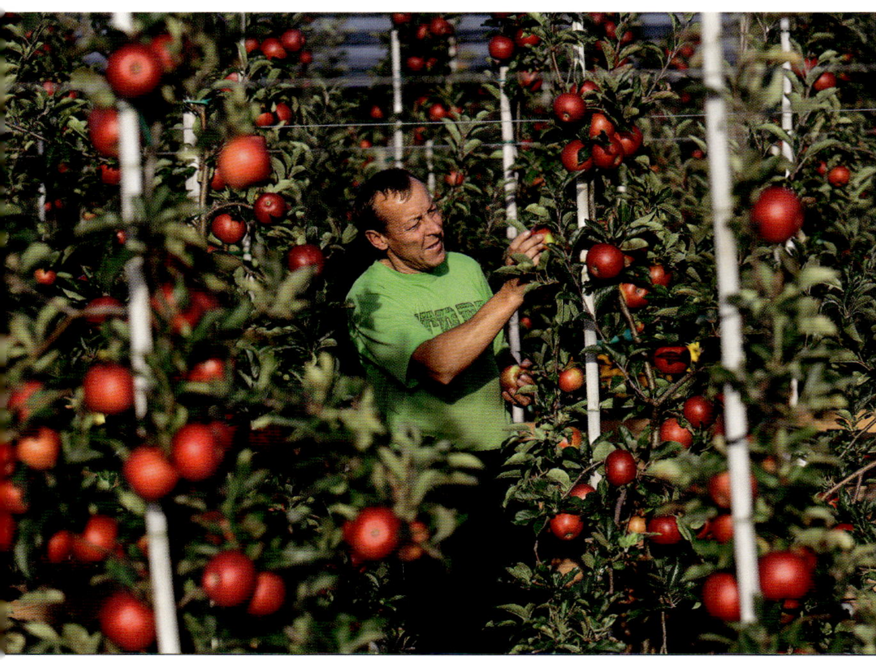

Das 13 000-Einwohner-Städtchen Markdorf wurde bereits im Jahr 817 erstmals urkundlich erwähnt. Links sieht man das Scheffhaus, heute Sitz der Touristinformation, im Hintergrund die Katholische Pfarrkirche Sankt Nikolaus von 1370.

Markdorf, a small town of 13,000 inhabitants, was first documented in 817. On the left, you can see the Scheffhaus, now the seat of the Tourist Information Centre. In the background is the Catholic parish church of St Nicholas, which dates back to 1370.

La petite ville de Markdorf, 13.000 habitants, a été mentionnée dans un document en 817. A gauche se dresse la Scheffhaus, qui abrite aujourd'hui le Syndicat d'Initiative. A l'arrière-plan, l'église paroissiale Saint-Nicolas de 1370.

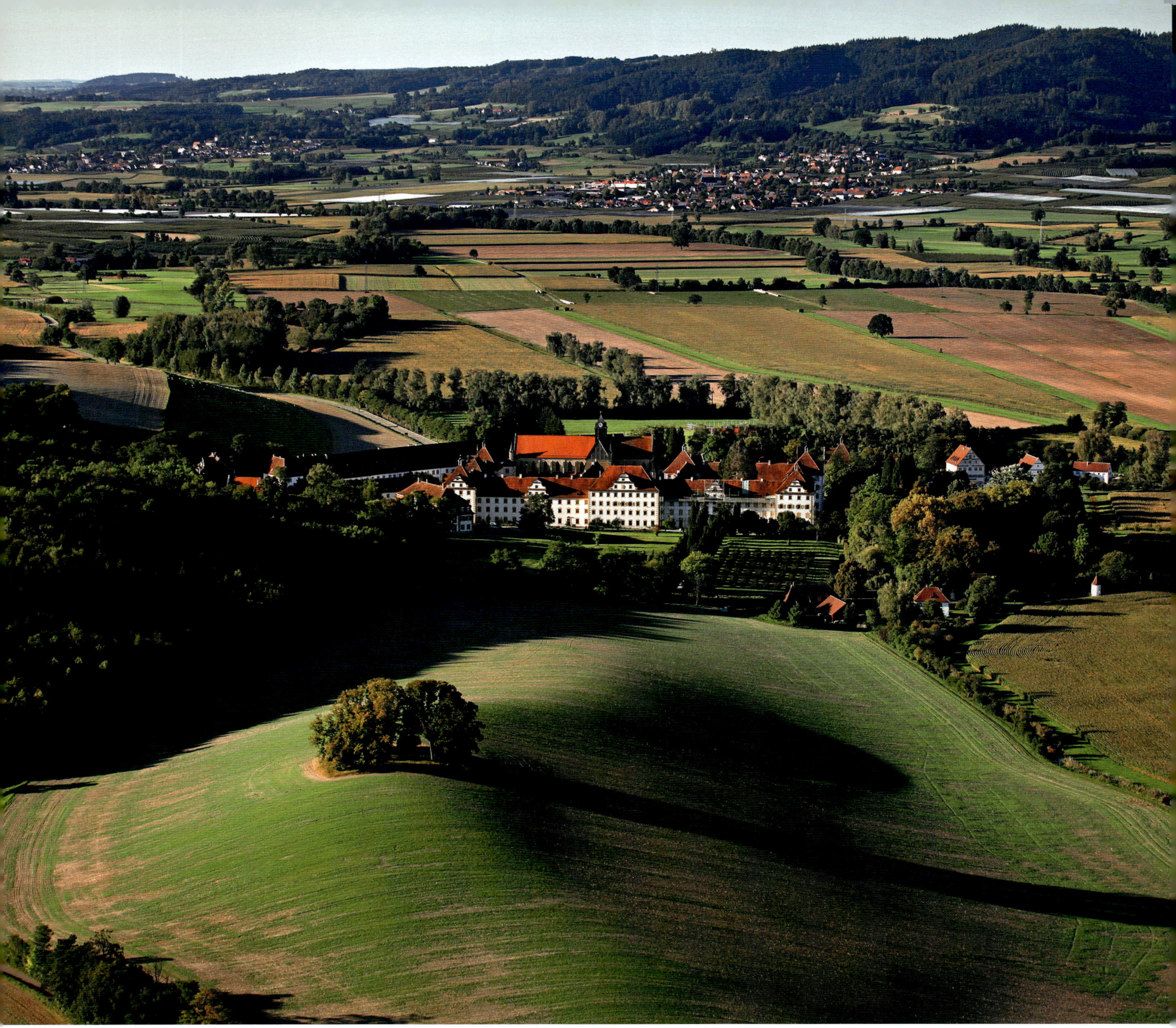

NEBEN EINEM mächtigen eiszeitlichen Drumlin schmiegt sich das ehemalige Kloster Salem in die kleinteilige Landschaft des Linzgaus. Es ist heute Sitz des Hauses Baden und beherbergt ein berühmtes Internat sowie mehrere Museen.

BESIDE A mighty Ice Age drumlin, Salem Monastery nestles into the compartmentalised landscape of the Linzgau. It is now the seat of the House of Baden and also houses a famous boarding school, as well as several museums.

TOUT À côté d'un drumlin de l'époque glaciaire, l'abbaye de Salem se blottit dans l'écrin compartimenté du District de Linz. Il est aujourd'hui le siège de la Maison de Bade et abrite un internat célèbre et plusieurs musées.

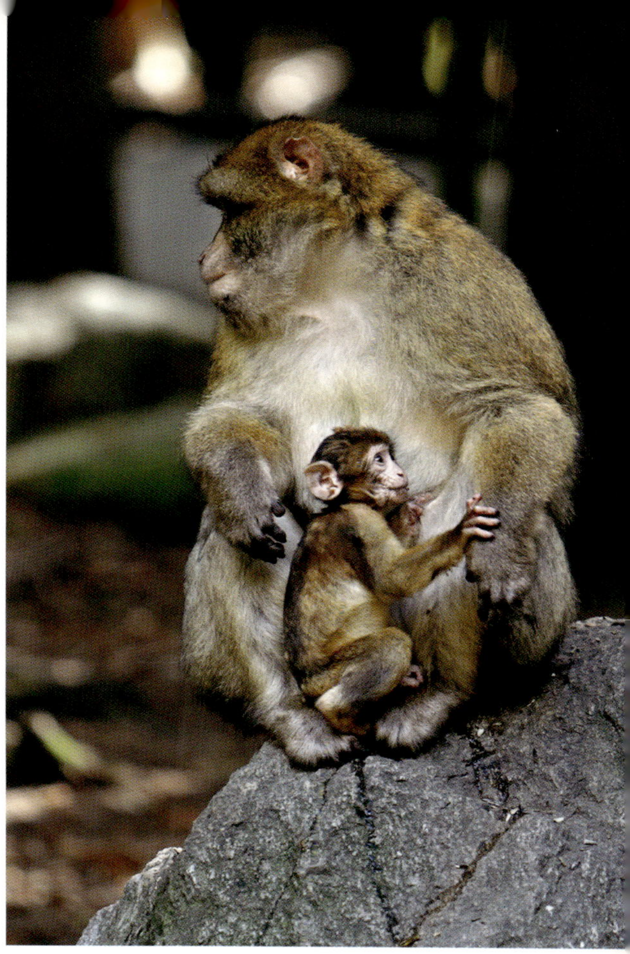

Am Affenberg Salem leben mehr als 200 Berberaffen in einem naturnahen Gehege, in dem sie sich frei bewegen können. Die Besucher können ihr natürliches Verhalten beobachten, ohne durch Gitter oder Gräben von den Tieren getrennt zu sein.

More than 200 Barbary apes live in almost natural conditions at the Affenberg Salem, through which they can move freely. Visitors can watch their natural behaviour without being separated from the animals by fences or ditches.

Sur la Montagne des Singes de Salem, plus de 200 macaques berbères vivent dans un enclos naturel où ils peuvent évoluer librement. Les visiteurs peuvent observer leur comportement naturel sans être séparés des animaux par des grilles ou des fosses.

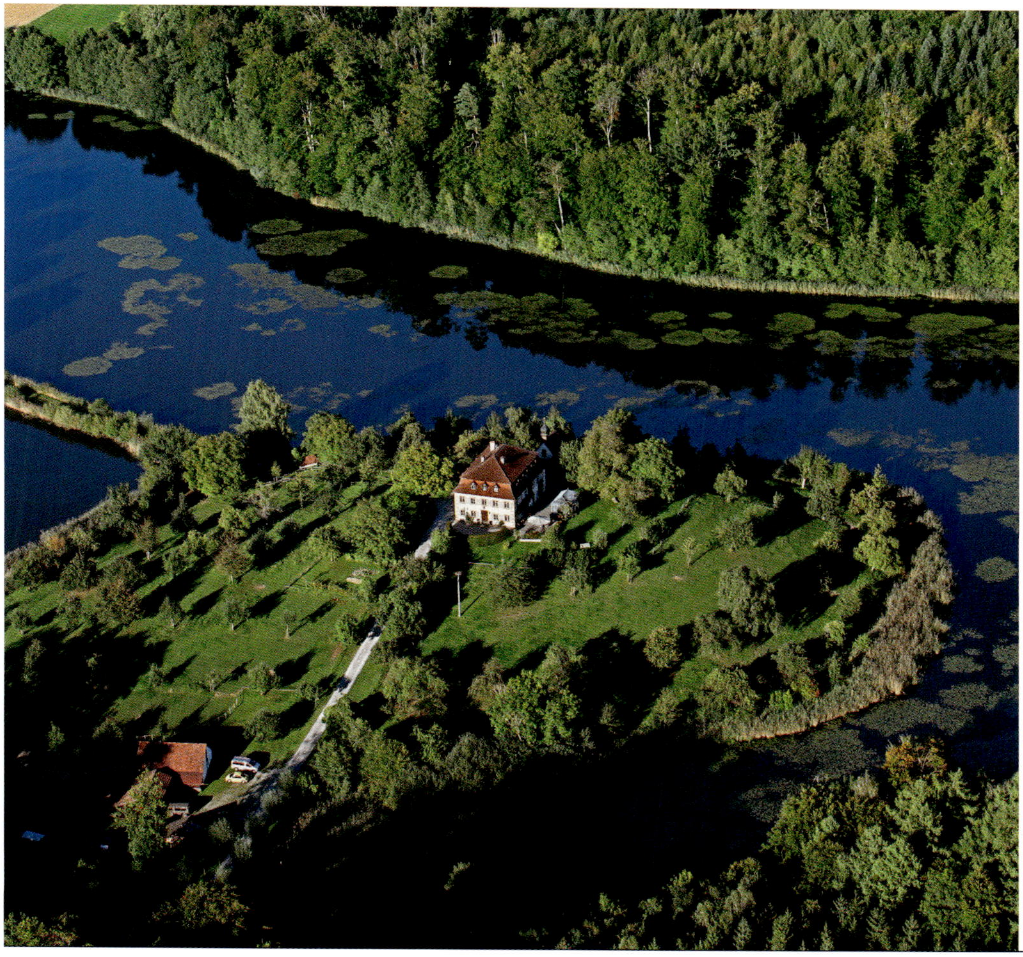

Der Killenweiher südlich von Salem ist Teil eines 550 Hektar großen Landschaftsschutzgebiets. Auf der kleinen Halbinsel findet sich das ehemalige Wohnhaus des Barockkünstlers Joseph Anton Feuchtmayer.

The Killenweiher, south of Salem, is part of a 550 hectare nature reserve. The former home of the Baroque artist Joseph Anton Feuchtmayer is located on the small peninsula.

L'étang de Killenweiher, au sud de Salem, se trouve dans une zone de paysage protégé d'une surface de 550 hectares. La maison qui se dresse sur la presqu'île était le domicile de l'artiste baroque Joseph Anton Feuchtmayer.

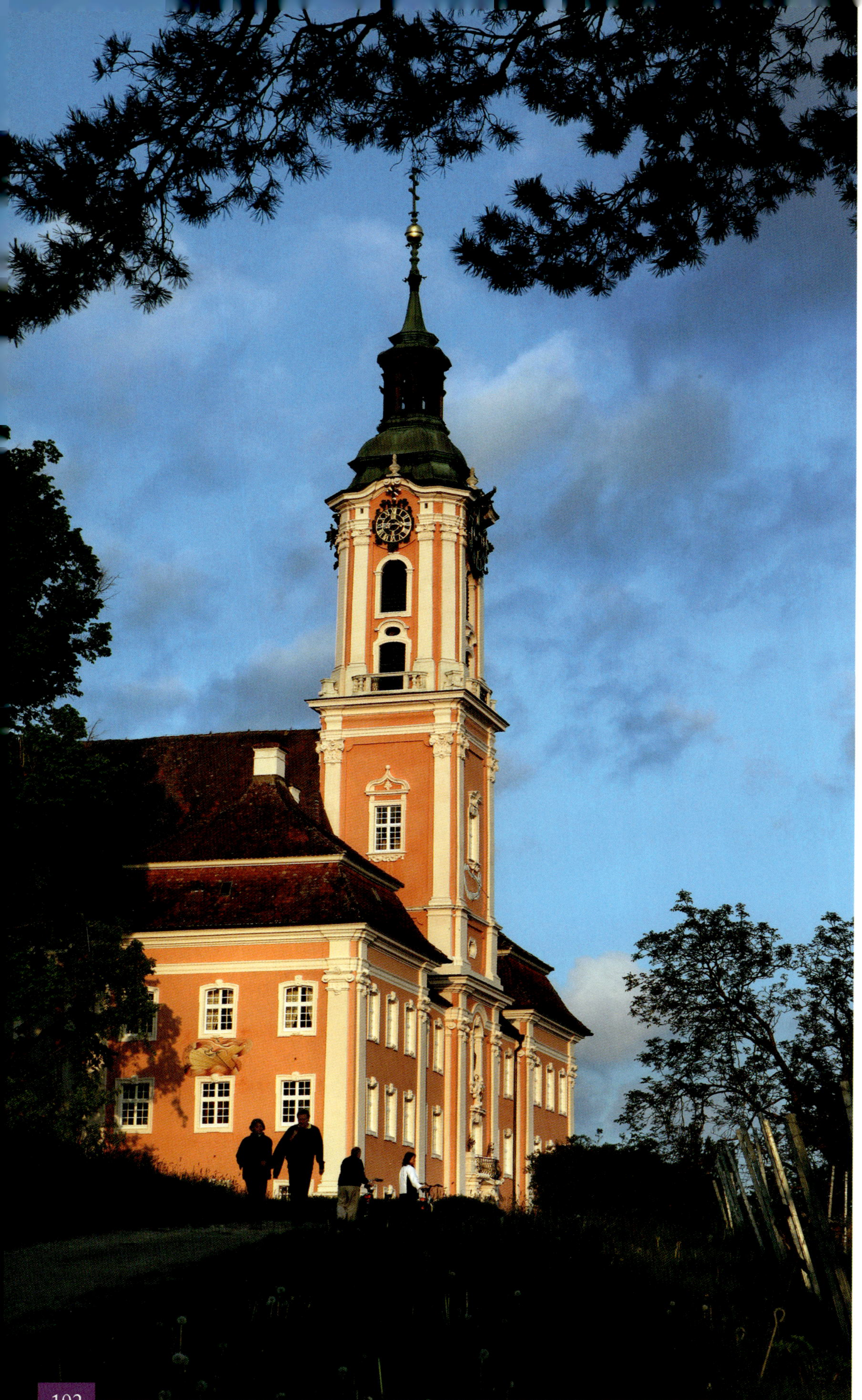

DIE ROKOKO-INNENAUSSTATTUNG von Birnau ist überwältigend. Einer der sieben Altäre von Joseph Anton Feuchtmayer ist Bernhard von Clairvaux geweiht. Hier findet man den »Honigschlecker«, einen Putto, der an Bernhards Beinamen, »honigfließender Lehrer«, erinnert. Dieser Beiname verweist auf die Beredsamkeit des Kirchenlehrers.

THE ROCOCO interior of Birnau is overwhelming. One of the seven altars, designed by Joseph Anton Feuchtmayer, is dedicated to Bernhard of Clairvaux. It is here that you can see the "Honey Licker", a putto recalling Bernhard's nickname: "The honey-dripping teacher".

L'INTÉRIEUR DE style rococo de Birnau est impressionnant. Un des sept autels de Joseph Anton Feuchtmayer est dédié à Bernhard von Clairvaux. On y découvre le « lécheur de miel », un angelot, qui rappelle le surnom de Bernhard « le Docteur doux comme le miel ».

DIE BAROCKE Wallfahrtskirche Birnau in Uhldingen-Mühlhofen ist nicht nach Osten, sondern effektvoll zum See hin ausgerichtet. Mittelpunkt der Kirche ist das »Gnadenbild«, eine Marienstatue, die Wunder vollbringen soll.

THE BAROQUE pilgrimage church of Birnau in Uhldingen-Mühlhofen does not point to the east, but rather towards the lake for maximum effect. The focal point of the church is the "Icon", a statue of Mary said to work miracles.

L'ÉGLISE DE pèlerinage baroque Birnau de Uhldingen-Mühlhofen n'est pas tournée vers l'est mais vers le lac, pour amplifier son effet. Le centre de l'église est « l'image miraculeuse », une statue de la Vierge Marie qui produirait des miracles.

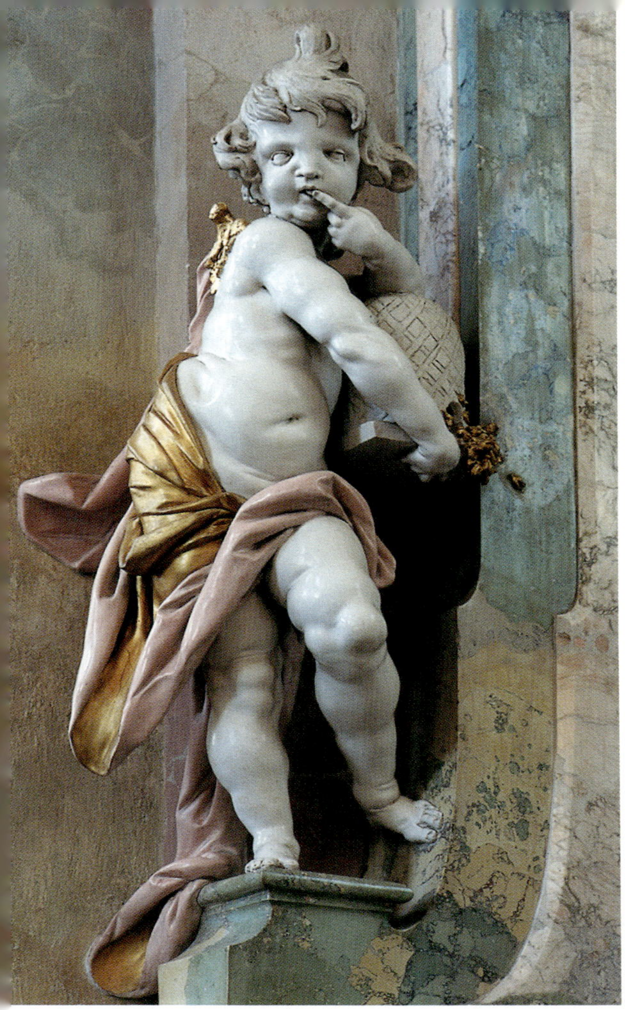

Im Ortsteil Unteruhldingen von Uhldingen-Mühlhofen zeigt ein Freilichtmuseum 23 rekonstruierte Pfahlbauten aus verschiedenen vorgeschichtlichen Epochen und lockt damit jährlich bis zu 300 000 Besucher an.

In the community of Unteruhldingen in Uhldingen-Mühlhofen, an open-air museum contains 23 reconstructed pile-dwellings from various prehistoric periods. It attracts up to 300,000 visitors each year.

A Unteruhldingen, un quartier d'Uhldingen-Mühlhofen, un écomusée montre des habitations sur pilotis reconstituées qui proviennent de différentes époques préhistoriques et attirent tous les ans près de 300.000 visiteurs.

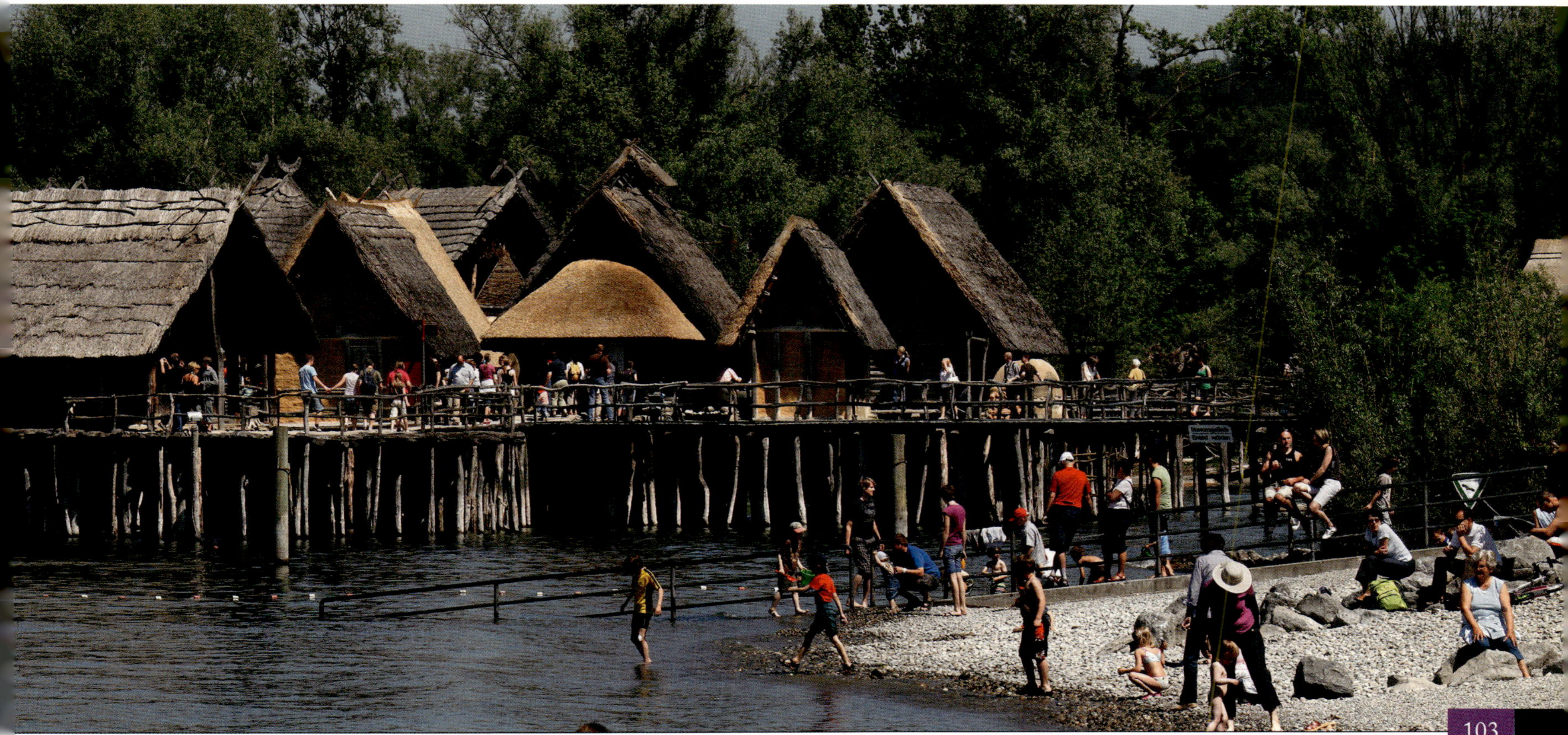

Abendstimmung über dem Bodensee beim Kloster Birnau.

Twilight over Lake Constance at Birnau monastery.

Crépuscule sur le Lac de Constance près de l'abbaye Birnau.

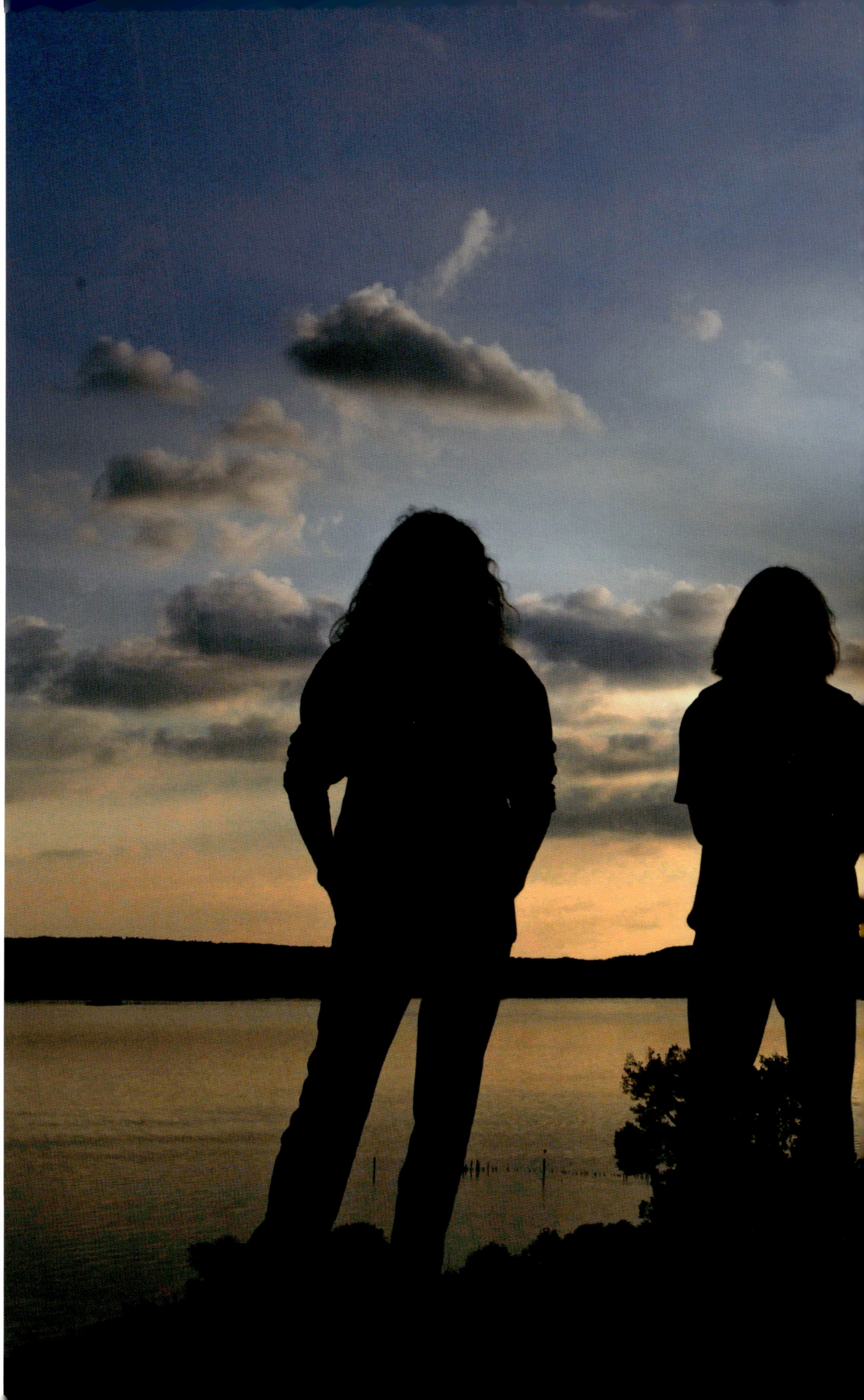

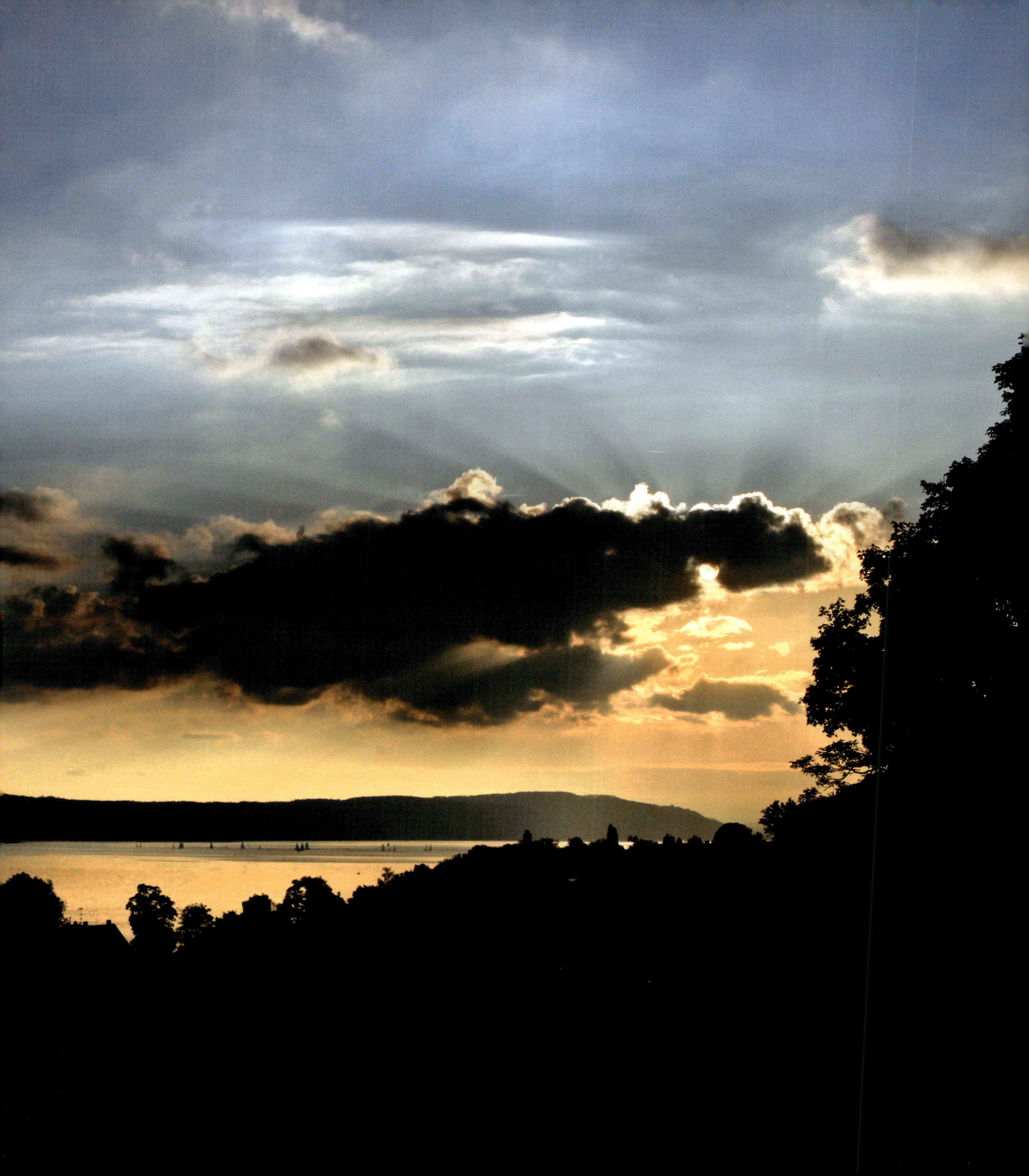

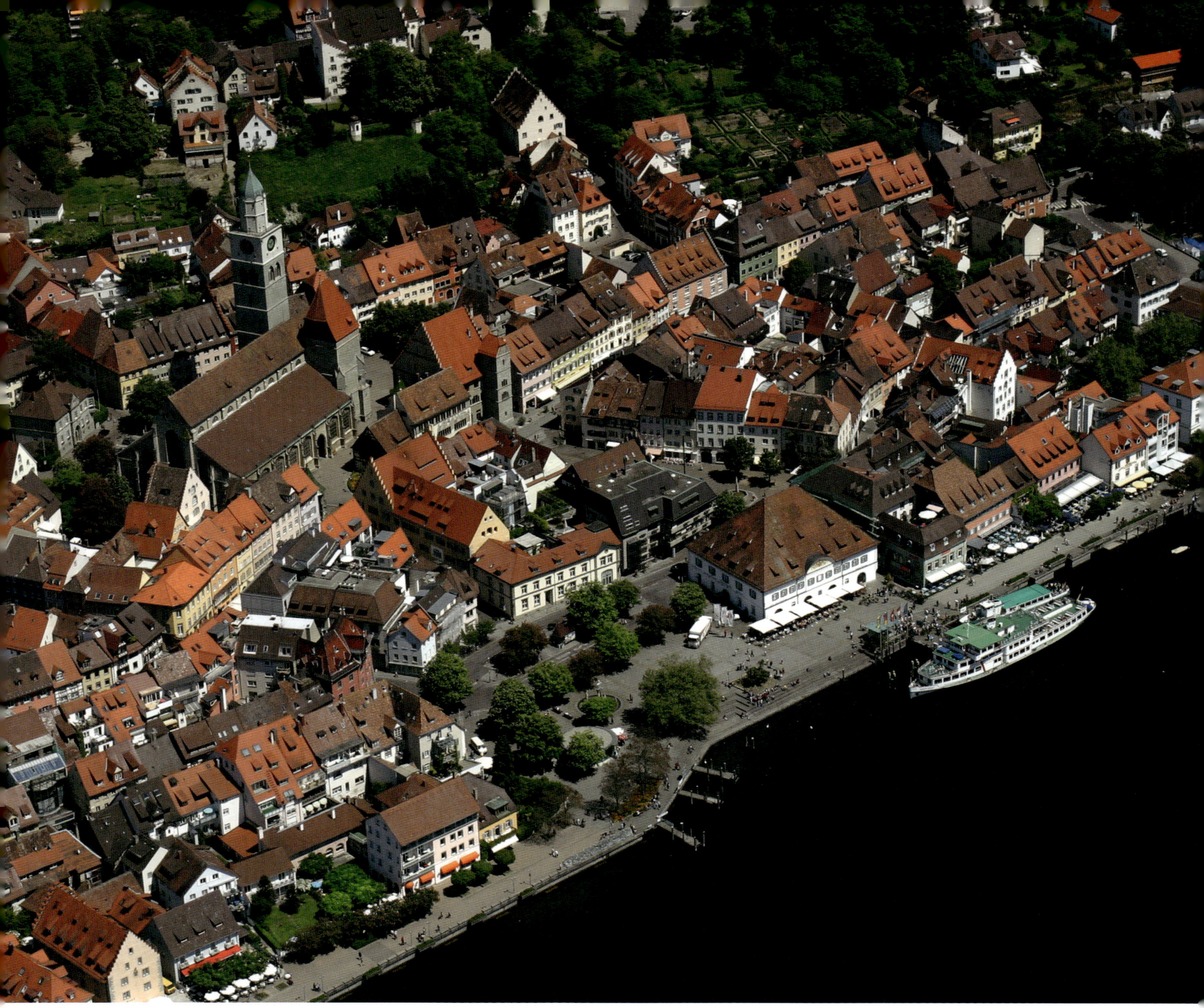

DIE ALTSTADT von Überlingen wird vom Münster Sankt Nikolaus beherrscht. Rechts davon sieht man das Alte und das Neue Rathaus (mit angebautem Pfennigturm). Das markante Gebäude am Landungsplatz mit fast quadratischem Grundriss ist die Greth, ein ehemaliges Getreidelager- und -handelshaus.

THE OLD town of Überlingen is dominated by the St Nicholas' Minster. To the right of that, you can see the Old and New Town Hall (with the adjacent tower). The imposing, almost square building on the harbour is the Greth, a former grain store and warehouse.

LA VIEILLE ville de Überlingen est dominée par la cathédrale Saint-Nicolas. A droite se dressent l'Ancien et le Nouvel Hôtel de Ville (et la Pfennigturm qui y est accolée). Le bâtiment marquant de la Landungsplatz, d'un plan presque carré, est la Greth, un ancien entrepôt et magasin de céréales.

ALS WIRTSCHAFTSSTARKE Reichsstadt erweiterte Überlingen das Münster im Spätmittelalter immer wieder. Das Netzrippengewölbe des Mittelschiffs wurde beim Umbau zur Basilika im 16. Jahrhundert eingezogen.

AS AN economically powerful Imperial City, Überlingen was able to expand its minster frequently during the Late Middle Ages. The fan-vaulted ceiling of the nave was installed during the conversion to a basilica in the 16th century.

EN TANT que riche ville impériale, Überlingen fit agrandir plusieurs fois sa cathédrale au cours du moyen-âge. La voûte réticulaire de la nef centrale a été mise en place au 16ème siècle lorsque l'ensemble a été transformé en basilique.

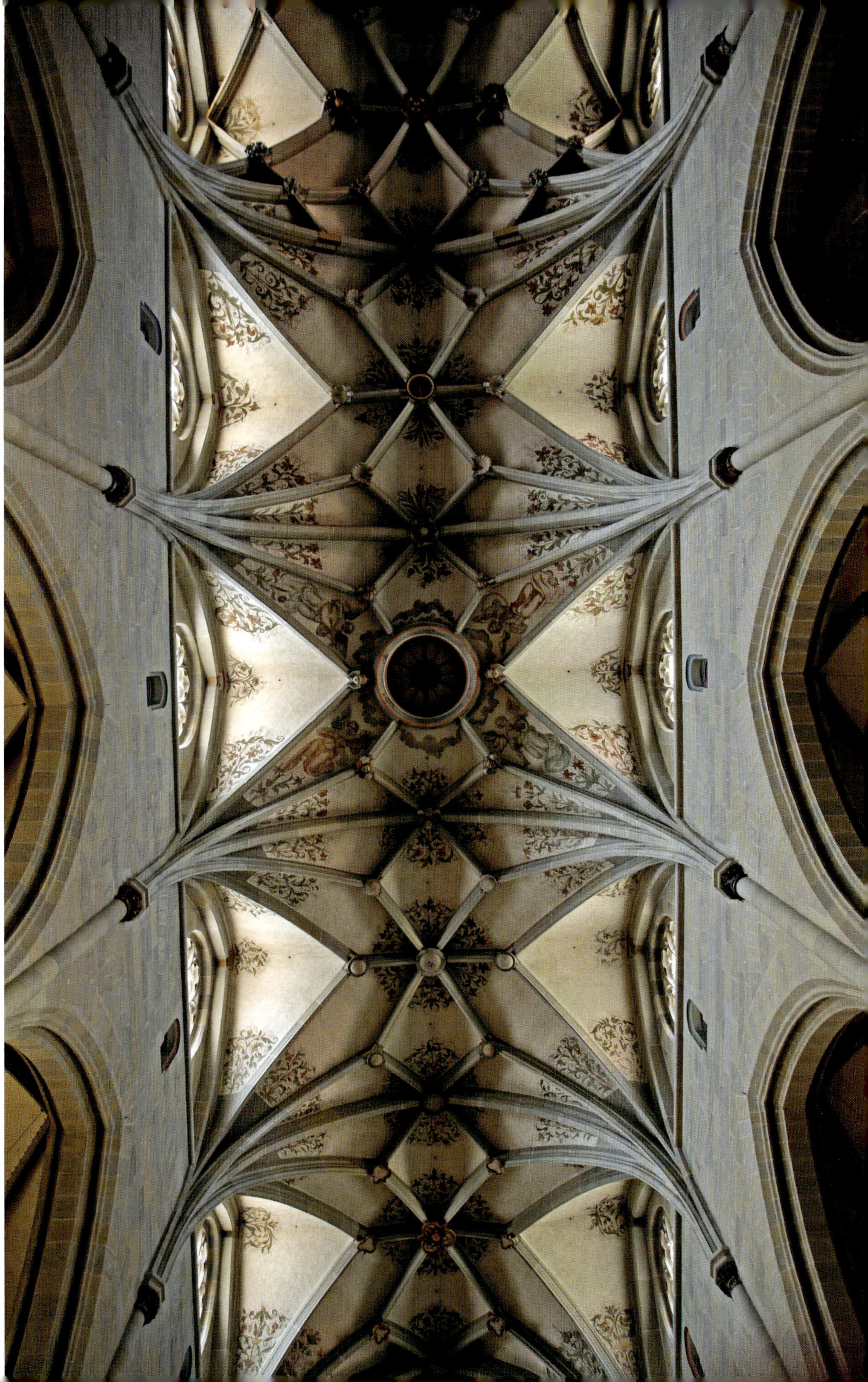

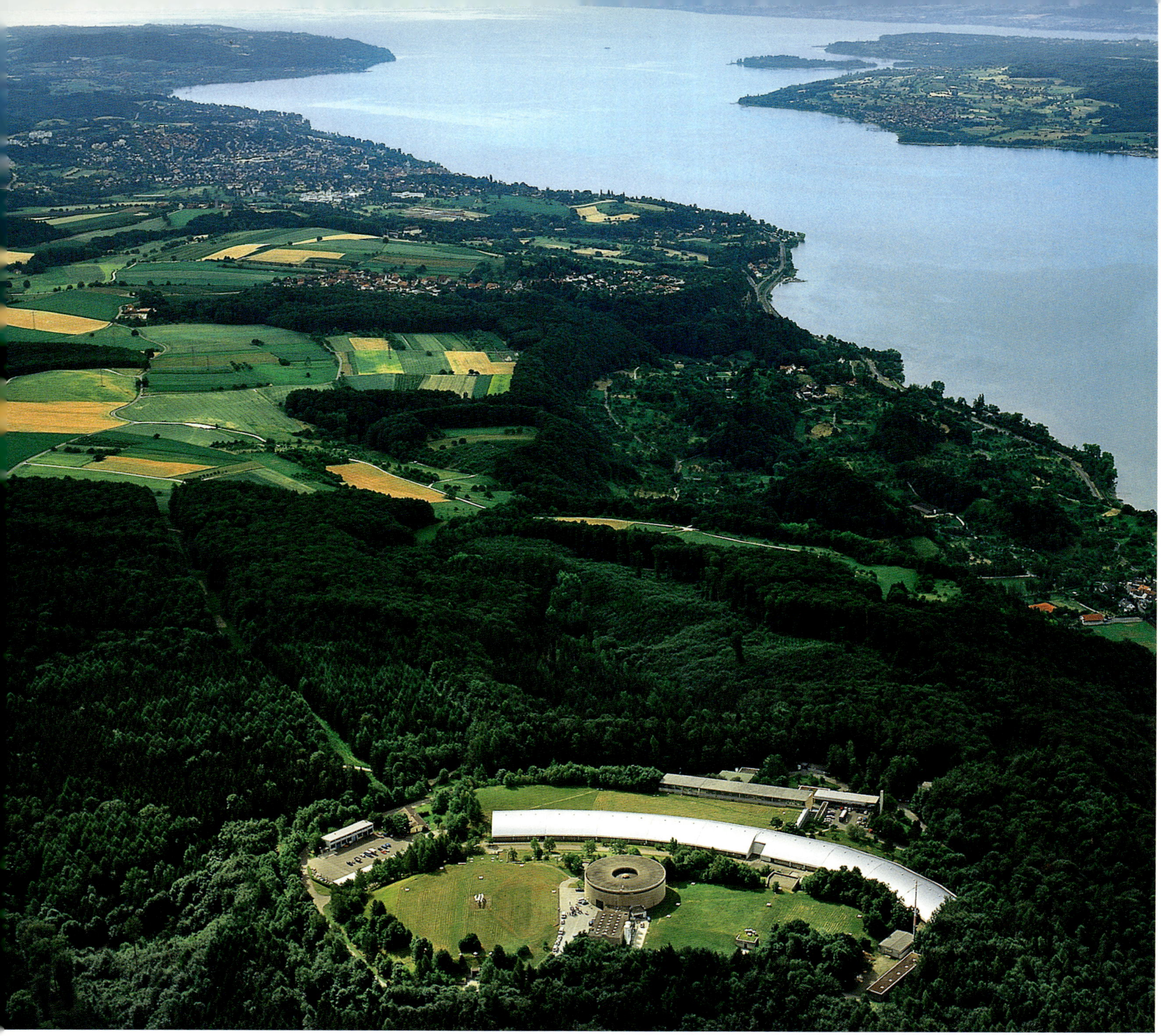

In 60 Meter Tiefe werden dem See bei Sipplingen jährlich 130 Millionen Kubikmeter Wasser entnommen. Die Bodensee-Wasserversorgung bereitet es auf dem Sipplinger Berg mit Mikrosieben und Filteranlagen auf und liefert das Trinkwasser dann an vier Millionen Menschen bis in den Raum Heilbronn.

In Sipplingen, 130 million cubic metres of water are removed from the lake each year from a depth of 60 metres. The Lake Constance Waterworks treats it on the Sipplinger Berg with micro-sieves and filter systems and then supplies the drinking water to four million people, even as far away as Heilbronn.

A une profondeur de 60 mètres, 130 millions de mètres cube d'eau sont tirés annuellement du Lac près de Sipplingen. « L'Alimentation en Eau du Lac de Constance » les traite dans des tamis et des microfiltres au Mont de Sipplingen et distribue l'eau potable à quattre millions d'habitants, jusque dans la région d'Heilbronn.

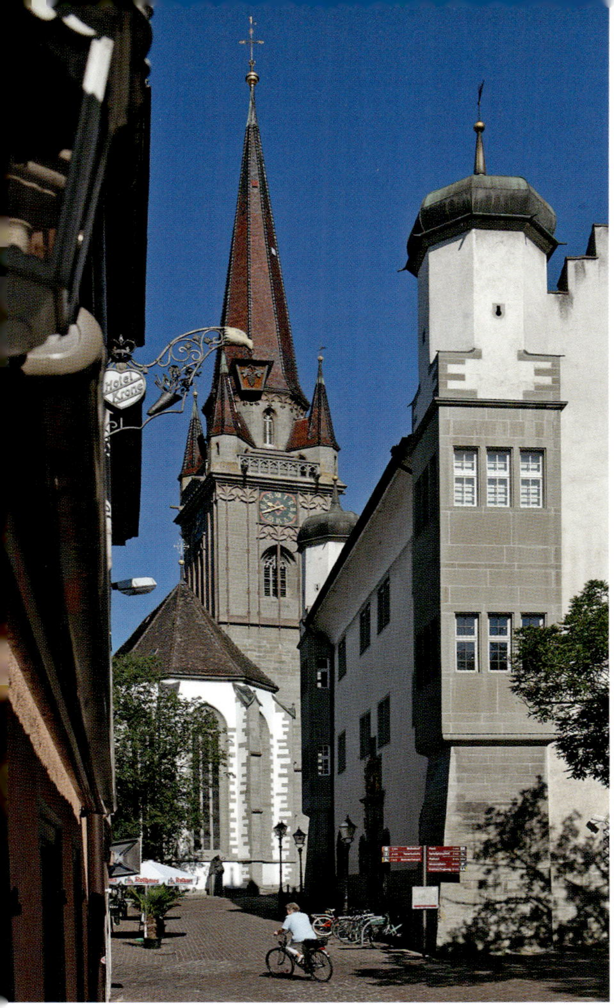

DIE REIZVOLLE Altstadt von Radolfzell am Bodensee mit dem Münster Unserer Lieben Frau und rechts dem Österreichischen Schlösschen von 1620, dem 2014 grundlegend sanierten und umgebauten Domizil der Stadtbibliothek.

THE CHARMING old town of Radolfzell am Bodensee with the Minster of Our Lady and, to the right, the Austrian palace. This was built in 1620 and completely renovated in 2014. It is now the home of the town library.

L'ATTRAYANTE VIEILLE ville de Radolfzell au bord du Lac de Constance avec sa cathédrale de Notre Chère Dame et, à droite, le Petit Château Autrichien de 1620 largement rénové en 2014 et domicile, aujourd'hui, de la bibliothèque municipale.

DIE ZU Radolfzell gehörende Halbinsel Mettnau im Untersee, dem südwestlichen Teil des Bodensees, ist als Kurgebiet bekannt. Die Spitze wird von April bis August gesperrt, damit seltene Wasservögel ungestört brüten können.

THE METTNAU peninsula, belonging to Radolfzell and extending into the Untersee, the south-western part of Lake Constance, is renowned as a spa. The tip of the peninsula is closed between April and August, so that rare birds can breed undisturbed.

LA PRESQU'ÎLE de Mettnau sur le Lac Inférieur, la partie sud-ouest du Lac de Constance, est un lieu de cure qui fait partie de Radolfzell. L'accès à la pointe de la presqu'île est interdit d'avril à août pour permettre aux oiseaux aquatiques rares de couver tranquillement.

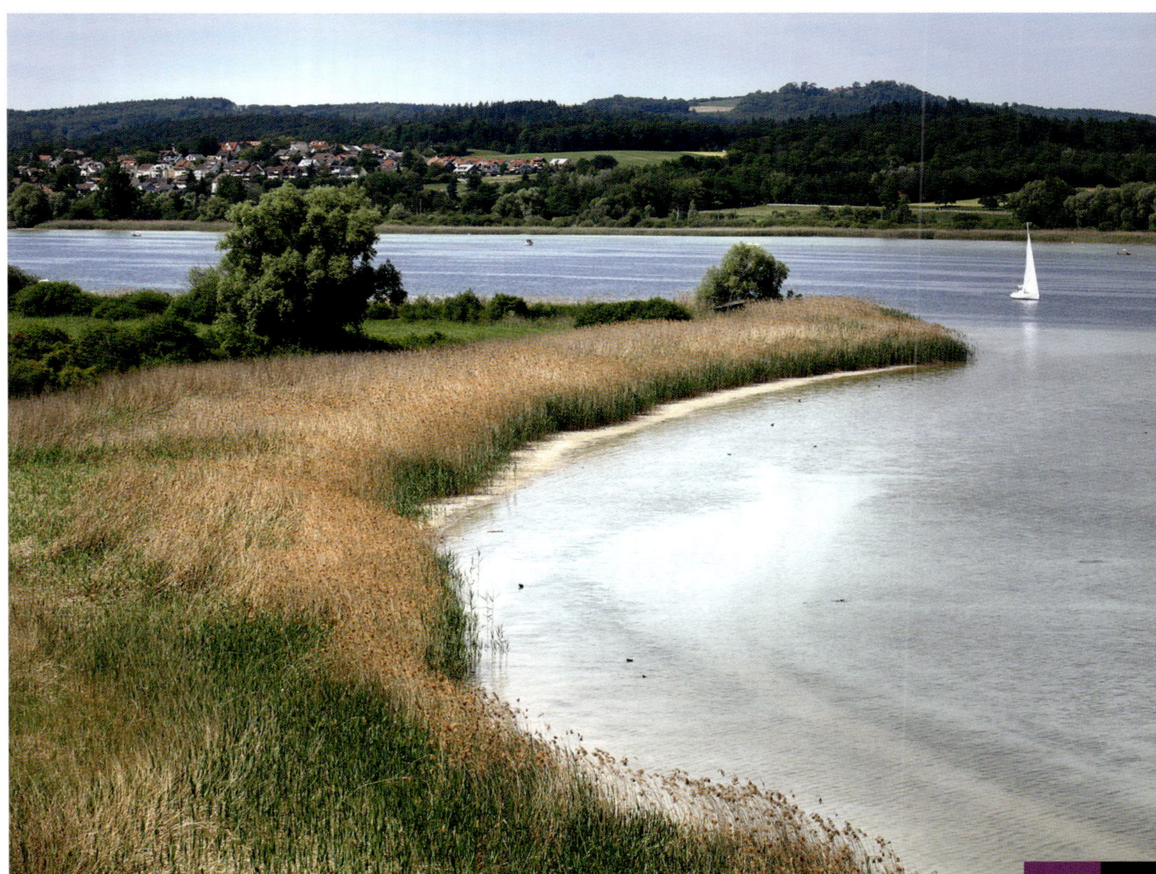

SALATREIHEN VOR Sankt Peter und Paul in Niederzell auf der Insel Reichenau im Untersee: Im milden Seeklima gedeihen Gemüse, Salate und Kräuter besonders gut.

ROWS OF lettuces in front of the church of St Peter and St Paul in Niederzell on Reichenau Island in the Untersee. The mild climate of the lake is ideal for vegetables, lettuces and herbs.

DES RANGÉES de salades alignées devant Saint-Pierre et Saint-Paul à Niederzell sur l'île de Reichenau sur le Lac Inférieur : Légumes, salades et fines herbes poussent à merveille sous le doux climat du lac.

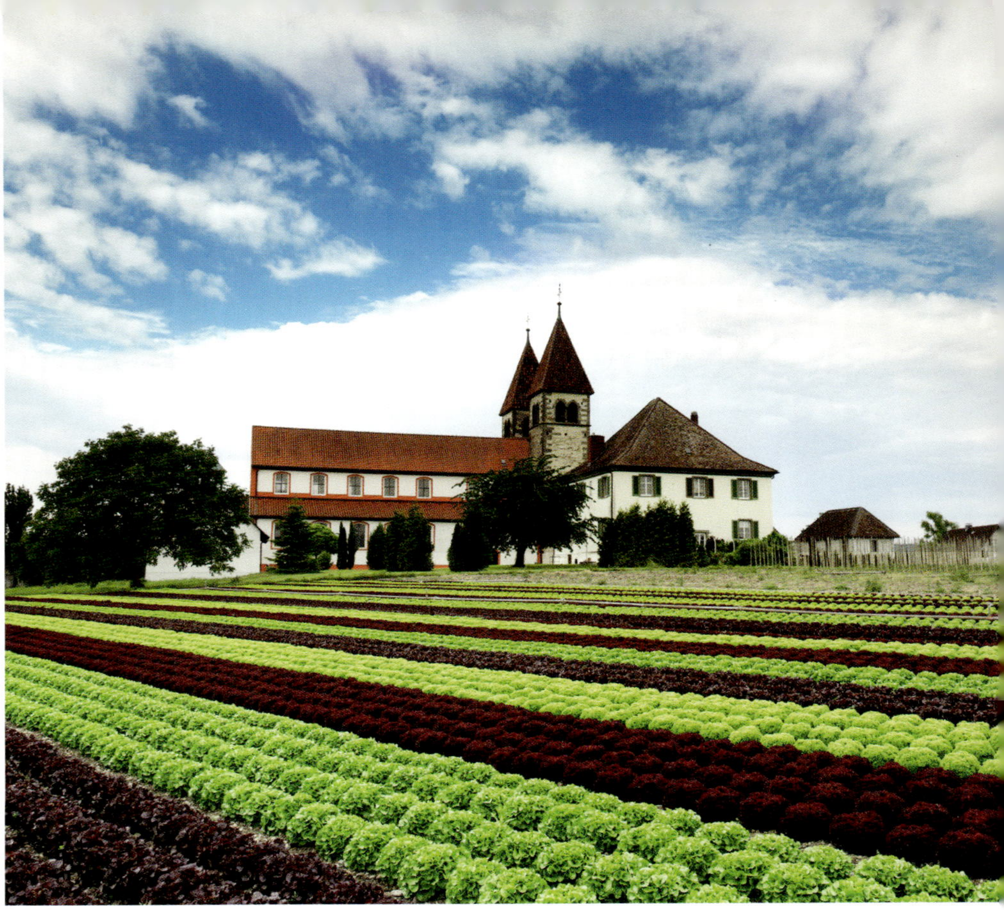

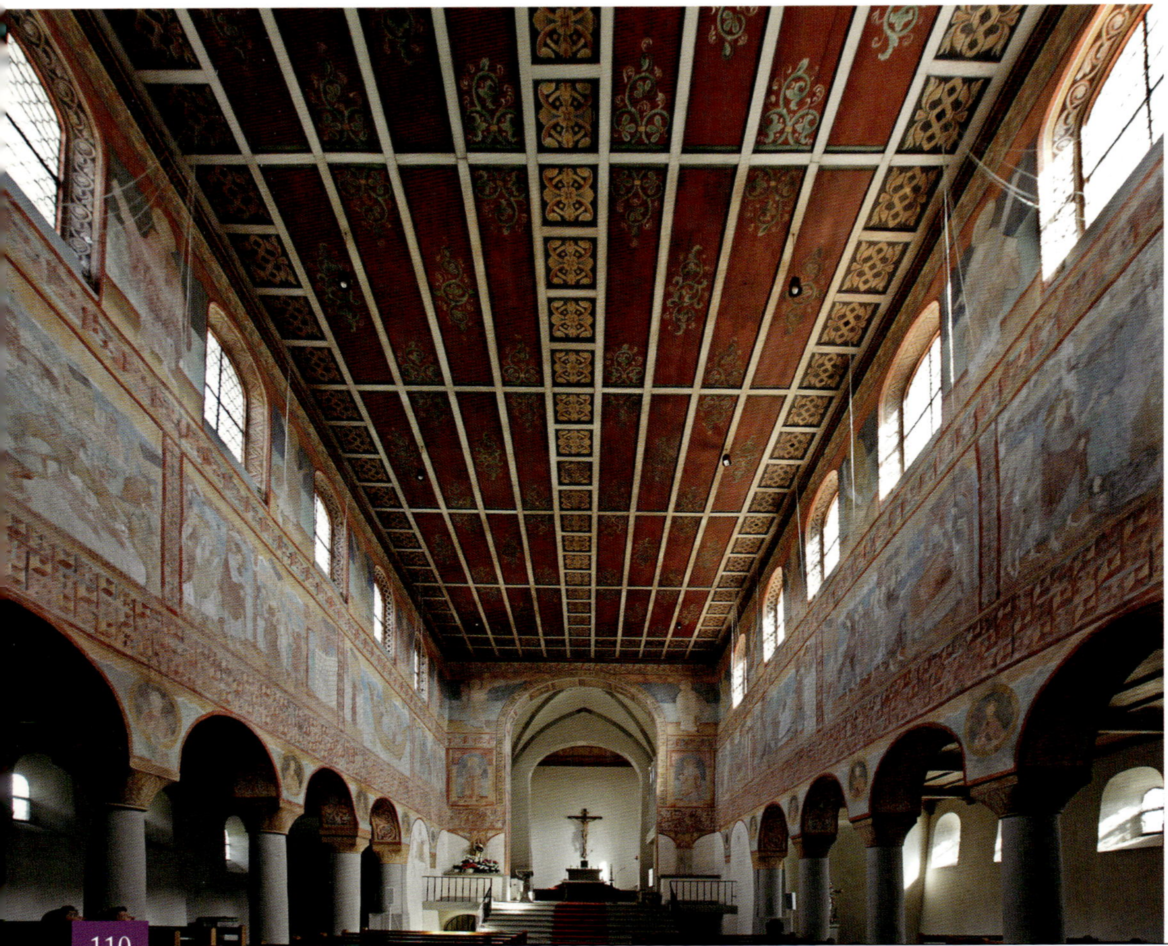

WELTKULTURERBE KLOSTER Reichenau: Die drei romanischen Kirchen auf der Insel (hier Sankt Georg in Oberzell mit ottonischen Wandbildern an den Langhauswänden) entstanden zwischen dem 9. und 12. Jahrhundert. Sie zeugen von der Blüte mönchischer Kultur am Bodensee.

REICHENAU MONASTERY World Heritage Site: The three Romanesque Churches on the island (shown here: St George in Oberzell with Ottoman wall paintings on the nave walls) were built between the 9th and 12th centuries. They recall the golden age of monastic culture on Lake Constance.

LE MONASTÈRE de Reichenau fait partie du patrimoine mondial : les trois églises romanes de l'île (ici Saint-Georges à Oberzell avec ses fresques murales ottoniques) ont été érigées entre le 9ème et le 12ème siècle. Elles témoignent de l'apogée de la culture monastique autour du lac de Constance.

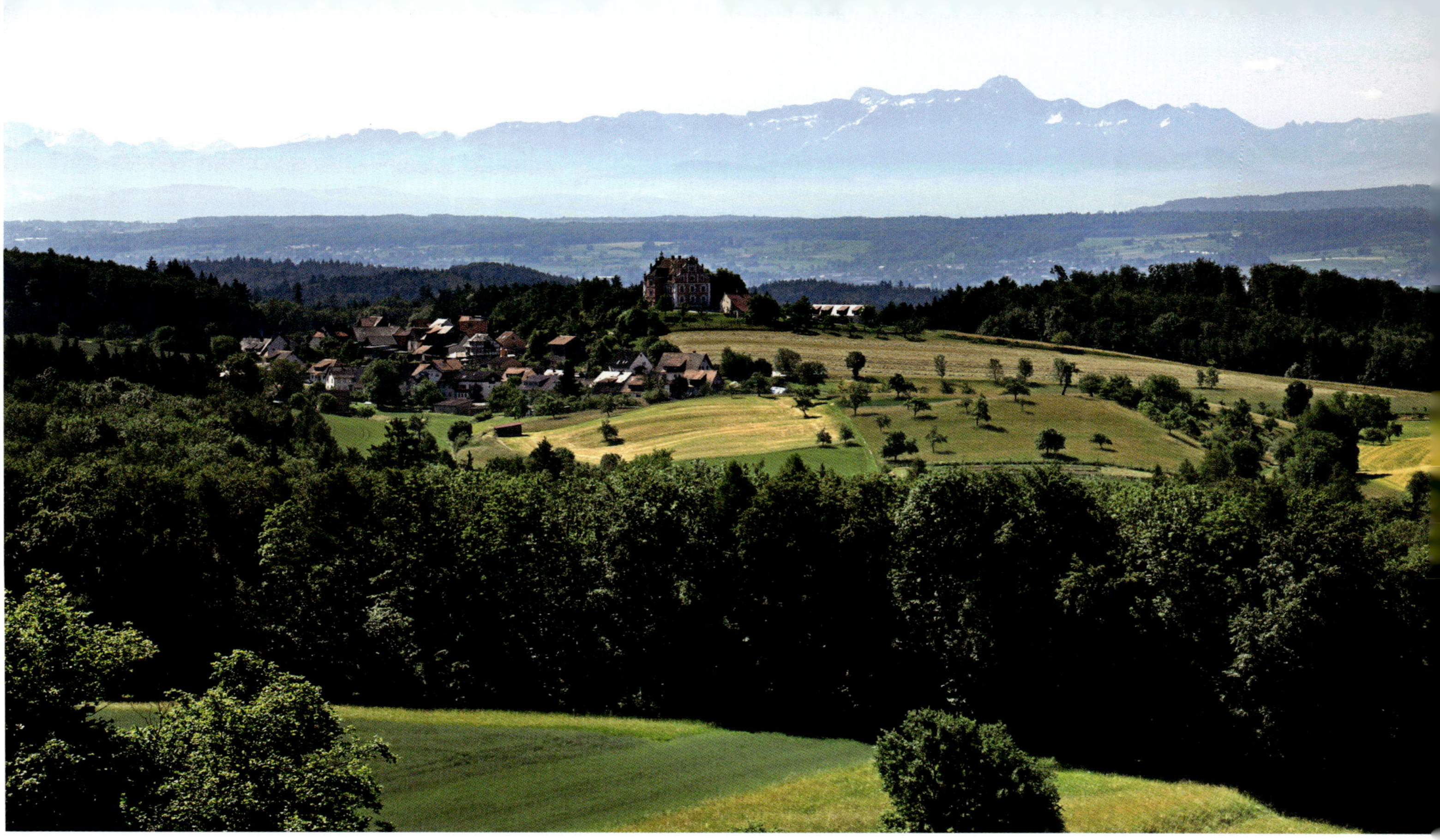

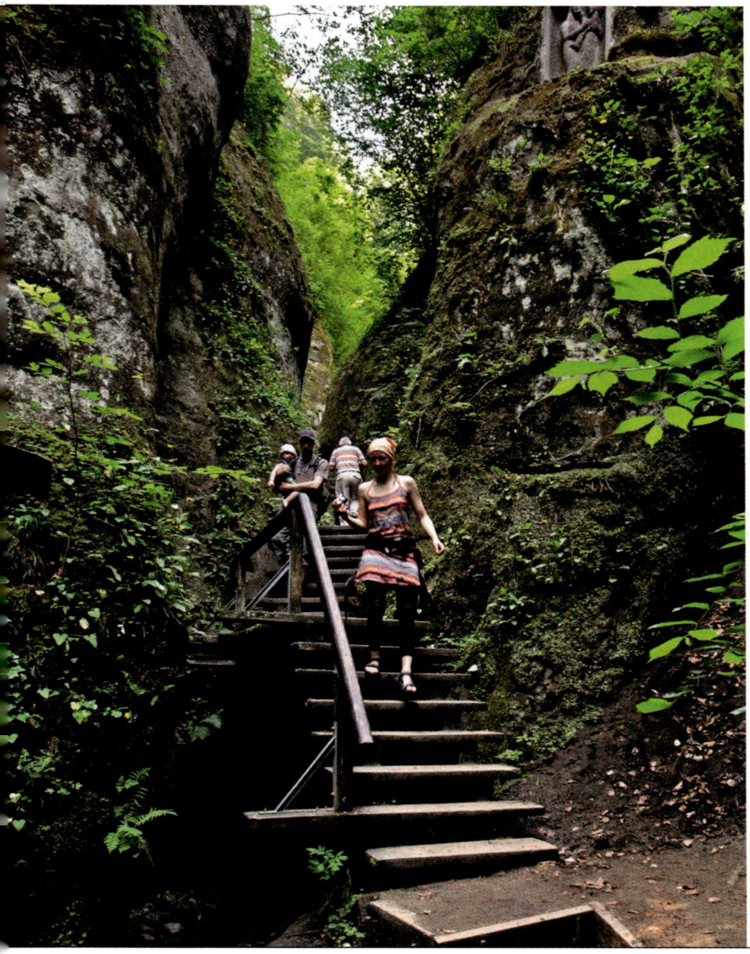

Vorbei an bis zu 30 Meter hohen Felswänden führen steile Holztreppen durch die Marienschlucht zwischen Bodman und Wallhausen zum Seeufer. .

Squeezed between rock walls up to 30 metres high, steep wooden steps lead through the Marienschlucht between Bodman and Wallhausen to the banks of the lake.

Des escaliers escarpés en bois mènent au lac par le ravin de Marie entre Bodman et Wallhausen, le long de falaises rocheuses pouvant atteindre 30 m de hauteur.

Blick auf den Bodanrück, der als Halbinsel im Nordwesten den Überlinger See und den Untersee teilt. Vor der Alpenkulisse steht das barocke Schloss Freudental bei Allensbach.

A view of the Bodanrück, the peninsula in the north-west of Lake Constance, which divides the Überlinger See from the Untersee. The Baroque Schloss Freudental near Allensbach can be seen in front of the Alpine backdrop.

Vue de la péninsule de Bodanrück qui sépare le lac d'Überlingen et le Lac Inférieur. Le château baroque de Freudental, près d'Allensbach, se dresse devant les coulisses des Alpes.

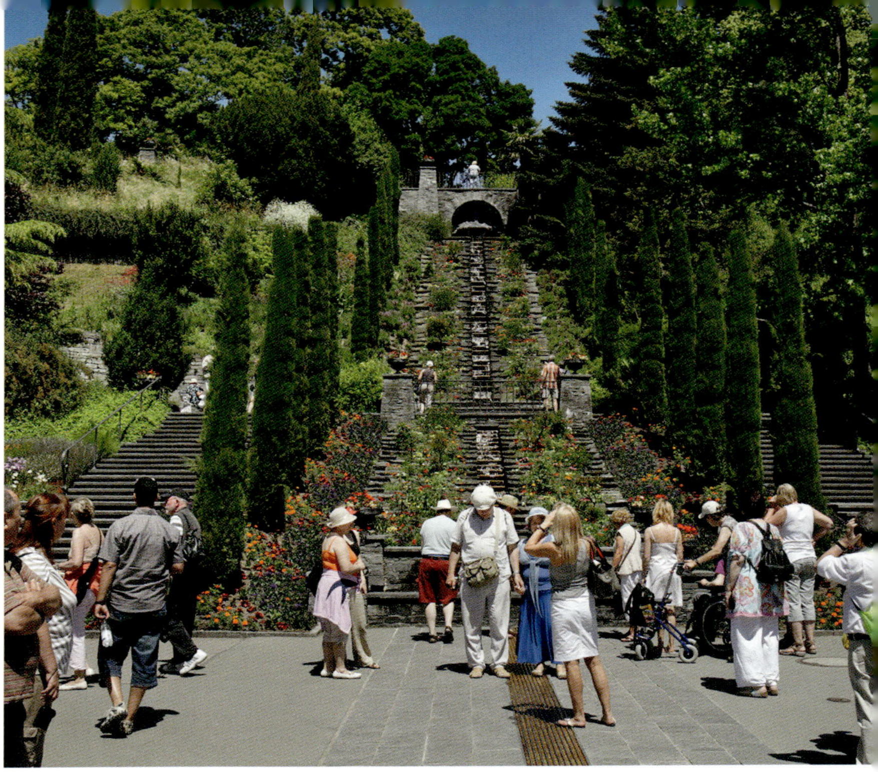

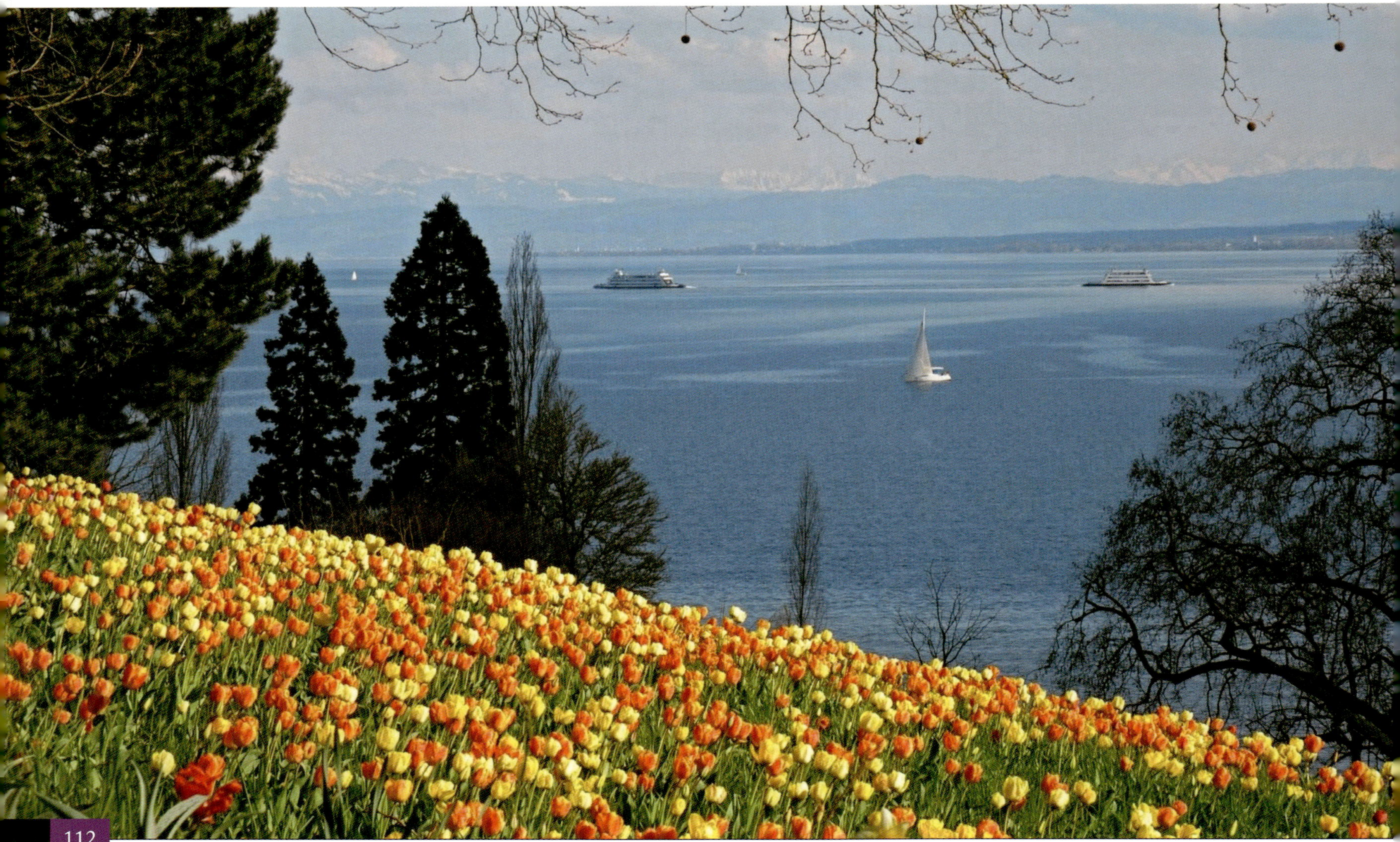

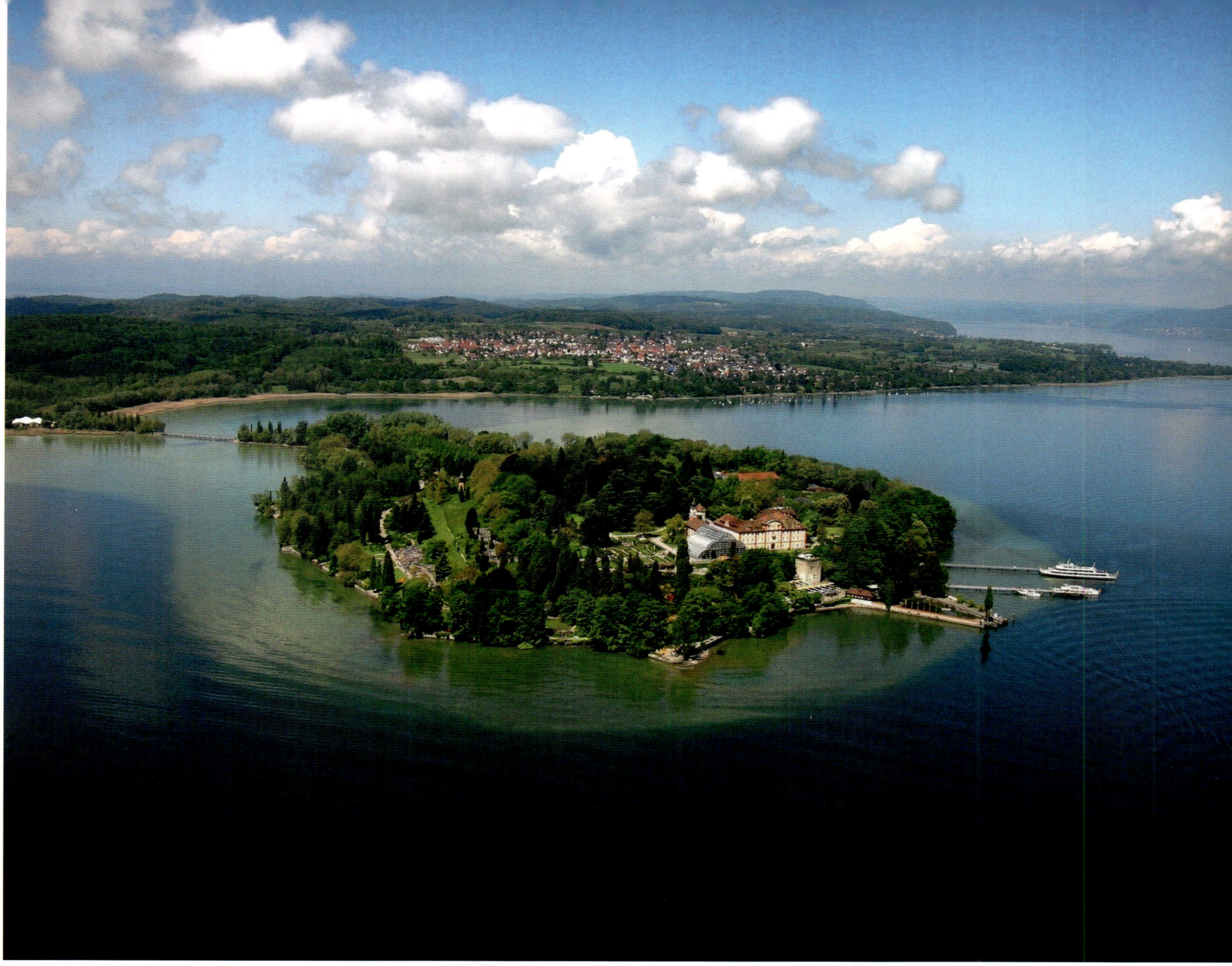

1,2 MILLIONEN Besucher kommen jährlich auf die Blumeninsel Mainau im Bodensee. In Garten- und Parkanlagen bewundern sie die Blütenpracht, im gläsernen Palmenhaus exotische Pflanzen und im Schmetterlingshaus tropische Nachtfalter mit bis zu 30 Zentimetern Flügelspannweite. Allein 1200 Rosen- und 250 Dahliensorten findet man auf der Mainau. Eines der beliebtesten Fotomotive ist die italienische Wassertreppe (oben). Die »Mainau Akademie« bietet Seminare zur persönlichen und beruflichen Fortbildung an.

1.2 MILLION people visit the gardens of Mainau Island in Lake Constance each year. They come to see the wealth of flowers in the gardens and parks, the exotic plants in the glazed Palm House and, in the Butterfly House, the tropical night-time butterflies, which have a wingspan of up to 30 centimetres. You can find no less than 1,200 varieties of roses and 250 varieties of dahlias on Mainau Island. One of the most popular photographic motifs is the Italian water staircase (top). The "Mainau Academy" offers seminars in personal and business development.

CHAQUE ANNÉE, 1,2 millions de personnes visitent l'île des fleurs, la Mainau, sur le Lac de Constance. Ils admirent la floraison dans les jardins et les parcs, les plantes exotiques dans les serres et, dans la Maison des Papillons, des exemplaires tropicaux dont l'envergure peut atteindre 30 centimètres. 1200 sortes de roses et 250 sortes de dahlias fleurissent sur la Mainau. Les gradins de la cascade italienne (en haut) sont un motif apprécié par les photographes. « L'Académie de la Mainau » propose des séminaires pour la formation personnelle ou professionnelle.

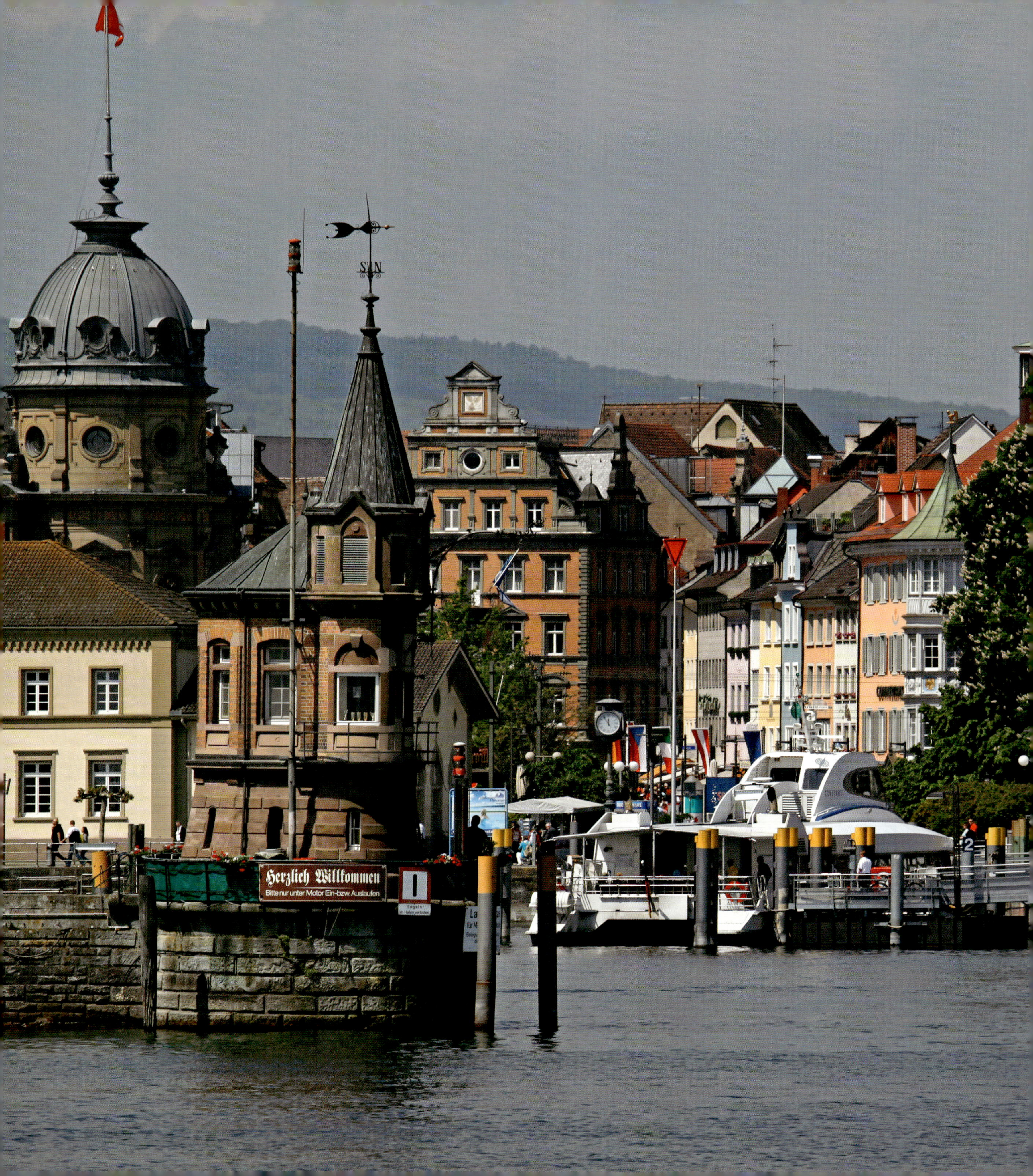
Herzlich Willkommen
Bitte nur unter Motor Ein- bzw. Auslaufen

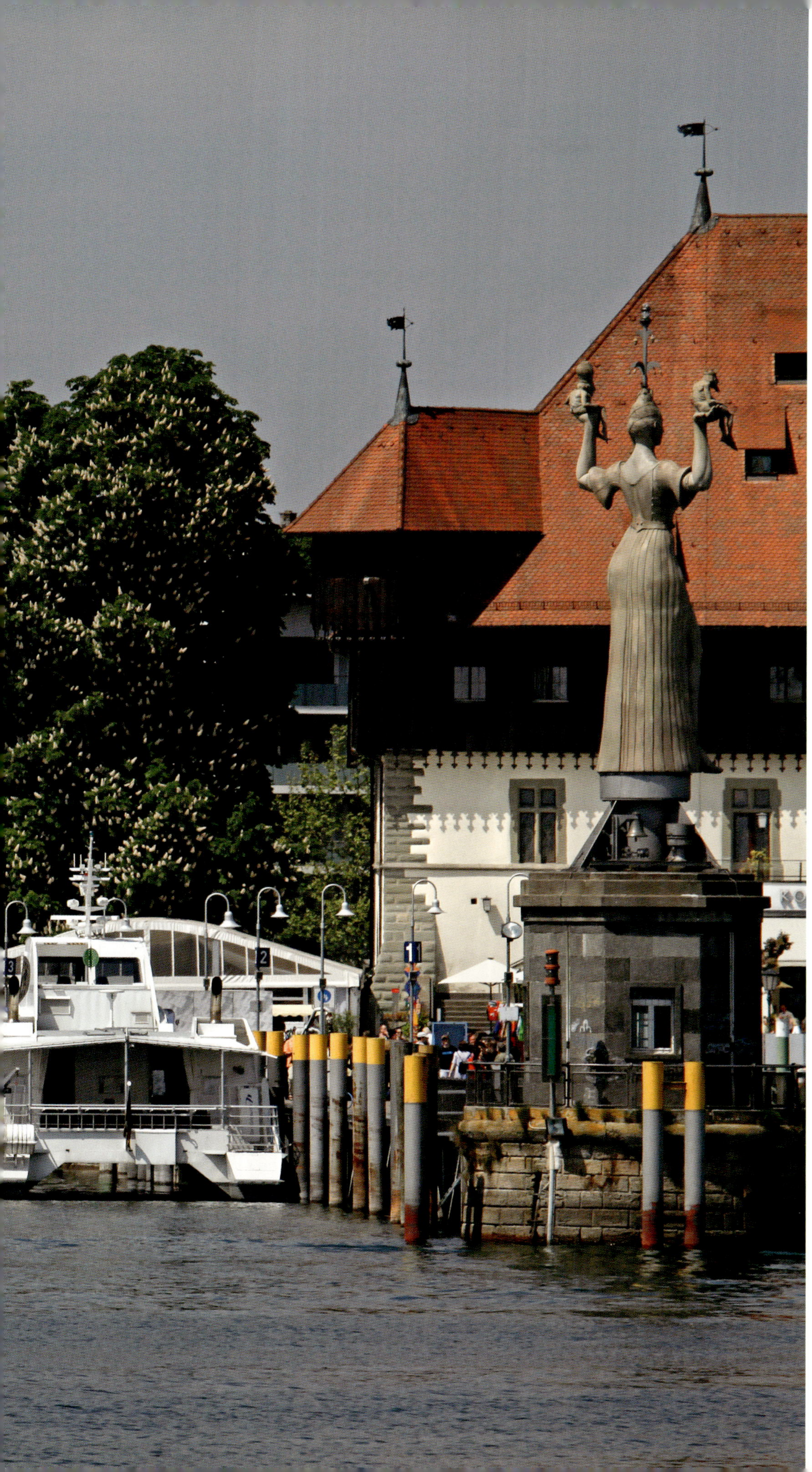

IM KONSTANZER Hafen werden die Schiffe von »Imperia« begrüßt, einer vom Bildhauer Peter Lenk geschaffenen, neun Meter hohen und sich um ihre eigene Achse drehenden Betonfigur (rechts). Sie erinnert satirisch an die Kurtisanen beim Konzil von Konstanz vor 600 Jahren.

BOATS AND ships entering Constance Harbour are greeted by "Imperia", a nine metre-high concrete sculpture by Peter Lenk, which rotates on its own axis (right). It is a satirical representation of courtesans during the Council of Constance 600 years ago.

DANS LE port de Constance, les bateaux sont accueillis par « Impéria », une sculpture en béton haute de 9 m, qui a été créée par le sculpteur Peter Lenk. Elle rappelle, de manière satirique, les courtisanes venues au Concile de Constance il y a 600 ans.

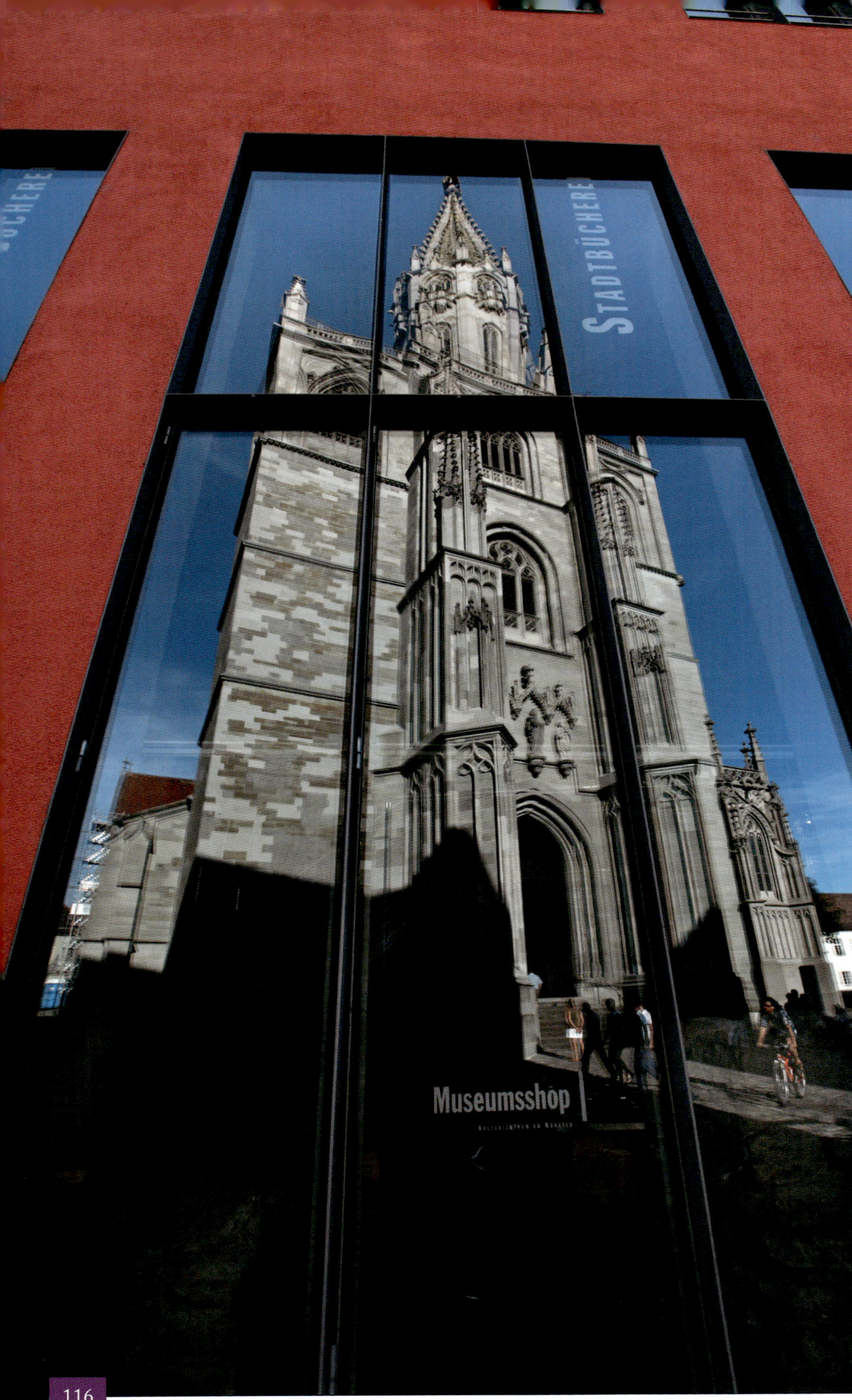

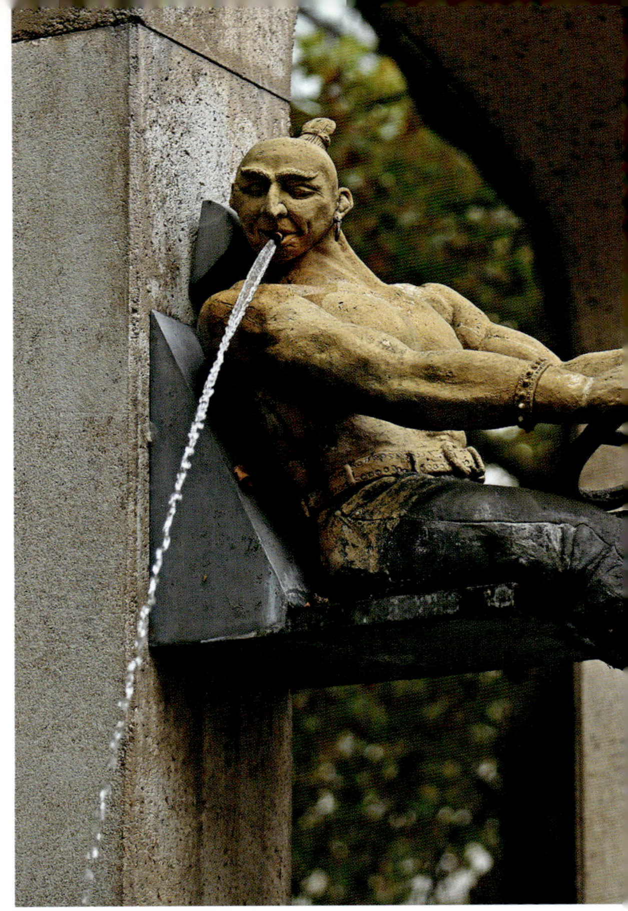

DAS KONSTANZER Münster geht auf eine um das Jahr 600 errichtete Kirche zurück. Der gotische Westturm, der die Basilika weit überragt, spiegelt sich im Gebäude des Kulturzentrums, in dem neben der Stadtbücherei der Kunstverein und die Städtische Wessenberg-Galerie untergebracht sind.

THE HISTORIC Constance Minster can be traced back to a church erected around the year 600. The Gothic West Tower, which stands high above the basilica, is mirrored in the cultural centre, which houses not just the city library, but also the Art Association and the Wessenberg Gallery.

LA CATHÉDRALE de Constance remonte à une église bâtie vers l'an 600. La flèche ouest gothique qui domine la basilique se reflète dans le bâtiment du Centre Culturel qui abrite, outre la bibliothèque communale, l'Association des Arts et la Galerie Municipale Wessenberg.

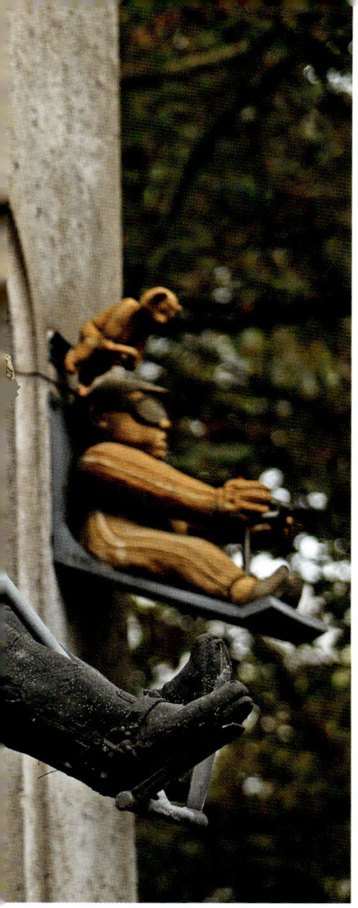

1991 ERHIELT der in Bodman-Ludwigshafen lebende Bildhauer Peter Lenk seinen ersten öffentlichen Auftrag. Es entstand der »Konstanzer Triumphbogen« inmitten der Hauptdurchgangsstraße, der Laube – ein ironischer Kommentar zum Verkehrsgeschehen einst, jetzt und immerdar.

THE SCULPTOR Peter Lenk, who lives in Bodman-Ludwigshafen, received his first public commission in 1991. This was the "Constance Triumphal Arch", located in the centre of the main shopping street, the Laube, and is an ironic comment on the passers-by of the past, of the present and for ever more.

C'EST EN 1991, que le sculpteur Peter Lenk, établi à Bodman-Ludwigshafen reçut sont premier contrat public. Il réalisa « l'Arc de Triomphe de Constance » au milieu de la rue principale, la Laube. Il s'agit d'un commentaire ironique au regard de la circulation d'autrefois, d'aujourd'hui et de demain.

150 BERUFSFISCHER gibt es noch am Bodensee, davon rund hundert in Baden-Württemberg. Gefangen werden hauptsächlich Felchen und in weit kleinerem Umfang Kretzer (Flussbarsch, am Bodensee auch Egli genannt).

THERE ARE still 150 professional fishermen on Lake Constance, of whom around 100 work in Baden-Württemberg. The catch primarily includes freshwater herring and, to a much smaller extent, "Kretzer" (or, as they are known by Lake Constance, "Egli"), which are perch.

150 PÉCHEURS professionnels travaillent encore sur le Lac de Constance, dont une centaine dans le Bade-Wurtemberg. Ils prennent principalement des féras et aussi, bien que beaucoup moins, des perches communes, appelées aussi « Egli » dans la région.

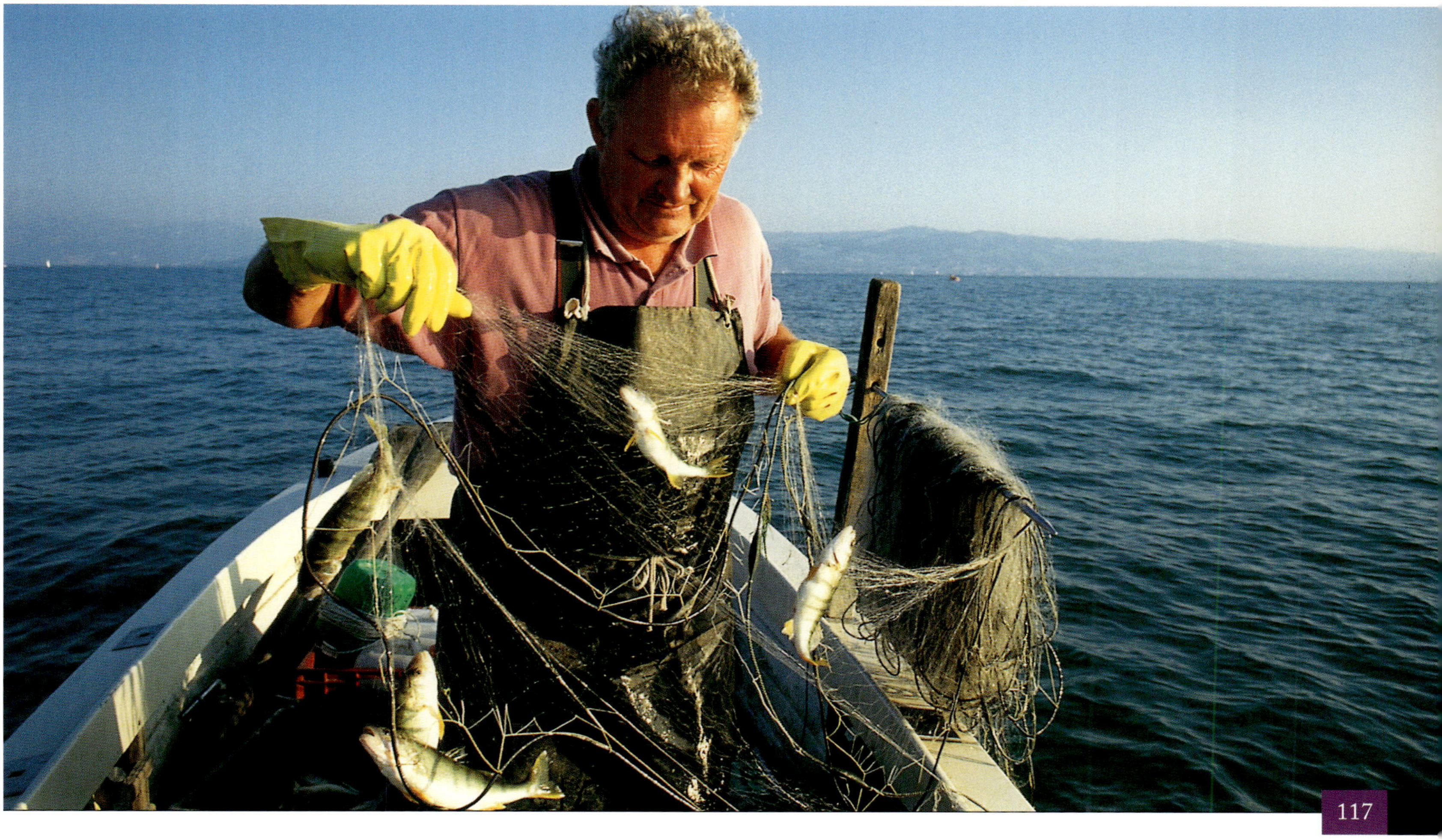

ETWA 70 Schiffe, Boote und Autofähren, die auf dem Bodensee verkehren, bilden die Weiße Flotte, die größte Binnenflotte Europas. Dazu gehört auch das Motorschiff »Karlsruhe«, das 1937 gebaut wurde und im Kursverkehr bis zu 900 Personen transportiert.

THE WHITE Fleet, the largest inland fleet of boats in Europe, is made up of around 70 ships, boats and car ferries, which travel across Lake Constance. It includes the motor launch "Karlsruhe", built in 1937 and which transports up to 900 people on regular runs.

LES 70 navires, bateaux et ferrys qui naviguent sur le Lac de Constance forment la Flotte Blanche, la plus importante flotte d'Europe sur une mer intérieure. Le « Karlsruhe », un bateau à moteur construit en 1937, en fait partie. Sur ses liaisons régulières il transporte un maximum de 900 passagers.

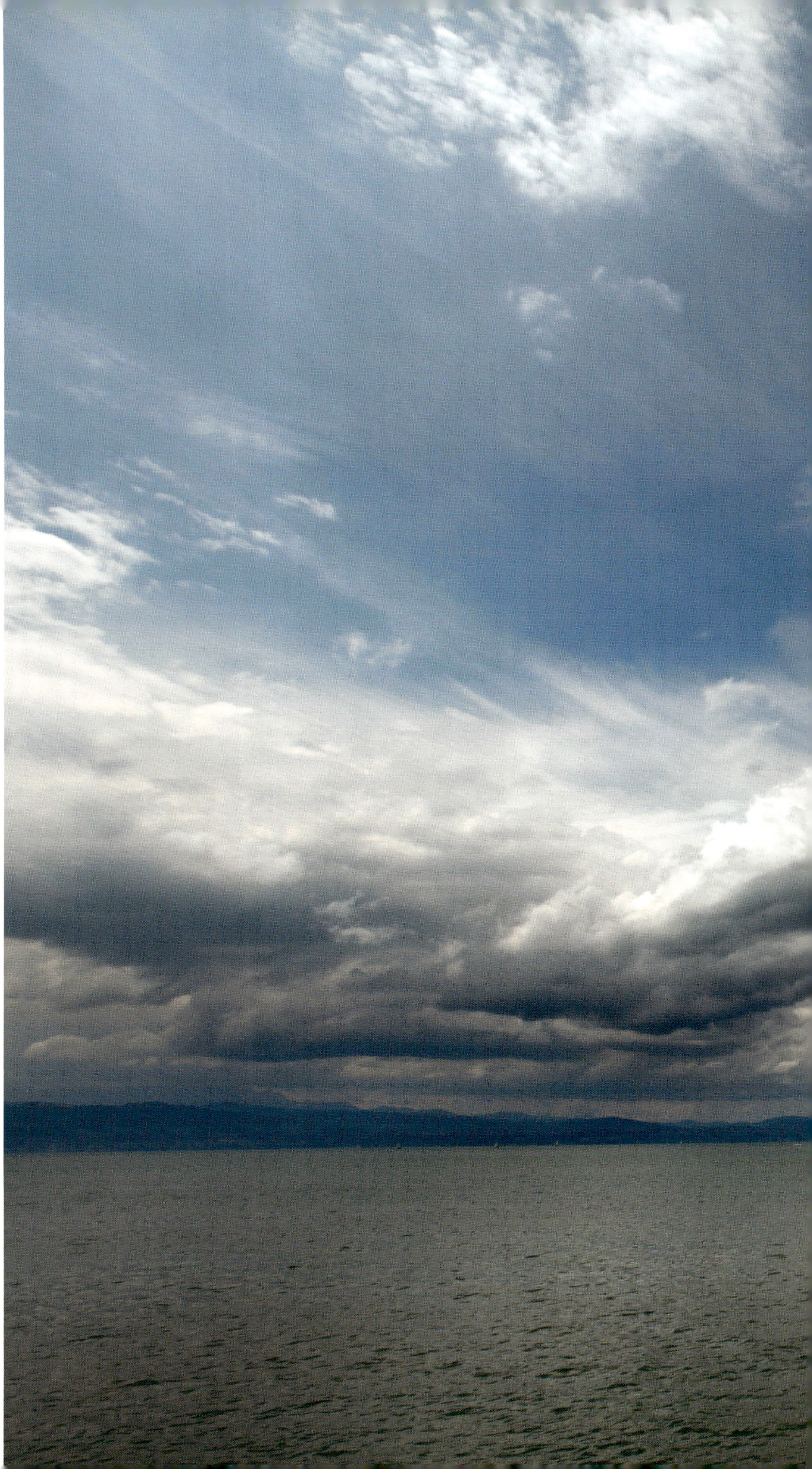

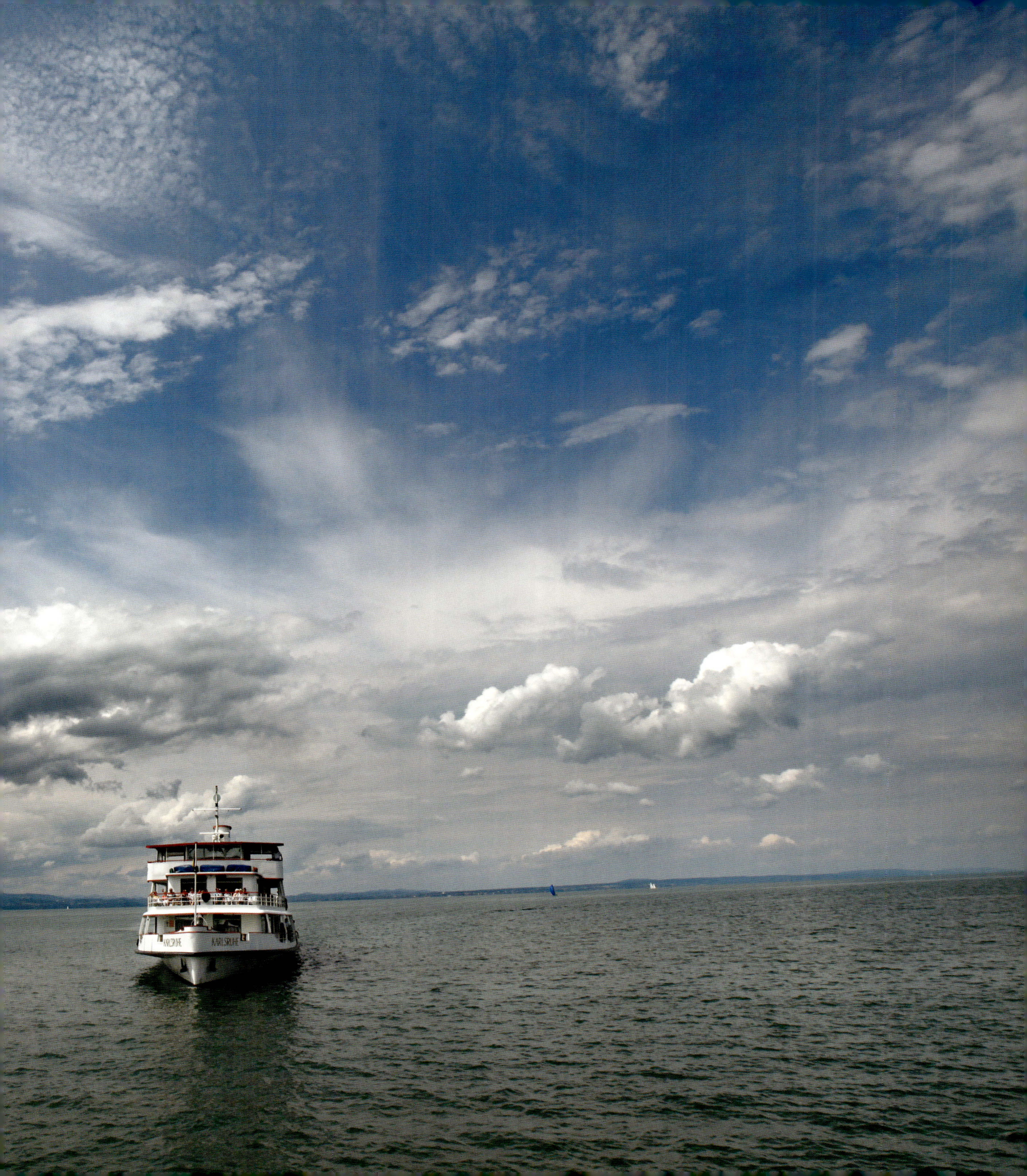
KARLSRUHE
KARLSRUHE

Meersburg gliedert sich in die Unterstadt mit Seepromenade und Schiffsanlegestelle sowie die Oberstadt mit dem Alten und dem Neuen Schloss (die große Fassade mit drei Quergiebeln), dem Obertor und der Stadtpfarrkirche Mariä Heimsuchung.

Meersburg is divided up into the Lower Town, with the lakeside promenade and quayside, and the Upper Town with the Old and New Palaces (the latter is the building with the large façade and three gables), the Obertor and the parish church of the Visitation of Mary.

Meersburg comprend la ville basse avec la promenade de la rive et les quais d'embarquement et la ville haute avec l'ancien et le nouveau château (importante façade à trois pignons), la Porte Supérieure et l'église paroissiale de la Visitation.

Badespass im Überlinger See bei Sipplingen.

Taking a dip in the Überlinger See near Sipplingen.

Plaisir de la baignade au lac d'Überlingen à Sipplingen.

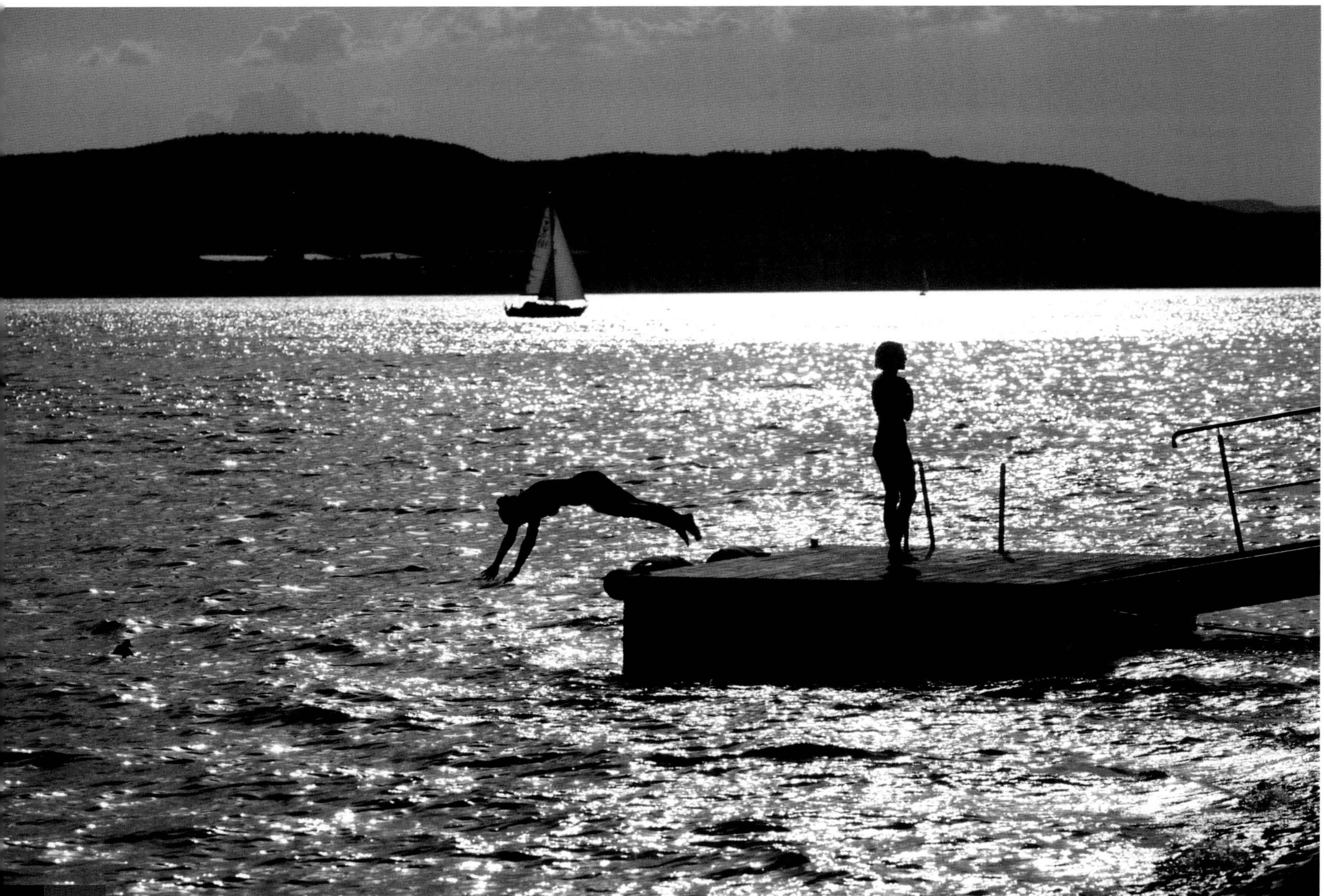

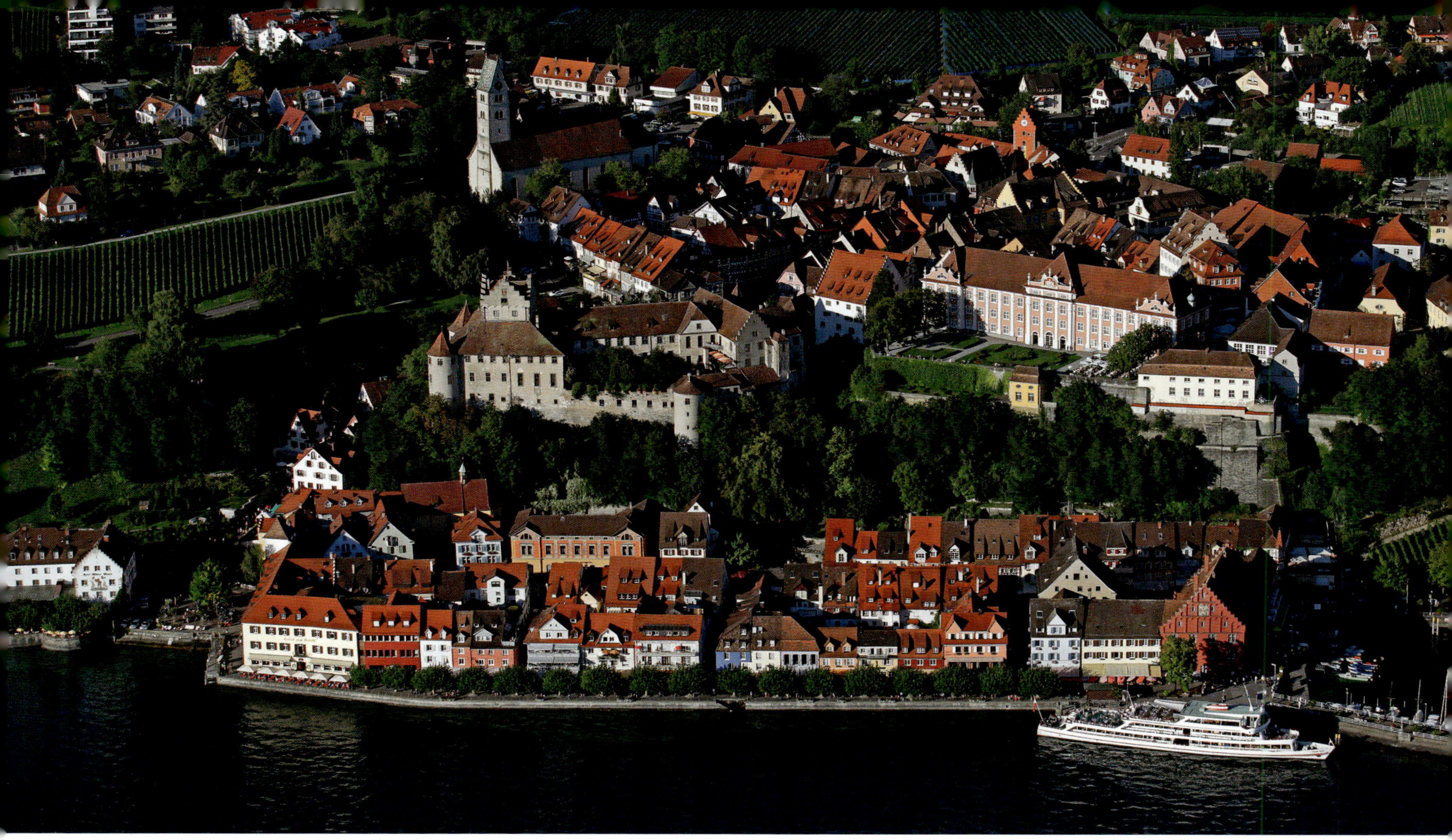

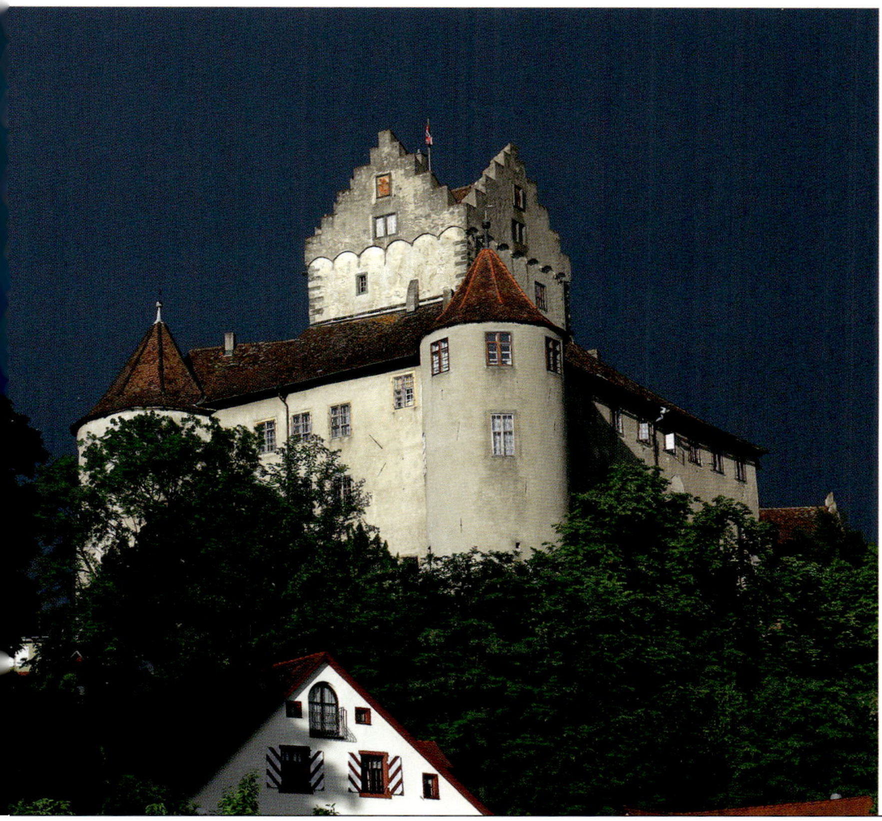

DAS ALTE Schloss in Meersburg mit dem markanten Dagobertsturm, 988 erstmals urkundlich erwähnt, ist die älteste vollständig erhaltene und bewohnte Burg Deutschlands. Hier residierten die Konstanzer Fürstbischöfe; 1848 starb die Dichterin Annette von Droste-Hülshoff in der Meersburg.

THE OLD Palace in Meersburg, along with the imposing Dagobert's Tower, was first documented in 988 and is the oldest intact and inhabited castle in Germany. It was once the home of the Prince-Bishops of Constance. The poetess Annette von Droste-Hülshoff died there in 1848.

LE VIEUX château de Meersburg et sa caractéristique tour de Dagobert fut mentionné pour la première fois en 988. Il est, en Allemagne, le plus ancien château-fort intact et habité. Les Princes-Évêques de Constance y résidèrent. La poétesse Annette von Droste-Hülshoff y décéda en 1848.

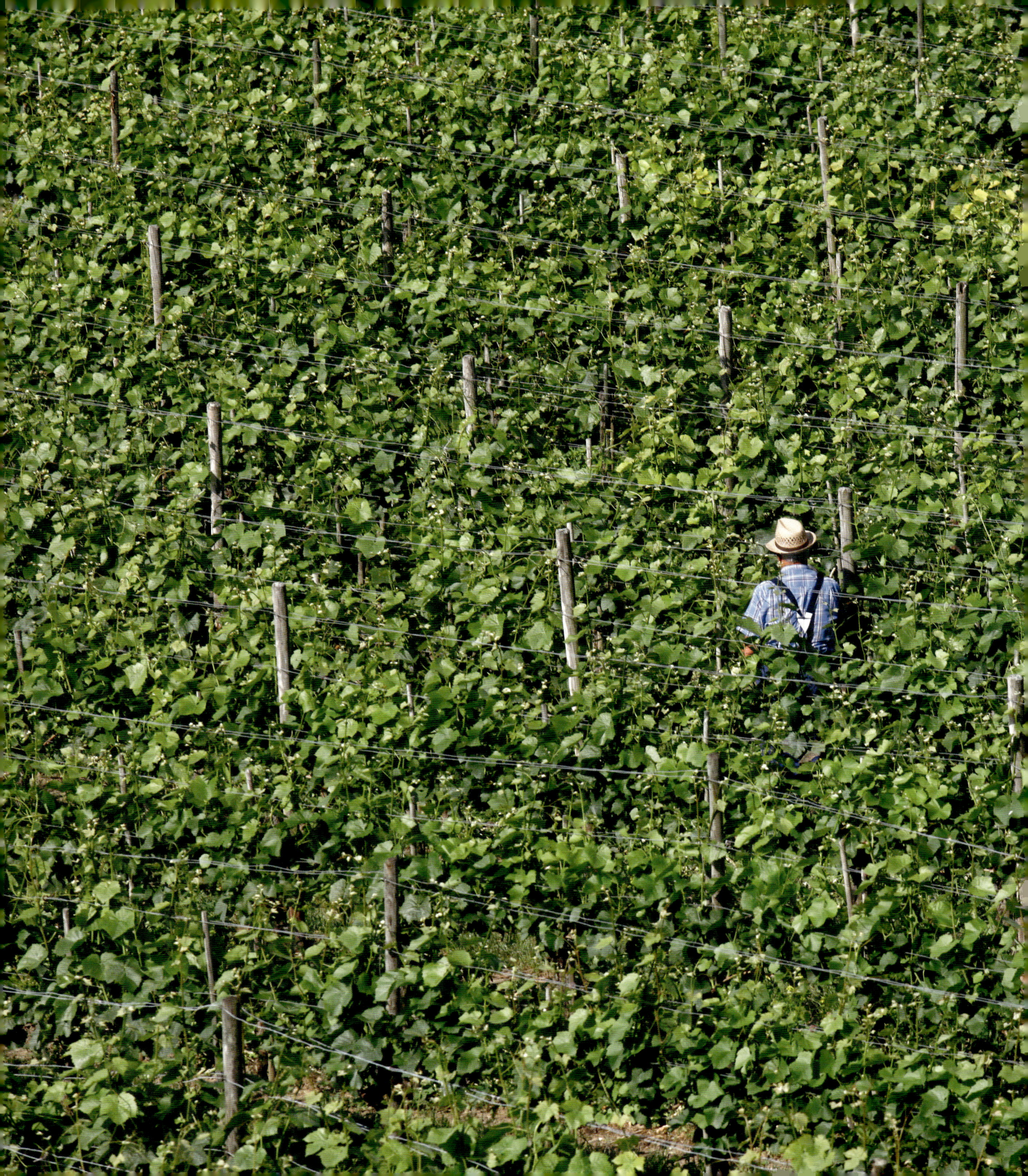

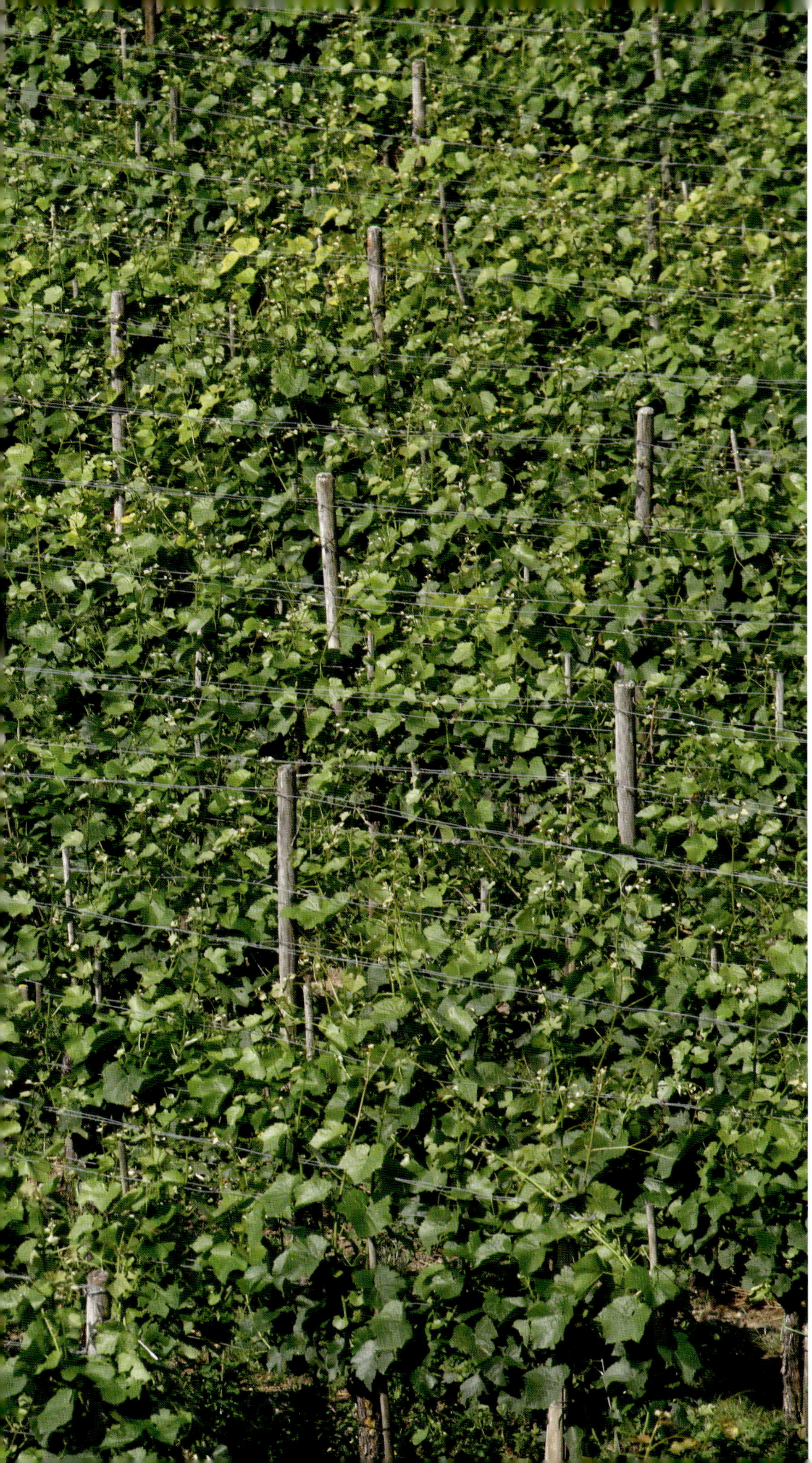

AM UFER gedeiht der »Seewein« – wie hier in Hagnau am Bodensee –, seit Karl der Dicke im Jahr 884 Spätburgunder-Reben von Burgund an den Bodensee gebracht hat. Heute wird vor allem Müller-Thurgau angebaut – am Hohentwiel bis auf 562 Meter Höhe. Der Schriftsteller Heinrich Hansjakob, der als Pfarrer in Hagnau gewirkt hat, gründete 1881 den Hagnauer Winzerverein, die erste Winzergenossenschaft in Baden.

"LAKE WINE" thrives on the shores, as can be seen here in Hagnau am Bodensee. It has done so since Charles the Fat brought Late-Burgundy vines from Burgundy to Lake Constance in 884. These days, it is primary Müller-Thurgau which is grown. On the Hohentwiel, the vines grow at a height of 562 metres. The writer Heinrich Hansjakob, who worked as a vicar in Hagnau, founded the Hagnau Winegrowers Association in 1881, which was the first union of its kind in Baden.

DEPUIS QUE Charles le Gros, en 884, fit planter, au bord du lac, des ceps de pinot noir provenant de Bourgogne, les « vignes du Lac » prospèrent sur la rive du Lac de Constance, comme ici à Hagnau. Aujourd'hui on y élève surtout du Rivaner, jusqu'à une altitude de 562 mètres à Hohentwiel. L'écrivain Heinrich Hansjakob, curé à Hagnau fonda en 1881 l'Association des Vignerons de Hagnau, la première coopérative viticole du Bade.

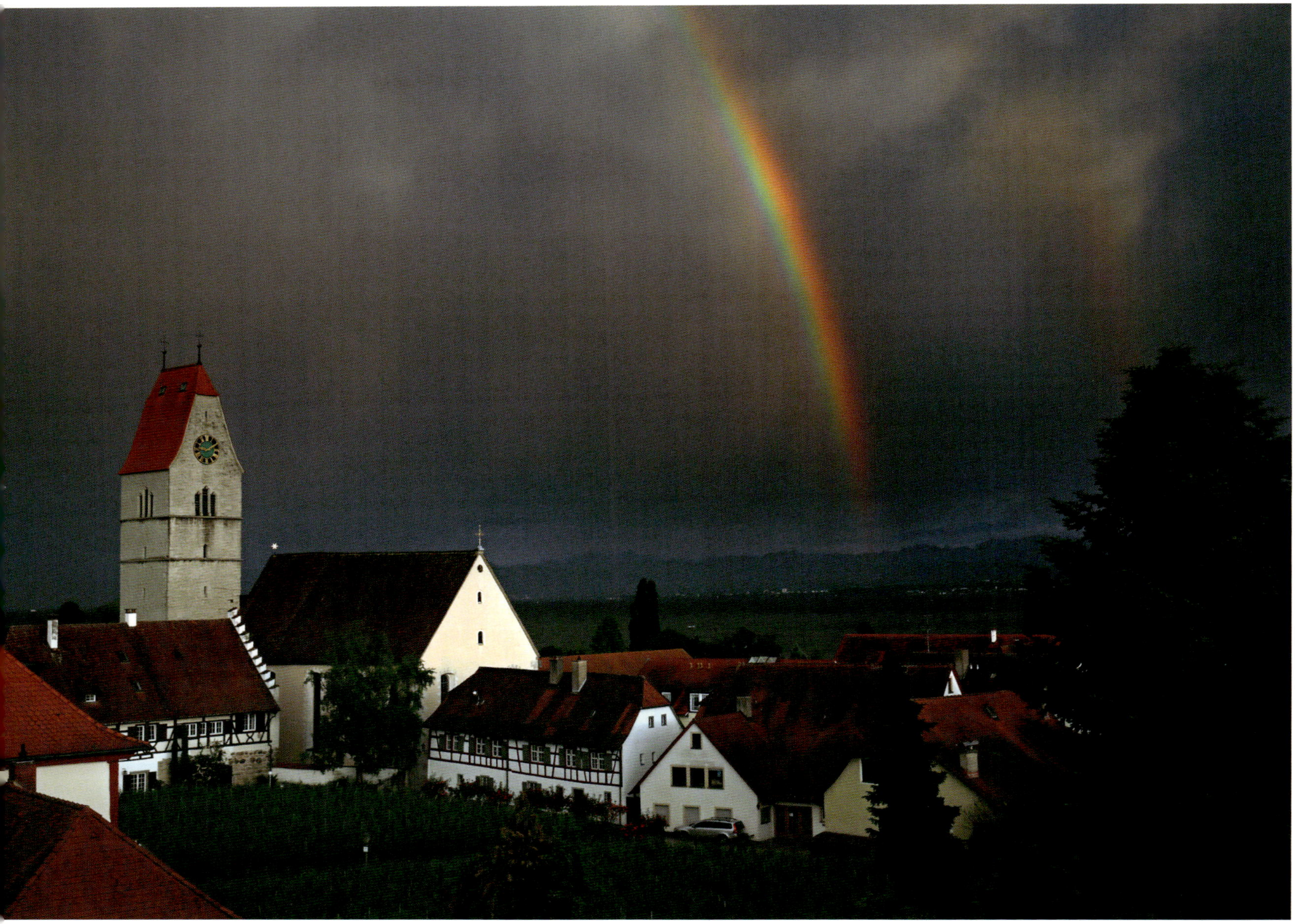

Regenbogen über dem Dorf Hagnau am Bodensee mit der katholischen Pfarrkirche Sankt Johann Baptist. Hagnau war schon in der Bronzezeit besiedelt; bei Ausgrabungen in Hagnau-Burg fand man die älteste Holzflöte Europas.

A rainbow over the village of Hagnau am Bodensee with the Catholic parish church of St John the Baptist. Hagnau has been settled since the Bronze Age. The oldest wooden flute in Europe was discovered during excavation work in Hagnau-Burg.

Arc en ciel au-dessus du village de Hagnau sur le Lac de Constance avec son église catholique Saint-Jean-Baptiste. Hagnau a été peuplé dès l'âge de bronze ; la plus ancienne flûte en bois d'Europe a été trouvée lors de fouilles au château-fort de Hagnau.

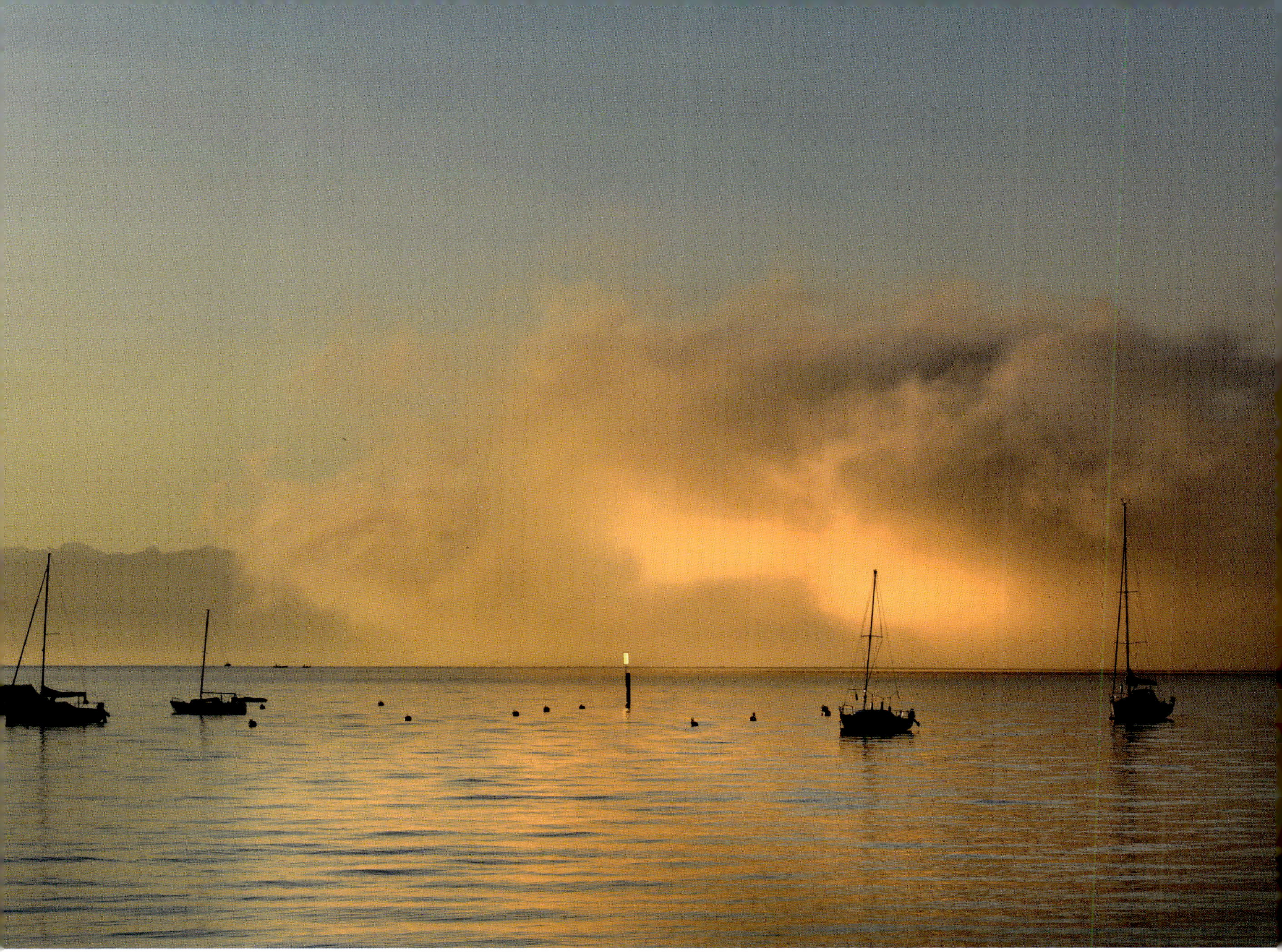

MORGENNEBEL ÜBER dem Bodensee bei Hagnau.

MORNING MIST over Lake Constance near Hagnau.

BRUME MATINALE au-dessus du Lac de Constance à Hagnau.

SEITE 124/125 Blick von Hagnau über den Bodensee. Die Abendsonne hat sich eine kleine Lücke in den dunklen Wolken gesucht und bringt die Schweizer Alpen zum Leuchten.

PAGE 124/125 A view across Lake Constance from Hagnau. The evening sunshine has found a little gap in the dark clouds, lighting up the Swiss Alps.

PAGE 124/125 Vue de Hagnau vers le Lac de Constance. Le soleil couchant a trouvé un interstice dans les nuages sombres et illumine les Alpes suisses.

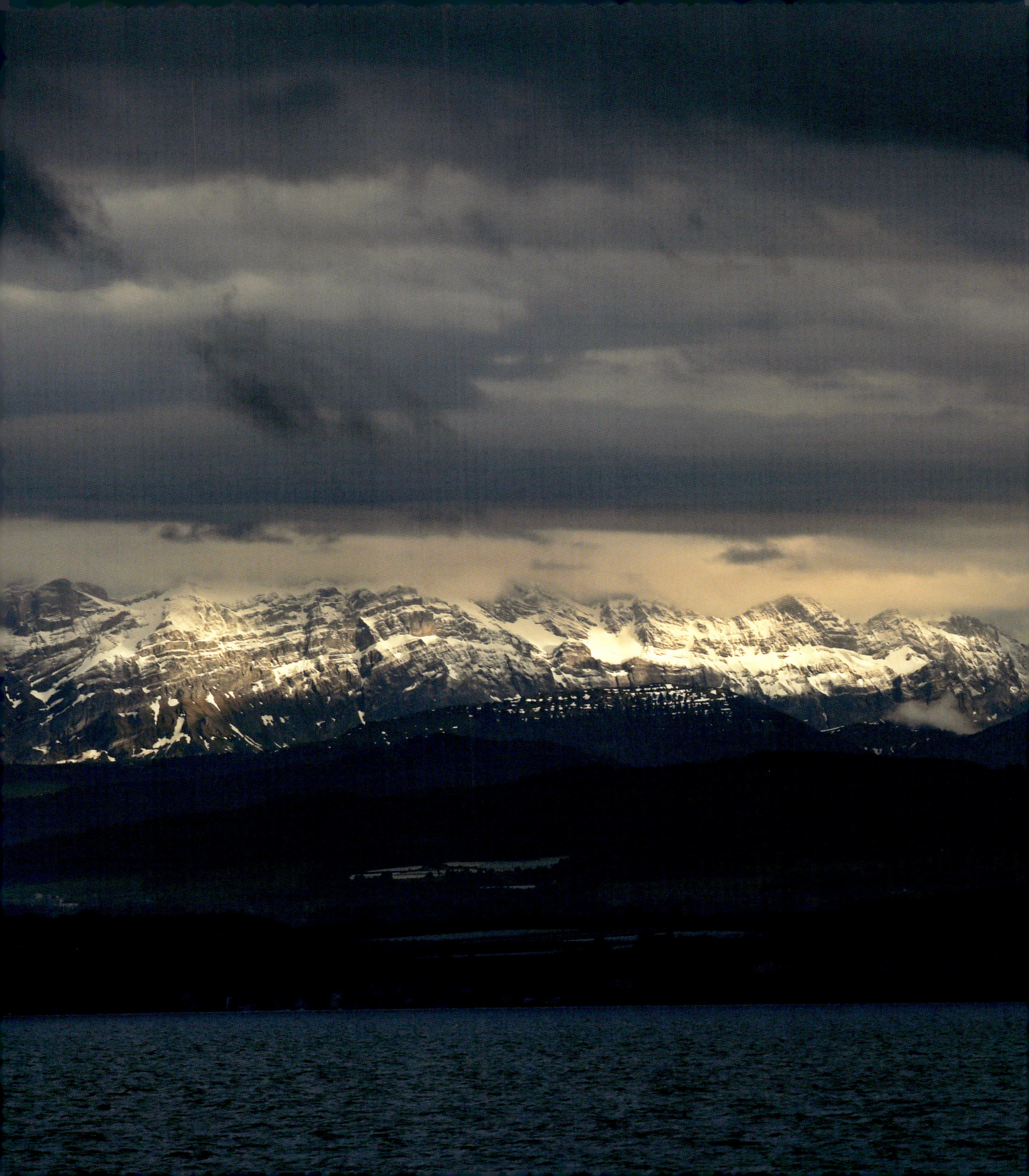

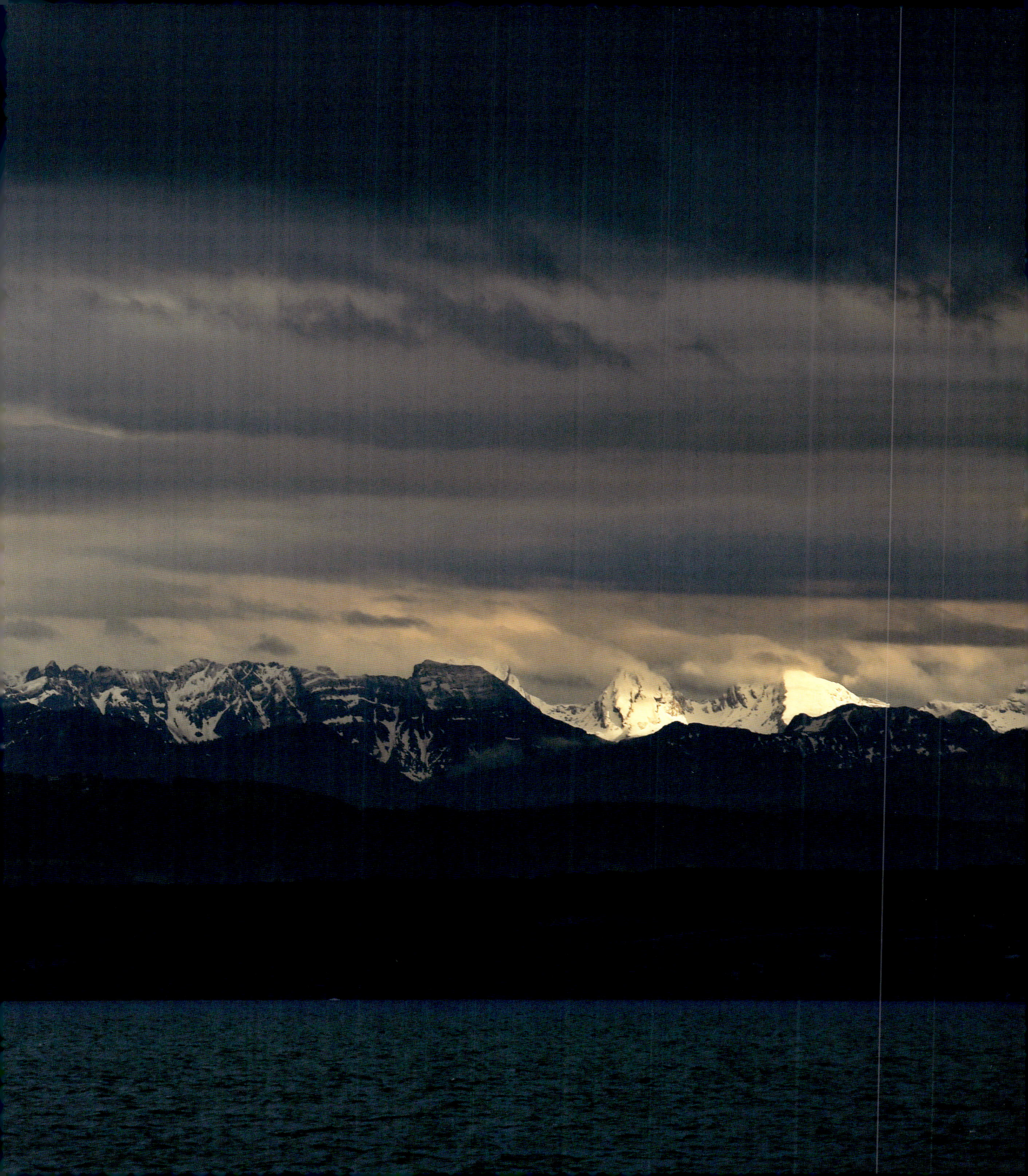

LANDSTRICH MIT STRAHLKRAFT

Warum zählt diese Gegend zu den wirtschaftlich gesündesten der Republik? Warum werden nirgendwo sonst in Baden-Württemberg mehr Patente angemeldet? Warum entspricht die Wirtschaftskraft allein Oberschwabens der von ganz Finnland? An den Rohstoffen und Bodenschätzen kann es nicht liegen, denn die gibt es nicht. In größerem Stil abgebaut wird lediglich Torf, früher, um energetischen Nutzen daraus zu ziehen, heute als Heilmittel für Anwendungen in den vielen Kurstädten der Region. Aus Naturschutzgründen ist diese Torfgewinnung allerdings endlich. Abgebaut wird auch das eiszeitlich bedingte Kiesvorkommen. Ein Material, dessen Qualität und Reinheit allenthalben gelobt wird.

Der Grund für den Ruf als High-Tech-Region mit geballter Wirtschaftskraft muss irgendwo anders gesucht werden: Hier haben die geschichtlichen Ereignisse einen Menschenschlag geprägt, dem aus der Not heraus ein gesunder Erfindergeist erwachsen ist. Hier steckt man den Kopf nicht so schnell in den Sand, man gibt nicht gleich auf, sondern beißt sich durch, versteht Schwierigkeiten zu meistern und mit einem gesunden Optimismus anstehende Arbeiten anzugehen. Kurz: Hier leben Macher mit Geschäftsideen, eingebunden in ein unterstützendes familiäres Umfeld. Es ist schon auffallend, dass viele wirtschaftliche Erfolgsgeschichten hier gleichzeitig auch Familiengeschichten sind.

Beispiele für den typischen Erfindergeist gefällig? Die heute weltbekannten Reisemobile und Wohnanhänger der Firmen Hymer in Bad Waldsee, Carthago in Aulendorf und Dethleffs in Isny fußen auf der Grundidee des Arist Dethleffs, der bereits 1931 den ersten Wohnwagen entwarf. Erich Bachem skizzierte 1944 in Bad Waldsee das erste senkrecht startende bemannte Raketenflugzeug, besser bekannt unter dem Namen »Natter«, das seinen ersten bemannten Testflug am 1. März 1945 absolvierte und später Grundlage für die weitere Raketen- und Luftfahrtforschung war. Pistenbullys aus Laupheim, erfunden von Karl Kässbohrer, präparieren Skipisten in nahezu allen Skigebieten auf diesem Globus. Willi Burth aus Ravensburg revolutionierte mit seinem »No-rewind-Filmteller« das Abspielen von Kinofilmen und Alfons Walz aus Bad Waldsee gilt mit seinem Versandhaus Baby-Walz als Wegbereiter für den modernen Kataloghandel in Europa. Die ZF Friedrichshafen AG, ursprünglich von der Luftschiffbau Zeppelin GmbH gegründet, hält zahlreiche Patente und zählt als mittlerweile drittgrößter deutscher Automobilzulieferer zu den weltweit führenden Unternehmen auf dem Gebiet der Antriebs- und Fahrwerktechnik. Bis heute wird in der Zeppelin Luftschifftechnik GmbH mit Sitz in Friedrichshafen in der Tradition des Grafen Zeppelin (1838–1917) geforscht, entwickelt und die Zukunft des Luftschiffbaus geschaffen. 1997 stieg der Zeppelin NT (NT steht für »Neue Technologie«) bei weltweitem Medieninteresse zu seinem Jungfernflug in Friedrichshafen auf. Seither lebt der Mythos Zeppelin wieder und die schwebende »Zigarre« ist ein Hingucker am Himmel über dem Bodensee.

Der Mensch macht den Erfolg

Obwohl die Verkehrsanbindung für die Firmen in der Region alles andere als optimal ist, überlegt es sich jedes Unternehmen reiflich, ob der Produktionsstandort verlagert werden könnte. Hard-ware-Rahmenbedingungen und Infrastruktur wären anderswo zwar eher besser, aber die heimatverwurzelten Mitarbeiterinnen und Mitarbeiter zeigen sich häufig nicht umzugswillig. Ihnen, ihrem Fleiß und ihrer Zuverlässigkeit verdanken die Unternehmen jedoch einen Großteil ihres Erfolgs. Dieser Erfolg spiegelt sich nicht zuletzt in den ästhetischen Firmengebäuden – im Fall der Firma Weishaupt in Schwendi zum Beispiel entworfen vom amerikanischen Stararchitekten Richard Meier. Auch fest etablierte Fach- und Verbrauchermessen in Ulm, Biberach, Ravensburg, Kempten und Friedrichshafen sind Aushängeschilder der heimischen Wirtschaft, die in Sachen Ausbildung und Forschung eng mit den Hochschulen in Ulm, Biberach, Weingarten, Ravensburg und Friedrichshafen kooperiert.

In dem Gebiet zwischen Bodensee und der Schwäbischen Alb atmet es sich freier, hier bekommen Ideen Flügel, hier fällt Kreativität und Fantasie auf fruchtbaren Boden. Hier wird nicht gleich aus der Hüfte geschossen und dem Zeitgeist gefrönt. Neue Gedanken dürfen sich in Ruhe entfalten und mit viel Gelassenheit entwickeln. Deswegen besitzt die heimische Wirtschaft Strahlkraft – Global Player an vielen Standorten: Der Zukunft ist Tür und Tor geöffnet!

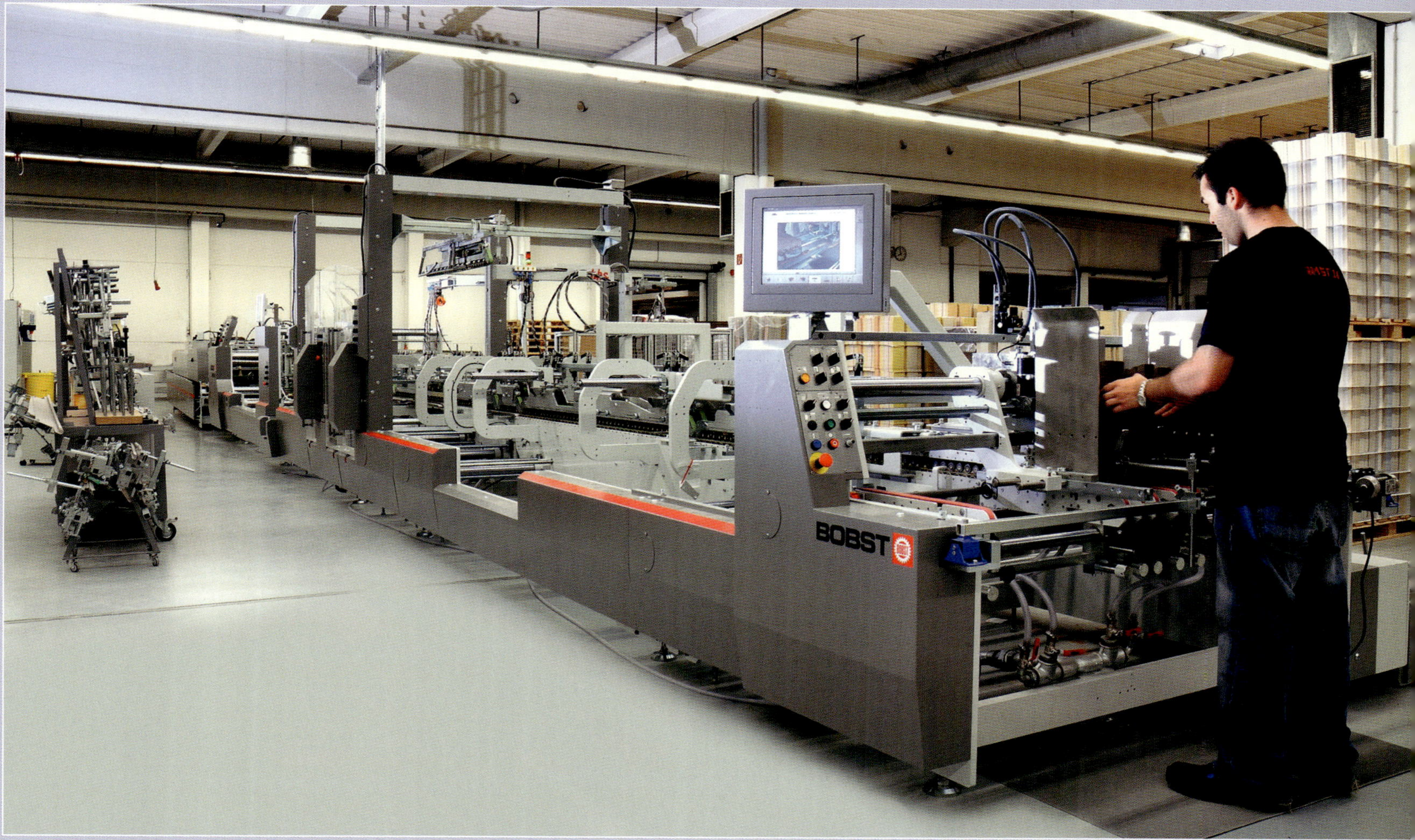

Die Industrie in Oberschwaben und am Bodensee ist mittelständisch geprägt. So fertigt die Höhn GmbH in Ulm mit 240 Mitarbeitern Displays und Verpackungen für Nahrungsmittel-, Pharma- und Kosmetikhersteller in ganz Europa. Hier eine Faltschachtelklebemaschine.

Industry in Upper Swabia and by Lake Constance is characterised by medium-sized companies. The 240 employees of Höhn GmbH in Ulm produce displays and packaging for manufacturers of foods, pharmaceuticals and cosmetics throughout Europe. Here we can see a folding box splicing machine.

L'industrie de la Haute Souabe et au Lac de Constance est dominée par les moyennes entreprises. La société Höhn GmbH à Ulm fabrique, avec un effectif de 240 personnes, des displays et des emballages pour l'industrie alimentaire, pharmaceutique ou cosmétique de toute l'Europe. Ici, une colleuse d'emballages pliants.

A REGION WITH AN INTERNATIONAL PROFILE

Why is this area one of the most economically stable in the whole of Germany? Why is it that no other region in Baden-Württemberg registers more patents? Why does the economic strength of just Upper Swabia equal that of the whole of Finland? It cannot be due to raw materials or treasures in the earth—there aren't any. The only thing which is extracted is peat. In the past, it was a source of energy, now it is used for therapies in many of the region's spa towns.

The reason for the area's reputation as a hi-tech region with a powerful economy must be sought elsewhere. History has created a breed of people who have developed a spirit of invention when faced with adversity. Around here, people don't just stick their head in the sand or just give up immediately. Instead, they grit their teeth and overcome difficulties and tackle their work with a healthy optimism. In brief: This is a region of go-getters with business ideas, who thrive in the supportive family environment.

How about a few examples of the typical spirit of invention? The world-renowned mobile homes and caravans of Hymer in Bad Waldsee, Carthago in Aulendorf and Dethleffs in Isny are all the product of the basic idea of Arist Dethleffs, who designed the first mobile home in 1931. In 1944, in Bad Waldsee, Erich Bachem sketched out the first manned, vertical take-off, rocket-propelled aircraft, known by the name "Natter". This was then the basis for rocket and aerospace research. Piste bashers from Laupheim, invented by Karl Kässbohrer, prepare the pistes for skiers in almost every skiing area around the world. Willi Burth from Ravensburg revolutionised the playback of films in cinemas with his "No-rewind film plate". The mail-order company of Alfons Walz from Bad Waldsee, Baby-Walz, was a pioneer in modern catalogue shopping in Europe. ZF Friedrichshafen AG, originally founded by Luftschiffbau Zeppelin GmbH, owns countless patents and, as the third-largest German automotive supplier, is one of the world leaders in drive and chassis technology.

In the region between Lake Constance and the Swabian Jura, people can breathe more freely. Ideas take off here, and creativity and imagination fall on fertile ground. People don't shoot from the hip and do not necessarily embrace the spirit of the age. New ideas develop in their own time and at their own pace. Nonetheless, the local economy has an international profile, with a wealth of global players. The door to the future is open wide!

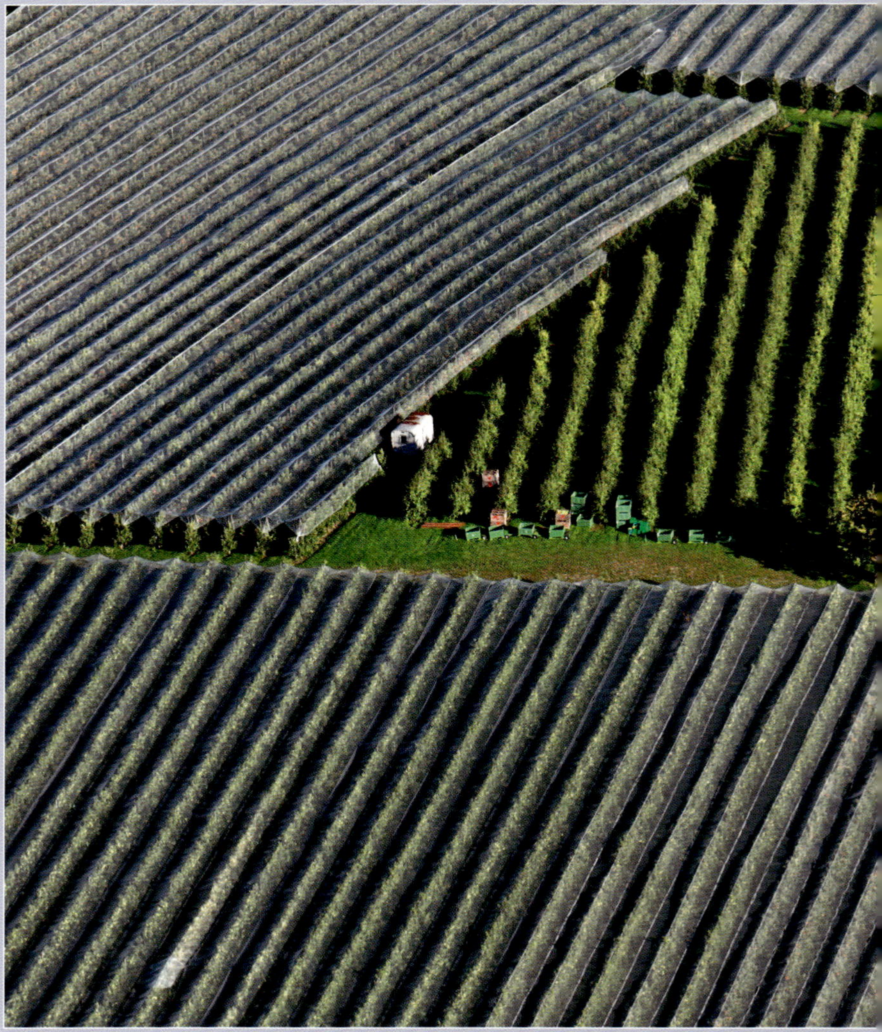

UNE RÉGION À L'ÉNERGIE RAYONNANTE

Pourquoi cette région compte-t-elle parmi les plus saines économiquement en Allemagne ? Pourquoi n'y a-t-il nulle part ailleurs autant de brevets déposés que dans le Bade-Wurtemberg ? Pourquoi la puissance économique de la seule Haute Souabe correspond-t-elle à celle de la Finlande ? Cela ne provient pas des matières premières et des richesses du sol, car il n'y en a pas. Seule la tourbe est extraite à une grande échelle, autrefois pour des besoins énergétiques, aujourd'hui comme produit paramédical dans les nombreuses villes de cure de la région.

La raison de sa renommée de région high-tech à la forte puissance économique est à chercher ailleurs : les événements historiques ont marqué un type d'homme qui, dans le besoin, a pu développer un esprit inventif sain. Ici on n'enfonce pas la tête dans le sable, on ne se résigne pas tout de suite, on persévère, on parvient à maîtriser les difficultés et à attaquer les travaux nécessaires avec un sain optimisme. En bref : ce sont des entrepreneurs aux visions commerciales qui vivent ici, intégrés à un environnement familial qui les assiste. Désirez-vous des exemples de cet esprit d'inventeur typique ? Les mobil-homes et caravanes de renom mondial des sociétés Hymer à Bad Waldsee, Carthago à Aulendorf et Dethleffs à Isny s'appuient sur l'idée de base d'Arist Dethleffs qui, en 1931 conçut la première caravane. En 1944, Erich Bachem a dessiné les plans du premier avion-fusée habité de décollage vertical, mieux connu sous le nom de « Natter » et qui, plus tard, fut la base de la recherche sur les fusées et l'aéronautique. Les dameuses de Laupheim, inventés par Karl Kässbohrer préparent les pistes dans pratiquement tous les domaines skiables du monde. Willi Burth, de Ravensburg, a révolutionné, dans le cinéma, la projection des films grâce à son dispositif « no-rewind ». Alfons Walz de Bad Waldsee et sa maison de vente par correspondance Baby-Walz sont les précurseurs de la VPC moderne en Europe. La société ZF Friedrichshafen AG, fondée initialement par le constructeur de dirigeables Zeppelin GmbH, a déposé de nombreux brevets et, en tant que troisième sous-traitant de l'industrie automobile en Allemagne, compte parmi les firmes mondiales à la pointe des technologies des châssis et boîtes de vitesse. On respire plus facilement dans les régions situées entre le Lac de Constance et le Jura Souabe. Les idées reçoivent des ailes, la créativité et la fantaisie trouvent un sol propice. Ici on ne tire pas à l'aveuglette et on ne suit pas la mode volage. Les pensées nouvelles apparaissent dans le calme et se développent sans précipitation. C'est pour cela que l'économie locale a une grande force de rayonnement – Global Player sur de nombreux sites : toutes les portes sont ouvertes au futur.

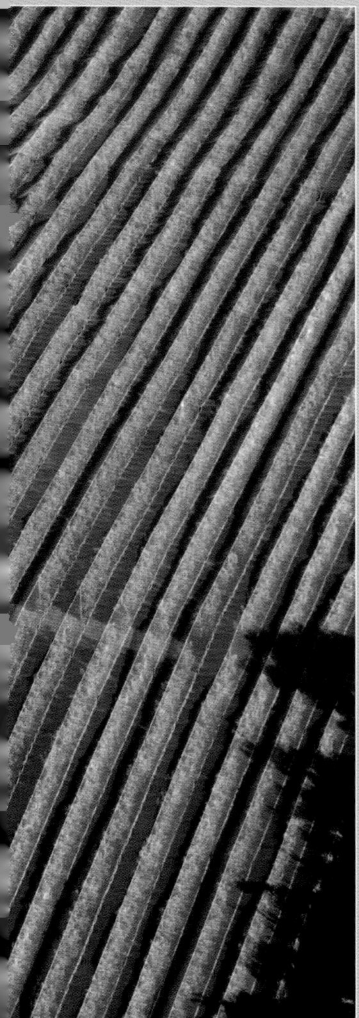

IN DER klimatisch bevorzugten Bodenseeregion spielt die Landwirtschaft eine bedeutende Rolle. Der Obstanbau wird nahezu industriell betrieben.

AGRICULTURE PLAYS a significant role in the Lake Constance region because of the mild climate. Fruit-growing is carried out on an almost industrial scale.

DANS LE climat favorable de la région du Lac de Constance, l'agriculture joue un rôle important. Les cultures fruitières sont exploitées de façon presqu'industrielle.

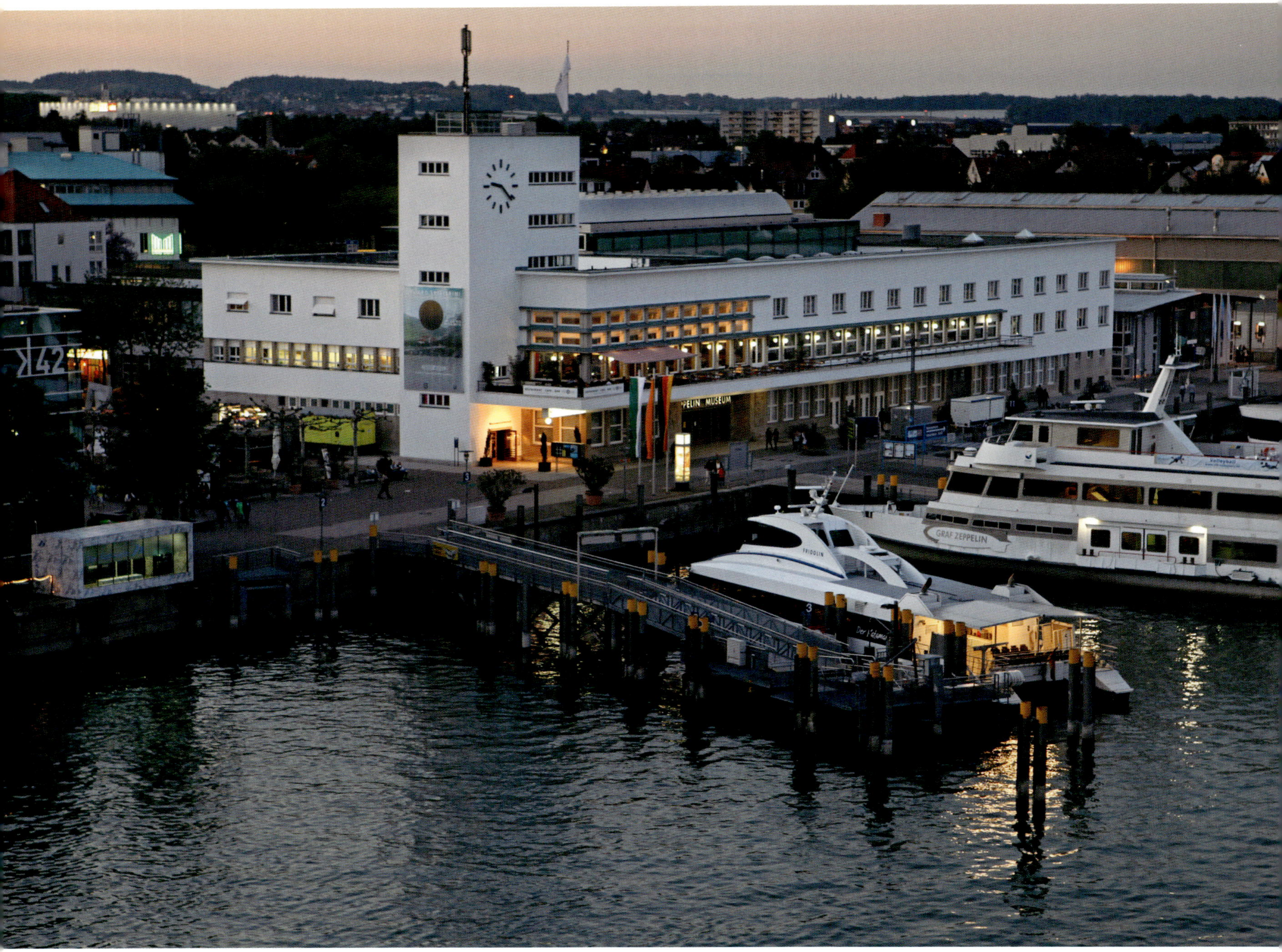

Das Zeppelin-Museum im ehemaligen Hafenbahnhof von Friedrichshafen besitzt die weltweit größte Sammlung zur Luftschifffahrt. Am Anlegesteg vorn ein Katamaran, der mit bis zu 22 Knoten (40 km/h) fahrplanmäßig zwischen Friedrichshafen und Konstanz verkehrt.

The Zeppelin Museum in the former port station in Friedrichshafen possesses the world's largest collection about airship travel. On the quayside is a catamaran, which performs regular scheduled trips between Friedrichshafen and Constance at up to 22 knots (40 kph).

Abrité dans l'ancienne gare du port de Friedrichshafen, le musée Zeppelin possède la plus grande collection concernant la navigation aérienne. Au quai d'embarquement, un catamaran assure à une vitesse de 22 nœuds (40 km/h) un service régulier entre Friedrichshafen et Constance.

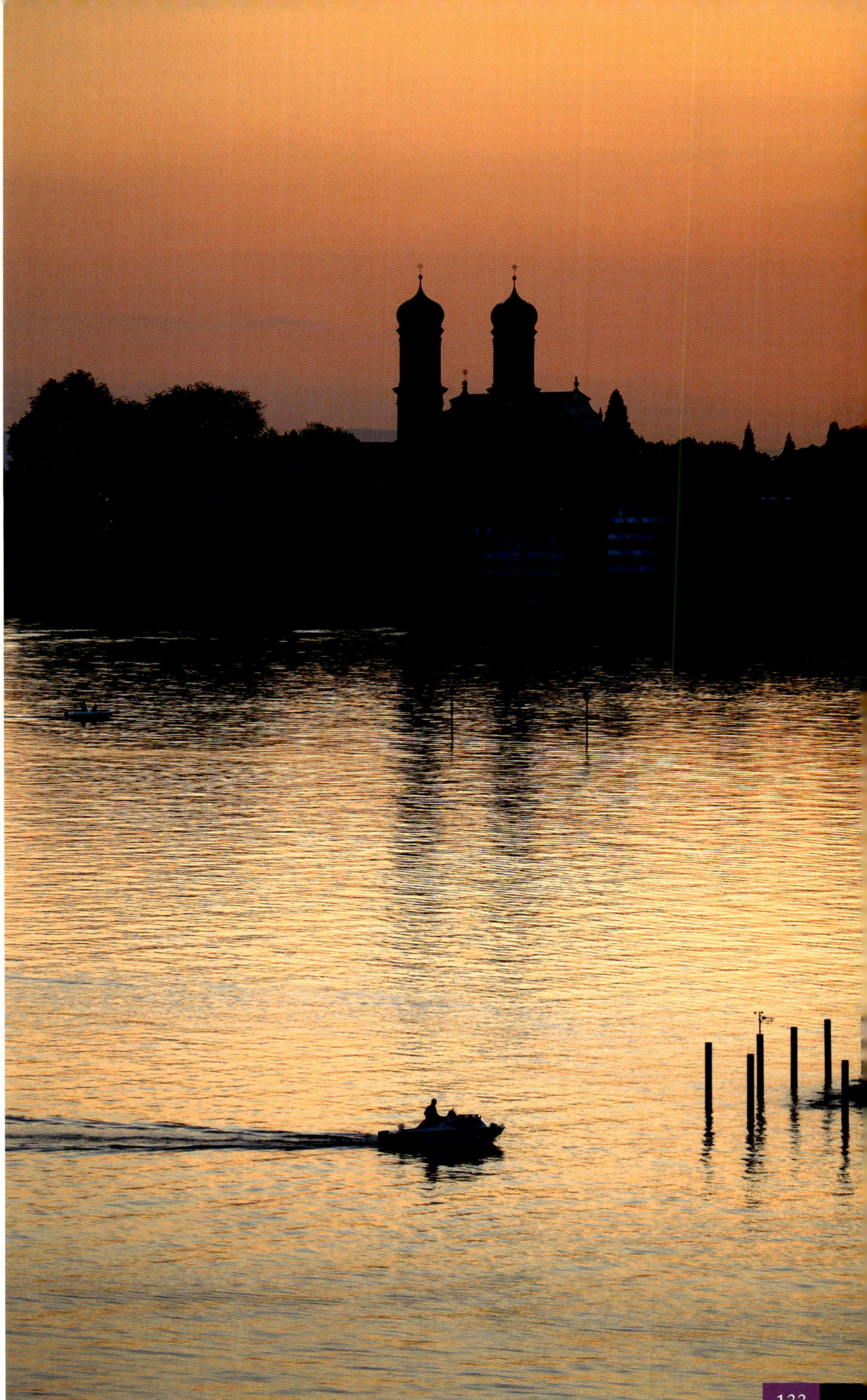

Abendstimmung am Friedrichshafener Schloss. Die doppeltürmige Schlosskirche war einst zentraler Bau des Klosters Hofen.

Evening by Friedrichshafen Schloss. The twin-towered Schlosskirche was once the centre of the Hofen monastery.

Crépuscule au château de Friedrichshafen. L'église du château et ses clochers jumeaux constituaient autrefois le corps central de l'abbaye de Hofen.

Auf dem Flughafen Friedrichshafen hoben 1908 erste Zeppeline zu Linienfahrten ab. Heute verzeichnet er 39 000 Flugbewegungen im Jahr. Rechts davon die Messe, die jährlich mehr als 600 000 Besucher anzieht.

The first Zeppelins took off on scheduled flights from Friedrichshafen Airport in 1908. These days, it handles 39,000 flights per year. To the right, you can see the trade fair, which draws in more than 600,000 visitors each year.

C'est en 1908 que les premiers zeppelins décollèrent de l'aéroport de Friedrichshafen pour leurs vols réguliers. Chaque année, cet aéroport enregistre 39.000 mouvements. A droite, le Site des Expositions qui, tous les ans, attirent plus de 600.000 visiteurs.

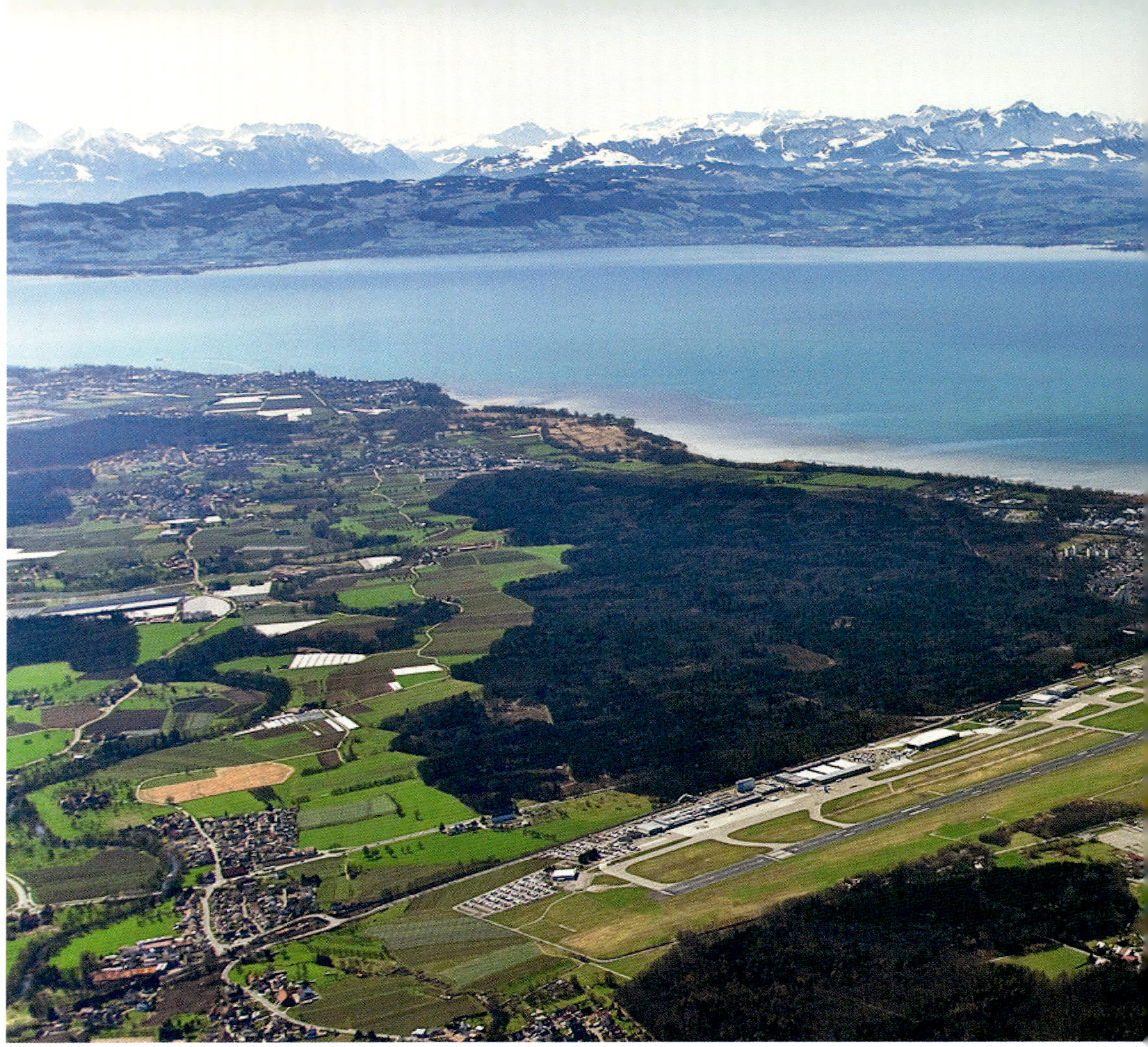

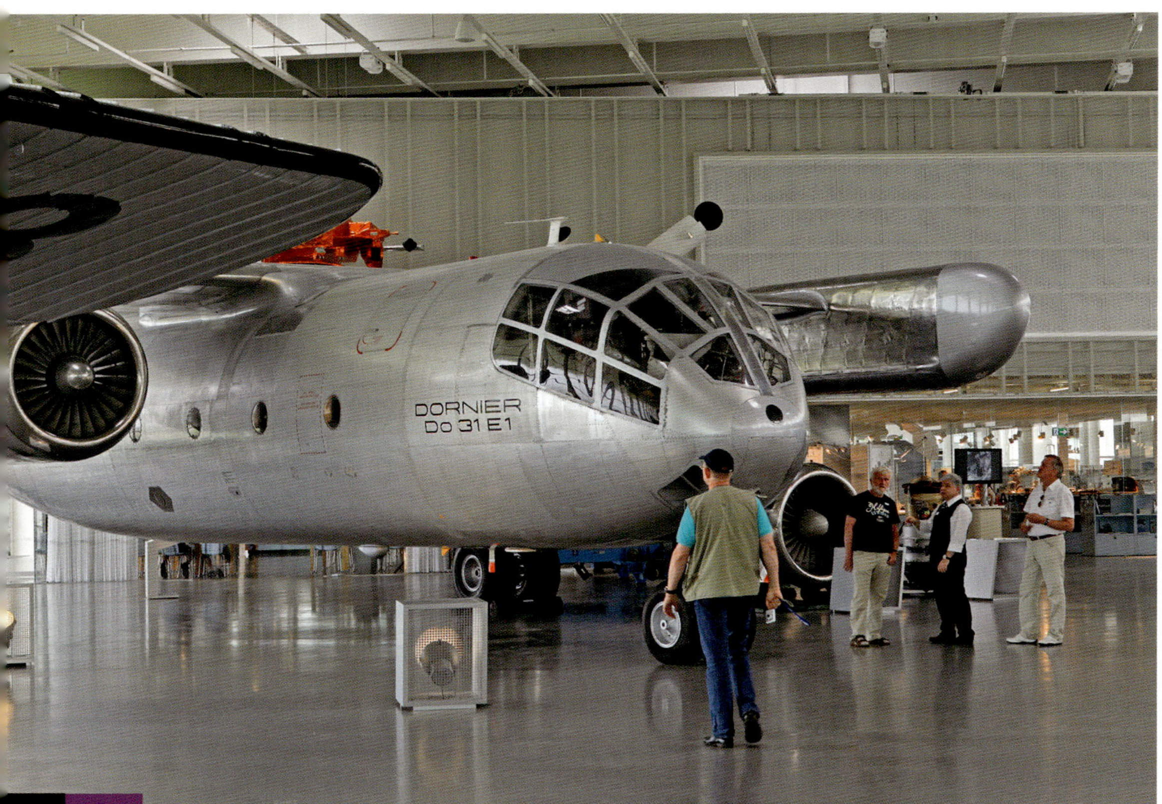

Stilecht in einem modern gestalteten Hangar ist das Dornier-Museum in Friedrichshafen untergebracht. Es zeigt Konstruktionen des Flugpioniers Claude Dornier und der Dornier-Werke, hier die Senkrechtstarter-Transportmaschine Do 31.

True to style, the Dornier Museum in Friedrichshafen is housed in a hangar. It shows constructions by the aviation pioneer Claude Dornier as well as by the Dornier Factory. You can see the vertical takeoff transportation aircraft Do 31 here.

Le musée Dornier de Friedrichshafen est installé, style oblige, dans un hangar équipé de façon moderne. Des études du pionnier de l'aviation Claude Dornier et des usines Dornier y sont exposées, comme ici, le transporteur à décollage vertical Do 31.

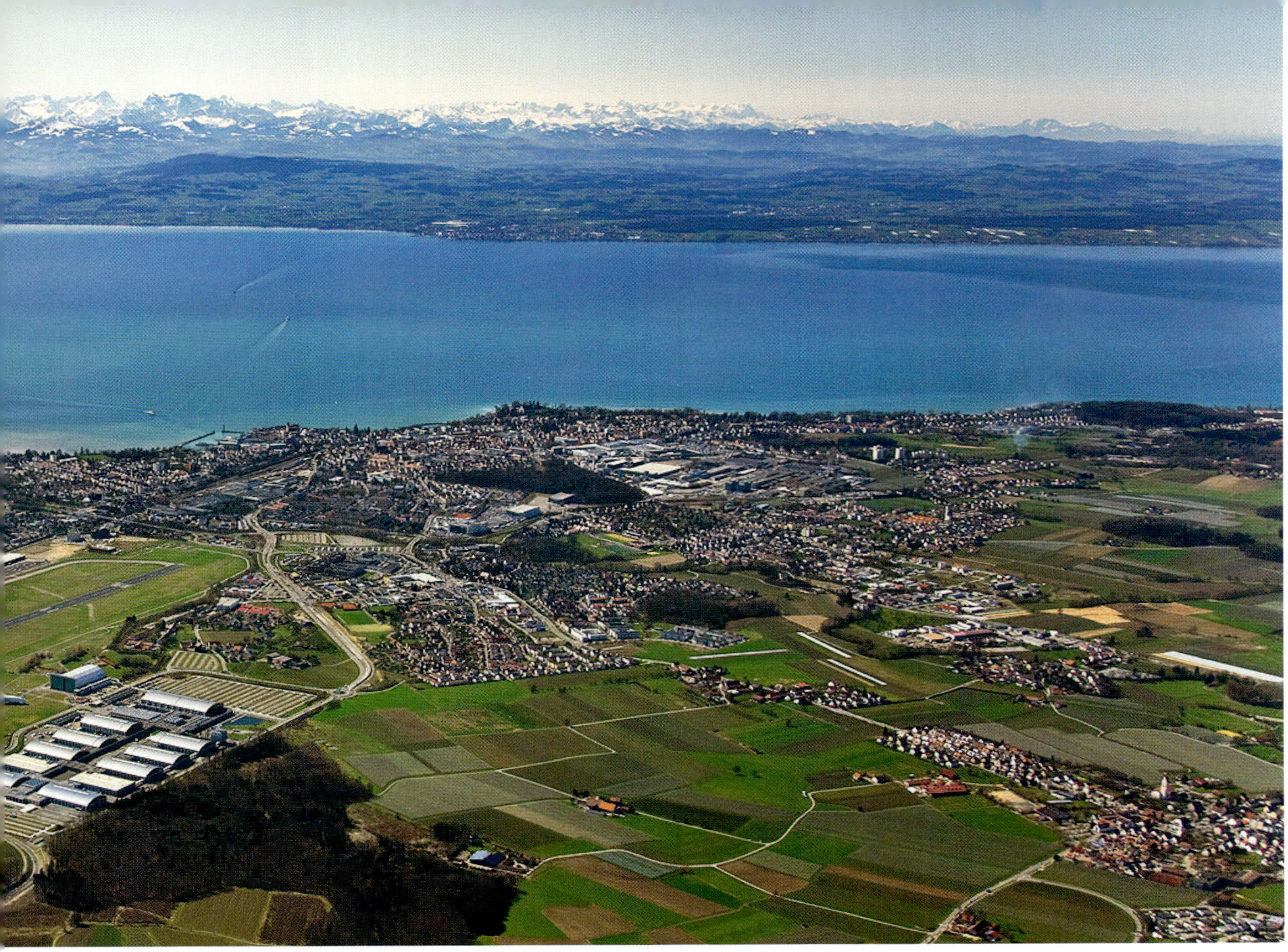

DER AUTOMOBILZULIEFERER ZF (»Zahnradfabrik Friedrichshafen«) hat seine Wurzeln in der Zeppelinproduktion. Heute beschäftigt er weltweit 73 000 Mitarbeiter. Hier die Montage des Nutzfahrzeug-Automatikgetriebes »Ecolife« in Friedrichshafen.

THE AUTOMOTIVE supplier ZF ("Zahnradfabrik Friedrichshafen") can trace its origins back to Zeppelin production. It now employs 73,000 people around the world. You can see the assembly of the commercial vehicle automatic gearbox "Ecolife" in Friedrichshafen here.

LE SOUS-TRAITANT de l'industrie automobile ZF a commencé dans la fabrication des dirigeables. Aujourd'hui il emploie 73.000 personnes dans le monde entier. Ici, montage de la boîte automatique « Ecolife » pour véhicules industriels.

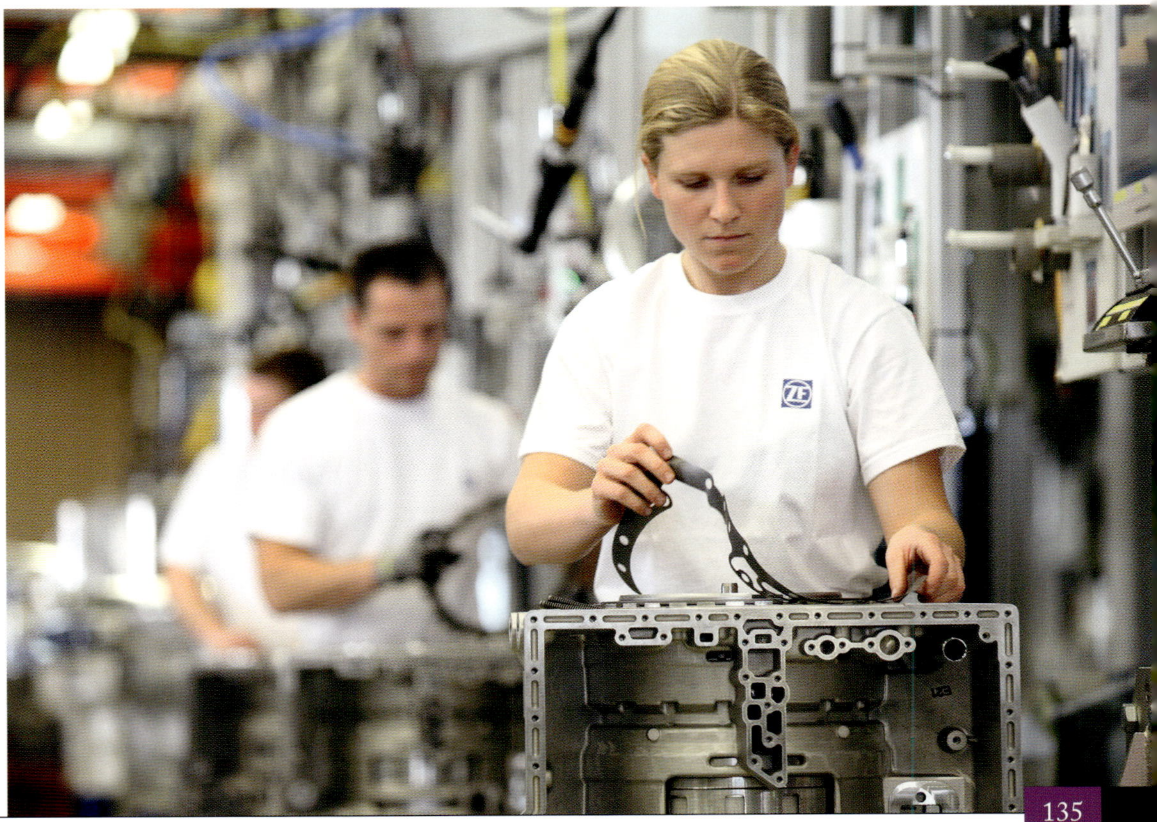

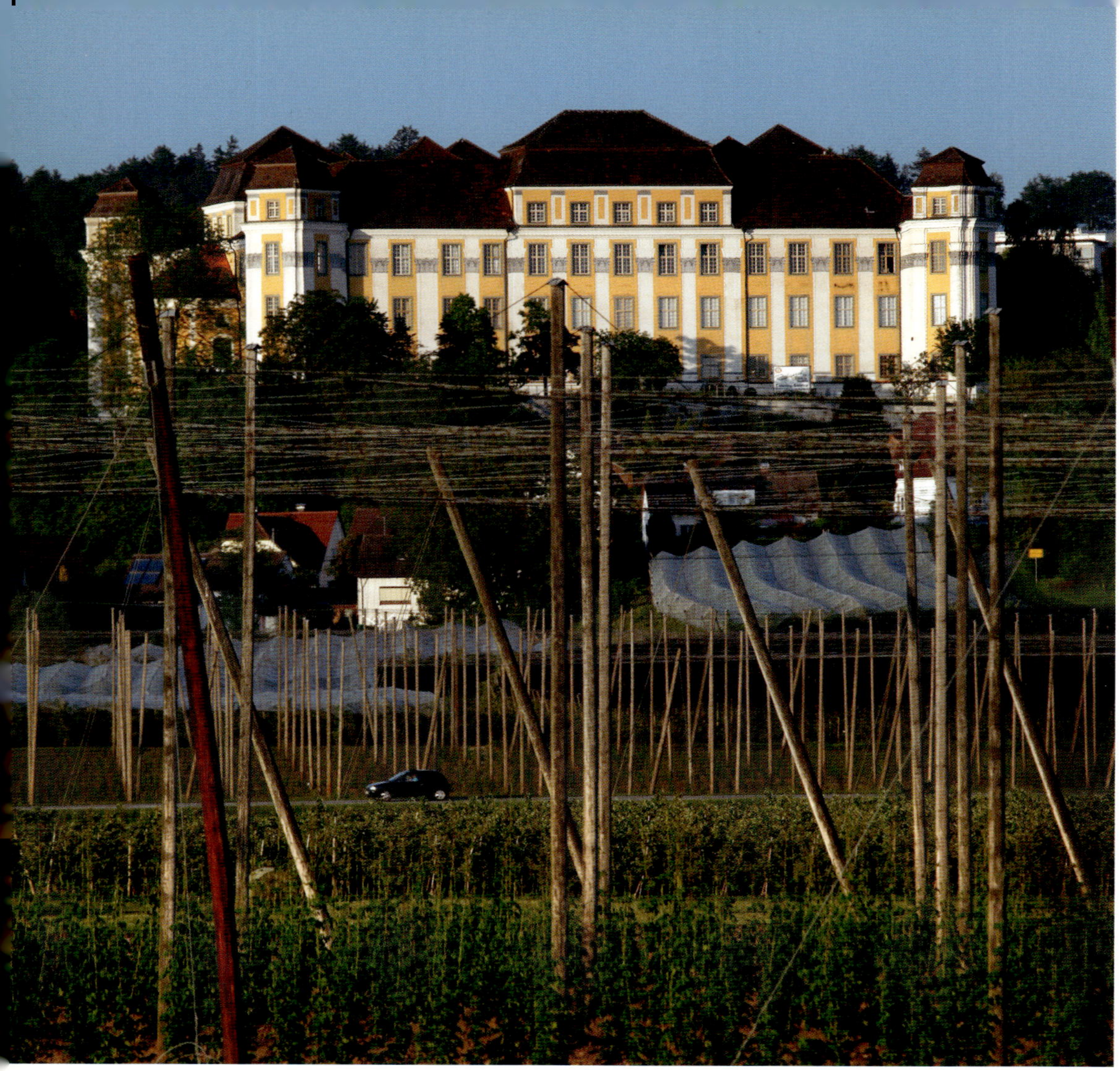

JUNGE HOPFENPFLANZEN vor dem Neuen Schloss in Tettnang, das zu den schönsten Schlössern Oberschwabens zählt. Sein Bau stürzte die Grafen von Montfort in den finanziellen Ruin.

YOUNG HOP plants in front of the Neues Schloss in Tettnang, one of the most beautiful palaces in Upper Swabia. Its construction plunged the Counts of Montfort into financial ruin.

JEUNES PLANTES de houblon devant le nouveau château à Tettnang. Il compte parmi les plus beaux châteaux de la Haute Souabe. Sa construction ruina les Comtes de Montfort.

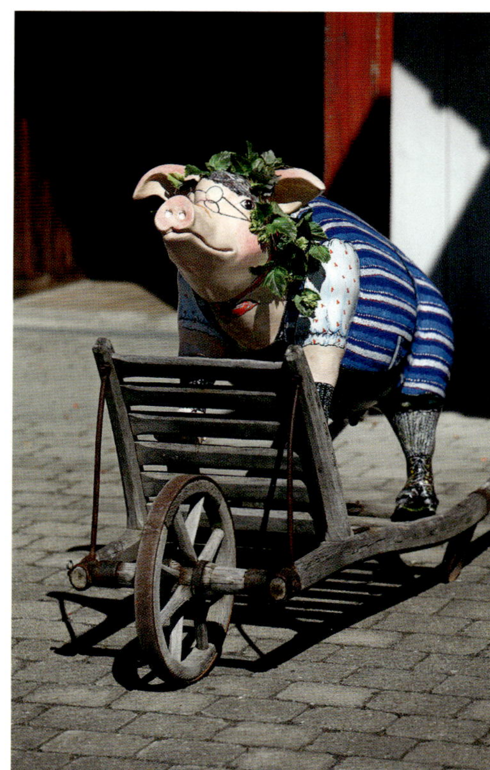

HOCHFEINER TETTNANGER Aromahopfen wird auf der ganzen Welt zum Bierbrauen verwendet. Daran erinnern auch die Hopfensäue, die man in der ganzen Stadt findet und die von einer Parade übrig geblieben sind. »Hopfensau« wurde scherzhaft derjenige genannt, der bei der Ernte die letzte Hopfenranke pflückte.

FINE TETTNANG aromatic hops are used to brew beer around the world. The "Hop pigs" are a reminder of this. They can be found throughout the town and were created for a parade. "Hop pig" is also the nickname for the person picking the last hops during the harvest.

LE HOUBLON de Tettnang, au fin arôme, est utilisé par les brasseurs du monde entier. Les «cochons du houblon» que l'on rencontre dans toute la ville et qui sont les restes d'une parade passée en sont témoin. En plaisantant, on nommait « cochon du houblon » celui qui, lors de la récolte, cueillait la dernière pousse de la houblonnière.

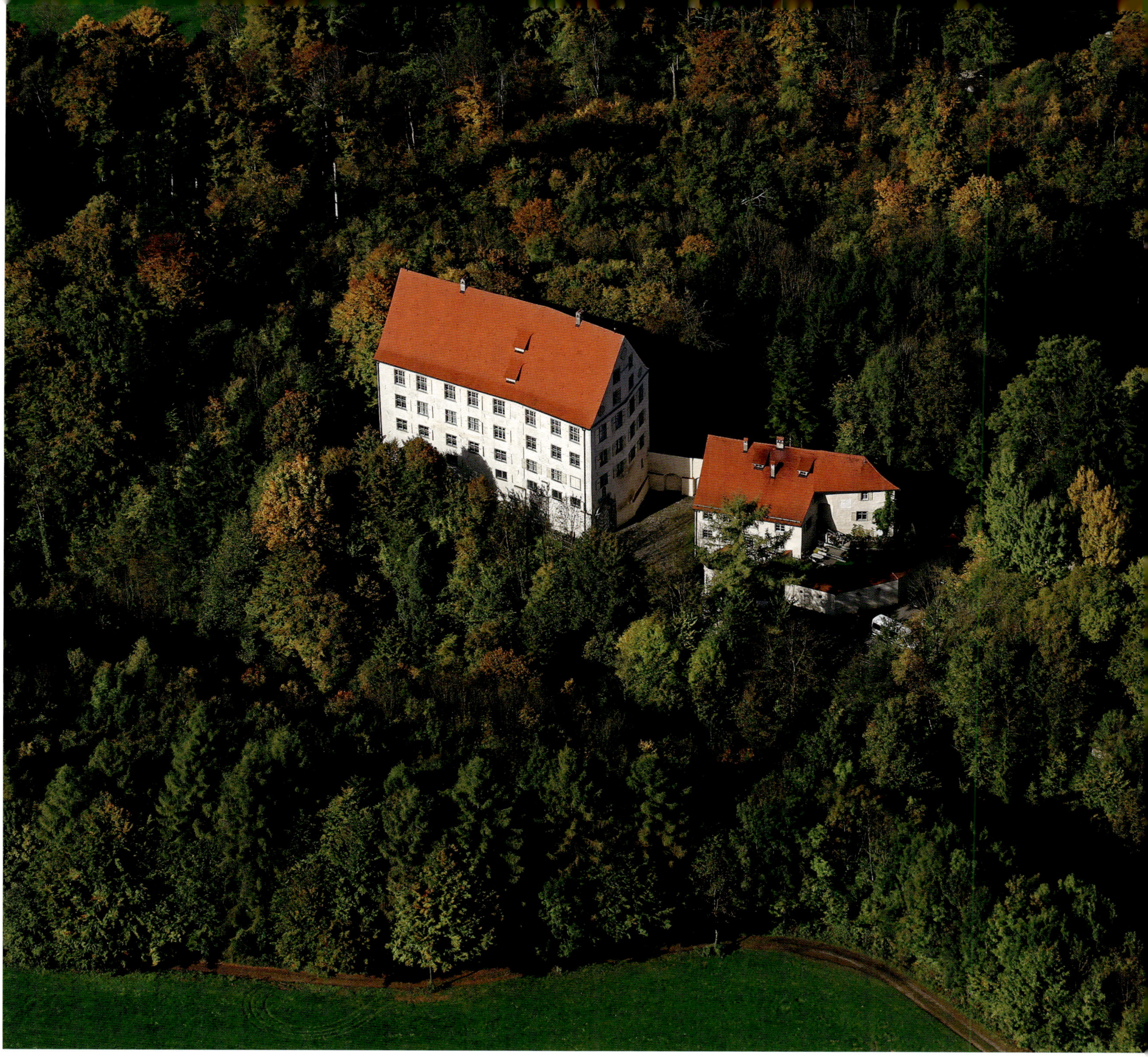

DAS DEUTSCHORDENSSCHLOSS Achberg beeindruckt innen mit barocken Stuckaturen. Es fiel 1806 ans Fürstentum Hohenzollern-Sigmaringen und bildete 1849 bis 1945 den südlichsten Zipfel Preußens. Heute werden hier hochkarätige Kunstausstellungen gezeigt.

THE INTERIOR of Schloss Achberg, once a castle of the Teutonic Order, has impressive Baroque stucco work. It was ceded to the Lords of Hohenzollern-Sigmaringen in 1806 and, between 1849 and 1945, was the southernmost tip of Prussia. These days, it is open to visitors.

L'INTÉRIEUR DU château d'Achberg, de l'Ordre Teuton, fascine par ses stucs baroques. En 1806, il passa en possession de la principauté de Hohnezollern-Sigmaringen et forma, de 1849 à 1945 la pointe sud de la Prusse. Aujourd'hui, il est ouvert au public.

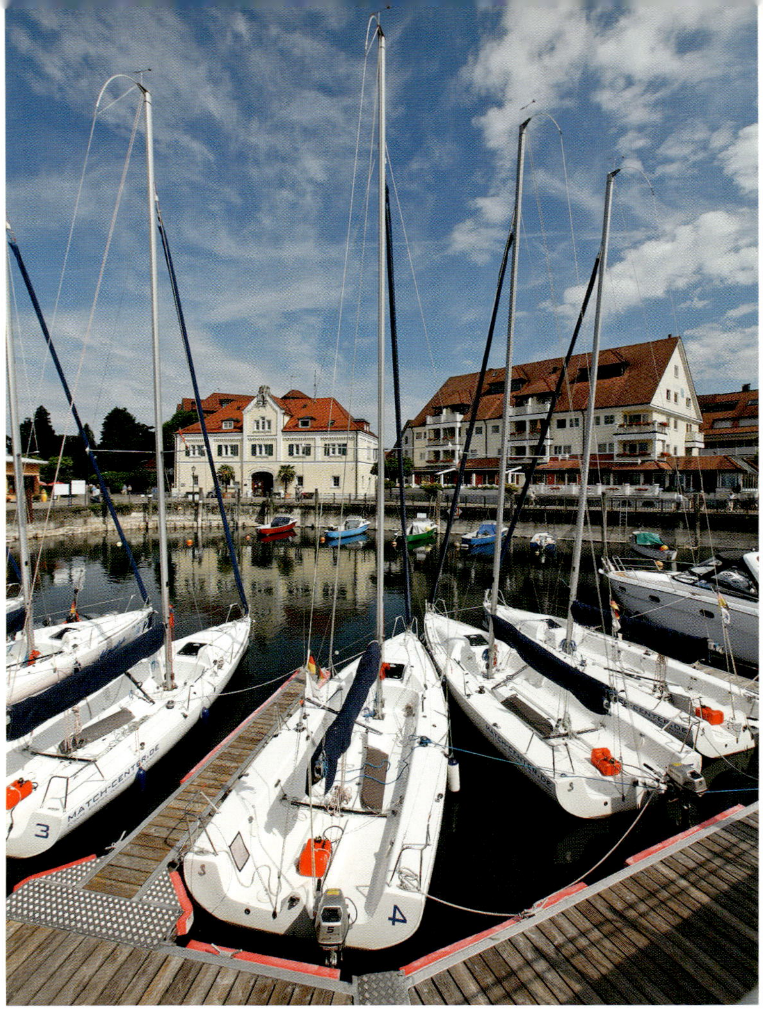

DER YACHTHAFEN in Langenargen am Nordufer des Bodensees mit dem Zollhaus.

THE YACHT harbour in Langenargen on the northern bank of Lake Constance with the customs house.

LE PORT de plaisance de Langenargen sur la rive nord du Lac de Constance.

EINST REFUGIUM der württembergischen Könige: Schloss Montfort in Langenargen. Es wurde Mitte des 19. Jahrhunderts im maurischen Stil erbaut.

SCHLOSS MONTFORT in Langenargen was once a refuge for the Kings of Württemberg. It was built in the Moorish style in the mid-19th century.

LE CHÂTEAU de Montfort à Langenargen fut autrefois le refuge des rois de Wurtemberg. De style mauresque, il fut construit au 19ème siècle.

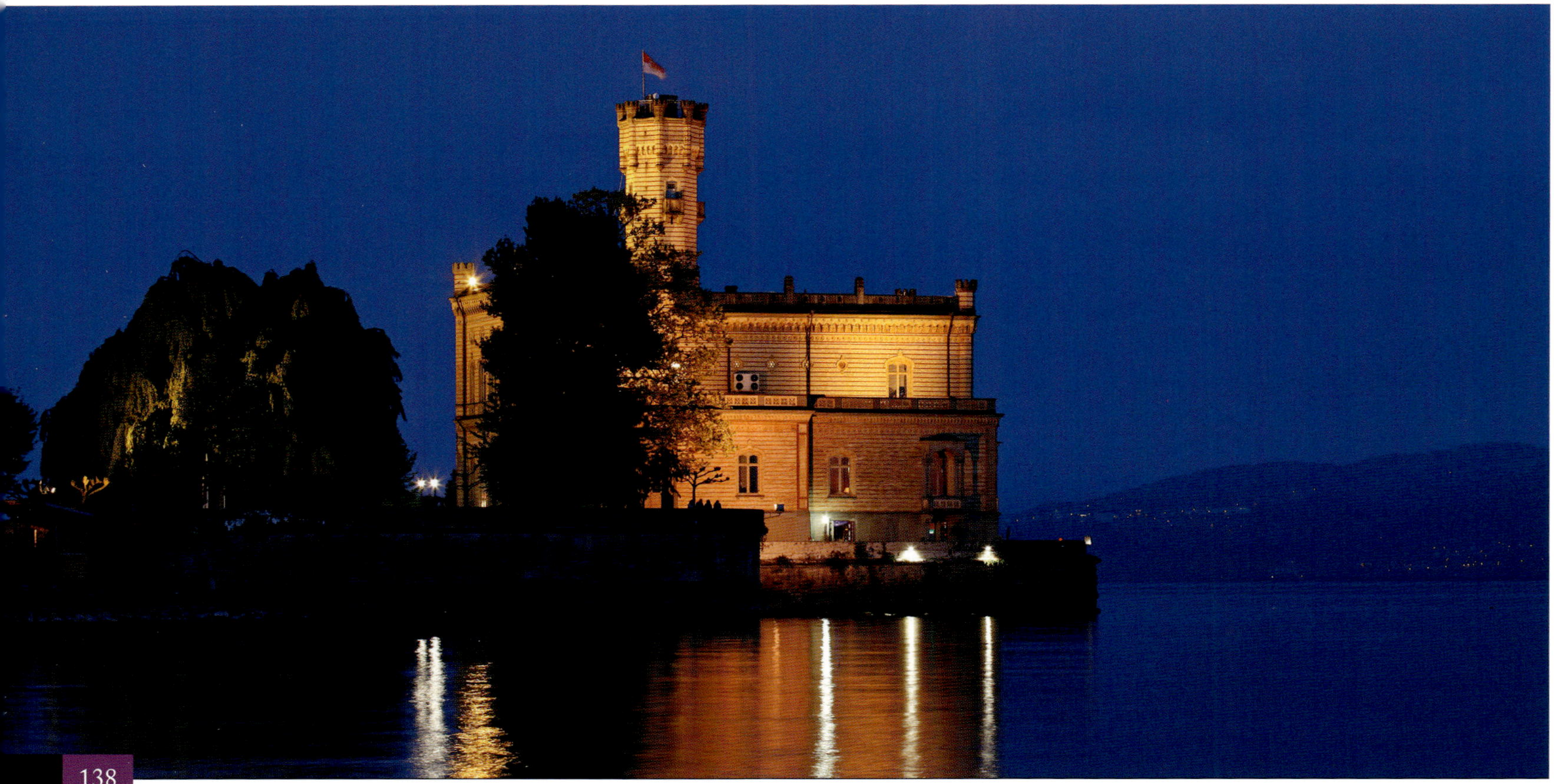

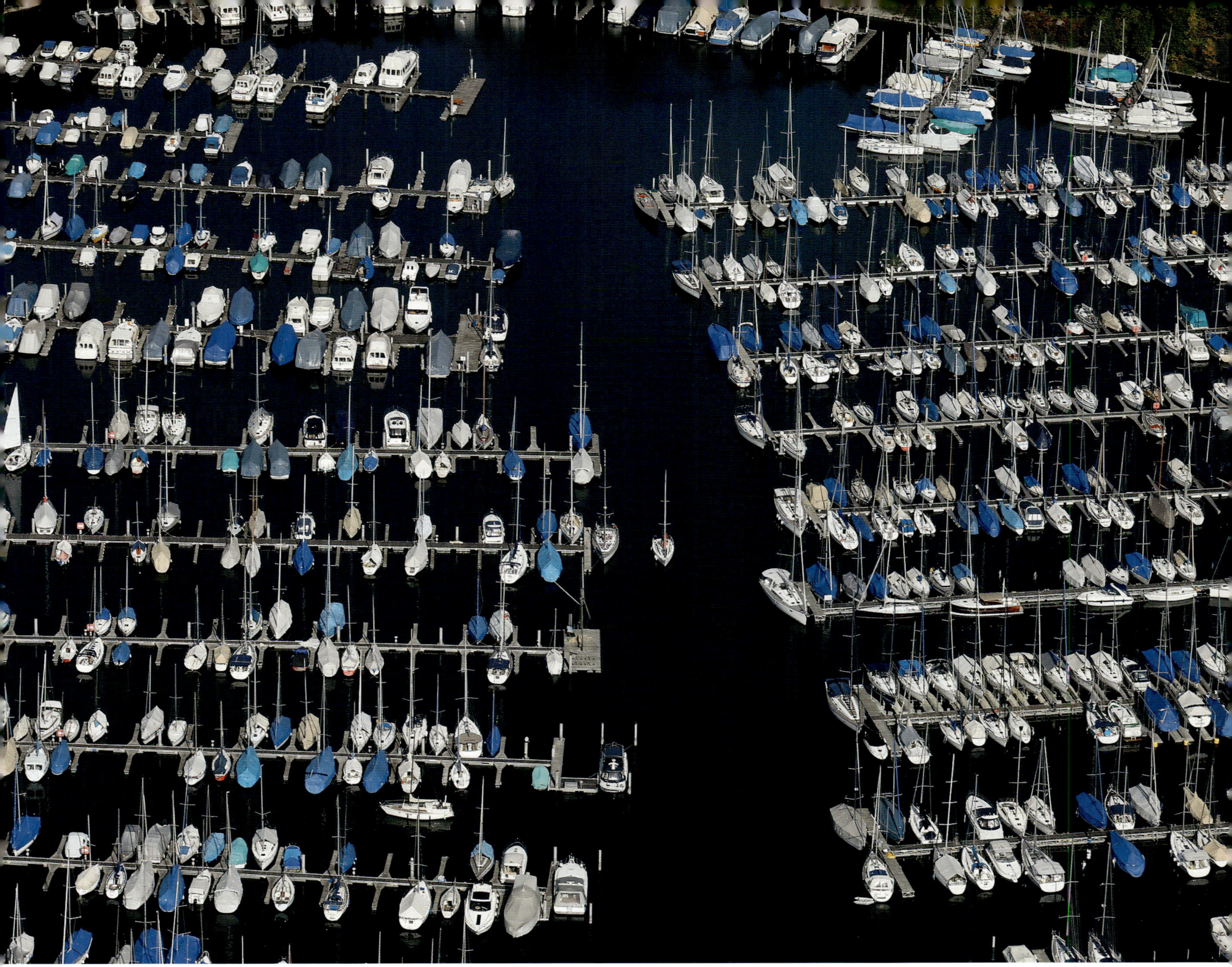

MEHR ALS 1500 Segel- und Motorboote finden in der Marina »Ultramarin« im Kressbronner Ortsteil Gohren Platz. Das größte Wassersportzentrum am Bodensee entstand in den Fünfzigerjahren aus einem Baggersee.

THE "ULTRAMARIN" marina, in the Kressbronn suburb of Gohren, offers space for more than 1,500 sailing and motor boats. The largest watersports centre on Lake Constance was created in the 1950s in a gravel pit.

PLUS DE 1.500 voiliers et bateaux à moteur sont amarrés dans la marina « Ultramarin » de Gohren, un quartier de Kressbronn. Le plus important centre de sport nautique du Lac de Constance a été aménagé dans les années 50 à partir d'un lac artificiel.

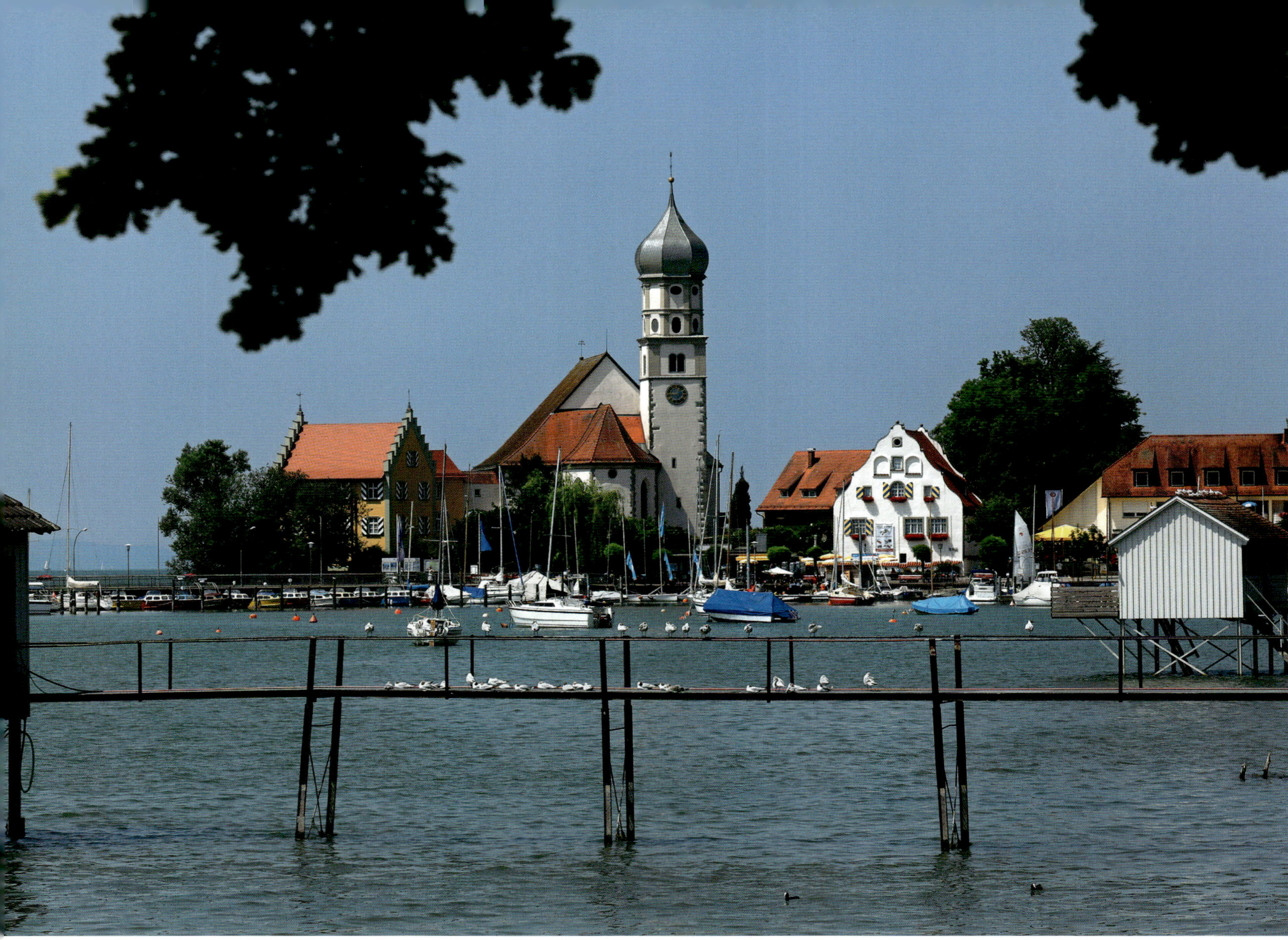

WASSERBURG LIEGT malerisch auf einer Halbinsel im Bodensee.

WASSERBURG AM Bodensee has an idyllic location on a peninsula.

WASSERBURG (LAC de Constance) s'étend de façon pittoresque sur une presqu'île.

VOM LINDAUER Hafen verkehren Kursschiffe nach Bregenz (Österreich), Arbon und Rorschach (Schweiz) sowie nach Konstanz. An der Einfahrt grüßt seit 1856 vom Hafendamm der bayrische Löwe, den der Bildhauer Johann Halbig schuf.

FROM LINDAU harbour, there are regular sailings to Bregenz (Austria), Arbon and Rorschach (Switzerland) and to Constance. At the entrance, the Bavarian lion, created by the sculptor Johann Halbig and located on the harbour wall, has greeted travellers since 1856.

DES BÂTEAUX assurant les liaisons régulières vers Bregenz (Autriche), Arbon et Rorschach (Suisse) ainsi que vers Constance partent du port de Lindau. A l'entrée du port, sur la digue, le lion bavarois saluent les visiteurs depuis 1856. Il est l'œuvre du sculpteur Johann Halbig.

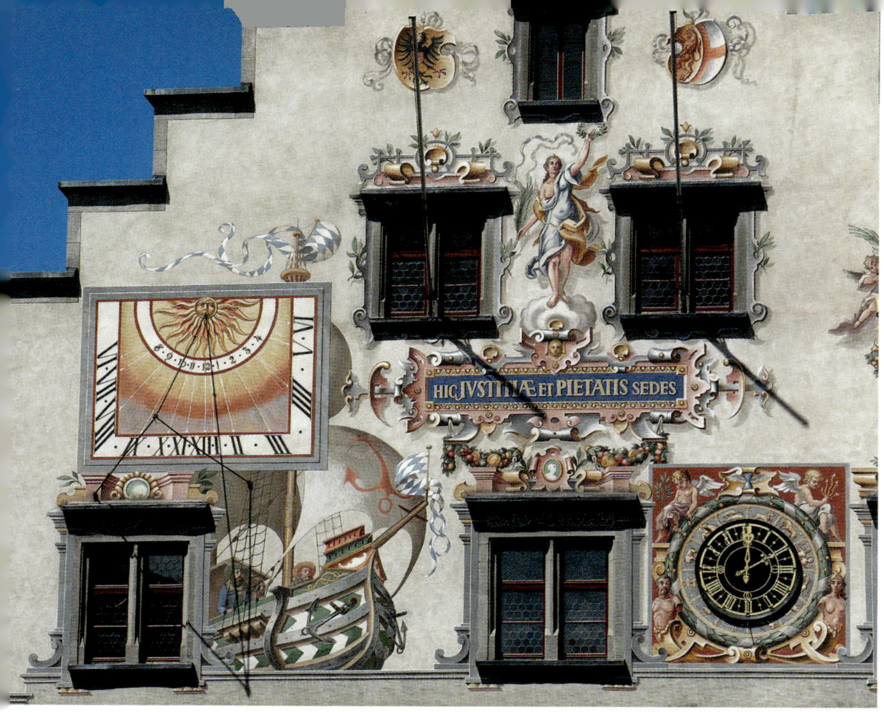

DAS ALTE Rathaus der ehemaligen Reichsstadt Lindau (Bodensee) stammt von 1422; seinen Staffelgiebel erhielt es 1576, die Fassadenmalerei im 19. Jahrhundert. 1496/97 fand hier der von Maximilian I. einberufene Reichstag statt.

THE OLD City Hall of the former Imperial City of Lindau am Bodensee dates back to 1422. The stepped gable was added in 1576 and the façade was painted in the 19th century. The Imperial Diet, called together by Maximilian I, met here in 1496/97.

LE VIEIL hôtel de ville de l'ancienne ville impériale Lindau (Lac de Constance) date de 1422 ; son pignon à redents fut ajouté en 1576 et les peintures de sa façade au 19ème siècle. C'est ici que se réunit la diète de 1496/97 convoquée par Maximilien Ier.

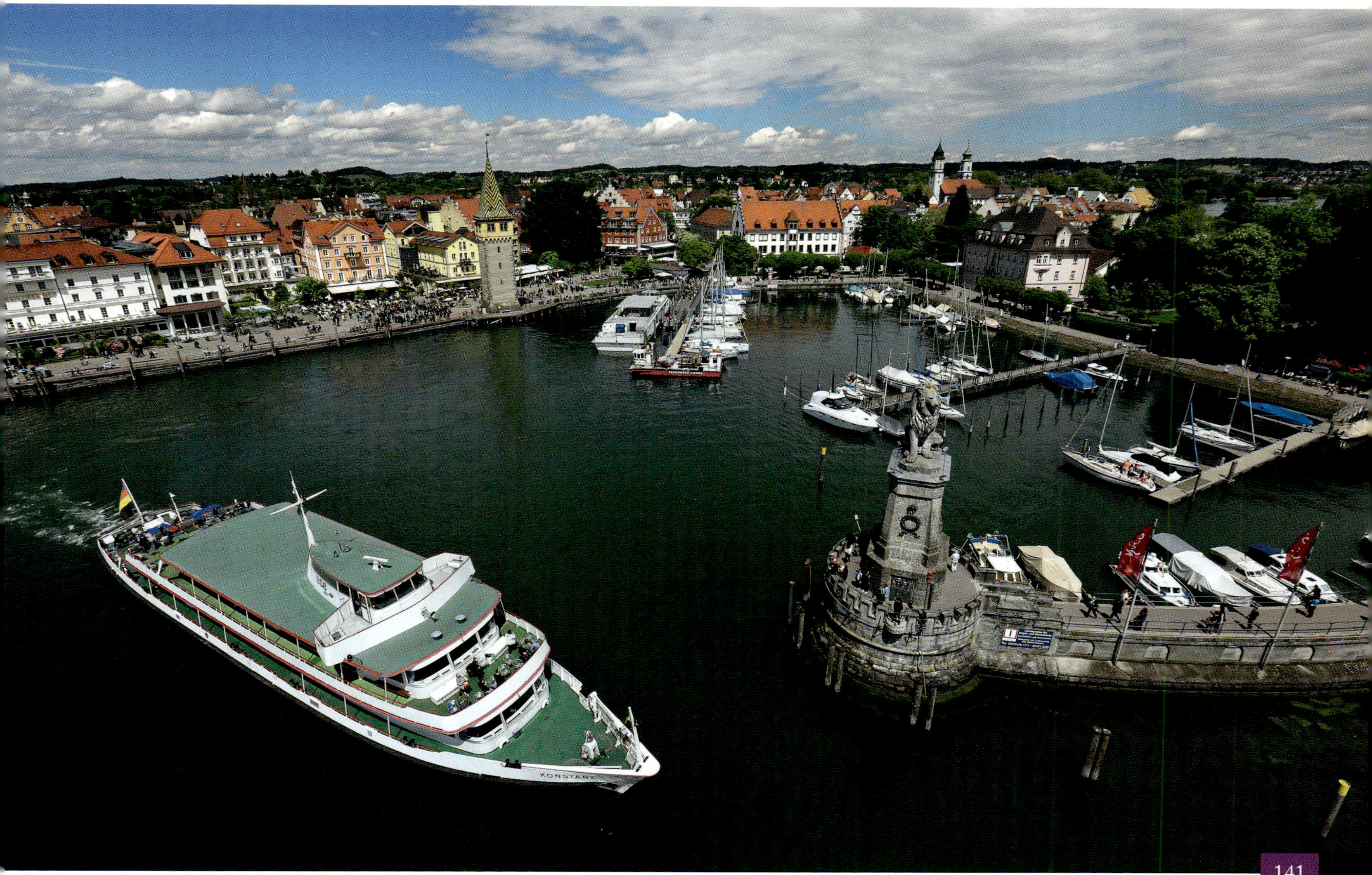

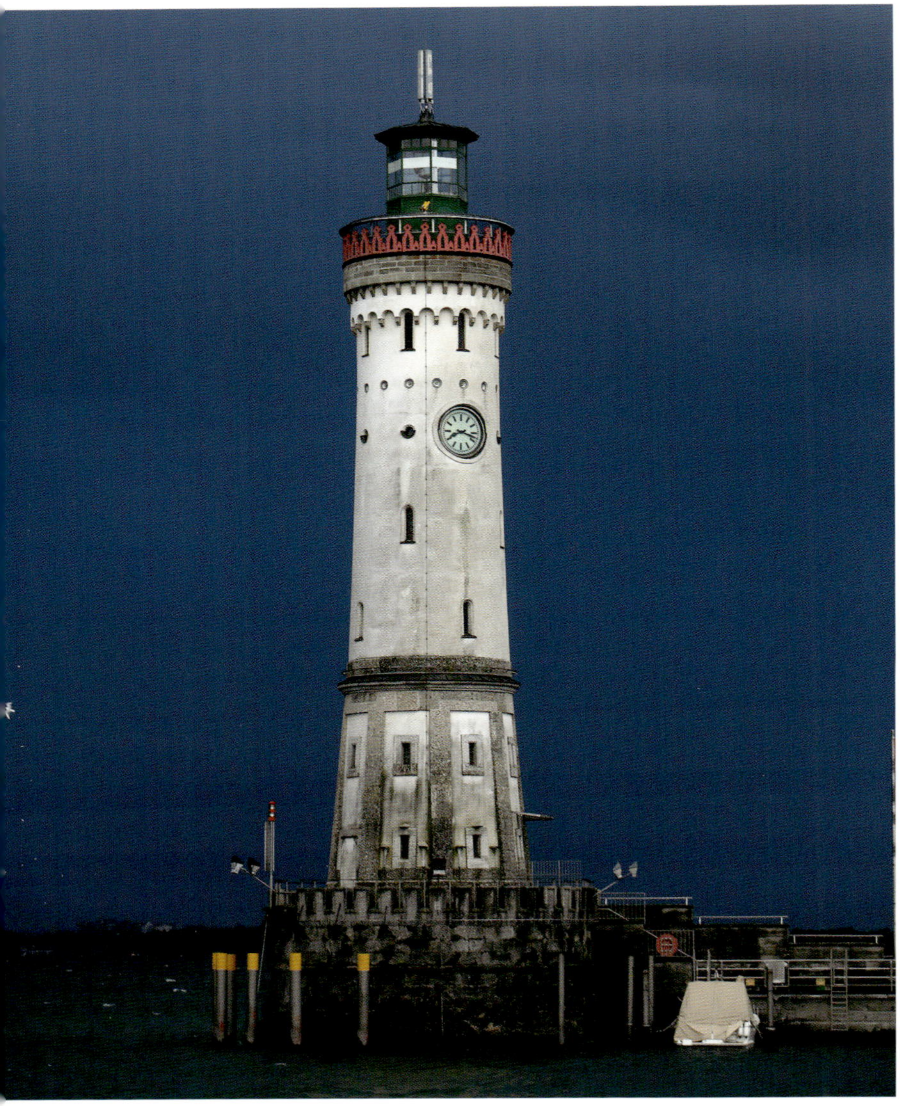

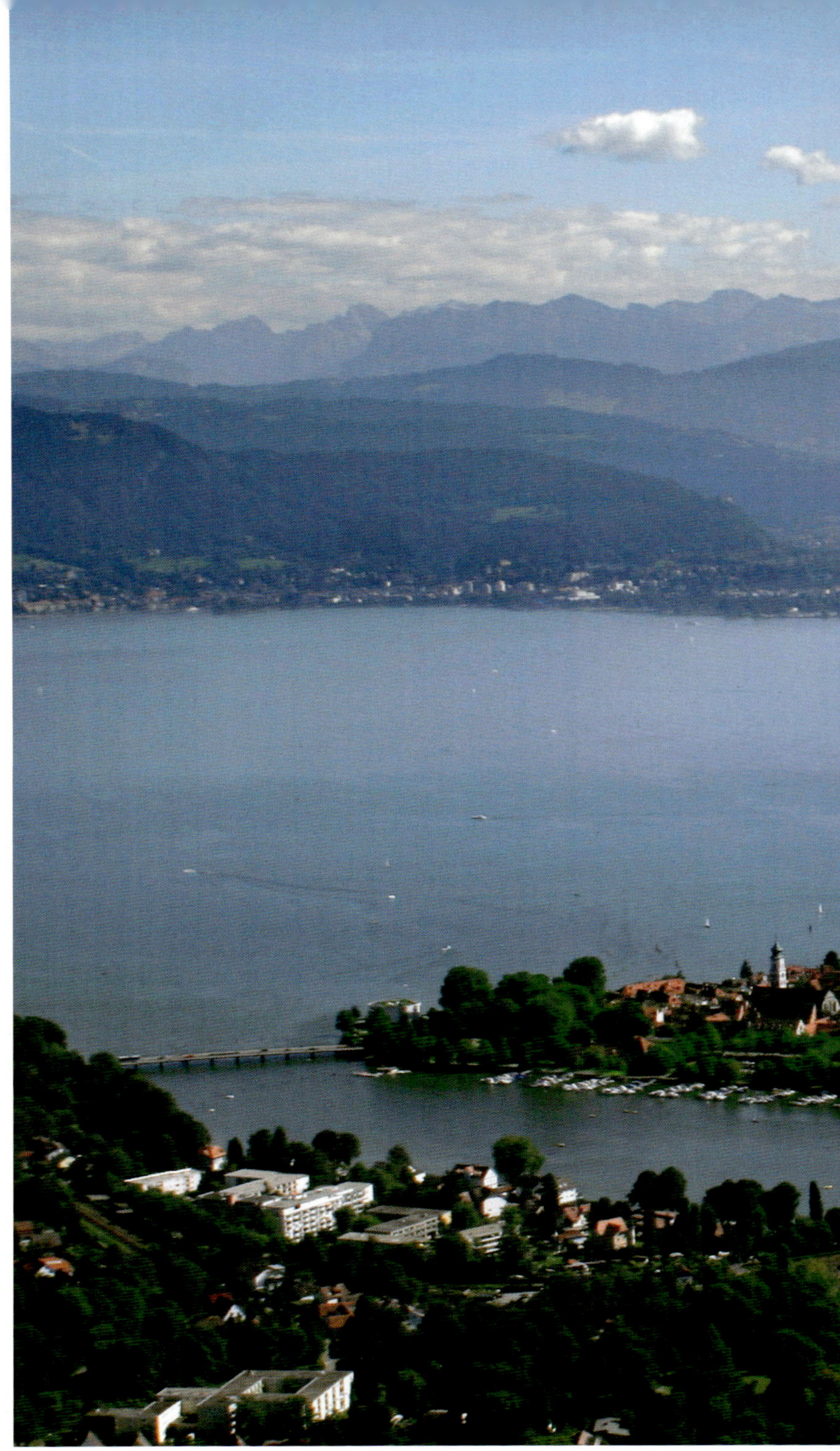

Der Leuchtturm an der Lindauer Hafeneinfahrt wurde 1856 eingeweiht. Er ist der südlichste Leuchtturm Deutschlands und der einzige Bayerns. Der 33 Meter hohe Turm ist immer noch in Betrieb und kann besichtigt werden.

The lighthouse at the entrance to Lindau harbour was inaugurated in 1856. It is the most southerly lighthouse in Germany and the only one in Bavaria. The 33 metre-high tower is still in operation and can be visited.

Le phare qui se dresse à l'entrée du port de Lindau fut inauguré en 1856. Il est le phare le plus méridional de l'Allemagne et le seul de Bavière. Sa tour de 33 mètres est toujours en service et peut être visitée.

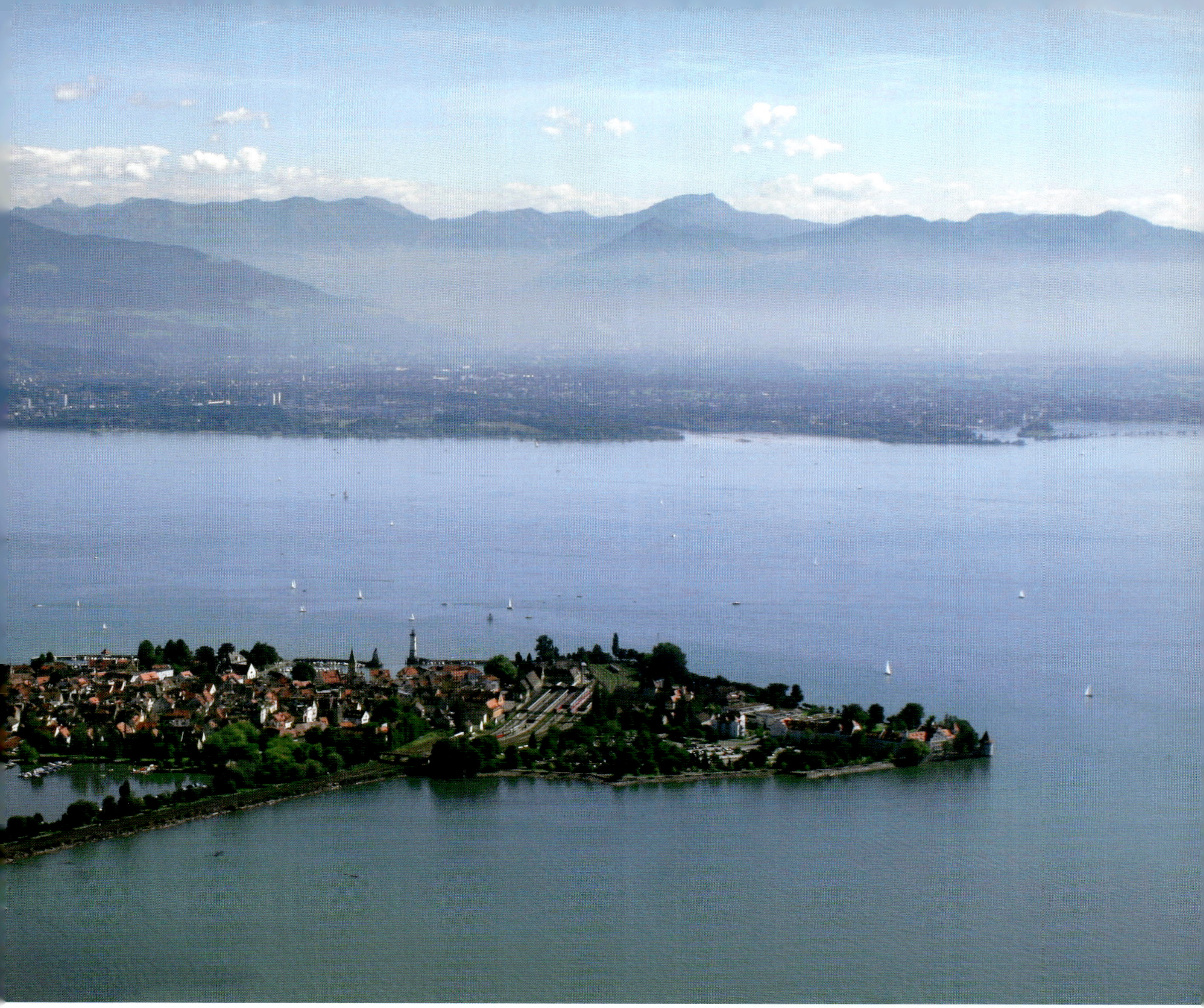

DIE LINDAUER Altstadt liegt auf einer Insel. Man erkennt links die evangelische Kirche Sankt Stephan, rechts neben ihr das Münster, am seeseitigen Ufer den Hafen mit Löwe und Leuchtturm, rechts daneben den Stadtbahnhof und am gegenüberliegenden Bodenseeufer Bregenz mit seinem Hausberg, dem Pfänder (1064 m).

LINDAU OLD town is located on an island. On the left, you can see the Protestant church of St Stephen and, to its right, the minster. On the lake shore, you can see the harbour with the lion and lighthouse, to the right the station and, on the other side of Lake Constance, Bregenz with its local mountain, the Pfänder (1064 metres).

LA VIEILLE ville de Lindau est située sur une île. On reconnaît, à gauche, le temple protestant Saint-Etienne, à sa droite la cathédrale, sur la rive côté lac, le lion et le phare, à droite, la gare centrale et, sur l'autre rive, Bregenz et sa montagne, le Pfänder (1064 m).

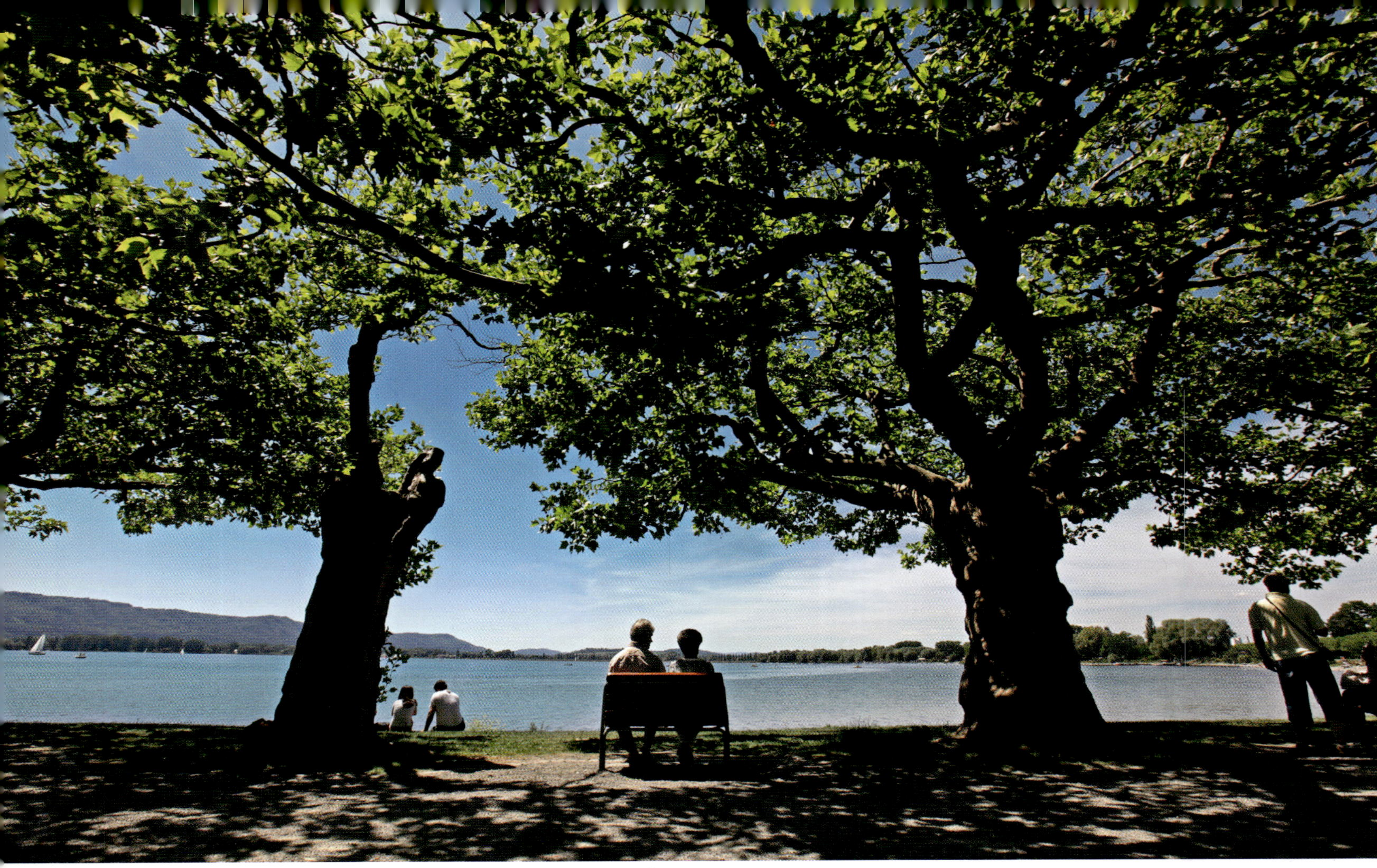

EINFACH NUR sitzen und genießen – das kann man (zum Beispiel) an der Strandpromenade in Radolfzell.

EINBANDVORDERSEITE: Schloss Syrgenstein, vom Tal der Oberen Argen beim Argenbühler Ortsteil Eglofs gesehen.
VORDERES VORSATZBLATT: Blick über die Landschaft bei Amtzell im württembergischen Allgäu Richtung Bodensee und Alpen.
SEITE 1: Begegnung zwischen Störchen und Radfahrern bei Riedlingen.
SEITE 2/3: Blick von Markdorf auf den nebelverhangenen Bodensee und in die Schweizer Alpen.
SEITE 4: Im Münster von Kloster Obermarchtal beeindruckt die frühbarocke Ausstattung mit Wessobrunner Stuck.
EINBANDRÜCKSEITE: Der Bussen mit seiner Wallfahrtskirche ist »der heilige Berg Oberschwabens«.

IT IS possible to just sit and relax, for example, on the beach promenade in Radolfzell.

COVER: Schloss Syrgenstein, seen from the valley of the Upper Argen near the Argenbühl suburb of Eglofs.
FRONT INSIDE COVER: View of the countryside near Amtzell in the Württemberg Allgäu towards Lake Constance and the Alps.
PAGE 1: A meeting of storks and cyclists near Riedlingen.
PAGE 2/3: View from Markdorf over the misty Lake Constance and the Swiss Alps.
PAGE 4: The minster of Obermarchtal Monastery stands out on account of its early-Baroque interior with Wessobrunn stucco.
BACK COVER: The Bussen with its pilgrimage church is "the Holy Mountain of Upper Swabia".

SIMPLEMENT S'ASSOIR et savourer. Ceci est possible (par exemple) sur la promenade de Radolfzell.

COUVERTURE: Château de Syrgenstein, vu de la vallée de l'Argen Supérieure près d'Eglofs, un quartier d'Argenbühl.
PAGE DE GARDE AVANT: Paysage près d'Amtzell en Allgäu wurtembergeoise. Vue vers le Lac de Constance et les Alpes.
PAGE 1: Rencontre entre cigognes et cyclistes près de Riedlingen.
PAGE 2/3: Vue de Markdorf vers le Lac de constance, noyé dans le brouillard, et les Alpes suisses.
PAGE 4: Les ornements baroques et les stucs de l'école de Wessobrunn de la cathédrale de l'abbaye d'Obermarchtal sont impressionnants.
QUATRIÈME DE COUVERTURE: Le Bussen et son église de pèlerinage est la « montagne sacrée de la Haute Souabe ».

Bildnachweis
Seite 10: Kunsthalle Weishaupt, Ulm. Skulptur von Bernar Venet, Skulptur von Jean Tanguely und Werk von Jannis Kounellis: © VG Bild-Kunst, Bonn 2014.
Seite 14 links oben: Winfried Aßfalg, Riedlingen.
Seite 30/31: Adelindis-Therme, Bad Buchau (alle 3).
Seite 37: Oberschwaben-Tourismus GmbH, Bad Schussenried.
Seite 65: Hymer AG, Bad Waldsee.
Seite 66 unten: Rupert Leser, Bad Waldsee.
Seite 80: © tigital/Henn.
Seite 81 oben, 108: Manfred Grohe, Kirchentellinsfurt.
Seite 82/83 unten: Waldner Laboreinrichtungen GmbH & Co. KG, Wangen im Allgäu.
Seite 84/85: Andreas Praefcke.
Seite 88/89 unten: © Ravensburger AG, Foto: Anja Köhler.
Seite 89 rechts: Wynrich Zlomke, Guggenhausen.
Seite 94 oben: Klaus Schmolze.
Seite 103 unten, 117 unten: Werner Dieterich, Stuttgart.
Seite 110: © by-studio – Fotolia.com.
Seite 112 oben, 113 oben: Mainau.
Seite 129: Höhn GmbH, Ulm.
Seite 134/135: Messe Friedrichshafen/ Achim Mende.
Seite 135 oben: ZF, Friedrichshafen.
Alle anderen Fotos: Peter Sandbiller.
Karte auf dem hinteren Vorsatzblatt: Christoph Wöhler, Tübingen.

Peter Sandbiller, geboren 1962 in Koblenz, arbeitet seit 1988 als freiberuflicher Fotograf für zahlreiche Tageszeitungen und Verlage. Seit 1991 ist er zusätzlich auf Luftbildfotografie spezialisiert.

Bernhard Bitterwolf, geboren 1958 in Friedrichshafen und aufgewachsen in Aulendorf, studierte an der Pädagogischen Hochschule Weingarten Englisch und Musik. Seit 1985 ist er Dozent für musische Bildung, Rhetorik, Kommunikation und Politik an der Schwäbischen Bauernschule Bad Waldsee.

1. Auflage 2014

Umschlaggestaltung: Christoph Wöhler, Tübingen, unter Verwendung von Aufnahmen von Peter Sandbiller.
Übersetzung ins Englische: David Whitehead, Backnang.
Übersetzung ins Französische: Michel Thobois, Backnang.
Druck: Gulde-Druck, Tübingen.
Printed in Germany.

ISBN 978-3-8425-1336-5

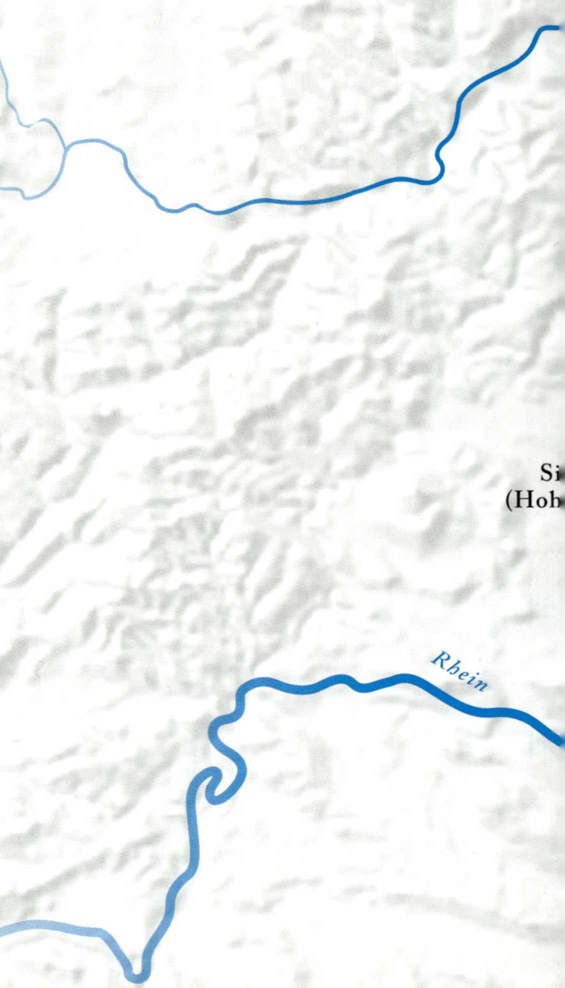

Rhein